弘一法师说佛讲禅解经

顺境逆境看襟度，临喜临怒看涵养。

李叔同 著

金城出版社
GOLD WALL PRESS

图书在版编目（CIP）数据

弘一法师说佛讲禅解经 / 李叔同著. —北京：金城出版社，2012.8
ISBN 978-7-5155-0548-0

Ⅰ.①弘… Ⅱ.①李… Ⅲ.①佛教－文集 Ⅳ.①B948-53

中国版本图书馆CIP数据核字（2012）第180294号

弘一法师说佛讲禅解经

著　　者　李叔同
责任编辑　李　健
开　　本　787毫米×1092毫米　1/16
印　　张　22.5
字　　数　320千字
版　　次　2012年11月第1版　2012年11月第1次印刷
印　　刷　永清县吉祥印刷有限公司
书　　号　ISBN 978-7-5155-0548-0
定　　价　39.80元

出版发行　金城出版社 北京市朝阳区和平街11区37号楼　邮编：100013
发 行 部（010）84254364
编 辑 部（010）64210080
总 编 室（010）64228516
网　　址　http://www.jccb.com.cn
电子邮箱　jinchengchuban@163.com
法律顾问　陈鹰律师事务所（010）64970501

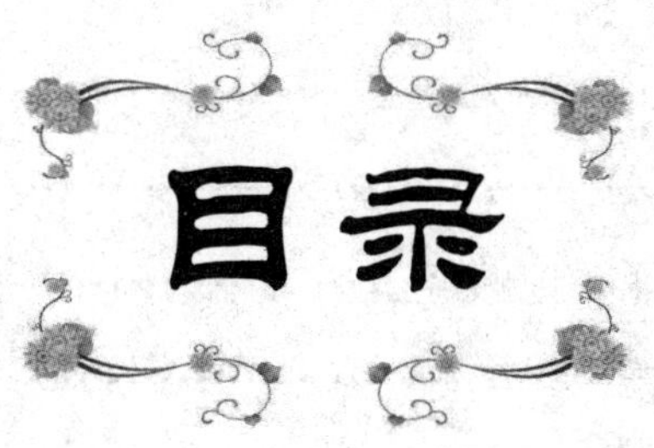

目录

上篇

弘一法师说佛

中篇

弘一法师讲禅

下篇

弘一法师解经

序一：我在西湖出家的经过

李叔同

杭州这个地方实堪称为佛地，因为寺庙之多约有两千余所，可想见杭州佛法之盛了！

最近《越风》社要出关于《西湖》的增刊，由黄居士来函，要我做一篇《西湖与佛教之因缘》。我觉得这个题目的范围太广泛了，而且又无参考书在手，于短期间内是不能做成的；所以，现在就将我从前在西湖居住时，把那些值得追味的几件事情来说一说，也算是纪念我出家的经过。

我第一次到杭州是光绪二十八年（1902）七月（按：本篇所记的年月皆依旧历）。在杭州住了约一个月光景，但是并没有到寺院里去过。只记得有一次到涌金门外去吃过一回茶，同时也就把西湖的风景稍微看了一下。

第二次到杭州是民国元年的七月。这回到杭州倒住得很久，一直住了近十年，可以说是很久的了。我的住处在钱塘门内，离西湖很近，只两里路光景。在钱塘门外，靠西湖边有一所小茶馆名景春园。我常常一个人出门，独自到景春园的楼上去吃茶。

民国初年，西湖的情形完全与现在两样——那时候还有城墙及很多柳树，都是很好看的。除了春秋两季的香会之外，西湖边的人总是很少，而钱塘门外更是冷静了。

在景春园楼下，有许多茶客，都是那些摇船抬轿的劳动者居多，而在楼上吃茶的就只有我一个人了。所以，我常常一个人在上面吃茶，同时还凭栏看着西湖的风景。

在茶馆的附近，就是那有名的大寺院——昭庆寺了。我吃茶之后，也常常顺便到那里去看一看。

民国二年夏天，我曾在西湖的广化寺里住了好几天。但是住的地方却不在出家人的范围之内，是在该寺的旁边，有一所叫作“痘神祠”的楼上。

痘神祠是广化寺专门为着要给那些在家的客人住的。我住在里面的时候，有时也曾到出家人所住的地方去看看，心里却感觉很有意思呢！

记得那时我亦常常坐船到湖心亭去吃茶。

曾有一次，学校里有一位名人来演讲，我和夏丏尊居士却出门躲避，到湖心亭上去吃茶呢！当时夏丏尊对我说："像我们这种人，出家做和尚倒是很好的。"我听到这句话，就觉得很有意思。这可以说是我后来出家的一个远因了。

到了民国五年的夏天，我因为看到日本杂志中有说及关于断食可以治疗各种疾病，当时我就起了一种好奇心，想来断食一下。因为我那时患有神经衰弱症，若实行断食后，或者可以痊愈亦未可知。要行断食时，须于寒冷的季候方宜。所以，我便预定十一月来作断食的时间。

至于断食的地点须先考虑一下，似觉总要有个很幽静的地方才好。当时我就和西泠印社的叶品三君来商量，结果他说在西湖附近的虎跑寺可作为断食的地点。我就问他："既要到虎跑寺去，总要有人来介绍才对。究竟要请谁呢？"他说："有一位丁辅之是虎跑的大护法，可以请他去说一说。"于是他便写信请丁辅之代为介绍了。

因为从前的虎跑不像现在这样热闹，而是游客很少，且十分冷静的地方啊。若用来作为我断食的地点，可以说是最相宜的了。

到了十一月，我还不曾亲自到过。于是我便托人到虎跑寺那边去走一趟，看看在哪一间房里住好。回来后，他说在方丈楼下的地方倒很幽静的。因为那边的房子很多，且平常时候都是关着，客人是不能走进去的；而在方丈楼上，则只有一位出家人住着，此外并没有什么人居住。

等到十一月底，我到了虎跑寺，就住在方丈楼下的那间屋子里。我住进去以后，常看见一位出家人在我的窗前经过（即是住在楼上的那一位）。我看到他却十分的欢喜呢！因此，就时常和他谈话；同时，他也拿佛经来给我看。

我以前从五岁时，即时常和出家人见面，时常看见出家人到我的家里念经及拜忏。于十二三岁时，也曾学了放焰口。可是并没有和有道德的出家人住在一起，同时，也不知道寺院中的内容是怎样的，以及出家人的生活又是如何。

这回到虎跑去住，看到他们那种生活，却很欢喜而且羡慕起来了。

我虽然只住了半个多月，但心里却十分地愉快，而且对于他们所吃的菜蔬，更是欢喜吃。及回到学校以后，我就请用人依照他们那样的菜煮来吃。

这一次我到虎跑寺去断食，可以说是我出家的近因了。到了民国六年的下半年，我就发心吃素了。

在冬天的时候，即请了许多的经，如《普贤行愿品》《楞严经》及《大乘起信论》等很多的佛经。自己的房里，也供起佛像来，如地藏菩萨、观世音菩萨等的像，于是亦天天烧香了。

到了这一年放年假的时候，我并没有回家去，而到虎跑寺里面去过年。我仍住在方丈楼下。那个时候，则更感觉得有兴味了，于是就发心出家。同时就想拜那位住在方丈楼上的出家人做师父。

他的名字是弘详师。可是他不肯我去拜他，而介绍我拜他的师父。他的师父是在松木场护国寺里居住。于是他就请他的师父回到虎跑寺来，而我也就于民国七年正月十五日受三皈依了。

我打算于此年的暑假入山，预先在寺里住了一年后再实行出家的。当这个时候，我就做了一件海青，及学习两堂功课。

二月初五日那天，是我母亲的忌日，于是我就先于两天前到虎跑去，诵了三天的《地藏经》，为我的母亲回向。

到了五月底，我就提前先考试。考试之后，即到虎跑寺入山了。到了寺中一日以后，即穿出家人的衣裳，而预备转年再剃度。

及至七月初，夏丏尊居士来。他看到我穿出家人的衣裳但还未出家，他就对我说："既住在寺里面，并且穿了出家人的衣裳，而不出家，那是没有什么意思的。所以还是赶紧剃度好！"

我本来是想转年再出家的，但是承他的劝，于是就赶紧出家了。七月十三日那一天，相传是大势至菩萨的圣诞，所以就在那天落发。

落发以后仍须受戒的，于是由林同庄君介绍，到灵隐寺去受戒了。

灵隐寺是杭州规模最大的寺院，我一向是很欢喜的。我出家以后，曾到各处的大寺院看过，但是总没有像灵隐寺那么好！

八月底，我就到灵隐寺去，寺中的方丈和尚很客气，叫我住在客堂后面芸香阁的楼上。当时是由慧明法师做大师父的。有一天，我在客堂里遇到这位法师了。他看到我时就说："既系来受戒的，为什么不进戒堂呢？虽然你在家的时候是读书人，但是读书人就能这样地随便吗？就是在家时是一个皇帝，我也是一样看待的！"那时方丈和尚仍是要我住在客堂楼上，而于戒堂里有了紧要的佛事时，方去参加一两回的。

那时候，我虽然不能和慧明法师时常见面，但是看到他那样的忠厚笃实，却是令我佩服不已的！

受戒以后，我就住在虎跑寺内。到了十二月，即搬到玉泉寺去住。此后即常常到别处去，没有久住在西湖了。

序二：以出世的精神，做入世的事业

朱光潜

弘一法师是我国当代我最景仰的一位高士。一九三二年，我在浙江上虞白马湖春晖中学当教员时，有一次弘一法师曾到白马湖访问在春晖中学里的一些他的好友，如经子渊、夏丏尊和丰子恺。我是丰子恺的好友，因而和弘一法师有一面之缘。他的清风亮节使我一见倾心，但不敢向他说一句话。他的佛法和文艺方面的造诣，我大半从子恺那里知道的。子恺转送给我不少的弘一法师练字的墨迹，其中有一幅是《大方广佛华严经》中的一段偈文，后来我任教北京大学时，萧斋斗室里悬挂的就是法师书写的这段偈文，一方面表示我对法师的景仰，同时也作为我的座右铭。时过境迁，这些纪念品都荡然无存了。

我在北平大学任教时，校长是李麟玉，常有往来，我才知道弘一法师在家时名叫李叔同，就是李校长的叔父。李氏本是河北望族，祖辈曾在清朝做过大官。从此我才知道弘一法师原是名门子弟，结合到我见过的弘一法师在日本留学时代的一些化装演剧的照片和听到过的乐曲和歌唱的录音，都有年少翩翩的风度，我才想到弘一法师少年时有一度是红尘中人，后来出家是看破红尘的。

弘一法师是一九四二年在福建逝世的，一位泉州朋友曾来信告诉我，弘一法师逝世时神智很清楚，提笔在片纸上写“悲欣交集”四个字便转入涅槃了。我因此想到红尘中人看破红尘而达到“悲欣交集”即功德圆满，是弘一法师生平的三部曲。我也因此看到弘一法师虽是看破红尘，却绝对不是悲观厌世。

我自己在少年时代曾提出“以出世精神做入世事业”作为自己的人生理想，这个理想的形成当然不止一个原因，弘一法师替我写的《华严经》对我也是一种启发。佛终生说法，都是为救济众生，他正是以出世精神做入世事业的。入世事业在分工制下可以有多种，弘一法师从文化思想这个根本上着眼。他持律那样谨严，一生清风亮节会永远严顽立懦，为民族精神文化树立了丰碑。

中日两国在文化史上是分不开的，弘一法师曾在日本度过他的文艺见习时期，受日本文艺传统的影响很深，他原来又具有中国传统文化的陶冶。我默祝趁这次展览的机会，日本朋友们能回溯一下日本文化传统对弘一法师的影响，和我们一起来使中日交流日益发扬光大。

序三：弘一法师之出家

夏丏尊

今年旧历九月二十日，是弘一法师满六十岁诞辰。佛学书局因为我是他的老友，嘱写些文字以为纪念，我就把他出家的经过加以追叙。他是三十九岁那年夏间披剃的，到现在已整整作了二十一年的僧侣生涯。我这里所述的，也都是二十一年前的旧事。

说起来也许会教大家不相信，弘一法师的出家，可以说和我有关，没有我，也许不至于出家。关于这层，弘一法师自己也承认。有一次，记得是他出家二三年后的事，他要到新城掩关去了，杭州知友们在银洞巷虎跑寺下院替他饯行，有白衣，有僧人。斋后，他在座间指了我向大家道：

“我的出家，大半由于这位夏居士的助缘，此恩永不能忘！”

我听了不禁面红耳赤，惭悚无以自容。因为（一）我当时自己尚无信仰，以为出家是不幸的事情，至少是受苦的事情，弘一法师出家以后即修种种苦行，我见了常不忍。（二）他因我之助缘而出家修行去了，我却竖不起肩膀，仍浮沉在醉生梦死的凡俗之中，所以深深地感到对于他的责任，很是难过。

我和弘一法师(俗姓李，名字屡易，为世熟知者曰息，字曰叔同)相识，是在杭州浙江两级师范学校(后改名浙江第一师范学校)任教的时候。这个学校有一个特别的地方，不轻易更换教职员。我前后担任了十三年，他担任了七年。在这七年中我们晨夕一堂，相处得很好。他比我长六岁，当时我们已是三十左右的人了，少年名士气息，忏除将尽，想在教育上做些实际工夫。我担任舍监职务，兼教修身课，时时感觉对于学生感化力不足。他教的是图画音乐二科，这两种科目，在他未来以前，是学生所忽视的。自他任教以后，就忽然被重视起来，几乎把全校学生的注意力都牵引过去了。课余但闻琴声歌声，假日常见学生出外写生。这原因一半当然是他对于这二科实力充足，一半也由于他的感化力大。只要提起他的名字，全校师生以及工役没有人不起敬的。他的力量，全由诚敬中发出，我只好佩服他，不能学他。举一个实例来说，有一次寄宿舍里学生失少了财物了，大家猜测是某一个学生偷的，检查起来，却没有得到证据。我身为舍监，深觉惭愧苦闷，向他求教。他所指教我的方法，说也怕人，教我自杀！说：

“你肯自杀吗？你若出一张布告，说作贼者速来自首，如三日内无自首者，足见舍监诚信未孚，誓一死以殉教育。果能这样，一定可以感动人，一定会有人来自首——这话须说得诚实，三日后如没有人自首，真非自杀不可。否则便无效力。”

这话在一般人看来是过分之辞，他说来的时候，却是真心的流露，并无虚伪之意，我自愧不能照行，向他笑谢，他当然也不责备我。我们那时颇有些道学气，俨然以教育者自任，一方面又痛感到自己力量不够，可是所想努力的，还是儒家式的修养，至于宗教方面简直毫不关心的。

有一次，我从一本日本的杂志上见到一篇关于断食的文章，说断食是身心“更新”的修养方法，自古宗教上的伟人，如释迦，如耶稣，都曾断过食。断食能使人除旧换新，改去恶德，生出伟大的精神力量。并且还列举实行的方法及应注意的事项，又介绍了一本专讲断食的参考书。我对于这篇文章很有兴味，便和他谈及，他就好奇地向我要了杂志去看。以后我们也常谈到这事，彼此都有“有机会时最好断食来试试”的话，可是并没有作过具体的决定。至少在我自己是说过就算了。约莫经过了一年，他竟独自去实行断食了，这是他出家前一年阳历年假的事。他有家眷在上海，平日每月回上海二次，年假暑假当然都回上海的。阳历年假只十天，放假以后我也就回家去了，总以为他仍照例回到上海了的。假满返校，不见到他，过了两星期他才回来。据说假期中没有回上海，在虎跑寺断食。我问他：“为什么不告诉我？”他笑说：“你是能说不能行的，并且这事预先教别人知道也不好，旁人大惊小怪起来，容易发生波折。”他的断食共三星期。第一星期逐渐减食至尽，第二星期除水以外完全不食，第三星期起由粥汤逐渐增加至常量。据说经过很顺利，不但并无痛苦，而且身心反觉轻快，有飘飘欲仙之象。他平日是每日早晨写字的，在断食期间，仍以写字为常课，三星期所写的字，有魏碑，有篆文，有隶书，笔力比平日并不减弱。他说断食时，心比平时灵敏，颇有文思，恐出毛病，终于不敢作文。他断食以后，食量大增，且能吃整块的肉（平日虽不茹素，不多食肥腻肉类）。自己觉得脱胎换骨过了，用老子“能婴儿乎”之意，改名李婴，依然教课，依然替人写字，并没有什么和前不同的情形。据我知道，这时他只看些宋元人的理学书和道家的书类，佛学尚未谈到。

转瞬阴历年假到了，大家又离校。哪知他不回上海，又到虎跑寺去了。因为他在那里经过三星期，喜其地方清净，所以又到那里去过年。他的皈依三宝，可以说是由这时候开始的。据说，他自虎跑寺断食回来，曾去访过马一浮先生，说虎跑寺如何清静，僧人招待如何殷勤。阴历新年，马先生有一个朋友彭先生，求马先生介绍一个幽静的寓处，马先生忆起弘一法师前几天曾提起虎跑寺，就把这位彭先生陪送到虎跑寺去住。恰好弘一法师正在那里，经马先生之介绍，就认识了这位彭先生。同住了不多几天，到了正月初八日，彭先生忽然决心出家了，由虎跑寺当家为他剃度。弘一法师目击当时的一切，大大感动，可是还不就想出家，仅皈依三宝，拜老和尚了悟法师为皈依师。演音的名，弘一的号，就是那时取定的。假期满后，仍回到学校里来。

从此以后，他茹素了，有念珠了，看佛经，室中供佛像了。宋元理学书偶然仍看，道家书似已疏远。他对我说明一切经过及未来志愿，说出家有种种难处，以后打算暂以居士资格修行，在虎跑寺寄住，暑假后不再担任教师职务。我当时非常难堪，平素所敬爱的这样的好友，将弃我遁入空门去了，不胜寂寞之感。

在这七年之中，他想离开杭州一师，有三四次之多。有时是因对于学校当局有不快，有时是因为别处有人来请他。他几次要走，都是经我苦劝而作罢的。甚至于有一时期，南京高师苦苦求他任课，他已接受聘书了，因我恳留他，他不忍拂我之意，于是杭州南京两处跑，一个月中要坐夜车奔波好几次。他的爱我，可谓已超出寻常友谊之外，眼看这样的好友，因信仰而变化，要离我而去，而信仰上的事，不比寻常名利关系，可以迁就。料想这次恐已无法留得他住，深悔从前不该留他。他若早离开杭州，也许不会遇到这样复杂的因缘的。暑假渐近，我的苦闷也愈加甚，他虽常用佛法好言安慰我，我总熬不住苦闷。有一次，我对他说过这样的一番狂言：

“这样做居士究竟不彻底。索性做了和尚，倒爽快！”

我这话原是愤激之谈，因为心里难过得熬不住了，不觉脱口而出。说出以后，自己也就后悔。他却仍是笑颜对我，毫不介意。

暑假到了。他把一切书籍字画衣服等等，分赠朋友学生及校工们，我所得的是他历年所写的字，他所有的折扇及金表等。自己带到虎跑寺去的，只是些布衣及几件日常用品。我送他出校门，他不许再送了，约期后会，黯然而别。暑假后，我就想去看他，忽然我父亲病了，到半个月以后才到虎跑寺去。相见时我吃了一惊，他已剃去短须，头皮光光，着起海青，赫然是个和尚了！笑说：

“昨天受剃度的。日子很好，恰巧是大势至菩萨生日。”

“不是说暂时做居士，在这里住住修行，不出家的吗？”我问。

“这也是你的意思，你说索性做了和尚……”

我无话可说，心中真是感慨万分，他问过我父亲的病况，留我小坐，说要写一幅字，叫我带回去作他出家的纪念。回进房去写字，半小时后才出来，写的是《楞严大势至念佛圆通章》，且加跋语，详记当时因缘，末有“愿他年同生安养共圆种智”的话。临别时我和他约，尽力护法，吃素一年，他含笑点头，念一句“阿弥陀佛”。

自从他出家以后，我已不敢再毁谤佛法，可是对于佛法见闻不多，对于他的出家，最初总由俗人的见地，感到一种责任。以为如果我不苦留他在杭州，如果不提出断食的话头，也许不会有虎跑寺马先生彭先生等因缘，他不会出家。如果最后我不因惜别而发狂言，他即使要出家，也许不会那么快速。我一向为这责任之感所苦，尤其在见到他作苦修行或听到他有疾病的时候。近几年以来，我因他的督励，也常亲近佛典，略识因缘之不可思议，知道像他那样的人，是于过去无量数劫种了善根的。他的出家，他的弘法度生，都是夙愿使然，而且都是希有的福德，正应代他欢喜，代众生欢喜，觉得以前的对他不安，对他负责任，不但是自寻烦恼，而且是一种僭妄了。

嘎納嘎巴薩尊者
嘎納嘎拔喇錣雜尊者

上篇 弘一法师说佛

改过实验谈

癸酉正月在厦门妙释寺讲

今值旧历新年，请观厦门全市之中，新气象充满，门户贴新春联，人多着新衣，口言恭贺新喜、新年大吉等。我等素信佛法之人，当此万象更新时，亦应一新乃可。我等所谓新者何？亦如常人贴新春联、着新衣等以为新乎？曰：不然。我等所谓新者，乃是改过自新也。但“改过自新”四字范围太广，若欲演讲，不知从何说起。今且就余五十年来修省改过所实验者，略举数端为诸君言之。

余于讲说之前，有须预陈者，即是以下所引诸书，虽多出于儒书，而实合于佛法。因谈玄说妙，修证次第，自以佛书最为详尽。而我等初学之人，持躬敦品，处事接物等法，虽佛书中亦有说者，但儒书所说，尤为明白详尽，适于初学。故今多引之，以为吾等学佛法者之一助焉。以下分为总论、别示二门。

总论者即是说明改过之次第：

一学。须先多读佛书儒书，详知善恶之区别及改过迁善之法。倘因佛儒诸书浩如烟海，无力遍读，而亦难于了解者，可以先读《格言联璧》一部。余自儿时即读此书，归信佛法以后，亦常常翻阅，甚觉其亲切而有味也。此书佛学书局有排印本甚精。

二省。既已学矣，即须常常自己省察，所有一言一动，为善欤，为恶欤？若为恶者，即当痛改。除时时注意改过之外，又于每日临睡时，再将一日所行之事，详细思之。能每日写录日记尤善。

三改。省察以后，若知是过，即力改之。诸君应知改过之事，乃是十分光明磊落，足以表示伟大之人格。故子贡云：“君子之过也，如日月之食焉；过也人皆见之，更也人皆仰之。”又古人云：“过而能知，可以谓明。知而能改，可以即圣。”诸君可不勉乎！

别示者，即是分别说明余五十年来改过迁善之事，但其事甚多，不可胜举。今且举十条为常人所不甚注意者，先与诸君言之。《华严经》中皆用十之数目，乃是用十以表示无尽之意。今余说改过之事，仅举十条亦尔，正以示余之过失甚多，实无尽也。此次讲说时间甚短，每条之中仅略明大意，未能详言，若欲知者，且俟他日面谈耳。

一虚心。常人不解善恶，不畏因果，决不承认自己有过，更何论改？但古圣贤则不然。今举数例：孔子曰："五十以学易，可以无大过矣。"又曰："闻义不能徙，不善不能改，是吾忧也。"蘧伯玉为当时之贤人，彼使人于孔子。孔子与之坐而问焉，曰："夫子何为？"对曰："夫子欲寡其过而未能也。"圣贤尚如此虚心，我等可以贡高自满乎！

二慎独。吾等凡有所作所为，起念动心，佛菩萨乃至诸鬼神等，无不尽知尽见。若时时作如是想，自不敢胡作非为。曾子曰："十目所视，十手所指，其严乎！"又引诗云："战战兢兢，如临深渊，如履薄冰。"此数语为余所常常忆念不忘者也。

三宽厚。造物所忌，曰刻曰巧。圣贤处事，唯宽唯厚。古训甚多，今不详录。

四吃亏。古人云："我不识何等为君子，但看每事肯吃亏的便是。我不识何等为小人，但看每事好便宜的便是。"古时有贤人某临终，子孙请遗训，贤人曰："无他言，尔等只要学吃亏。"

五寡言。此事最为紧要。孔子云："驷不及舌。"可畏哉！古训甚多，今不详录。

六不说人过。古人云："时时检点自己且不暇，岂有功夫检点他人。"孔子亦云："躬自厚而薄责于人。"以上数语，余常不敢忘。

七不文己过。子夏曰："小人之过也必文。"我众须知文过乃是最可耻之事。

八不覆己过。我等倘有得罪他人之处，即须发大惭愧，生大恐惧。发露陈谢，忏悔前愆。万不可顾惜体面，隐忍不言，自诳自欺。

九闻谤不辩。古人云："何以息谤？曰：无辩。"又云："吃得小亏，

则不至于吃大亏。”余三十年来屡次经验，深信此数语真实不虚。

十不嗔。嗔习最不易除。古贤云：“二十年治一怒字，尚未消磨得尽。”但我等亦不可不尽力对治也。《华严经》云：“一念嗔心，能开百万障门。”可不畏哉！

因限于时间，以上所言者殊略，但亦可知改过之大意。最后，余尚有数言，愿为诸君陈者：改过之事，言之似易，行之甚难。故有屡改而屡犯，自己未能强作主宰者，实由无始宿业所致也。务请诸君更须常常持诵阿弥陀佛名号，观世音地藏诸大菩萨名号，至诚至敬，恳切忏悔无始宿业，冥冥中自有不可思议之感应。承佛菩萨慈力加被，业消智朗，则改过自新之事，庶几可以圆满成就，现生犹入圣贤之域，命终往生极乐之邦，此可为诸君预贺者也。

常人于新年时，彼此晤面，皆云恭喜，所以贺其将得名利。余此次于新年时，与诸君晤面，亦云恭喜，所以贺诸君将能真实改过，不久将为贤为圣，不久决定往生极乐，速成佛道，分身十方，并能利益一切众生耳。

李叔同诗词作品

月夜

纤云四卷银河净，梧叶兼疏摇月影；
剪径凉风阵阵紧，暮鸦栖止未定。
万里空明人意静，呀！
是何处，敲彻玉磬，一声声清越度幽岭。
呀！是何处，声相酬应，是孤雁寒砧并，
想此时此际，幽人应独醒，倚栏风冷。

律学要略

乙亥十一月在泉州承天寺律仪法会讲 万泉记录

我出家以来，在江浙一带，并不敢随便讲经或讲律，更不敢赴什么传戒的道场。其缘故是：因个人感觉着学力不足。三年来，在闽南虽曾讲过些东西，自心总觉非常惭愧的。这次本寺诸位长老，再三地唤我来参加戒期胜会，情不可却，故今天来与诸位谈谈，但因时间匆促，未能预备，参考书又缺少，兼以个人精神衰弱，拟在此共讲三天。今天先专力求援比丘戒者讲些律宗历史，他人旁听，虽不能解，亦是种植善根之事。

为比丘者，应先了知戒律传入此土之因缘，及此土古今律宗盛衰之大概。由东汉至曹魏之初，僧人无归戒之举，唯剃发而已。魏嘉平年中，天竺僧人法时到中土，乃立羯磨受法，是为戒律之始。当是时，可算是真实传授比丘戒的开始，渐渐达至繁盛时期。

大部之广律，最初传来的是《十诵律》。翻译斯部律者，系姚秦时的鸠摩罗什法师。庐山净宗初祖远公法师亦竭力劝请赞扬。六朝时此律最盛于南方。其次翻译的是《四分律》，时期和《十诵律》相去不远，但迟至隋朝乃有人弘扬提倡，至唐初乃大盛。第三部是《僧祇律》，东晋时翻译的，六朝时北方稍有弘扬者。刘宋时继《僧祇律》后，有《五分律》，翻译斯律之人，即是译六十卷《华严经》者。文精而简，道宣律师甚赞，可惜罕有人弘扬。至其后有《有部律》，乃唐武则天时义净法师的译著，即是西藏一带最通行的律。当初义净法师在印度有二十余年的历史，博学强记，贯通律学精微，非至印度之其他僧人所能及，实空前绝后的中国大律师。义净回国，翻译终毕，他年亦老了，不久即圆寂，以后无有人弘扬，可惜！可惜！此外诸部律论甚多，不遑枚举。

关于《有部律》，我个人起初见之甚喜，研究多年。以后因朋友劝告，即改研《南山律》，其原因是《南山律》依《四分律》而成，又稍有变化，能适合吾国僧众之根器故。现在我即专就《四分律》之历史，大略说些。

唐代是《四分律》最盛时期，以前所弘扬的是《十诵律》，《四分律》

少人弘扬。至唐初《四分律》学者乃盛，共有三大派：一《相部律》，依法砺律师为主；二《南山律》，以道宣律师为主；三《东塔律》，依怀素律师为主。法砺律师在道宣之前，道宣曾就学于他。怀素律师在道宣之后，亦曾亲近法砺、道宣二律师。斯律虽有三大派之分，最盛行于世的可算《南山律》了。南山律师著作浩如烟海，其中《行事钞》最负盛名，是时任何宗派之学者皆须研《行事钞》。自唐至宋，解者六十余家，唯灵芝元照律师最胜。元照律师尚有许多其他经律的注释。元照后，律学渐渐趋于消沉，罕有人发心弘扬。

南宋后，禅宗益盛，律学更无人过问，所有唐宋诸家的律学撰述数千卷悉皆散失。迨至清初，唯存《南山随机羯磨》一卷。如是观之，大足令人兴叹不已！明末清初有蕅益、见月诸大师等欲重兴律宗，但最可憾者，是唐宋古书不得见。当时蕅益大师著述有《毗尼事义集要》，初讲时人数已不多，以后更少，结果成绩颓然。见月律师弘律颇有成绩，撰述甚多，有解《随机羯磨》者，毗尼作持，与南山颇有不同之处，因不得见南山著作故！此外尚有最负盛名的《传戒正范》一部，从明末至今，传戒之书独此一部，传戒尚存之一线曙光，唯赖此书。虽与南山之作未能尽合，然其功甚大，不可轻视。但近代受戒仪轨，又依此稍有增减，亦不是见月律师《传戒正范》之本来面目了。

南宋至清七百余年，关于唐宋诸家律学撰述，可谓无存。清光绪末年乃自日本请还唐宋诸家律书之一部分。近十余年间，在天津已刊者数百卷。此外《续藏经》中所收尚未另刊者，犹有数百卷。

今后倘有人发心专力研习弘扬，可以恢复唐代之古风。凡蕅益、见月等所欲求见者，今悉俱在。我们生此时候，实比蕅益、见月诸大师幸福多多。

但学律非是容易的事情。我虽然学律近二十年，仅可谓为学律之预备，窥见了少许之门径；再预备数年，乃可着手研究。以后至少须研究二十年，乃可稍有成绩。奈我现在老了，恐不能久住世间，很盼望你们有人能发心专学戒律，继我所未竟之志，则至善矣。

我们应知道：现在所流通之《传戒正范》，非是完美之书，何况更随便增减，所以必须今后恢复古法乃可。此皆你们的责任，我甚希望大家共同勉励进行！

今天续讲三皈、五戒乃至菩萨戒之要略。

三皈、五戒、八戒、沙弥沙弥尼戒、式叉摩那戒、比丘比丘尼戒、菩萨戒等，就普通说，菩萨戒为大乘，余皆小乘，但亦未必尽然，应依受者发心如何而定。我近来研究《南山律》，内中有云："无论受何戒法，皆要先发大乘心。"由此看来，哪有一种戒法专名为小乘的呢？再就受戒方法论，如三皈、五戒、沙弥沙弥尼戒，皆用三皈依受；至于比丘比丘尼戒、菩萨戒，则须依羯磨文受；又如式叉摩那，则是作羯磨与学戒法，不是另外得戒，与上不同。再依在家出家分之，就普通说，在家如三皈、五戒、八戒等，出家如沙弥比丘等。实而言之，三皈、五戒、八戒，皆通在家出家。诸位听着这话，或当怀疑，今我以例证之。如明灵峰蕅益大师，他初亦受比丘戒，后但退作三皈人，如是言之，只有三皈亦可算出家人。

又若单五戒，亦可算出家人。因剃发以后，必先受五戒，后再受沙弥戒。未受沙弥戒前，止是五戒之出家人。故五戒通于在家出家，有在家优婆塞、出家优婆塞之别。例如明蕅益大师之大弟子成时、性旦二师，皆自称为出家优婆塞。成时大师为编辑《净土十要》及《灵峰宗论》者，性旦大师为记录《弥陀要解》者，皆是明末的高僧。

八戒何为亦通在家出家？《药师经》中说："比丘亦可受八戒。比丘再受八戒，为欲增上功德故。"这样看起来，八戒亦通于僧俗。

以上略判竟。以下一一分别说之。

三皈：不属于戒，仅名三皈。三皈者：皈依佛，皈依法，皈依僧。未受以前，必须了解三皈道理，并非糊里糊涂地盲从瞎说。如这样子，皆不得三皈。

所谓三宝，有四种之别，一理体三宝，二化相三宝，三住持三宝，四一体三宝。尽讲起来很深奥复杂，现在且专就住持三宝来说。三宝意义是什么？佛、法、僧。所谓佛即形像，如释迦佛像、药师佛像、弥陀佛像等；法即佛所说之经，如《法华经》《楞严经》等，皆佛金口所流露出来之法；僧即出家剃发受戒有威仪之人。以上所说佛、法、僧道理，可谓最浅近，诸位谅皆能明了吧。

皈依：即回转的意义。因前背舍三宝，而今转向三宝，故谓之皈依。但无论出家在家之人，若受三皈时，最重要点有二：第一要注意皈依三宝是何意义？第二当受三皈时，师父所说应当十分明白；或师父所讲的话，全是文言不能了解，如是决不能得三皈；或隔离太远，听不明白，亦不得三皈；或虽能听到大致了解，其中尚有一二怀疑处，亦不得三皈。又正授之时，即是"皈依佛""皈依法""皈依僧"三说，此最要紧，应十分注意。以后之"皈依佛竟""皈依法竟""皈依僧竟"，是名三结，无关紧要。所以诸位发心受戒，应先了知三皈意义。又当正授时，要在先“皈依佛”等三语注意，乃可得三皈。

以上三皈说已。下说五戒。

五戒：就五戒言，亦要请师先为说明。五戒者：杀，盗，淫，妄，酒。当师父说明五戒意义时，切要用白话，浅近明了，使人易懂。受戒者听毕，应先自思量如是诸戒能持否，若不能全持，或一，或二，或三，或四，皆可随意；宁可不受，万不可受而不持！且就杀生而论，未受戒者，犯之本应有罪，若已受不杀戒者犯之，则罪更加重一倍，可怕不可怕呢！你们试想一想，如果不能受持，勉强敷衍，实是自寻烦恼！据我思之，五戒中最容易持的，是不邪淫，不饮酒，诸位可先受这两条最为稳当。至于杀与妄语，有大小之分，大者虽不易犯，小者实为难持。又五戒中最为难持的莫如盗戒，非于盗戒戒相研究十分明了之后，万不可率尔而受。所以我盼望诸位，对于盗戒一条缓缓再说。至要！至要！但以现在传戒情形看起来，在这许多人众集合场中，实际上是不能如上一一别受。我想现在受五戒时，不妨合众总受五戒，俟受戒后，再自己斟酌取舍，亦未为不可。于自己所不能奉持的数条，可以在引礼师前或俗人前舍去，这样办法，实在十分妥当，在授者减麻烦，诸位亦可免除烦恼。另外还有一句要紧的话，倘有人怀疑于此大众混杂扰乱之时，心中不能专一注想，或恐犹未得戒者，不妨请性愿老法师或其他善知识，再为重授一次，他们当即慈悲允许。诸位！你们万不可轻视三皈五戒！我有句老实话对诸位说：菩萨戒不是容易得的，沙弥戒及比丘戒是不能得的。无论出家或在家人所希望者，唯有三皈五戒。我们倘能得三皈五戒，那就是很好的了。因受持五戒，来生定可为人。既能持五戒，再说念阿弥陀佛名号，求生西方，临终时定能往生西方极乐世界，岂不甚好。就我自己而论，对于菩萨戒是有名无实，沙弥戒及比丘戒决定未得；即以五戒而言，亦不敢说完全，止可谓为出家多分优婆塞而已。这是实话。所以我盼望诸位要注意三皈五戒。当受五戒，应知于前说三皈正得戒体，最宜注意；后说五戒戒相为附属之文，不是在此时得戒。又须请师先为说明五戒之广狭；例如饮酒一戒，不唯不饮泉州酒店之酒，凡尽法界虚空界之戒缘境酒，皆不可饮。杀，盗，淫，妄，亦复如是。所以受戒功德普遍法界，实非人力所能思议。

宝华山见月律师所编《三皈五戒正范》，所有开示多用骈体文。闻者万不能了解，等于虚文而已，最好请师译成白话。此外我更附带言之：近有为人授五戒者，于不饮酒后加不吸烟一句，但这不吸烟可不必加入，应另外劝告，不应加入五戒文中。

以上说五戒毕，以下讲八戒。

八戒：具云八关斋戒。“关”者，禁闭非逸，关闭所有一切非善事。“斋”是清的意思，绝诸一切杂想事。八关斋戒本有九条，因其中第七条包含两条，故合计为八条。前五与五戒同，后三条是另加的。后加三者，即：第六，华香璎珞香油涂身，这是印度美丽装饰之风俗，我国只有花香，并无璎珞等。但所谓香如吾国香粉、香水、香牙粉、香牙膏及香皂等，皆不可用。第七，高胜床上坐，作倡伎乐故往观听。这就是两条合为一条的；现略为分析：“高”是依佛制度，坐卧之床脚，最高不能超过一尺六寸；“胜”是指金银牙角等之装饰，此皆不可。但在他处不得已的时候，暂坐可开。佛制是专为自制的，须结正罪，如别人已作成功的，不是自制的，罪稍轻。作倡伎乐故往观听，音乐影戏等皆属此条；所谓故往观听之“故”字要注意，于无意中偶然听到或看见的不犯。以上“高胜床上坐，作倡伎乐故往观听”，共合为一条。受八关斋戒的人，皆不可为。第八，非时食。佛制受八关斋戒后，自黎明至正午可食，倘越时而食，即叫作非时食。即平常所说的“过午不食”。但正午后，不单是饭等不可食，如牛奶水果等均不可用。如病重者，于不得已中，可在大家看不到地方开食粥等。

受八关斋戒，普通于六斋日受。六斋日者，即：初八，十四，十五，廿三，及月底最后二日。倘能发心日日受，那是最好不过了。受时要在每天晨起时，期限以一日一夜——天亮时至夜，夜至明早。受八关斋戒后，过午不食一条，应从今天正午后至明日黎明时皆不可食。又八戒与菩萨戒比较别的戒有区别，因为八戒与菩萨戒，是顿立之戒（但上说的菩萨戒，是局就《梵网》《璎珞》等而说的；若依《瑜伽戒本》，则属于渐次之戒）。这是什么缘故呢？未受五戒、沙弥戒、比丘戒，皆可即受菩萨戒或八戒，故曰顿立。若渐次之戒，必依次第，如先五戒，次沙弥戒，次比丘戒，层层上去的。以上所说八关斋戒，外江居士受的非常之多；我想闽南一带，将来亦应当提倡提倡！若嫌每月六日太多，可减至一日或两日亦无不可。因仅受一日，即有极大功德，何况六日全受呢！

沙弥戒：沙弥戒诸位已知道了吧？此乃正戒，共十条。其中九条同八戒，另加手不捉钱宝一条，合而为十。但手不捉钱宝一条，平常人不明白，听了皆怕；不知此不捉钱宝是易持之戒。律中有方便办法，叫作“说净”，经过说净的仪式后，亦可照常自己捉持。最为繁难者，是正戒十条外，于比丘戒亦应学习，犯者结罪。我初出家时不晓得，后来学律才知道。这样看起来，持沙弥戒亦是不容易的一回事。

沙弥尼戒：即女众法戒，与沙弥同。

式叉摩那戒：梵语式叉摩那，此云学法女。外江各丛林皆谓在家贞女为式叉摩那，这是错误的。闽南这边，那年开元寺传戒时，对于贞女不称式叉摩那，只用贞女之名，这是很通。平常人多不解何者为式叉摩那，我现在略为解释一下：哪一种人可以受式叉摩那戒呢？要已受沙弥尼戒的人于十八岁时，受式叉摩那法，学习二年，然后再受比丘尼戒，因为佛制二十岁乃可受戒。于十八岁时，再学二年，正当二十岁。于二年学习时，僧作羯磨，与学戒法；二年学毕，乃可受比丘尼戒。但式叉摩那要学三法：一学根本法，——即四重戒。二学六法——染心相触，盗减五钱，断畜命，小妄语，非时食，饮酒。三学行法——大尼诸戒及威仪。

此仅是受学戒法，非另外得戒，故与他戒不同。以下讲比丘戒。

比丘戒：因时间很短，现在不能详细说明，唯有几句要紧话先略说之。

我们生此末法时代，沙弥戒与比丘戒皆是不能得的，原因甚多甚多！今且举出一种来说，就是没有能授沙弥戒比丘戒的人；若受沙弥戒，须二比丘授，比丘戒至少要五比丘授；倘若找不到比丘的话，不单比丘戒受不成，沙弥戒亦受不成。我有一句很伤心的话要对诸位讲：从南宋迄今六七百年来，或可谓僧种断绝了！以平常人眼光看起来，以为中国僧众很多，大有达至几百万之概。据实而论，这几百万中，要找出一个真比丘，怕也是不容易的事！如此怎样能受沙弥比丘戒呢？既没有能授戒的人，如何会得戒呢？我想诸位听到这话，心中一定十分扫兴；或以为既不得戒，我们白吃辛苦，不如早些回去好，何必在此辛辛苦苦做这种极无意味的事情呢？但如此怀疑是大不对的：我劝诸位应好好地、镇静地在此受沙弥戒比丘戒才是！虽不得戒，亦能种植善根，兼学种种威仪，岂不是好？又若想将来学律，必先挂名受沙弥比丘戒，否则以白衣学律，必受他人讥评。所以你们在这儿发心受沙弥比丘戒，是很好的！

这次本寺诸位长老唤我来讲律学大意，我感到有种种困难之点。这是什么缘故？比方我在这儿，不依据佛所说的道理讲，一味地随顺他人，顾惜情面，敷衍了事，岂不是我害了你们吗？若依实在的话与你们讲，又恐怕因此引起你们的怀疑，所以我觉着十分困难。因此不得已，对于诸位分作两种说法：（一）老实不客气地，必须要说明受戒真相，恐怕诸位出戒堂后，妄自称为沙弥或比丘，致招重罪，那是不得了的事情！我有种比方，譬如泉州这地方有司令官等，不识相的老百姓亦自称我是司令官，如司令官等听到，定遭不良结果，说不定有枪毙之危险！未得沙弥比丘戒者，妄自称为沙弥或比丘，必定遭恶报，亦就是这个道理。我为着良心的驱使，所以要对诸位说老实话。（二）以现在人情习惯看起来，我总劝诸位受戒，挂个虚名，受后俾可学律。不然，定招他人诽谤之虞。这样的说，诸位定必明了吧。

更进一层说，诸位中若有人真欲绍隆僧种，必须求得沙弥比丘戒者，亦有一种特别的方法；即是如蕅益大师礼《占察忏仪》，求得清净轮相，即可得沙弥比丘戒。除此以外，无有办法。故蕅益大师云："末世欲得净戒，舍此占察轮相之法，更无别途。"因为得清净轮相之后，即可自誓总受菩萨戒，而沙弥比丘戒皆包括在内，以后即可称为菩萨比丘。礼《占察忏仪》得清净轮相，虽是极不容易的事，倘诸位中有真发大心者，亦可奋力进行，这是我最希望你们的。

以下说比丘尼戒：

比丘尼戒：现在不能详说。依据佛制，比丘尼戒要重复受两次：先依尼僧授本法，后请大僧正授。但正得戒时，是在大僧正授时。此法南宋以后已不能实行了。最后说菩萨戒：

菩萨戒：为着时间关系，亦不能详说。现在略举三事：（一）要有菩萨种性，又能发菩提心，然后可受菩萨戒。什么是种性呢？就简单来说，就是多生以来所成就的资格。所以当受戒时，戒师问："汝是菩萨否？"应答曰："我是菩萨！"这就是菩萨种性。戒师又问："既是菩萨，已发菩提心否？"应答曰："已发菩提心。"这就是发菩提心。如这样子才能受菩萨戒。（二）平常人受菩萨戒者皆是全受。但依《璎珞本业经》，可以随身分受，或一或多，与前所说的受五戒法相同。（三）犯相重轻，依旧疏新疏有种种差别，应随个人力量而行。现以例说，如妄语戒，旧疏说大妄语乃犯波罗夷罪，新疏说小妄语即犯波罗夷罪。至于起杀、盗、淫、妄之心，即犯波罗夷，乃是为地上菩萨所制，我等凡夫是做不到的。所谓菩萨戒虽不易得，但如有真诚之心，亦非难事；且可自誓受，不比沙弥比丘戒必须要请他人授。因为菩萨戒、五戒、八戒皆可自誓受，所以我们颇有得菩萨戒之希望！

今天《律学要略》讲完，我想在其中有不妥当处或错误处，还请诸位原谅。最后我尚有几句话：诸位在此受戒很好。在近代说，如外江最有名望的地方，虽有传戒，实不及此地完备。这是这里办事很有热心，很有精神，很有秩序，诚使我佩服，使我赞美。就以讲律来说，此地戒期中讲《沙弥律》

《比丘戒本》《梵网经》，他方是难有的。几年前，泉州大开元寺于戒期中提倡讲律，大家皆说是破天荒的举动。本寺此次传戒之美备，实与数年前大开元寺相同；并有露天演讲，使外人亦有种植善根之机缘，诚办事周到之处。本年天灾频仍，泉州亦不在例外，在人心惨痛、境遇萧条的状况中，本寺居然以极大规模，很圆满地开戒，这无非是诸位长老及大护法的道德感化所及。我这次到此地，心实无限欢喜，此是实话，并非捧场。此次能碰着这大机缘与诸位相聚，甚慰衷怀，最后还要与诸位恭喜！

李叔同诗词作品

感时

杜宇啼残故国愁，
虚名况敢望千秋。
男儿若论收场好，
不是将军也断头。

青年佛徒应注意的四项

丙子正月开学日在南普陀寺佛教养正院讲

养正院从开办到现在，已是一年多了。外面的名誉很好，这因为由瑞金法师主办，又得各位法师热心爱护，所以能有这样的成绩。

我这次到厦门，得来这里参观，心里非常欢喜。各方面的布置都很完美，就是地上也扫得干干净净的，这样，在别的地方，很不容易看到。

我在泉州草庵大病的时候，承诸位写一封信来，各人都签了名，慰问我的病状；并且又承诸位念佛七天，代我忏悔，还有像这样别的事，都使我感激万分！

再过几个月，我就要到鼓浪屿日光岩去方便闭关了。时期大约颇长久，怕不能时时会到，所以特地发心来和诸位叙谈叙谈。

今天所要和诸位谈的，共有四项：一是惜福，二是习劳，三是持戒，四是自尊，都是青年佛徒应该注意的。

一、惜福

“惜”是爱惜，“福”是福气。就是我们纵有福气，也要加以爱惜，切不可把它浪费。诸位要晓得：末法时代，人的福气是很微薄的：若不爱惜，将这很薄的福享尽了，就要受莫大的痛苦，古人所说“乐极生悲”，就是这意思啊！我记得从前小孩子的时候，我父亲请人写了一副大对联，是清朝刘文定公的句子，高高地挂在大厅的抱柱上，上联是“惜食，惜衣，非为惜财缘惜福”。我的哥哥时常教我念这句子，我念熟了，以后凡是临到穿衣或是饮食的当儿，我都十分注意，就是一粒米饭，也不敢随意糟掉；而且我母亲也常常教我，身上所穿的衣服当时时小心，不可损坏或污染。这因为母亲和哥哥怕我不爱惜衣食，损失福报以致短命而死，所以常常这样叮嘱着。

诸位可晓得，我五岁的时候，父亲就不在世了！七岁我练习写字，拿整张的纸瞎写，一点不知爱惜，我母亲看到，就正颜厉色地说：“孩子！你要知道呀！你父亲在世时，莫说这样大的整张的纸不肯糟蹋，就连寸把长的纸条，也不肯随便丢掉哩！”母亲这话，也是惜福的意思啊！

我因为有这样的家庭教育深深地印在脑里，后来年纪大了，也没一时不爱惜衣食；就是出家之后，一直到现在，也还保守着这样的习惯。诸位请看我脚上穿的一双黄鞋子，还是一九二〇年在杭州时候，一位打念佛七的出家人送给我的。又诸位有空，可以到我房间里来看看，我的棉被面子，还是出家以前所用的；又有一把洋伞，也是一九一一年买的。这些东西，即使有破烂的地方，请人用针线缝缝，仍旧同新的一样了。简直可尽我形寿受用着哩！不过，我所穿的小衫裤和罗汉草鞋一类的东西，却须五六年一换，除此以外，一切衣物大都是在家时候或是初出家时候制的。

从前常有人送我好的衣服或别的珍贵之物，但我大半都转送别人。因为我知道我的福薄，好的东西是没有胆量受用的；又如吃东西，只生病时候吃一些好的，除此以外，从不敢随便乱买好的东西吃。

惜福并不是我一个人的主张，就是净土宗大德印光老法师也是这样，有人送他白木耳等补品，他自己总不愿意吃，转送到观宗寺去供养谛闲法师。别人问他：“法师！你为什么不吃好的补品？”他说：“我福气很薄，不堪消受。”

他老人家——印光法师，性情刚直，平常对人只问理之当不当，情面是不顾的。前几年有一位皈依弟子，是鼓浪屿有名的居士，去看望他，和他一道吃饭，这位居士先吃好，老法师见他碗里剩落了一两粒米饭，于是就很不客气地大声呵斥道：“你有多大福气，可以这样随便糟蹋饭粒？你得把它吃光！”

诸位！以上所说的话，句句都要牢记！要晓得：我们即使有十分福气，也只好享受三分，所余的可以留到以后去享受；诸位或者能发大心，愿以我的福气，布施一切众生，共同享受，那更好了。

二、习劳

“习”是练习，“劳”是劳动。现在讲讲习劳的事情：

诸位请看看自己的身体，上有两手，下有两脚，这原为劳动而生的。若不将他运用习劳，不但有负两手两脚，就是对于身体也一定有害无益的。换句话说：若常常劳动，身体必定康健。而且我们要晓得：劳动原是人类本分上的事，不唯我们寻常出家人要练习劳动，即使到了佛的地位，也要常常劳动才行。现在我且讲讲佛的劳动的故事：

所谓佛，就是释迦牟尼佛。在平常人想起来，佛在世时，总以为同现在的方丈和尚一样，有衣钵师、侍者师常常侍候着，佛自己不必做什么；但是不然，有一天，佛看到地下不很清洁，自己就拿起扫帚来扫地，许多大弟子见了，也过来帮扫，不一时，把地扫得十分清洁。佛看了欢喜，随即到讲堂里去说法，说道："若人扫地，能得五种功德。"

又有一个时候，佛和阿傩出外游行，在路上碰到一个喝醉了酒的弟子，已醉得不省人事了；佛就命阿傩抬脚，自己抬头，一直抬到井边，用桶汲水，叫阿傩把他洗濯干净。

有一天，佛看到门前木头做的横楣坏了，自己动手去修补。

有一次，一个弟子生了病，没有人照应，佛就问他说："你生了病，为什么没人照应你？"那弟子说："从前人家有病，我不曾发心去照应他；现在我有病，所以人家也不来照应我了。"佛听了这话，就说："大家不来照应你，就由我来照应你吧！"就将那病弟子大小便种种污秽，洗濯得干干净净；并且还将他的床铺，理得清清楚楚，然后扶他上床。

由此可见，佛是怎样的习劳了。佛决不像现在的人，凡事都要人家服劳，自己坐着享福。这些事实，出于经律，并不是凭空说说的。

现在我再说两桩事情，给大家听听：《弥陀经》中载着的一位大弟子阿冕楼陀，他双目失明，不能料理自己，佛就替他裁衣服，还叫别的弟子一道帮着做。

有一次，佛看到一位老年比丘眼睛花了，要穿针缝衣，无奈眼睛看不清楚，嘴里叫着："谁能替我穿针呀！"佛听了立刻答应说："我来替你穿。"

以上所举的例，都足以证明佛是常常劳动的。我盼望诸位，也当以佛为模范，凡事自己动手去借做，不可依赖别人。

三、持戒

"持戒"二字的意义，我想诸位总是明白的吧！我们不说修到菩萨或佛的地位，就是想来生再做人，最低的限度，也要能持五戒。可惜现在受戒的人虽多，只是挂个名而已，切切实实能持戒的却很少。要知道：受戒之后，若不持戒，所犯的罪，比不受戒的人要加倍的大，所以我时常劝人不要随便受戒。至于现在一般传戒的情形，看了真痛心，我实在说也不忍说了！我想最好还是随自己的力量去受戒，万不可敷衍门面，自寻苦恼。

戒中最重要的，不用说是杀、盗、淫、妄，此外还有饮酒、食肉，也易惹人讥嫌。至于吃烟，在律中虽无明文，但在我国习惯上，也很容易受人讥嫌的，总以不吃为是。

四、自尊

“尊”是尊重，“自尊”就是自己尊重自己，可是人都喜欢人家尊重我，而不知我自己尊重自己；不知道要想人家尊重自己，必须从我自己尊重自己做起。

怎样尊重自己呢？就是自己时时想着：我当做一个很伟大的人，做一个了不起的人。比如我们想做一个清净的高僧吧，就拿《高僧传》来读，看他们怎样行，我也怎样行，所谓“彼既丈夫我亦尔”。又比方我想将来做一位大菩萨，那么，就当依经中所载的菩萨行，随力行去。这就是自尊。但自尊与贡高不同，贡高是妄自尊大，目空一切的胡乱行为；自尊是自己增进自己的德业，其中并没有一丝一毫看不起人的意思的。

诸位万万不可以为自己是一个小孩子，是一个小和尚，一切不妨随便些；也不可说我是一个平常的出家人，哪里敢希望做高僧做大菩萨。凡事全在自己做去，能有高尚的志向，没有做不到的。

诸位如果作这样想：我是不敢希望做高僧、做大菩萨的，那做事就随随便便，甚至自暴自弃，走到堕落的路上去了，那不是很危险的么？诸位应当知道：年纪虽然小，志气却不可不高啊！

我还有一句话，要向大家说：我们现在依佛出家，所处的地位是非常的尊贵。就以剃发、披袈裟的形式而论，也是人天师表。国王及诸天人来礼拜，我们都可端坐而受。你们知道这个道理么？自今以后，就当尊重自己，万万不可随便了。

以上四项，是出家人最当注意的，别的我也不多说了。我不久就要闭关，不能和诸位时常在一块儿谈话，这是很抱歉的。但我还想在关内讲讲律，每星期约讲三四次，诸位碰到例假，不妨来听听！今天得知诸位见面，我非常高兴。我只希望诸位把我所讲的四项，牢记在心，作为永久的纪念！时间讲得很久了，费诸位的神，抱歉！抱歉！

南闽十年之梦影

丁丑二月十六日在南普陀寺佛教养正院讲

我一到南普陀寺，就想来养正院和诸位法师讲谈讲谈，原定的题目是“余之忏悔”，说来话长，非十几小时不能讲完。近来因为讲律，须得把讲稿写好，总抽不出一个时间来，心里又怕负了自己的初愿，只好抽出很短的时间，来和诸位谈谈，谈我在南闽十年中的几件事情！

一

我第一回到南闽，在一九二八年的十一月，是从上海来的。起初还是在温州，我在温州住得很久，差不多有十年光景。由温州到上海，是为着编辑《护生画集》的事，和朋友商量一切；到十一月底，才把《护生画集》编好。

那时我听人说：尤惜阴居士也在上海。他是我旧时很要好的朋友，我就想去看一看他。一天下午，我去看尤居士，居士说要到暹罗国去，第二天一早就要动身的。我听了觉得很喜欢，于是也想和他一道去。

我就在十几小时中，急急地预备着。第二天早晨，天还没大亮，就赶到轮船码头，和尤居士一起动身到暹罗国去了。从上海到暹罗，是要经过厦门的，料不到这就成了我来厦门的因缘。十二月初，到了厦门，承陈敬贤居士的招待，也在他们的楼上吃过午饭，后来陈居士就介绍我到南普陀寺来。那时的南普陀，和现在不同，马路还没有建筑，我是坐着轿子到寺里来的。

到了南普陀寺，就在方丈楼上住了几天。时常来谈天的，有性愿老法师、芝峰法师等。芝峰法师和我同在温州，虽不曾见过面，却是很相契的。现在突然在南普陀寺晤见了，真是说不出的高兴。

我本来是要到暹罗去的，因着诸位法师的挽留，就留滞在厦门，不想到暹罗国去了。

在厦门住了几天，又到小云峰那边去过年。一直到正月半以后才回到厦门，住在闽南佛学院的小楼上，约莫住了三个月工夫。看到院里面的学僧虽然只有二十几位，他们的态度都很文雅，而且很有礼貌，和教职员的感情也很不差，我当时很赞美他们。

这时芝峰法师就谈起佛学院里的课程来。他说：“门类分得很多，时间的分配却很少，这样下去，怕没有什么成绩吧？”因此，我表示了一点意见，大约是说：“把英文和算术等删掉，佛学却不可减少，而且还得增加，就把腾出来的时间教佛学吧！”他们都很赞成。听说从此以后，学生们的成绩确比以前好得多了！

我在佛学院的小楼上，一直住到四月间，怕将来的天气更会热起来，于是又回到温州去。

第二回到南闽，是在一九二九年十月。起初在南普陀寺住了几天，以后因为寺里要做水陆，又搬到太平岩去住。等到水陆圆满，又回到寺里，在前面的老功德楼住着。

当时闽南佛学院的学生，忽然增加了两倍多，约有六十多位，管理方面不免感到困难。虽然竭力地整顿，终不能恢复以前的样子。不久，我又到小雪峰去过年，正月半才到承天寺来。

那时性愿老法师也在承天寺，在起草章程，说是想办什么研究社。

不久，研究社成立了，景象很好，真所谓“人才济济”，很有一种难以形容的盛况。现在妙释寺的善契师，南山寺的传证师，以及已故南普陀寺的广究师……都是那时候的学僧哩！

研究社初办的几个月间，常住的经忏很少，每天有工夫上课，所以成绩卓著，为别处所少有。当时我也在那边教了两回写字的方法，遇有闲空，又拿寺里那些古版的藏经来整理整理，后来还编成目录，至今留在那边。这样在寺里约莫住了三个月，到四月，怕天气要热起来，又回到温州去。

一九三一年九月，广洽法师写信来，说很盼望我到厦门去。当时我就从温州动身到上海，预备再到厦门；但许多朋友都说：时局不大安定，远行颇不相宜，于是我只好仍回温州。直到转年（即一九三二年）十月，到了厦门，计算起来，已是第三回了！

到厦门之后，由性愿老法师介绍，到山边岩去住，但其间妙释寺也去住了几天。那时我虽然没有到南普陀来住，但佛学院的学僧和教职员，却是常常来妙释寺谈天的。

一九三三年正月廿一日，我开始在妙释寺讲律。

这年五月，又移到开元寺去。

当时许多学律的僧众，都能勇猛精进，一天到晚地用功，从没有空过的工夫；就是秩序方面也很好，大家都啧啧地称赞着。

有一天，已是黄昏时候了！我在学僧们宿舍前面的大树下立着，各房灯火发出很亮的光；诵经之声，又复朗朗入耳，一时心中觉得有无限的欢慰！可是这种良好的景象，不能长久地继续下去，恍如昙花一现，不久就消失了。但是当时的景象，却很深地印在我的脑中，现在回想起来，还如在大树底下目睹一般。这是永远不会消灭，永远不会忘记的啊！

十一月，我搬到草庵来过年。

一九三四年二月，又回到南普陀。

当时旧友大半散了；佛学院中的教职员和学僧，也没有一位认识的！

我这一回到南普陀寺来，是准了常惺法师的约，来整顿僧教育的。后来我观察情形，觉得因缘还没有成熟，要想整顿，一时也无从着手，所以就作罢了。此后并没有到闽南佛学院去。

二

讲到这里，我顺便将我个人对于僧教育的意见，说明一下：

我平时对于佛教是不愿意去分别哪一宗、哪一派的，因为我觉得各宗各派，都各有各的长处。

但是有一点，我以为无论哪一宗哪一派的学僧，却非深信不可，那就是佛教的基本原则，就是深信善恶因果报应的道理——善有善报，恶有恶报；同时还须深信佛菩萨的灵感！这不仅初级的学僧应该这样，就是升到佛教大学也要这样！

善恶因果报应和佛菩萨的灵感道理，虽然很容易懂，可是能彻底相信的却不多。这所谓信，不是口头说说的信，是要内心切切实实去信的呀！

咳！这很容易明白的道理，若要切切实实地去信，却不容易啊！

我以为无论如何，必须深信善恶因果报应和诸佛菩萨灵感的道理，才有做佛教徒的资格！

须知善有善报，恶有恶报，这种因果报应，是丝毫不爽的！又须知我们一个人所有的行为，一举一动，以至起心动念，诸佛菩萨都看得清清楚楚！

一个人若能这样十分决定地信着，他的品行道德，自然会一天比一天地高起来！

要晓得我们出家人（就所谓“僧宝”），在俗家人之上，地位是很高的。所以品行道德，也要在俗家人之上才行！

倘品行道德仅能和俗家人相等，那已经难为情了！何况不如？又何况十分的不如呢？……咳！这样他们看出家人就要十分地轻慢，十分地鄙视，种种讥笑的话，也接连地来了。

记得我将要出家的时候，有一位在北京的老朋友写信来劝告我，你知道他劝告的是什么？他说："听到你要不做人，要做僧去……"咳！我们听到了这话，该是怎样的痛心啊！他以为做僧的，都不是人，简直把僧不当人看了！你想，这句话多么厉害呀！

出家人何以不是人？为什么被人轻慢到这地步？我们都得自己反省一下！我想这原因都由于我们出家人做人太随便的缘故；种种太随便了，就闹出这样的话柄来了。

至于为什么会随便呢？那就是由于不能深信善恶因果报应和诸佛菩萨灵感的道理的缘故。倘若我们能够真正生信，十分决定地信，我想就是把你的脑袋斫掉，也不肯随便的了！

以上所说，并不是单单养正院的学僧应该牢记，就是佛教大学的学僧也应该牢记，相信善恶因果报应和诸佛菩萨灵感不爽的道理！

就我个人而论，已经是将近六十的人了，出家已有二十年，但我依旧喜欢看这类的书——记载善恶因果报应和佛菩萨灵感的书。

我近来省察自己，觉得自己越弄越不像了！所以我要常常研究这一类的书：希望我的品行道德，一天高尚一天；希望能够改过迁善，做一个好人；又因为我想做一个好人，同时我也希望诸位都做好人！

这一段话，虽然是我勉励我自己的，但我很希望诸位也能照样去实行！

关于善恶因果报应和佛菩萨灵感的书，印光老法师在苏州所办的弘化社那边印得很多，定价也很低廉，诸位若要看的话，可托广洽法师写信去购请，或者他们会赠送也未可知。

三

以上是我个人对于僧教育的一点意见。下面我再来说几样事情：

我于一九三五年到惠安净峰寺去住。到十一月，忽然生了一场大病，所以我就搬到草庵来养病。

这一回的大病，可以说是我一生的大纪念！

我于一九三六年的正月，扶病到南普陀寺来。在病床上有一只钟，比其他的钟总要慢两刻，别人看到了，总是说这个钟不准，我说："这是草庵钟。"

别人听了“草庵钟”三字还是不懂，难道天下的钟也有许多不同的么？现在就让我详详细细地来说个明白：

我那一回大病，在草庵住了一个多月。摆在病床上的钟，是以草庵的钟为标准的。而草庵的钟，总比一般的钟要慢半点。

我以后虽然移到南普陀，但我的钟还是那个样子，比平常的钟慢两刻，所以“草庵钟”就成了一个名词了。这件事由别人看来，也许以为是很好笑的吧！但我觉得很有意思！因为我看到这个钟，就想到我在草庵生大病的情形了，往往使我发大惭愧，惭愧我德薄业重。

我要自己时时发大惭愧，我总是故意地把钟改慢两刻，照草庵那钟的样子，不止当时如此，到现在还是如此，而且愿尽形寿，常常如此。

以后在南普陀住了几个月，于五月间，才到鼓浪屿日光岩去。十二月仍回南普陀。

到今年，一九三七年，我在闽南居住，算起来，首尾已是十年了。

回想我在这十年之中，在闽南所做的事情，成功的却是很少很少，残缺破碎的居其大半，所以我常常自己反省，觉得自己的德行，实在十分欠缺！

因此近来我自己起了一个名字，叫“二一老人”。什么叫“二一老人”呢？这有我自己的根据。

记得古人有句诗：“一事无成人渐老。”清初吴梅村（伟业）临终的绝命词有：“一钱不值何消说。”这两句诗的开头都是“一”字，所以我用来做自己的名字，叫作“二一老人”。

因此我十年来在闽南所做的事，虽然不完满，而我也不怎样地去求他完满了！诸位要晓得：我的性情是很特别的，我只希望我的事情失败，因为事情失败、不完满，这才使我常常发大惭愧！能够晓得自己的德行欠缺，自己的修善不足，那我才可努力用功，努力改过迁善！

一个人如果事情做完满了，那么这个人就会心满意足，洋洋得意，反而增长他贡高我慢的念头，生出种种的过失来！所以还是不去希望完满的好！

不论什么事，总希望他失败，失败才会发大惭愧！倘若因成功而得意，那就不得了啦！

我近来，每每想到“二一老人”这个名字，觉得很有意味！这“二一老人”的名字，也可以算是我在闽南居住了十年的一个最好的纪念！

最后之□□

戊寅十一月十四日在南普陀寺佛教养正院同学会席上讲录

佛教养正院已办有四年了。诸位同学初来的时候，身体很小，经过四年之久，身体皆大起来了，有的和我也差不多。啊！光阴很快。人生在世，自幼年至中年，自中年至老年，虽然经过几十年之光景，实与一会儿差不多。就我自己而论，我的年纪将到六十了，回想从小孩子的时候起到现在，种种经过如在目前。啊！我想我以往经过的情形，只有一句话可以对诸位说，就是“不堪回首”而已。

我常自来想，啊！我是一个禽兽吗？好像不是，因为我还是一个人身。我的天良丧尽了吗？好像还没有，因为我尚有一线天良常常想念自己的过失。我从小孩子起一直到现在都埋头造恶吗？好像也不是，因为我小孩子的时候，常行袁了凡的功过格，三十岁以后，很注意于修养，初出家时，也不是没有道心。虽然如此，但出家以后一直到现在，便大不同了：因为出家以后二十年之中，一天比一天堕落，身体虽然不是禽兽，而心则与禽兽差不多。天良虽然没有完全丧尽，但是昏聩糊涂，一天比一天厉害，抑或与天良丧尽也差不多了。讲到埋头造恶的一句话，我自从出家以后，恶念一天比一天增加，善念一天比一天退失，一直到现在，可以说是醇乎其醇的一个埋头造恶的人，这个也无须客气，也无须谦让了。

就以上所说看起来，我从出家后已经堕落到这种地步，真可令人惊叹：其中到闽南以后十年的工夫，尤其是堕落的堕落。去年春间曾经在养正院讲过一次，所讲的题目，就是“南闽十年之梦影”，那一次所讲的，字字之中，都可以看到我的泪痕，诸位应当还记得吧？

可是到了今年，比去年更不像样子了；自从正月二十到泉州，这两个月之中，弄得不知所云。不只我自己看不过去，就是我的朋友也说我以前如闲云野鹤，独往独来，随意栖止，何以近来竟大改常度，到处演讲，常常见客，时时宴会，简直变成一个“应酬的和尚”了，这是我的朋友所讲的。啊！“应酬的和尚”这五个字，我想我自己近来倒很有几分相像。

如是在泉州住了两个月以后，又到惠安到厦门到漳州，都是继续前稿；除了利养，还是名闻，除了名闻，还是利养。日常生活，总不在名闻利养之外，虽在瑞竹岩住了两个月，稍少闲静，但是不久，又到祈保亭冒充善知识，受了许多的善男信女的礼拜供养，可以说是惭愧已极了。

九月又到安海，住了一个月，十分的热闹。近来再到泉州，虽然时常起一种恐惧厌离的心，但是仍不免向这一条名闻利养的路上前进。可是近来也有件可庆幸的事，因为我近来得到永春十五岁小孩子的一封信，他劝我以后不可常常宴会，要养静用功。信中又说起他近来的生活，如吟诗、赏月、看花、静坐等，洋洋千言的一封信。啊！他是一个十五岁的小孩子，竟有如此高尚的思想，正当的见解。我看到他这一封信，真是惭愧万分了。我自从得到他的信以后，就以十分坚决的心，谢绝宴会，虽然得罪了别人，也不管他，这个也可算是近来一件可庆幸的事了。

虽然是如此，但我的过失也太多了，可以说是从头至足，没有一处无过失，岂只谢绝宴会，就算了结了吗？尤其是今年几个月之中，极力冒充善知识，实在是太为佛门丢脸。别人或者能够原谅我，但我对我自己，绝不能够原谅，断不能如此马马虎虎地过去。所以我近来对人讲话的时候，绝不顾惜情面，决定赶快料理没有了结的事情，将“法师”“老法师”“律师”等名目，一概取消，将学人侍者等一概辞谢；孑然一身，遂我初服，这个或者亦是我一生的大结束了。

啊！再过一个多月，我的年纪要到六十了。像我出家以来，既然是无惭无愧，埋头造恶，所以到现在所做的事，大半支离破碎不能圆满，这个也是份所当然。只有对于养正院诸位同学，相处四年之久，有点不能忘情；我很盼望养正院从此以后，能够复兴起来，为全国模范的僧学院。可是我的年纪老了，又没有道德学问，我以后对于养正院，也只可说“爱莫能助”了。

啊！与诸位同学谈得时间也太久了，且用古人的诗来作临别赠言。诗云：

末济终焉心飘渺，万事都从缺陷好。

吟到夕阳山外山，古今谁免余情绕。

佛法十疑略释

戊寅十月六日在安海金墩宗祠讲

欲挽救今日之世道人心，人皆知推崇佛法。但对于佛法而起之疑问，亦复不少。故学习佛法者，必先解释此种疑问，然后乃能着手学习。

以下所举十疑及解释，大半采取近人之说而叙述之，非是讲者之创论。所疑固不限此，今且举此十端耳。

（一）佛法非迷信

近来知识分子，多批评佛法谓之迷信。

我辈详观各地寺庙，确有特别之习惯及通俗之仪式，又将神仙鬼怪等混入佛法之内，谓是佛法正宗。既有如此奇异之现象，也难怪他人谓佛法是迷信。

但佛法本来面目则不如此，决无崇拜神仙鬼怪等事。其仪式庄严，规矩整齐，实超出他种宗教之上。又佛法能破除世间一切迷信而与以正信，岂有佛法即是迷信之理?

故知他人谓佛法为迷信者，实由误会。倘能详察，自不至有此批评。

（二）佛法非宗教

或有人疑佛法为一种宗教。此说不然。

佛法与宗教不同，近人著作中常言之，兹不详述。应知佛法实不在宗教范围之内也。

（三）佛法非哲学

或有人疑佛法为一种哲学。此说不然。

哲学之要求，在求真理，以其理智所推测而得之某种条件即谓为真理。其结果，有一元、二元、唯心种种之说。甲以为理在此，乙以为理在彼，纷纭扰攘，相非相谤。但彼等无论如何尽力推测，总不出于错觉一途。譬如盲人摸象，其生平未曾见象之形状，因其所摸得象之一部分，即谓是为象之全体。故或摸其尾便谓象如绳，或摸其背便谓象如床，或摸其胸便谓象如地。虽因所摸处不同而感觉互异，总而言之，皆是迷惑颠倒之见而已。

若佛法则不然。譬如明眼人能亲见全象，十分清楚，与前所谓盲人摸象者迥然不同。因佛法须亲证“真如”，了无所疑，决不同哲学家之虚妄测度也。

何谓“真如”之意义？真真实实，平等一如，无妄情，无偏执，离于臆想分别，即是哲学家所欲了知之宇宙万物之真相及本体也。大哲学家欲发明宇宙万物之真相及本体，其志诚为可嘉，第太无方法，致罔废心力而终不能达到耳。

以上所说之佛法非宗教及哲学，仅略举其大概。若欲详知者，有南京支那内学院（南京支那内学院：系我国近代著名佛学院之一，其主持者为佛学家欧阳竟无。）出版之《佛法非宗教非哲学》一卷，可自详研，即能洞明其奥义也。

（四）佛法非违背于科学

常人以为佛法重玄想，科学重实验，遂谓佛法违背于科学。此说不然。

近代科学家持实验主义者，有两种意义：

一是根据眼前之经验，彼如何即还彼如何，毫不加以玄想。

二是防经验不足恃，即用人力改进，以补通常经验之不足。

佛家之态度亦尔，彼之“戒”“定”“教”三无漏学，皆是改进通常之经验。但科学之改进经验重在客观之物件，佛法之改进经验重在主观之心识。如人患目病，不良于视，科学只知多方移置其物以求一辨，佛法则努力医治其眼以求复明。两者虽同为实验，但在治标治本上有不同耳。

关于佛法与科学之比较，若欲详知者，乞阅上海开明书店代售之《佛法与科学之比较研究》。著者王小徐，曾留学英国，在理工专科上迭有发见，为世界学者所推重。近以其研究理工之方法，创立新理论解释佛学，因著此书也。

（五）佛法非厌世

常人见学佛法者，多居住山林之中，与世人罕有往来，遂疑佛法为消极的、厌世的。此说不然。

学佛法者，固不应迷恋尘世以贪求荣华富贵，但亦决非是冷淡之厌世者。因学佛法之人皆须发“大菩提心”，以一般人之苦乐为苦乐，抱热心救世之弘愿，不唯非消极，乃是积极中之积极者。虽居住山林中，亦非贪享山林之清福，乃是勤修“戒”“定”“慧”三学以预备将来出山救世之资具耳。与世俗青年学子在学校读书为将来任事之准备者，甚相似。

由是可知谓佛法为消极厌世者，实属误会。

（六）佛法非不宜于国家之兴盛

近来爱国之青年，信仰佛法者少，彼等谓佛法传自印度，而印度因此衰亡，遂疑佛法与爱国之行动相妨碍。此说不然。

佛法实能辅助国家，令其兴盛，未尝与爱国之行动相妨碍。印度古代有信仰佛法之国王，如阿育王、戒日王等，以信佛故，而统一兴盛其国家。其后婆罗门等旧教复兴，佛法渐无势力，而印度国家乃随之衰亡，其明证也。

（七）佛法非能灭种

常人见僧尼不婚不嫁，遂疑人人皆信佛法必致灭种。此说不然。

信佛法而出家者，乃为僧尼，此实极少之数。以外大多数之在家信佛法者，仍可婚嫁如常。佛法中之僧尼，与他教之牧师相似，非是信徒皆应为牧师也。

（八）佛法非废弃慈善事业

常人见僧尼唯知弘扬佛法，而于建立大规模之学校、医院、善堂等利益社会之事未能努力，遂疑学佛法者废弃慈善事业。此说不然。

依佛经所载，布施有二种，一曰财施，二曰法施。出家之佛徒，以法施为主，故应多致力于弘扬佛法，而以余力提倡他种慈善事业。若在家之佛徒，则财施与法施并重，故在家居士多努力作种种慈善事业。近年以来各地所发起建立之佛教学校、慈儿院、医院、善堂、修桥、造凉亭乃至施米、施衣、施钱、施棺等事，皆时有所闻，但不如他教仗外国慈善家之财力所经营者规模阔大耳。

（九）佛法非是分利

近今经济学者，谓人人能生利，则人类生活发达，乃可共享幸福。因专注重于生利，遂疑信仰佛法者，唯是分利而不生利，殊有害于人类。此说亦不免误会。

若在家人信仰佛法者，不碍于职业，士农工商皆可为之。此理易明，可毋庸议。若出家之僧尼，常人观之，似为极端分利而不生利之寄生虫。但僧尼亦何尝无事业，僧尼之事业即是弘法利生。倘能教化世人，增上道德，其间接直接有真实大利益于人群者正无量矣。

（十）佛法非说空以灭人世

常人因佛经中说“五蕴皆空”“无常苦空”等，因疑佛法只一味说空。若信佛法者多，将来人世必因之而消灭。此说不然。

大乘佛法，皆说空及不空两方面。虽有专说空时，其实亦含有不空之义。故须兼说空与不空两方面，其义乃为完足。

何谓空及不空？空者是无我，不空者是救世之事业。虽知无我，而能努力作救世之事业，故空而不空。虽努力作救世之事业，而决不执著有我，故不空而空。如是真实了解，乃能以无我之伟大精神，而作种种之事业无有障碍也。

又若能解此义，即知常人执著我相而作种种救世事业者，其能力薄，范围小，时间促，不彻底。若欲能力强，范围大，时间久，最彻底者，必须于佛法之空义十分了解，如是所做救世事业乃能圆满成就也。

故知所谓空者，即是于常人所执著之我见打破消灭，一扫而空。然后以无我之精神，努力切实作种种之事业。亦犹世间行事，先将不良之习惯等一一推翻，然后良好之建设乃得实现。

信能如此，若云牺牲，必定真能牺牲；若云救世，必定真能救世。由是坚坚实实，勇猛精进而作去，乃可谓伟大，乃可谓彻底。

所以真正之佛法，先须向空上立脚，而再向不空上作去。岂是一味说空而消灭人世耶!

以上所说之十疑及释义，多是采取近人之说而叙述其大意。诸君闻此，应可免除种种之误会。

若佛法中之真义，至为繁广，今未能详说。唯冀诸君从此以后，发心研究佛法，请购佛书，随时阅览，久之自可洞明其义。是为余所厚望焉。

佛法宗派大概

戊寅十月七日在安海金墩宗祠讲

关于佛法之种种疑问，前已略加解释，诸君既无所疑惑，思欲着手学习，必须先了解佛法之各种宗派乃可。

原来佛法之目的，是求觉悟，本无种种差别。但欲求达到宽悟之目的地以前，必有许多途径。而在此途径上，自不妨有种种宗派之不同也。

佛法在印度古代时，小乘有各种部执，大乘虽亦分“空”“有”二派，但未别立许多门户。吾国自东汉以后，除将印度所传来之佛法精神完全承受外，并加以融化光大，于中华民族文化之伟大悠远基础上，更开展中国佛法之许多特色。至隋唐时，便渐成就大小乘各宗分立之势。今且举十宗而略述之。

（一）律宗

又名南山宗。唐终南山道宣律师所立。依法华、涅槃经义，而释通小乘律，立圆宗戒体正属出家人所学，亦明在家五戒、八戒义。

唐时盛，南宋后衰，今渐兴。

（二）俱舍宗

依俱舍论而立。分别小乘名相甚精，为小乘之相宗。欲学大乘法相宗者固应先学此论，即学他宗者亦应以此为根底，不可以其为小乘而轻忽之也。

陈隋唐时盛弘，后衰。

（三）成实宗

依成实论而立。为小乘之空宗，微似大乘。

六朝时盛，后衰，唐以后殆罕有学者。

以上二宗，即依二部论典而形成，并由印度传至中土。虽号称宗，然实不过二部论典之传持授受而已。

以上二宗属小乘，以下七宗皆是大乘，律宗则介于大小之间。

（四）三论宗

又名性宗，又名空宗。三论者，即中论、百论、十二门论，是三部论皆依般若经而造。姚秦时，龟兹国鸠摩罗什三藏法师来此土弘传。

唐初尤盛，以后衰。

（五）法相宗

又名慈恩宗，又名有宗。此宗所依之经论，为解深密经、瑜伽师地论等。唐玄奘法师盛弘此宗。又糅合印度十大论师所著之唯识三十颂之解释而编纂成唯识论十卷，为此宗著名之典籍。此宗最要，无论学何宗者皆应先学此以为根底也。

唐中叶后衰微，近复兴，学者甚盛。

以上二宗，印度古代有之，即所谓“空”“有”二派也。

（六）天台宗

又名法华宗。六朝时此土所立，以法华经为正依。至隋智者大师时极盛。其教义，较前二宗为玄妙。

隋唐时盛，至今不衰。

（七）华严宗

又名贤首宗。唐初此土所立，以华严经为依。至唐贤首国师时而盛，至清凉国师时而大备。此宗最为广博，在一切经法中称为教海。

宋以后衰，今殆罕有学者，至可惜也。

（八）禅宗

梁武帝时，由印度达摩尊者传至此土。斯宗虽不立文字，直明实相之理体。而有时却假用文字上之教化方便，以弘教法。如金刚、楞伽二经，即是此宗常所依用者也。

唐宋时甚盛，今衰。

（九）密宗

又名真言宗。唐玄宗时，由印度善无畏三藏金刚智三藏先后传入此土。

斯宗以大日经、金刚顶经、苏悉地经三部为正所依。

元后即衰，近年再兴，甚盛。

在大乘各宗中，此宗之教法最为高深，修持最为真切。常人未尝穷研，辄轻肆毁谤，至堪痛叹。余于十数年前，唯阅密宗仪轨，亦尝轻致疑议，以后阅大日经疏，乃知密宗教义之高深，因痛自忏悔。愿诸君不可先阅仪轨，应先习经教，则可无诸疑惑矣。

（十）净土宗

始于晋慧远大师，依无量寿经、观无量寿佛经、阿弥陀经而立。三根普被，甚为简易，极契末法时机。明季时，此宗大盛。至于近世，尤为兴盛，超出各宗之上。

以上略说十宗大概已竟。大半是摘取近人之说以叙述之。

就此十宗中，有小乘、大乘之别。而大乘之中，复有种种不同。吾人于此，万不可固执成见，而妄生分别。因佛法本来平等无二，无有可说，即佛法之名称亦不可得。于不可得之中而建立种种差别佛法者，乃是随顺世间众生以方便建立。因众生习染有浅深，觉悟有先后。而佛法亦依之有种种差别，以适应之。譬如世间患病者，其病症千差万别，须有多种药品以适应之，其价值亦低昂不等。不得仅尊其贵价者，而废其他廉价者。所请药无贵贱，愈病者良。佛法亦尔，无论大小权实渐顿显密，能契机者，即是无上妙法也。故法门虽多，吾人宜各择其与自己根机相契合者而研习之，斯为善矣。

李叔同诗词作品

月

仰碧空明明，朗月悬太清；
瞰下界扰扰，尘欲迷中道；
唯愿灵光普万方，荡涤垢滓扬芬芳，
虚渺无极，圣洁神秘，灵光常仰望！
唯愿灵光普万方，荡涤垢滓扬芬芳，
虚渺无极，圣洁神秘，灵光常仰望！

佛法学习初步

戊寅十月八日在安海金墩宗祠讲

佛法宗派大概，前已略说。

或谓高深教义，难解难行，非利根上智不能承受。若我辈常人欲学习佛法者，未知有何法门，能使人人易解，人人易行，毫无困难，速获实益耶?

案佛法宽广，有浅有深。故古代诸师，皆判“教相”以区别之。依唐圭峰禅师所撰《华严原人论》中，判立五教:

（一）人天教；（二）小乘教；（三）大乘法相教；（四）大乘破相教；（五）一乘显性教。以此五教，分别浅深。若我辈常人易解易行者，唯有“人天教”也。其他四教，义理高深，甚难了解。即能了解，亦难实行。故欲普及社会，又可补助世法，以挽救世道人心，应以“人天教”最为合宜也。

人天教由何而立耶?

常人醉生梦死，谓富贵贫贱吉凶祸福皆由命定，不解因果报应。或有解因果报应者，亦唯知今生之现报而已。若如是者，现生有恶人富而善人贫，恶人寿而善人夭，恶人多子孙而善人绝嗣，是何故欤？因是佛为此辈人，说三世业报，善恶因果，即是人天教也。今就三世业报及善恶因果分为二章详述之。

一、三世业报

三世业报者，现报、生报、后报也。

（一）现报：今生作善恶，今生受报。

（二）生报：今生作善恶，次一生受报。

（三）后报：今生作善恶，次二三生乃至未来多生受报。

由是而观，则恶人富、善人贫等，决不足怪。吾人唯应力行善业，即使今生不获良好之果报，来生、再来生等必能得之。万勿因行善而反遇逆境，遂妄谓行善无有果报也。

二、善恶因果

善恶因果者，恶业、善业、不动业此三者是其因；果报有六，即六道也。

恶业善业，其数甚多，约而言之，各有十种，如下所述。不动业者，即修习上品十善，复能深修禅定也。

今复举恶业、善业别述如下：

恶业有十种。

（一）杀生

（二）偷盗

（三）邪淫

（四）妄言

（五）两舌

（六）恶口

（七）绮语

（八）悭贪

（九）嗔恚

（十）邪见

造恶业者，因其造业重轻，而堕地狱、畜生、鬼道之中。受报既尽，幸生人中，犹有余报。今依《华严经》所载者，录之如下，若诸《论》中，尚列外境多种，今不别录。

（一）杀生：短命、多病；

（二）偷盗：贫穷、其财不得自在；

（三）邪淫：妻不贞良，不得随意眷属；

（四）妄言：多被诽谤，为他所诳；

（五）两舌：眷属乖离，族弊恶；

（六）恶口：常闻恶声，言多诤讼；

（七）绮语：言无人受，语不明了；

（八）悭贪：心不知足，多欲无厌；

（九）嗔恚：常被他人求其长短，恒被于他之所恼害；

（十）邪见：生邪见家，其心谄曲。

善业有十种，下列不杀生等，止恶即名为善。复依此而起十种行善，即救护生命等也。

（一）不杀生：救护生命；

（二）不偷盗：给施资财；

（三）不邪淫：遵修梵行；

（四）不妄言：说诚实言；

（五）不两舌：和合彼此；

（六）不恶口：善言安慰；

（七）不绮语：作利益语；

（八）不悭贪：常怀舍心；

（九）不嗔恚：恒生慈悯；

（十）不邪见：正信因果。

造善业者，因其造业轻重而生于阿修罗、人道、欲界天中。所感之余报，与上所列恶业之余报相反。如不杀生则长寿无病等，类推可知。

由是观之，吾人欲得诸事顺遂，身心安乐之果报者，应先力修善业，以种善因。若唯一心求好果报，而决不肯种少许善因，是为大误。譬如农夫，欲得米谷，而不种田，人皆知其为愚也。故吾人欲诸事顺遂，身心安乐者，须努力培植善因。将来或迟或早，必得良好之果报。古人云："祸福无不自己求之者。"即是此意也。

以上所说，乃人天教之大义。

唯修人天教者，虽较易行，然报限人天，非是出世，故古今诸大善知识，尽力提倡"净土法门"，即前所说之佛法宗派大概中之"净土宗"。今无论习何教者，皆兼学此"净土法门"，即能获得最大之利益。"净土法门"虽随宜判为"一乘圆教"，但深者见深，浅者见浅，即唯修人天教者亦可兼学，所谓"三根普被"也。

在此讲说三日已竟。以此功德，唯愿世界安宁，众生欢乐，佛日增辉，法轮常转。

佛教之简易修持法

己卯四月十六日在永春桃源殿讲李芳远记

我到永春的因缘，最初发起，在三年之前。性愿老法师常常劝我到此地来，又常提起普济寺是如何如何的好。

两年以前的春天，我在南普陀讲律圆满以后，妙慧师便到厦门请我到此地来。那时因为学律的人要随行的太多，而普济寺中设备未广，不能够收容，不得已而中止。是为第一次欲来未果。

是年的冬天，有位善兴师，他持着永春诸善友一张请帖，到厦门万石岩去，要接我来永春。那时因为已先应了泉州草庵之请，故不能来永春。是为第二次欲来未果。

去年的冬天，妙慧师再到草庵来接。本想随请前来，不意过泉州时，又承诸善友挽留，不得已而延期至今春。是为第三次欲来未果。

直至今年半个月以前，妙慧师又到泉州劝请，是为第四次。因大众既然有如此的盛意，故不得不来。其时在泉州各地讲经，很是忙碌，因此又延搁了半个多月。今得来到贵处，和诸位善友相见，我心中非常的欢喜。自三年前就想到此地来，屡次受了事情所阻，现在得来，满其多年的夙愿，更可说是十分的欢喜了。

今天承诸位善友请我演讲。我以为谈玄说妙，虽然极为高尚，但于现在行持终觉了不相涉。所以今天我所讲的，且就常人现在即能实行的，约略说之。

因为专尚谈玄说妙，譬如那饥饿的人，来研究食谱，虽山珍海错之名，纵横满纸，如何能够充饥？倒不如现在得到几种普通的食品，即可入口，得充一饱，才于实事有济。

以下所讲的，分为三段。

一、深信因果

因果之法，虽为佛法入门的初步，但是非常的重要，无论何人皆须深信。何谓因果？因者好比种子，下在田中，将来可以长成为果实。果者譬如果实，自种子发芽，渐渐地开花结果。

我们一生所作所为，有善有恶，将来报应不出下列：

桃李种 长成为桃李——作善报善

荆棘种 长成为荆棘——作恶报恶

所以我们要避凶得吉，消灾得福，必须要厚植善因，努力改过迁善，将来才能够获得吉祥福德之好果。如果常作恶因，而要想免除凶祸灾难，哪里能够得到呢？

所以第一要劝大众深信因果了知善恶报应，一丝一毫也不会差的。

二、发菩提心

“菩提”二字是印度的梵语，翻译为“觉”，也就是成佛的意思。发者，是发起，故发菩提心者，便是发起成佛的心。为什么要成佛呢？为利益一切众生。须如何修持乃能成佛呢？须广修一切善行。以上所说的，要广修一切善行，利益一切众生，但须如何才能够彻底呢？须不着我相。所以发菩提心的人，应发以下之三种心：

（一）大智心：不着我相此心虽非凡夫所能发，亦应随分观察。

（二）大愿心：广修善行。

（三）大悲心：救众生苦。

又发菩提心者，须发以下所记之四弘誓愿：

（一）众生无边誓愿度：菩提心以大悲为体，所以先说度生。

（二）烦恼无尽誓愿断：愿一切众生，皆能断无尽之烦恼。

（三）法门无量誓愿学：愿一切众生，皆能学无量之法门。

（四）佛道无上誓愿成：愿一切众生，皆能成无上之佛道。

或疑烦恼以下之三愿，皆为我而发，如何说是愿一切众生？这里有两种解释：一就浅来说，我也就是众生中的一人，现在所说的众生，我也在其内。再进一步言，真发菩提心的，必须彻悟法性平等。决不见我与众生有什么差别，如是才能够真实和菩提心相应。所以现在发愿，说愿一切众生，有何妨耶！

三、专修净土

既然已经发了菩提心，就应该努力地修持。但是佛所说的法门很多，深浅难易，种种不同。若修持的法门与根器不相契合的，用力多而收效少。倘与根器相契合的，用力少而收效多。在这末法之时，大多数众生的根器，和哪种法门最相契合呢？说起来只有净土宗。因为泛泛修其他法门的，在这五浊恶世，无佛应现之时，很是困难。若果专修净土法门，则依佛大慈大悲之力，往生极乐世界，见佛闻法，速证菩提，比较容易得多。所以龙树菩萨曾说，前为难行道，后为易行道，前如陆路步行，后如水道乘船。

关于净土法门的书籍，可以首先阅览者，初机净业指南、印光法师嘉言录、印光法师文钞等，依此就可略知净土法门的门径。

近几个月以来，我在泉州各地方讲经，身体和精神都非常的疲劳。这次到贵处来，匆促演讲，不及预备，所以本说的未能详尽，希望大众原谅。

李叔同诗词作品

落花

纷，纷，纷，纷，纷，纷……
唯落花委地无言兮，化作泥尘；
寂，寂，寂，寂，寂，寂……
何春光长逝不归兮，永绝消息。
忆春风之日暝，芬菲菲以争妍；
既乘荣以发秀，倏节易而时迁。
春残，览落红之辞枝兮，伤花事其阑珊；
已矣！春秋其代序以递嬗兮，俯念迟暮。
荣枯不须臾，盛衰有常数；
人生之浮华若朝露兮，泉壤兴衰；
朱华易消歇，青春不再来。

普劝净宗道侣兼持诵《地藏经》

庚辰地藏诞日在永春讲 王梦惺记

予来永春，迄今一年有半。在去夏时王梦惺居士来信，为言拟偕林子坚居士等将来普济寺，请予讲经。斯时予曾复一函，俟秋凉后即入城讲《金刚经》大意三日。及秋七月，予以掩关习禅，乃不果往。日昨梦惺居士及诸仁者入山相访，因雨小住寺院，今日适逢地藏菩萨圣诞，故乘此胜缘，为讲净宗道侣兼持诵《地藏经》要旨，以资纪念。

净宗道侣修持之法，固以净土三经为主。三经之外，似宜兼诵《地藏经》以为助行，因地藏菩萨，与此土众生有大因缘。而《地藏本愿经》，尤与吾等常人之根器深相契合。故今普劝净宗道侣，应兼持诵《地藏菩萨本愿经》。谨述旨趣于下，以备净宗道侣采择焉。

一、净土之于地藏，自昔以来，困缘最深。而我八祖莲池大师，撰《地藏本愿经》序，劝赞流通。逮我九祖蕅益大师，一生奉事地藏菩萨，赞叹弘扬益力。居九华山甚久，自称为“地藏之孤臣”。并尽形勤礼地藏忏仪，常持地藏真言，以忏除业障，求生极乐。又当代净土宗泰斗印光法师，于《地藏本愿经》尤尽力弘传流布，刊印数万册，令净业学者至心读诵，依教行持。今者窃遵净宗诸祖之成规，普劝同人兼修并习。胜缘集合，盖非偶然。

二、地藏法门以三经为主。三经者，《地藏菩萨本愿经》《地藏菩萨十轮经》《地藏菩萨占察善恶业报经》。《本愿经》中虽未显说往生净土之义，然其他二经则皆有之。《十轮经》云：“当生净佛国，导师之所居。”《占察经》云：“若人欲生他方现在净国者，应当随彼世界佛之名字，专意诵念，一心不乱，如上观察者，决定得生彼佛净国。”所以我莲宗九祖蕅益大师，礼地藏菩萨占察忏时，发愿文云：“舍身他世，生在佛前，面奉弥陀，历事诸佛，亲蒙授记，回入尘劳，普会群迷，同归秘藏。”由是以观，地藏法门实与净宗关系甚深，岂唯殊途同归，抑亦发趣一致。

三、《观无量寿佛经》，以修三福为净业正因。三福之首，曰孝养父母。而《地藏本愿经》中，备陈地藏菩萨宿世孝母之因缘。故古德称《地藏经》为“佛门之孝经”，良有以也。凡我同人，常应读诵《地藏本愿经》，以副《观经》孝养之旨。并依教力行，特崇孝道，以报亲恩，而修胜福。

四、当代印光法师教人持佛名号求生西方者，必先劝信因果报应，诸恶莫作，众善奉行，然后乃云：“仗佛慈力，带业往生。”而《地藏本愿经》中，广明因果报应，至为详尽。凡我同人，常应读《地藏本愿经》，依教奉行，以资净业。倘未能深信因果报应，不在伦常道德上切实注意，则岂仅生西未能，抑亦三途有分。今者窃本斯意，普劝修净业者，必须深信因果，常检点平时所作所为之事。真诚忏悔，努力改过。复进而修持五戒十善等，以为念佛之助行，而作生西之资粮。

五、吾人修净业者，倘能于现在环境之苦乐顺逆一切放下，无所挂碍，依苦境而消除身见，以逆缘而坚固净愿，则诚甚善。但如是者，千万人中罕有一二。因吾人处于凡夫地位，虽知随分随力修习净业，而于身心世界犹未能彻底看破，衣食住等不能不有所需求，水火刀兵饥馑等天灾人祸亦不能不有所顾虑。倘生活困难，灾患频起，即于修行作大障碍也。今若能归信地藏菩萨者，则无此虑。依《地藏经》中所载，能令吾人衣食丰足，疾疫不临，家宅永安，所求遂意，寿命增加，虚耗辟除，出入神护，离诸灾难等。古德云：“身安而后道隆。”即是之谓。此为普劝修净业者，应归信地藏之要旨也。

以上略述持诵《地藏经》之旨趣。义虽未能详尽，亦可窥其梗概。唯冀净宗道侣，广为传布。于《地藏经》至心持诵，共获胜益焉。

略述印光大师之盛德

在泉州檀林福林寺念佛期讲

大师为近代之高僧，众所钦仰。其一生之盛德，非短时间所能叙述。今先略述大师之生平，次略举盛德四端，仅能于大师种种盛德中，粗陈其少分而已。

一、略述大师之生平

大师为陕西人。幼读儒书，二十一岁出家，三十三岁居普陀山，历二十年，人鲜知者。至一九一一年，师五十二岁时，始有人以师文隐名登入上海《佛学丛报》者。一九一七年，师五十七岁，乃有人刊其信稿一小册。至一九一八年，师五十八岁，即余出家之年，是年春，乃刊《文钞》一册，世遂稍有知师名者。以后续刊《文钞》二册，又增为四册，于是知名者渐众。有通信问法者，有亲至普陀参礼者。一九三〇年，师七十岁，移居苏州报国寺。此后十年，为弘法最盛之时期。一九三七年，战事起，乃移灵岩山，遂兴念佛之大道场。一九四〇年十一月初四日生西。生平不求名誉，他人有作文赞扬师德者，辄痛斥之。不贪蓄财物，他人供养钱财者至多，师以印佛书流通，或救济灾难等。一生不畜剃度弟子，而全国僧众多钦服其教化。一生不任寺中住持、监院等职，而全国寺院多蒙其护法。各处寺房或寺产，有受人占夺者，师必为尽力设法以保全之。故综观师之一生而言，在师自己，决不求名利恭敬，而于实际上，能令一切众生皆受莫大之利益。

二、略举盛德之四端

大师盛德至多，今且举常人之力所能随学者四端，略说述之。因师之种种盛德，多非吾人所可及，今所举之四端，皆是至简至易，无论何人，皆可依此而学也。

甲、习劳

大师一生，最喜自作劳动之事。余于民国十三年曾到普陀山，其时师年六十四岁，余见师一人独居，事事躬自操作，别无侍者等为之帮助。直至去年，师年八十岁，每日仍自己扫地、拭几、擦油灯、洗衣服。师既如此习劳，为常人作模范，故见人有懒惰懈怠者，多诫劝之。

乙、惜福

大师一生，于惜福一事最为注意。衣食住等，皆极简单粗劣，力斥精美。一九二四年，余至普陀山，居七日，每日自晨至夕，皆在师房内观察师一切行为。师每日晨食仅粥一大碗，无菜。师自云："初至普陀时，晨食有咸菜，因北方人吃不惯，故改为仅食白粥，已三十余年矣。"食毕，以舌舐碗，至极净为止。复以开水注入碗中，涤荡其余汁，即以之漱口，旋即咽下，唯恐轻弃残余之饭粒也。至午食时，饭一碗，大众菜一碗。师食之，饭菜皆尽。先以舌舐碗，又注入开水涤荡以漱口，与晨食无异。师自行如是，而劝人亦极严厉。见有客人食后，碗内剩饭粒者，必大呵曰："汝有多么大的福气？竟如此糟蹋！"此事常常有，余屡闻及人言之。又有客人以冷茶泼弃痰桶中者，师亦呵诫之。以上且举饭食而言。其他惜福之事，亦均类此也。

丙、注重因果

大师一生最注重因果，尝语人云："因果之法，为救国救民之急务。必令人人皆知现在有如此因，将来即有如此果，善有善报，恶有恶报。欲挽救世道人心，必须于此入手。"大师无论见何等人，皆以此理痛切言之。

丁、专心念佛

大师虽精通种种佛法，而自行劝人，则专依念佛法门。师之在家弟子，多有曾受高等教育及留学欧美者。而师决不与彼等高谈佛法之哲理，唯一一劝其专心念佛。彼弟子辈闻师言者，亦皆一一信受奉行，决不敢轻视念佛法门而妄生疑议。此盖大师盛德感化有以致之也。

以上所述，因时间短促，未能详尽，然即此亦可略见大师盛德之一斑。若欲详知，有上海出版之《印光大师永思集》，泉州各寺当有存者，可以借阅。今日所讲者止此。

为性常法师掩关笔示法则

一九三五年五月三日于泉州开元寺所作

古人掩关，皆为专修禅定或念佛，若研究三藏，则不限定掩关也。仁者此次掩关，实为难得之机会。应于每日时间，以三分之二专念佛诵经（或默阅但不可生分别心），以三分之一时间温习《戒本羯磨》及习世间文字。因机会难可再得，不于此时专心念佛，以后恐无此胜缘。至于研究等事，在掩关时虽无甚成绩，将来出关后，尽可缓缓研究也。念佛一事，万不可看得容易，平日学教之人，若令息心念佛，实第一困难之事，但亦不得不勉强而行也。此事至要至要，万不可轻忽。诵经之事可以如常。又每日须拜佛若干拜，既有功德，亦可运动身体也。念佛时亦宜数数经行，因关中运动太少，食物不宜消化，故宜礼拜经行也。念佛之事，一人甚难行，宜与义俊法师协定课程，二人同时行之，可以互相策励，不致懈怠中止也。

课程大致如下：早粥前念佛，出声或默念随意。

早粥后稍休息。礼佛通经。九时至十一时研究。午饭后休息。二时至四时研究。（研究时间每日以四小时为限不可多）四时半起礼佛诵经。黄昏后专念佛。晚间可以不点灯，唯佛前供琉璃灯可耳。

三年之中，可与义俊法师讲《戒本》及表记《羯磨》六遍。每半年讲一遍。自己既能温习，亦能令他人得益。昔南山律祖，尚听律十二遍未尝厌倦，何况吾等钝根之人耶？《戒本羯磨》能十分明了，且记忆不忘，将来出关之后，再学《行事钞》等非难事矣。世俗文字略学四书及历史等。学生字典宜学全部，但若鲜暇，不妨缺略，因此等事，出关之后仍可学习也。若念佛等，出关之后恐难继续，唯在关中能专心也。又在闭关时宜注意者如下：不可闲谈，不晤客人，不通信（有十分要事，写一纸条交与护关者）。

凡一切事，尽可俟出关后再料理也，时机难得，光阴可贵，念之！念之！

余既无道德，又乏学问。今见仁者以诚恳之意，谆谆请求，故略据拙见拉杂书此，以备采择。

佛法大意

戊寅年六月十九日在漳州七宝寺讲

我至贵地，可谓奇巧因缘。本拟住半月返厦。因变，住此，得与诸君相晤，甚可喜。

先略说佛法大意。

佛法以大菩提心为主。菩提心者，即是利益众生之心。故信佛法者，须常抱积极之大悲心，发救济一切众生之大愿，努力做利益众生之种种慈善事业。乃不愧为佛教徒之名称。

若专修净土法门者，尤应先发大菩提心。否则他人谓佛法是消极的、厌世的、送死的。若发此心者，自无此误会。

至于做慈善事业，尤要。既为佛教徒，即应努力做利益社会之种种事业。乃能令他人了解佛教是救世的、积极的。不起误会。

或疑经中常言空义，岂不与前说相反。

今案大菩提心，实具有悲智二义。悲者如前所说。智者不执著我相，故曰空也。即是以无我之伟大精神，而做种种之利生事业。

若解此意，而知常人执著我相而利益众生者，其能力薄、范围小、时不久、不彻底。若欲能力强、范围大、时间久，最彻底者，必须学习佛法，了解悲智之义，如是所做利生事业乃能十分圆满也。故知所谓空者，即是于常人所执著之我见，打破消灭，一扫而空。然后以无我之精神，努力切实作种种之事业。亦犹世间行事，先将不良之习惯等一一推翻，然后良好建设乃得实现也。

今能了解佛法之全系统及其真精神所在，则常人谓佛教是迷信是消极者，固可因此而知其不当。即谓佛教为世界一切宗教中最高尚之宗教，或谓佛法为世界一切哲学中最玄妙之哲学者，亦未为尽理。

<table>
<tr><td rowspan="7">因佛法是真能</td><td colspan="2">说明人生宇宙之所以然。</td></tr>
<tr><td rowspan="4">破除世间一切</td><td>谬见，而与以正见。</td></tr>
<tr><td>迷信，而与以正信。</td></tr>
<tr><td>恶行，而与以正行。</td></tr>
<tr><td>幻觉，而与以正觉。</td></tr>
<tr><td colspan="2">包括世间各教各学之长处，而补其不足。</td></tr>
<tr><td colspan="2">广被一切众生之机，而无所遗漏。</td></tr>
</table>

不仅中国，现今如欧美诸国人，正在热烈地研究及提倡。出版之佛教书籍及杂志等甚多。

故望已为佛教徒者，须彻底研究佛法之真理，而努力实行，俾不愧为佛教徒之名。其未信佛法者，亦宜虚心下气，尽力研究，然后于佛法再加以评论。此为余所希望者。

以上略说佛法大意毕。

又当地信士，因今日为菩萨诞，欲请解释南无观世音菩萨之义，兹以时间无多，唯略说之。

南无者，梵语，即皈依义。

菩萨者，梵语，为菩提萨埵之省文。菩提者觉，萨埵者众生。因菩萨以智上求佛法，以悲下化众生，故称为菩提萨埵。此以悲智二义解释，与前同也。

观世音者，为此菩萨之名。亦可以悲智二义分释。如《楞严经》云：由我观听十方圆明，故观音名遍十方界。约智言也。如《法华经》云：苦恼众生一心称名，菩萨即时观其音声，皆得解脱，以是名观世音。约悲言也。

授三归依大意

癸酉五月在万寿岩讲

一、三皈之略义

三皈者，皈依于佛法僧三宝也。

三宝义甚广，有种种区别。今且就常人最易了解者，略举之。

佛者，如释迦牟尼佛、阿弥陀佛等诸佛是也。法者，为佛所说之法，或菩萨等依据佛意所说之法，即现今所流传之大小乘经律论三藏也。僧者，如菩萨声闻诸圣贤众、下至仅剃发披袈裟者皆是也。

皈依者，皈向依赖之意。

皈依于三宝者，乞三宝救护也。大方便佛报恩经云：譬人获罪于王，投向异国以求救护。异国王言，汝来无畏，但莫出我境，莫违我教，必相救护，众生亦尔。系属于魔，有生死罪。皈向三宝，以求救护。若诚心皈依，更无异向，不违佛教，魔王邪恶，无如之何。

既已皈依于佛，自今以后，决不再依天仙神鬼一切诸外道等。

既已皈依于法，自今以后，决不再依诸外道典籍。

既已皈依于僧，自今以后，决不再依于不奉行佛法者。

二、授三皈之方法

一、忏悔。二、正授三皈。三、发愿回向。

应先请授者详力解释此三种文义。因仅读文而未解义，不能获诸善法也。正授三皈之文有多种，常所用者如下：

我某甲，尽形寿，皈依佛、皈依法、皈依僧。三说。

我某甲，皈依佛竟、皈依法竟、皈依僧竟。三结。

前三说时，已得皈依善法。后三结者，重更叮咛令不忘失也。

忏悔文及发愿回向文，由授者酌定之。但发愿回向，应有以此功德，回向众生，同生西方，齐成佛道之意。万不可唯求自利也。

三、授三皈之利益

经律论中，赞叹皈依三宝功德之文甚多。今略举四则。灌顶经云：受三皈者，有三十六善神，与其无量诸眷属，守护其人令其安乐。善生经云：若人受三皈，所得果报，不可穷尽，如四大宝藏（四宝者：金、银、琉璃、玻璃），举国人民，七年之中，运出不尽。受三皈者，其福过彼，不可称计。较量功德经云：若三千大千世界，满中如来，如稻麻竹苇。若人四事供养（饮食、衣服、卧具、汤药），满二万岁，诸佛灭后，各起宝塔，复以香花供养，其福甚多，不如有人以清净心，皈依佛法僧三宝所得功德。大集经云：妊娠女人，恐胎不安，先授三皈已，儿无加害；乃至生已，身心俱足，善神拥护。是母受兼资于子也。

四、结诰

在本寺正式讲律，至今日圆满，今日所以聚集缁素诸众，讲三皈大意者，一以备诸师参考，俾他日为人授三皈时，知其简要之方法也。一以教诸在家人，令彼等了知三皈之大意，俾已受者，能了此意，应深自庆幸。其未受者，先能了知此意，且为他日依师受三皈之基础也。

李叔同诗词作品

戏赠蔡小香四绝

眉间愁语烛边情，素手掺掺一握盈。
艳福者般真羡煞，侍人个个唤先生。

云髮蓬松粉薄施，看来西了捧心时。
自从一病恹恹后，瘦了春山几道眉。

轻减腰围比柳姿，刘桢平视故迟迟。
佯羞半吐丁香舌，一段浓芳是口脂。

愿将天上长生药，医尽人间短命花。
自是中郎精妙术，大名传遍沪江涯。

敬三宝

癸酉闰五月五日在泉州大开元寺讲

三宝者，佛法僧也。其义甚广，今唯举其少分之义耳。

今言佛者，且约佛像而言，如木石等所雕塑及纸画者也。

今言法者，且约经律论等书册而言，或印刷或书写也。

今言僧者，且约当世凡夫僧而言，因菩萨罗汉等附入敬佛门也。

第一，敬佛。略举常人所应注意者数条：

礼佛时宜洗手漱口，至诚恭敬，缓缓而拜，不可急忙。宁可少拜，不可草率。佛几清洁，供香端直，供佛之物，以烹调精美人所能食者为宜。今多以食物之原料及罐头而供佛者殊为不敬，蕅益大师《大悲咒行法》中曾痛斥之。又供佛宜在午前，不宜过午也。供水果亦宜午前。供水宜捧奉式。供花，花瓶水宜常换。

纸画之佛像，不可仅以绫裱，恐染蝇粪等秽物也（少蝇者或可）。宜装入玻璃镜中。

木石等雕塑者，小者应入玻璃龛中，大者应作宝盖罩之，并须常拂拭像上之尘土。

凡大殿及供佛之室中，皆不宜踞坐笑谈。如对于国王大臣乃至宾客之前尚应恭敬，慎护威仪，何况对佛像耶！不可佛前晒衣服，宜偏侧。不得在殿前用夜壶水浇花。若卧室中供佛像者，眠时应以净布遮障。

第二，敬法。略举常人所应注意者数条：

读经之时，必须洗手漱口拭几，衣服整齐，威仪严肃，与礼佛时无异。蕅益大师云：“展卷如对活佛，收卷如在目前，千遍万遍，寤寐不忘。”如是乃能获读经之实益也。

对于经典，应十分恭敬护持，万不可令其污损。又翻篇时，宜以指腹轻轻翻之，不可以指爪划，又不应折角。若欲记志，以纸片夹入可也。

若经典残缺者，亦不可烧。卧室中几上置经典者，眠时应以净布盖之。

附：每日诵经时仪式

礼佛——多少不拘。

赞佛——经偈或天上天下无如佛等，阿弥陀佛身金色等，“炉香乍爇”不是赞佛。

供养——愿此香华云等。

读经

回向——不拘，或用我此普贤殊胜行等。

第三，敬僧。略举常人所应注意者数条：

凡剃发披袈裟者，皆是释迦佛子，在家人见之，应一例生恭敬心，不可分别持戒破戒。

若皈依三宝时，礼一出家人为师而作证明者，不可妄云皈依某人。因所皈依者为僧，非皈依某一人。应于一切僧众，若贤若愚，生平等心，至诚恭敬，尊之为师，自称弟子，则与皈依僧伽之义，乃符合矣。

供养僧者亦尔。不可专供有德者，应于一切僧生平等心，普遍供之，乃可获极大之功德也。专赠一人功德小，供众者功德大。

出家人若有过失，在家人闻之，万不可轻言。此为佛所痛诫者，最宜慎之。

以上已略言敬三宝义竟。兹附有告者，厦门、泉州神庙甚多，在家人敬神，每用猪鸡等物。岂知神皆好善而恶杀，今杀猪鸡等物而供神，神不受享，又安能降福而消灾耶？唯愿自今以后，痛革此种习惯，凡敬神时，亦一例改用素食，则至善矣。

净土法门大意

壬申十月在厦门妙释寺讲

今日在本寺演讲，适值念佛会期。故为说修净土宗者应注意的几项。

修净土宗者，第一须发大菩提心。《无量寿经》中所说三辈往生者，皆须发无上菩提之心。《观无量寿佛经》亦云，欲生彼国者，应发菩提心。

由是观之，唯求自利者，不能往生。因与佛心不相应，佛以大悲心为体故。

常人谓净土宗唯是送死法门（临终乃有用）。岂知净土宗以大菩提心为主。常应抱积极之大悲心，发救济众生之宏愿。

修净土宗者，应常常发代众生受苦心。愿以一肩负担一切众生，代其受苦。所谓一切众生者，非限一县一省，乃至全世界。若依佛经说，如此世界之形，更有不可说不可说许多之世界，有如此之多故。凡此一切世界之众生，所造种种恶业应受种种之苦，我愿以一人一肩之力完全负担。决不畏其多苦，请旁人分任。因最初发誓愿，决定愿以一人之力救护一切故。

譬如日，不以世界多故，多日出现。但一日出，悉能普照一切众生。今以一人之力，负担一切众生，亦如是。

以上但云以一人能救一切，是横说。若就竖说，所经之时间，非一日数日数月数年。乃经不可说不可说久远年代，尽于未来，决不厌倦。因我愿于三恶道中，以身为抵押品，赎出一切恶道众生。众生之罪未尽，我决不离恶道，誓愿代其受苦。故虽经过极长久之时间，亦决不起一念悔心，一念怯心，一念厌心。我应生十分大欢喜心，以一身承当此利生之事业也。已上讲应发大菩提心境。

至于读诵大乘，亦是《观经》所说。修净土法门者，固应诵《阿弥陀经》，常念佛名。然亦可以读诵《普贤行愿品》，回向往生。因经中最胜者《华严经》。《华严经》之大旨，不出《普贤行愿品》第四十卷之外。此经中说，诵此普贤愿王者，能获种种利益，临命终时，此愿不离，引导往生极乐世界，乃至成佛。故修净土法门者，常读诵此《普贤行愿品》，最为适宜也。

至于作慈善事业，乃是人类所应为者。专修念佛之人，往往废弃世缘，懒作慈善事业，实有未可。因现生能作种种慈善事业，亦可为生西之资粮也。

就以上所说：

第一劝大家应发大菩提心。否则他人将谓净土法门是小乘，消极的、厌世的、送死的。若发心者，自无此讥评。

复劝常读《行愿品》，可以助发增长大菩提心。

至于作慈善事业尤要。因既为佛徒，即应努力作利益社会种种之事业，乃能令他人了解佛教是救世的、积极的，不起误会。

关于净土宗修持法，于诸书皆详载，无俟赘陈。故唯述应注意者数事，以备诸君参考。

李叔同诗词作品

悲秋

西风乍起黄叶飘，日夕疏林杪。
花事匆匆，梦影迢迢，零落凭谁吊。

镜里朱颜，愁边白发，光阴催人老，
纵有千金，纵有千金，千金难买年少。

净宗问辨

乙亥二月于万寿岩讲

古德撰述，每设问答，遣除惑疑，翼赞净土，厥功伟矣。宋代而后，迄于清初，禅宗最盛，其所致疑多原于此。今则禅宗渐衰，未劳攻破。而复别有疑义，盛传当时。若不商榷，或致诖乱。故于万寿讲次，别述所见，冀息时疑。匪曰好辨，亦以就正有道耳。

问：当代弘扬净土宗者，恒谓专持一句弥陀，不须复学经律论等，如是排斥教理，偏赞持名，岂非主张太过耶？

答：上根之人，虽有终身专持一句圣号者，而决不应排斥教理。若在常人，持名之外，须于经律论等随力兼学，岂可废弃？且如灵芝疏主，虽撰《义疏》，盛赞持名，然其自行亦复深研律藏，旁通天台、法相等，其明证矣。

问：有谓净土宗人，率多抛弃世缘，其信然欤？

答：若修禅定，或止观，或密咒等，须谢绝世缘，入山静习。净土法门则异于是。无人不可学，无处不可学，士农工商各安其业，皆可随分修其净土，又于人事善利，群众公益，一切功德，悉应尽力集积，以为生西资粮，何可云抛弃耶！

问：前云修净业者不应排斥教理，抛弃世缘，未审出何经论？

答：经论广明，未能具陈，今略举之。《观无量寿佛经》云：“欲生彼国者，当修三福。一者孝养父母，奉事师长，慈心不杀，修十善业。二者受持三归，具足众戒，不犯威仪。三者发菩提心，深信因果，读诵大乘，劝进行者。如此三事，名为净业，乃是过去、未来、现在三世诸佛净业正因。”《无量寿经》云：“发菩提心，修诸功德。殖诸德本，至心回向。欢喜信乐，修菩萨行。”《大宝积经·发胜志乐会》云：佛告弥勒菩萨言：“菩萨发十种心。一者于诸众生，起于大慈，无损害心。二者于诸众生，起于大悲，无逼恼心。三者于佛正法，不惜身命，乐守护心。四者于一切法，发生胜忍，无执著心。五者不贪利养，恭敬尊重，净意乐心。六者求佛种智，于一切时，无忘失心。七者于诸众生，尊重恭敬，无下劣心。八者不著世论，于菩提分，生决定心。九者种诸善根，无有杂染，清净之心。十者于诸如来，舍离诸相，起随念心。若人于此十种心中，随成一心，乐欲往生极乐世界，若不得生，无有是处。”

问：菩萨应常处娑婆，代诸众生受苦。何故求生西方？

答：灵芝疏主初出家时，亦尝坚持此见，轻谤净业。后遭重病，色力痿羸，神识迷茫，莫知趣向。既而病瘥，顿觉前非，悲泣感伤，深自克责。以初心菩萨未得无生法忍，志虽洪大，力不堪任也。《大智度论》云：“具缚凡夫，有大悲心，愿生恶世，救苦众生，无有是处。譬如婴儿不得离母，又如弱羽只可传枝。未证无生法忍者，要须常不离佛也。”

问：法相宗学者欲见弥勒菩萨，必须求生兜率耶？

答：不尽然也。弥勒菩萨乃法身大士，尘尘刹刹，同时等遍。兜率内院有弥勒，极乐世界亦有弥勒，故法相宗学者不妨求生西方。且生西方已，并见弥陀及诸大菩萨，岂不更胜？《华严经·普贤行愿品》云：“到已，即见阿弥陀佛、文殊师利菩萨、普贤菩萨、观自在菩萨、弥勒菩萨等。”又《阿弥陀经》云：“其中多有一生补处，其数甚多，非是算数所能知之，但可以无量无边阿僧祇说。众生闻者，应当发愿，愿生彼国。所以者何？得与如是诸上善人俱会一处。”据上所引经文，求生西方，最为殊胜也。故慈恩教主窥基大师曾撰《阿弥陀经通赞》三卷，及《疏》一卷，普劝众生同归极乐。遗范具在，的可依承。

问：兜率近而易生，极乐远过十万亿佛土，若欲往生，不綦难欤？

答：《华严经·普贤行愿品》云：“一刹那中，即得往生极乐世界。”灵芝《弥陀义疏》云：“十万亿佛土，凡情疑远，弹指可到。十方净秽同一心故，心念迅速不思议故。”由是观之，无足虑也。

问：闻密宗学者云，若唯修净土法门，念念求生西方，即渐渐减短寿命，终至夭亡。故修净业者，必须兼学密宗长寿法，相辅而行，乃可无虑。其说确乎？

答：自古以来，专修净土之人，多享大年，且有因念佛而延寿者。前说似难信也。又既已发心求生西方，即不须顾虑今生寿命长短，若顾虑者必难往生。人世长寿不过百年，西方则无量无边阿僧祇劫。智者权衡其间，当知所轻重矣。

问：有谓弥陀法门，专属送死之教；若药师法门，生能消灾延寿，死则往生东方净刹，岂不更善？

答：弥陀法门，于现生何尝无有利益？具如经论广明。今且述余所亲闻事实四则证之，以息其疑。

（一）瞽目重明。嘉兴范古农友人戴君，曾卒业于上海南洋中学，忽尔双目失明，忧郁不乐。古农乃劝彼念阿弥陀佛，并介绍居住平湖报本寺，日夜一心专念。如是年余，双目重明如故。此事古农为余言者。

（二）沉疴顿愈。海盐徐蔚如旅居京师，屡患痔疾，经久不愈。曾因事远出，乘人力车摩擦颠簸，归寓之后，痔乃大发，痛彻心髓，经七昼夜不能睡眠，病已垂危。因忆《华严·十回向品》代众生受苦文，依之发愿。后即一心专念阿弥陀佛，不久遂能安眠，醒后痔疾顿愈，迄今已十数年，未曾再发。此事蔚如尝与印光法师言之。余复致书询问，彼言确有其事也。

（三）冤鬼不侵。四川释显真，又字西归，在家时历任县长，杀戮土匪甚多。出家不久，即住宁波慈溪五磊寺，每夜梦见土匪多人，血肉狼藉，凶暴愤怒，执持枪械，向其索命。遂大恐惧，发勇猛心，专念阿弥陀佛，日夜不息，乃至梦中亦能持念。梦见土匪，即念佛号以劝化之。自是梦中土匪渐能和驯，数月以后，不复见矣。余与显真同住最久，常为余言其往事，且叹念佛功德之不可思议也。

（四）危难得免。温州吴璧华，勤修净业，行住坐卧，恒念弥陀圣号。十一年壬戌七月下旬，温州飓风暴雨，墙屋倒坏者甚多。是夜璧华适卧墙侧，默念佛号而眠。夜半，墙忽倾圮，砖砾泥土坠落遍身，家人疑已压毙，相率奋力除去砖土，见璧华安然无恙，犹念佛号不辍。察其颜面以至肢体，未有毫发损伤，乃大惊叹，共感佛恩。其时余居温州庆福寺，风灾翌日，璧华亲至寺中向余言之。璧华早岁奔走革命，后信佛法，于北京、温州、杭州及东北各省尽力弘扬佛化，并主办赈济慈善诸事，临终之际，持念佛号，诸根悦豫，正念分明。及大殓时，顶门犹温，往生极乐，可无疑矣。

劝人听钟念佛文

近有人新发明听钟念佛之法，至为奇妙。今略述其方法如下，修净业者，幸试用之，并希以是广为传播焉。

凡座钟挂钟行动之时，若细听之，作丁当丁当之响（丁字响重，当字响轻）。即依此丁当丁当四字，设想作阿弥陀佛四字。或念六字佛者，以第一丁字为“南无”，第一当字为“阿弥”，第二丁字为“陀”，第二当字为“佛”。亦止用丁当丁当四字而成之也。又倘以其转太速，而欲迟缓者，可加一倍，用丁当丁当丁当丁当八字，假想作阿弥陀佛四字，即是每一丁当为一字也。或念六字佛者，以第一丁当为“南无”，第二丁当为“阿弥”，第三丁当为“陀”，第四丁当为“佛”也。

所用之钟，宜择丁当丁当速度调匀者用之。又欲其音响轻微者，可以布类覆于其上。（如昼间欲其响大者，将布撤去。夜间欲其音响轻者，将布覆上。）

初学念佛者若不持念珠记数，最易懈怠间断。若以此钟时常随身，倘有间断，一闻钟响，即可警觉也。又在家念佛者，居室附近，不免喧闹，若摄心念佛，殊为不易。今以此钟置于身旁，用耳专听钟响，其他喧闹之声，自可不至扰乱其耳也。又听钟工夫能纯熟者，则丁当丁当之响，即是阿弥陀佛之声。钟响佛声，无二无别。钟响则佛声常现矣。

普陀印光法师《覆永嘉论月律师函》云：“凡夫之心，不能无依，而娑婆耳根最利。听自念佛之音亦亲切。但初机未熟，久或昏沉，故听钟念之，最为有益也。”

注：此文原载《世界居士林林刊第十七期，题上有“论月大师”四字。“论月”即老人别署。老人盛倡此法，而阅者不多，谨录于此。

万寿岩念佛堂开堂演词

甲戌八月

今日万寿禅寺念佛堂开堂，余得参末席，深为荣幸。近十数年来，闽南佛法日益隆盛，但念佛堂尚未建立，悉皆引为憾事。今由本寺住持本妙法师发愿创建，开闽南风气之先。大众欢喜，叹为希有。本妙法师英年好学，亲近兴慈法主讲席已历多载。于天台教义及净土法门悉能贯通。故今本其所学，建念佛堂弘扬净土，可谓法门之龙象，僧中之芬陀矣。

今念佛堂既已成立。而欲如法进行，维持永久，胥赖护法诸居士有以匡辅而助理之。

考江浙念佛堂规则，约分二端：一为长年念佛，二为临时念佛。长年念佛者，斋主供设延生或荐亡牌位，堂中住僧数人乃至数十人，每日念佛数次。临时念佛者，斋主或因寿诞，或因保病，或因荐亡，临时念佛一日乃至多日，此即是水陆经忏之变相。以上二端中，长年念佛尚易实行。因规模大小可以随时变通，勉力支援犹可为也。若临时念佛，实行至为困难。因旧日习惯，唯尚做水陆、诵经、拜忏、放焰口等。今遽废此习惯，改为念佛，非易事也。

印光老法师文钞中，屡言念佛胜于水陆经忏等。今略引之。《与徐蔚如书》云：“至于七中，及一切时、一切事，俱宜以念佛为主。何但丧期。以现今僧多懒惰，诵经则不会者多。而又其快如流，会而不熟亦不能随念。纵有数十人，念者无几。唯念佛则除非不发心，决无不能念之弊。又纵不肯念，一句佛号入耳经心，亦自利益不浅，此余决不提倡作余道场之所以也。”

又《复黄涵之书》，数通中皆言及此。文云：“至于保病荐亡，今人率以诵经、拜忏、做水陆为事。余与知友言，皆令念佛。以念佛利益多于诵经、拜忏、做水陆多多矣。何以故？诵经则不识字者不能诵，即识字而快如流水，稍钝之口舌亦不能诵，懒人虽能亦不肯诵，则成有名无实矣。拜忏、做水陆，亦可例推。念佛则无一人不能念者，即懒人不肯念，而大家一口同音念，彼不塞其耳，则一句佛号固已历历明明灌于心中，虽不念与念亦无异也。如染香人，身有香气，非特欲香，有不期然而然者，为亲眷保安荐亡者，皆不可不知。”又云：“至于作佛事，不必念经、拜忏、做水陆，以此等事，皆属场面。宜专一念佛，俾令郎等亦始终随之而念，女眷则各于自室念之，不宜附于僧位之末。如是则不但尊夫人、令眷实获其益，即念佛之僧并一切见闻，无不获益也。凡作佛事，主人若肯临坛，则僧自发真实心。倘主人以此为具文，则僧亦以此为具文矣。”又云：“做佛事一事，余前已详言之，祈勿徇俗，徒作虚套。若念四十九天佛，较诵经之利益多多矣。”

又《复周孟由昆弟书》云：“做佛事，只可念佛，勿做别佛事，并令全家通皆恳切念佛，则于汝母、于汝等诸眷属及亲戚朋友，皆有实益。”又云：“请僧念七七佛甚好。念时，汝兄弟必须有人随之同念。”

统观以上印光老法师之言，于念佛则尽力提倡，于做水陆、诵经、拜忏、放焰口等，则云决不提倡。又云念佛利益，多于诵经、拜忏、做水陆多多矣。又云诵经、拜忏、做水陆，有名无实。又云念经、拜忏、做水陆等事，皆属场面。又云徒作虚套。老法师悲心深切，再三告诫，智者闻之，详为审察，当知何去何从矣。

厦门、泉州诸居士，皈依印光老法师者甚众。唯望禀遵师训，努力劝导诸亲友等，自今以后，决定废止拜忏、诵经、做水陆等，一概改为念佛。若能如此实行，不唯闽南各寺念佛堂可以维持永久，而闽南诸邑人士信仰净土法门者日众，往生西方者日多，则皆现前诸居士劝导之功德也。幸各勉旃!

药师如来法门略录

戊寅七月在泉州清尘堂讲

药师法门依据《药师经》而建立。此土所译《药师经》有四种：

（一）《佛说灌顶拔除过罪生死得脱经》一卷，即《大灌顶神咒经》卷十二，东晋帛尸梨蜜多罗译。又相传有刘宋慧简译《药师琉璃光经》一卷，今已佚失，或云即是东晋所译之《灌顶经》。

（二）《佛说药师如来本愿经》一卷，隋达摩笈多译。

（三）《药师琉璃光如来本愿功德经》一卷，唐玄奘译。此即现今流通本所据之译本。现今流通本与原译本稍有不同者，有增文两段，一为依东晋译本补入之八大菩萨名，二为依唐义净译本补入神咒及前后文二十余行。

（四）《药师琉璃光七佛本愿功德经》二卷，唐义净译。前数译唯述药师佛，此译复增六佛，故云《七佛本愿功德经》，以外增加之文甚多。西藏僧众所读诵者为此本。

修持之法具如经文所载，今且举四种如下：

（一）持名。经中屡云闻名持名，因其法最为简易，其所获之益亦最为广大也。今人持名者，皆曰“消灾延寿药师佛”，似未尽善。佛名唯举“药师”二字，未能具足。佛德唯举“消灾延寿”四字，亦多所缺略。故须依据经文而曰“药师琉璃光如来”，斯为最妥善矣。

（二）供养。如香、华、幡、灯等。

（三）诵经，及演说、开示、书写等。

（四）持咒。

所获利益广如经文所载，今且举十种如下：

（一）速得成佛，经中屡言之。

（二）行邪道者令入正道，行小乘者令入大乘。

（三）能得种种戒；又犯戒者还得清净，不堕恶趣。

（四）得长寿、富饶、官位、男女等。

（五）得无尽，所受用物无所乏少。

（六）一切痛苦皆除，水火、刀兵、盗贼、刑戮诸灾难等悉免。

（七）转女成男。

（八）产时无苦，生子聪明少病。

（九）命终后随其所愿往生：1.人中，得大富贵。2.天上，不复更生诸恶趣。3.西方极乐世界，有八大菩萨接引。4.东方净琉璃世界。

（十）在恶趣中，暂闻佛名，即生人道，修诸善行，速证菩提。

灵感事迹甚多，如旧录所载。今且举近事一则如下：

泉州承天寺觉圆法师，于未出家时，体弱多病。既出家后，二年之内，病苦缠绵，诸事不顺。后得闻药师如来法门，遂专心诵经，持名忏悔，精勤不懈。迄至于今，身体康健，诸事顺利。法师近拟编辑《药师圣典汇集》，凡经文、疏释及仪轨等，悉搜集之，刊版流布，以报佛恩焉。

跋

曩余在清尘堂讲药师如来法门，后由诸善友印施讲录，其时经他人辗转钞写，颇有讹误。兹由觉圆法师捐资再版印行，请余校正原稿，广为流布。法师出家以来，于药师法门最为信仰，近拟于泉州兴建大药师寺，其愿力广大，尤足令人赞叹云。

沙门一音

李叔同诗词作品

早秋

十里明湖一叶舟，城南烟月水西楼，
几许秋容娇欲流，隔著垂杨柳。

远山明净眉尖瘦，闲云飘忽罗纹绉，
天末凉风送早秋，秋花点点头。

药师法门修持课仪略录

乙卯二月在泉州光明寺讲

药师如来法门大略，如大药师寺已印行之《药师如来法门略录》所载。

今所述者，为吾人平常修持简单之课仪。若正式供养法，乃至以五色缕结药叉神将名字法等，将来拟别辑一卷专载其事，今不述及。

欲修持药师如来法门者，应供药师如来像。上海佛学书局有石印彩色之像，可以供奉，宜装入玻璃镜中。供像之处，不可在卧室。若不得已，在卧室中供奉者，睡眠之时，宜以净布覆盖像上。

《药师经》，供于几上。不读诵时，宜以净布覆盖。

供佛像之室内，须十分洁净，每日宜扫地，并常常拂拭几案。

供佛之香，须择上等有香气者。

供佛之花，须择开放圆满者，若稍残萎，即除去。花瓶之水，宜每日更换。若无鲜花时，可用纸制者代之。

此外如供净水供食物等，随各人意。但所供食物，须人可食者乃供之，若未熟之水果及未烹调之蔬菜等皆不可供。

以上所举之供物，应于礼佛之前预先供好。凡在佛前供物或礼佛时，必须先洗手漱口。

此外如能悬幡燃灯尤善，无者亦可。

以下略述修持课仪，分为七门。其中礼敬赞叹供养回向发愿，必须行之。诵经持名持咒，可随己意，或唯修二法，或仅修一法，皆可。

（一）礼敬

十方三宝一拜，或分礼佛法僧三拜。本师释迦牟尼佛一拜。药师琉璃光如来三拜。此外若欲多拜，或兼礼敬其他佛菩萨者，随己意增加。

礼敬之时，须至诚恭敬，缓缓拜起，万不可匆忙。宁可少拜，不可草率。

（二）赞叹

礼敬既毕，于佛前长跪合掌，唱赞偈云：

归命满月界 净妙琉璃尊

法药救人天 因中十二愿

慈悲弘誓广 愿度诸含生

我今申赞扬 志心头面礼

上赞偈出《药师如来消灾除难念诵仪轨》。

唱赞之时，声宜迟缓，宜庄重。

（三）供养

赞叹既毕，于佛前长跪合掌，唱供养偈云：

愿此香花云 遍满十方界

一一诸佛土 无量香庄严

具足菩萨道 成就如来香

供养毕，或随已意增诵忏悔文，或可略之。

（四）诵经

字音不可讹误，宜详考之。

诵经时，或跪或立，或坐或经行皆可。

（五）持名

先唱赞偈云：

药师如来琉璃光 焰网庄严无等伦

无边行愿利有情 各遂所求皆不退

续云，南无东方净琉璃世界药师琉璃光如来。以后即持念药师琉璃光如来名号一百八遍。若欲多念者，随意。

（六）持咒

或据经中译音持念，或别依师学梵文原音持念，皆可。

或念全咒一百八遍。或先念全咒七遍，继念心咒一百八遍，后复念全咒七遍。心咒者，即是咒中“唵”字以下之文。

未经密宗阿黎传授，不可结手印。擅结者，有大罪。

持咒时，不宜大声，唯令自已耳中得闻。

持咒时，以坐为正式，或经行亦可。

（七）回向发愿

回向与发愿大同，故今并举。其稍异者，回向须先修功德，再以此功德回向，唯愿如何云云。若先未作功德者，仅可云发愿也。

回向发愿，为修持者最切要之事。若不回向，则前所修之功德，无所归趣。今修持药师如来法门者，回向之愿，各随已意。凡《药师经》中所载者，皆可发之，应详阅经文，自适其宜可耳。

以上所述之修持课仪，每日行一次或二次三次。必须至心诚恳，未可潦草塞责。印光老法师云：“有一分恭敬，得一分利益；有十分恭敬，得十分利益。”吾人修持药师如来法门者，应深味斯言，以自求多福也。

药师如来法门一斑

乙卯四月在永春普济寺讲王世英记

今天所讲，就是深契时机的药师如来法门。我近年来，与人谈及药师法门时，所偏注重的有几样意思，今且举出，略说一下。

药师法门甚为广大，今所举出的几样，殊不足以包括药师法门的全体，亦只说是法门之一斑了。

一、维持世法

佛法本以出世间为归趣，其意义高深，常人每难了解。若药师法门，不但对于出世间往生成佛的道理屡屡言及，就是最浅近的现代实际上人类生活亦特别注重。如经中所说“消灾除难，离苦得乐，福寿康宁，所求如意，不相侵陵，互为饶益”等，皆属于此类。就此可见佛法亦能资助家庭社会的生活，与维持国家世界的安宁，使人类在这现生之中即可得到佛法的利益。

或有人谓佛法是消极的，厌世的，无益于人类生活的，闻以上所说药师法门亦能维持世法，当不至对于佛法再生种种误解了。

二、辅助戒律

佛法之中，是以戒为根本的，所以佛经说：“若无净戒，诸善功德不生。”但是受戒容易，得戒为难，持戒不犯更为难。今若能依照药师法门去修持力行，就可以得到上品圆满的戒。假使于所受之戒有毁犯时，但能至心诚恳持念药师佛号并礼敬供养者，即可消除犯戒的罪，还得清净，不至再堕落在三恶道中。

三、决定生西

佛法的宗派非常之繁，其中以净土宗最为兴盛。现今出家人或在家人修持此宗，求生西方极乐世界者甚多。但修净土宗者，若再能兼修药师法门，亦有资助决定生西的利益。依《药师经》说：“若有众生能受持八关斋戒，又能听见药师佛名，于其临命终时，有八位大菩萨来接引往西方极乐世界众宝莲花之中。”依此看来，药师虽是东方的佛，而也可以资助往生西方，能使吾人获得决定往生西方的利益。

再者，吾人修净土宗的，倘能于现在环境的苦乐顺逆一切放下，无所挂碍，则固至善。但是切实能够如此的，千万人中也难得一二。因为我们是处于凡夫的地位，在这尘世之时，对于身体衣食住处等，以及水火刀兵的天灾人祸，在在都不能不有所顾虑，倘使身体多病，衣食住处等困难，又或常常遇着天灾人祸的危难，皆足为用功办道的障碍。若欲免除此等障碍，必须兼修药师法门以为之资助，即可得到《药师经》中所说“消灾除难，离苦得乐”等种种利益也。

四、速得成佛

《药师经》，决非专说世间法的。因药师法门，唯是一乘速得成佛的法门，所以经中屡云“速证无上正等菩提，速得圆满”等。

若欲成佛，其主要的原因，即是“悲智”两种愿心。《药师经》云：“应生无垢浊心，无怒害心，于一切有情起利益安乐慈悲喜舍平等之心。”就是这个意思。前两句从反面转说，“无垢浊心”就是智心，“无怒害心”就是悲心。下一句正说，“舍”及“平等之心”就是智心，余属悲心。悲智为因，菩提为果，乃是佛法之通途。凡修持药师法门者，对于以上几句经文，尤宜特别注意，尽力奉行。

假使不如此，仅仅注意在资养现实人生的事，则唯获人天福报，与夫出世间之佛法了无关系。若是受戒，也不能得上品圆满的戒。若是生西，也不能往生上品。

所以我们修持药师法门的，应该把以上几句经文特别注意，依此发起“悲智”的弘愿。假使如此，则能以出世的精神来做世间的事业，也能得上品圆满的戒，也能往生上品，将来速得成佛可无容疑了。

药师法门甚为广大，上所述者，不过是我常对人讲的几样意思。将来暇时，尚拟依据全部经义，编辑较完备的药师法门著作，以备诸君参考。

最后，再就持念药师佛名的方法，略说一下。念佛名时，应依经文，念曰“南无药师琉璃光如来”，不可念“消灾延寿药师佛”。

常随佛学

癸酉七月十一日在泉州承天寺为幼年诸学僧讲

《《华严经·行愿品》末卷所列十种广大行愿中，第八曰常随佛学。若依《华严》经文所载种种神通妙用，决非凡夫所能随学。但其他经律等，载佛所行事，有为我等凡夫作模范，无论何人皆可随学者，亦屡见之。今且举七事。

一、佛自扫地

《根本说一切有部毗奈耶杂事》云：世尊在逝多林。见地不净，即自执帚，欲扫林中。时舍利子大目犍连大迦叶阿难陀等，诸大声闻，见是事已，悉皆执帚共扫园林。时佛世尊及圣弟子扫除已。入食堂中，就座而坐。佛告诸比丘。凡扫地者有五胜利。一者自心清净。二者令他心清净。三者诸天欢喜。四者植端正业。五者命终之后当生天上。

二、佛自舁（音余，即共扛抬也）弟子及自汲水

《五分律》，佛制饮酒戒缘起云：婆伽陀比丘，以降龙故，得酒醉，衣钵纵横。佛与阿难舁至井边。佛自汲水，阿难洗之等。

三、佛自修房

《十诵律》云：佛在阿罗毗国，见寺门楣损，乃自修之。

四、佛自洗病比丘及自看病

《四分律》云：世尊即扶病比丘起，拭身不净。拭已洗之。洗已复为浣衣晒干。有故坏卧草弃之。扫除住处，以泥浆涂洒，极令清净。更敷新草，并敷一衣。还安卧病比丘已，复以一衣覆上。

《西域记》云：祇洹东北有塔，即如来洗病比丘处。

又云：如来在日，有病比丘，含苦独处。佛问：汝何所苦？汝何独居？

答曰：我性疏懒不耐看病，故今婴疾无人瞻视。佛愍而告曰：善男子！我今看汝。

五、佛为弟子裁衣

《中阿含经》云：佛亲为阿却律裁三衣，诸比丘同时为连合，即成。

六、佛自为老比丘穿针

此事知者甚多。今以忘记出何经律，不及检查原文。仅就所记忆大略之义录之。佛在世时，有老比丘补衣。因目昏花，未能以线穿针孔中，乃叹息曰："谁当为我穿针？"佛闻之，即立起曰"我为汝穿之"等。

七、佛自乞僧举过

是为佛及弟子等结夏安居竟，具仪自恣时也。《增一阿含经》云："佛坐草座（即是离本座，敷草于地而坐也。所以尔者，恣僧举过，舍骄慢故），告诸比丘言：我无过咎于众人乎？又不犯身口意乎？"如是至三。

灵芝律师云：如来亦自恣者，示同凡法故，垂范后世故，令众省己故，使折我慢故。

如是七事，冀诸仁者勉力随学。远离骄慢，增长悲心，广植福业，速证菩提。是为余所希愿者耳！

泉州开元慈儿院讲录

戊寅二月吴栖霞记

我到闽南，已有十年；来到贵院，也有好几回。一回到院，都觉得有一番进步，这是使我很喜欢的。贵院各种课程，都有可观，其最使我满意赞叹的，就是早晚两堂课诵。古语道：人身难得，佛法难闻。诸生倘非夙有善根，怎得来这里读书，又复得闻佛法哩！今这样，真是好极了。诸生得这难得机缘，应各各起欢喜心，深自庆幸才是。

我今讲本师释迦牟尼佛在因地中为法舍身几段故事给诸位听，现在先引《涅槃经》一段来说。释迦牟尼佛在无量劫前，当无佛法时代，曾作婆罗门。这位婆罗门品格清高，与众不同，发心访求佛法。那时忉利天王在天宫瞧见，要试此婆罗门有无真心，化为罗刹鬼，状极凶恶，来与婆罗门说法，但是仅说半偈（印度古代的习惯以四句为一偈）。婆罗门听了罗刹鬼所说的半偈很喜欢，要求罗刹再说后半偈，罗刹不肯。婆罗门力求，罗刹便向婆罗门道："你要我说后半偈，也可以，你应把身上的血给我饮，身上的肉给我吃，才可许你。"婆罗门为求法故，即时答应道："我甚愿将我身上的血肉给你。"罗刹以婆罗门既然诚恳地允许，便把后半偈说给他听。婆罗门得闻了后半偈，真觉心满意足，不特自己欢喜，并且把这偈书写在各处，遍传到人间去。婆罗门在各处树木山岩上书写此四句偈后，为维持信用，便想应如何把自己肉血给罗刹吃呢？他就要跑上一棵很高很高的树上，跳跃下来，自谓可以丧了身命，便将血肉给罗刹吃。罗刹那时看婆罗门不惜身命求法，心中十分感动。当婆罗门在高处舍身跃下，未坠地时，罗刹便现了天王的原形把他接住，这婆罗门因得不死。罗刹原系忉利天王所化，欲试试婆罗门的，今见婆罗门求法如此诚恳，自然是十分欢喜赞叹。若在婆罗门因志求无上正法，虽弃舍身命，亦何所顾惜呢！

刚才所说：婆罗门如此求法困难，不惜身命。诸位现在不要舍身，而很容易的得闻佛法，真是大可庆幸呀！

还有一段故事，也是《涅槃经》上说。过去无量劫时候，释迦牟尼佛为一很穷困的人，当时有佛出世，见人皆先供养佛然后求法，己则贫穷无钱可供，他心生一计，愿以身卖钱来供佛，就到大街上去卖自己的身体。当在大街上喊卖身时，恰巧遇一病人，医生叫他每日应吃三两人肉，那病人看见有人卖身，便十分欢喜，因向贫人说："你每日给我三两人肉吃，我可以给你五枚金钱！"这位穷人听了这话，与那病人商洽说："你先把五枚金钱拿来，我去买东西供养佛，求闻佛法，然后每日把我身上的肉割下给你吃。"当时病人应允，即先付金钱。这穷人供佛闻法已毕，即天天以刀割身上的三两肉给病人吃，吃到一个月，病才痊愈。当穷人每天割肉的时候，他常常念佛所说的偈，精神完全贯注在法的方面，竟如没有痛苦，而且不久他的身体也就平复无恙了。这穷人因求法之故，发心做难行的苦行有如此勇猛。诸生现今在这院里求学，早晚皆得闻佛法，不但每日无须割去若干肉，而且有衣穿，有饭吃，这岂不是很难得的好机缘吗？

再讲一段故事，出于《贤愚经》。释迦牟尼佛在因地时候，有一次身为国王，因厌恶终其身居于国王位，没有什么好处，遂发心求闻佛法。当时来了一位婆罗门，对这国王说："王要闻法，能把身体挖一千个孔，点一千盏灯来供养佛吗？若能如此，便可为你说法。"那国王听婆罗门这句话，便慨然对他说："这有何难，为要闻法，情愿舍此身命。但我现有些少国事未了，容我七天，把这国事交下着落，便就实行。"到第七天，国事办完，王便欲在身上挖千个孔，点千盏灯，那时全国人民知道此事，都来劝阻，谓大王身为全国人民所依靠，今若这样牺牲，全国人民将何所赖呢？国王说："现在你们依靠我，我为你们做依靠，不过是暂时，是靠不住的。我今求得佛法，将来成佛，当先度化你们，可为你们永远的依靠，岂不更好？请大家放心，切勿劝阻。"那时国王马上就实行起来，呼左右将身上挖了一千孔，把油盛好，灯芯安好，欣然对婆罗门说："请先说法，然后点灯。"婆罗门答应，就为他说法。国王听了，无限的满足，便把身上一千盏灯齐点起来，那时万众惊骇呼号。国王乃发大誓愿道："我为求法，来舍身命。愿我闻法以后，早成佛道，以大智慧光普照一切众生。"这声音一发，天地都震动了，灯光晃耀之下，诸天现前，即问国王："你身体如此痛苦，你心里也后悔吗？"国王答："绝不后悔。"后来国王复向空中发誓言："我这至诚求法之心，果能永久不悔，愿我此身体即刻回复原状。"话说未已，至诚所感，果然身上千个火孔悉皆平复，并无些少创痕。

刚才所说，闻法有如此艰难，诸生现在闻法则十分容易，岂不是诸生有大幸福吗？自今以后，应该发勇猛精进心，勤加修习才是！

以前我曾居住开元寺好几次，即住在贵院的后面，早晚闻诸僧念佛念经很如法，音声亦甚好听，每站在房门外听得高兴。因各种课程固好，然其他学校也是有的，独此早晚二堂课诵，是其他学校所无，而贵院所独有的。此皆是贵院诸职教员善于教导，和你们诸位努力，才有这十分美满的成绩。我希望贵院今后能够继续精进努力，不断地进步，规模益扩大，为全国慈儿院模范。这是我最后殷勤的希望。

李叔同诗词作品

喝火令

故国鸣鹧鸪，垂杨有暮鸦。
江山如画日西斜。
新月撩人透入碧窗纱。
陌上青青草，楼头艳艳花。
洛阳儿女学琵琶。
不管冬青一树属谁家，
不管冬青树底影事一些些。

改习惯

癸酉在泉州承天寺讲

吾人因多生以来之夙习，及以今生自幼所受环境之熏染，而自然现于身口者，名曰习惯。

习惯有善有不善，今且言其不善者。常人对于不善之习惯，而略称之曰习惯。今依俗语而标题也。

在家人之教育，以矫正习惯为主。出家人亦尔。但近世出家人，唯尚谈玄说妙。于自己微细之习惯，固置之不问。即自己一言一动，极粗显易知之习惯，亦罕有加以注意者。可痛叹也。

余于三十岁时，即觉知自己恶习惯太重，颇思尽力对治。出家以来，恒战战兢兢，不敢任情适意。但自愧恶习太重，二十年来，所矫正者百无一二。

自今以后，愿努力痛改。更愿有缘诸道侣，亦皆奋袂兴起，同致力于此也。

吾人之习惯甚多。今欲改正，宜依如何之方法耶？若胪列多条，而一时改正，则心劳而效少，以余经验言之，宜先举一条乃至三四条，逐日努力检点，既已改正，后再逐渐增加可耳。

今春以来，有道侣数人，与余同研律学，颇注意于改正习惯。数月以来，稍有成效，今愿述其往事，以告诸公。但诸公欲自改其习惯，不必尽依此数条，尽可随宜酌定。余今所述者，特为诸公作参考耳。

学律诸道侣，已改正习惯，有七条。

（一）食不言。现时中等以上各寺院，皆有此制，故改正甚易。

（二）不非时食。初讲律时，即由大众自己发心，同持此戒。后来学者亦尔。遂成定例。

（三）衣服朴素整齐。或有旧制，色质未能合宜者，暂作内衣，外罩如法之服。

（四）别修礼诵等课程。每日除听讲、研究、抄写，及随寺众课诵外，皆别自立礼诵等课程，尽力行之。或有每晨于佛前跪读《法华经》者，或有读《华严经》者，或有读《金刚经》者，或每日念佛一万以上者。

（五）不闲谈。出家人每喜聚众闲谈，虚丧光阴，废弛道业，可悲可痛！今诸道侣，已能渐除此习。每于食后，或傍晚、休息之时，皆于树下檐边，或经行，或端坐，若默诵佛号，若朗读经文，若默然摄念。

（六）不阅报。各地日报，社会新闻栏中，关于杀盗淫妄等事，记载最详。而淫欲诸事，尤描摹尽致。虽无淫欲之人，常阅报纸，亦必受其熏染，此为现代世俗教育家所痛慨者。故学律诸道侣，近已自己发心不阅报纸。

（七）常劳动。出家人性多懒惰，不喜劳动。今学律诸道侣，皆已发心，每日扫除大殿及僧房檐下，并奋力作其他种种劳动之事。

以上已改正之习惯，共有七条。

尚有近来特实行改正之二条，亦附列于下：

（一）食碗所剩饭粒。印光法师最不喜此事，若见剩饭粒者，即当面痛诃斥之。所谓施主一粒米，恩重大如山也。但若烂粥烂面留滞碗上，不易除去者，则非此限。

（二）坐时注意威仪。垂足坐时，双腿平列。不宜左右互相翘架，更不宜耸立或直伸。余在家时，已改此习惯。且现代出家人普通之威仪，亦不许如此。想此习惯不难改正也。

总之，学律诸道侣，改正习惯时，皆由自己发心，决无人出命令而禁止之也。

放生与杀生之果报

癸酉五月十五日在泉州大开元寺讲

今日与诸君相见，先问诸君：（一）欲延寿否？（二）欲愈病否？（三）欲免难否？（四）欲得子否？（五）欲生西否？

倘愿者。今有一最简便易行之法奉告。即是放生也。

古今来，关于放生能延寿等之果报事迹甚多。今每门各举一事，为诸君言之。

（一）延寿。张从善，幼年，尝持活鱼，刺指痛甚。自念我伤一指，痛楚如是。群鱼剔腮剖腹，断尾剖鳞，其痛如何？特不能言耳。遂尽放之溪中，自此不复伤一物，享年九十有八。

（二）愈病。杭州叶洪五，九岁时，得恶梦，惊寤，呕血满床，久治不愈。先是彼甚聪颖，家人皆爱之，多与之钱，已积数千缗。至是，其祖母指钱曰："病至不起，欲此何为？"尽其所有，买物放生，及钱尽，病遂全愈矣。

（三）免难。嘉兴孔某，至一亲戚家。留午餐，将杀鸡供馔。孔力止之，继以誓，遂止。是夕宿其家，正捣米，悬石杵于朽梁之上。孔卧其下。更余，已眠。忽有鸡来啄其头，驱去复来，如是者三。孔不胜其扰，遂起觅火逐之。甫离席，而杵坠，正在其首卧处。孔遂悟鸡报恩也。每举以告人，劝勿杀生。

（四）得子。杭州杨墅庙，甚有灵感。绍兴人倪玉树，赴庙求子。愿得子日，杀猪羊鸡鹅等谢神。夜梦神告曰，汝欲生子，乃立杀愿何耶？倪叩首乞示。神曰：尔欲有子，物亦欲有子也。物之多子者莫如鱼虾螺等，尔盍放之！倪自是见鱼虾螺等，即买而投之江。后果连产五子。

（五）生西。湖南张居士，旧业屠，每早宰猪，听邻寺晓钟声为准。一日忽无声。张问之，僧云：夜梦十一人乞命，谓不鸣钟可免也。张念所欲宰之猪，适有十一子。遂乃感悟，弃屠业，皈依佛法。勤修十余年，已得神通，知去来事。预告命终之日，端坐而逝。经谓上品往生，须慈心不杀，张居士因戒杀而得往生西方，决无疑矣。

以上所言，且据放生之人今生所得之果报。若据究竟而言，当来决定成佛。因佛心者，大慈悲是，今能放生，即具慈悲之心，能植成佛之因也。

放生之功德如此。则杀生所应得之恶报，可想而知，无须再举。因杀生之人，现生即短命、多病、多难、无子及不得生西也。命终之后，先堕地狱、饿鬼、畜生，经无量劫，备受众苦。地狱、饿鬼之苦，人皆知之。至生于畜生中，即常常有怨仇返报之事。昔日杀牛羊猪鸡鸭鱼虾等之人，即自变为牛羊鸡鸭鱼虾等。昔日被杀之牛羊猪鸡鸭鱼虾等，或变为人，而返杀害之。此是因果报应之理，决定无疑，而不能幸免者也。

既经无量劫，生三恶道，受报渐毕。再生人中，依旧短命、多病、多难、无子及不得生西也。以后须再经过多劫，渐种善根，能行放生戒杀诸善事，又能勇猛精勤忏悔往业，乃能渐离一切苦难也。

抑余又有为诸君言者。上所述杀牛羊猪鸡鸭鱼虾，乃举其大者而言。下至极微细之苍蝇蚊虫臭虫跳蚤蜈蚣壁虎蚁子等，亦决不可害损。倘故意杀一蚊虫，亦决定获得如上所述之种种苦报。断不可以其物微细而轻忽之也。

今日与诸君相见，余已述放生与杀生之果报如此苦乐不同。唯愿诸君自今以后，力行放生之事，痛改杀生之事。余尝闻人云：泉州近来放生之法会甚多，但杀生之家犹复不少。或有一人茹素，而家中男女等仍买鸡鸭鱼虾等之活物任意杀害也。愿诸君于此事多多注意。自己既不杀生，亦应劝一切人皆不杀生。况家中男女等，皆自己所亲爱之人，岂忍见其故造杀业，行将备受大苦，而不加以劝告阻止耶？诸君勉旃，愿悉听受余之忠言也。

喇乎拉尊者
祖查巴繆嘎尊者

中篇 弘一法师讲禅

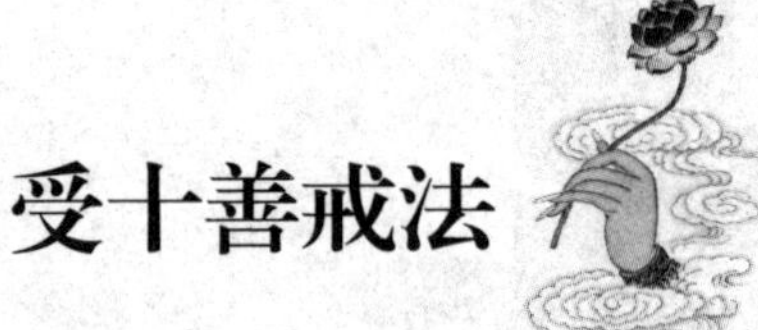

受十善戒法

一九四零年八月十六日作于福建永春普济寺

《归敬仪》云："受十善法者，谓身三口四意三善行，此之十业戒善之宗，今多依相，罕有受者。今谓不然！先须愿祈：不造众恶，依愿起行，有可承准。若不预作，辄然起善，内无轨辖，后遇罪缘，便造不止，由先天愿，故造众恶，大圣知机，故今受善。"又云："次明受法，有师从受，无师自誓，如上三归，三自归已，口自发言，我某甲尽形寿于一切众生起慈仁意，不起杀心。如后九善例此，而不复繁文。"案：受十善戒者，别有《受十善戒经》委明。今未及检寻，且依《归敬仪》文酌定受法如下。其示相文，依灵峰《选佛谱》十善文录写，可暂承用。俟后检寻《受十善戒经》，再为改订可耳。

我某甲，归依佛，归依法，归依僧，尽形寿，受持十善戒法。（三说）

我某甲，归依佛竟，归依法竟，归依僧竟，尽形寿受持十善戒法竟。（三结）

我某甲，尽形寿，救护生命，不杀生。

我某甲，尽形寿，给施资财，不偷盗。

我某甲，尽形寿，遵修梵行，不淫欲（若在家人，改为不邪淫）。

我某甲，尽形寿，说诚实言，不妄言。

我某甲，尽形寿，和合彼此，不两舌。

我某甲，尽形寿，善言安慰，不恶口。

我某甲，尽形寿，作利益语，不绮语。

我某甲，尽形寿，常怀舍心，不悭贪。

我某甲，尽形寿，恒生慈愍，不嗔恚。

我某甲，尽形寿，正信因果，不邪见。

已上各一说回向，如常可知。

《南山律》谓：意三者，大乘初念即犯。《成宗》次念乃犯。次念者，所谓重缘思觉，即是后念还追前事也。今初心受持者，宜先依《成宗》次念之例行之。

初发心者在家律要

一九二六年八月在上海世界佛教居士林的开示记录

凡初发心人，既受三皈依①，应续受五戒②。倘自审一时不能全受者，即先受四戒、三戒，乃至仅受一二戒都可。在家居士既闻法有素，知自行检点，严自约束，不蹈非礼，不敢轻率妄行，则杀生、邪淫、大妄语、饮酒之四戒，或可不犯。

唯有在社会上办事之人，欲不破盗戒，为最不容易事。例如与人合买地皮房屋，与人合做生意，报税纳捐时，未免有以多数报少数之事。因数人合伙，欲实报，则人以为愚，或为股东反对者有之。又不知而犯与明知违背法律而故犯之事，如信中夹寄钞票，与手写函件取巧掩藏，当印刷物寄，均犯盗税之罪。

凡非与而取，及法律所不许而取巧不纳，皆有盗取之心迹及盗取之行为，皆结盗罪。

非但银钱出入上，当严净其心；即微而至于一草一木、寸纸尺线，必须先向物主明白请求，得彼允作，而后可以使用。不待许可而取用，不曾问明而擅动，皆有不予而取之心迹，皆犯盗取盗用之行为，皆结盗罪。

①三皈依：即“皈依佛”、“皈依法”、“皈依僧”，以示对“佛法僧”的诚心归依。

②五戒：即佛教所规定的在家信徒所应终生遵守的五条戒条：一、不杀生；二、不偷盗；三、不邪淫；四、不妄语；五、不饮酒。

持非时食戒者应注意日中之时

一九四一年夏作于晋江福林寺

持非时食戒者应注意日中之时比丘戒中有非时食戒，八关斋成中亦有之，日中以后即不可食。又依《僧祇律》，日正中时，名曰时非时，若食亦得轻罪。故知进食必在日中以前也。

日中之时，俗称曰正午。常人每月日晷仪置于日光之下，俟日晷仪标影恰至正午，即谓是为日中之时。因即校正钟表，以此时为十二点钟也。然以此方法常常核对，则发见可怀疑者二事。一者，虽自置极精良正确之钟表，常尽力与日晷仪核对，其正午之时每与日晷仪参差少许，不能符合。二者，各都市城邑之标准时钟，如上海江海关、大自鸣钟等，其正午之时，亦每见其或迟或早，茫无一定也。今说明其理由如下：

依近代天文学者言，普通纪日之法皆用太阳，而地球轨道原非平圆，故日之视行有盈缩，而太阳日之长短亦因是参差不齐。泰西历家以其不便于用，爰假设一太阳，即用真太阳之平均视行为视行，称之曰平太阳。平太阳中天时谓之平午。校对钟表者即依此时为十二点钟。若真太阳中天时，则谓之视午。就平午与视午相合或相差者大约言之，每年之中，唯有四天平午，与视午大致相合，余均有差，相差最多者，平午比视午或早十五分或迟十六分。其每日相差之详细分秒，皆载在吾国教育部中央观象台所颁发之历书中。

若能了解以上之义，于昔所怀疑者自能法释。因钟表每日有固定同一之迟速，决不允许参差，而真太阳日之长短，则参差不齐，故不能以真太阳之视午而校正钟表，恒定是为十二点钟也。其各都市城邑之标准时钟皆据平午，以教育部历书核对即可了然。

吾人持非时食戒者，当依真太阳之视午而定日中食时之标准，决不可误据平午而过时也，至于如何校正钟表可各任自意。或依平午者，宜购求教育部历书核对，即可知每日视午之时。若如是者，倘自置精良正确之钟表，则可不必常常校对拨动，否则仍依旧法，以日晷仪之正午而校正钟表，恒定是为十二点钟，此亦无妨，但须常常核对日晷仪，常常拨动钟表时针。因如前所说真太阳日之长短参差不齐，未能如钟表每日有固定同一之迟速也。又近代天文学者以种种之理由，而斥日晷仪所测得者未能十分正确。此说固是，但其差舛甚微，无足计也。

李叔同诗词作品

山色

近观山色苍然青，其色如蓝。
远观山色郁然翠，如蓝成靛，
山色非变。
山色如故，目力有长短，
自近渐远，易青为翠，
自远渐近，易翠为青，
时常更换。
是由缘会，幻相现前，
非唯翠幻，而青亦幻，
是幻，是幻，万法皆然。

新集受三皈五戒八戒法式凡例

一、五戒八戒，当分属于小乘。然欲秉受戒品，应发大菩提心，未可独善一身，偏趣寂灭。虽开遮持犯，不异声闻，而发心起行，宜同大士。清信之侣，幸其自勉。

二、皈戒功德，经论广赞。泛言果报，局在人天。故须勤修净行，期生弥陀净土。宋灵芝元照律师所云：“一者入道须有始，二者期心必有终。”言有始者，即须受戒，专志奉持。今于一切时中，对诸尘境，常忆受体。着衣吃饭，行住坐卧，语默动静，不可暂忘也。言其终者，谓归心净土，决誓往生也。以五浊恶世，末法之时，惑业深缠，惯习难断。自无道力，何由修证？故释迦出世五十余年，说无量法。应可度者，皆悉已度。其未度者，皆亦已作得度因缘。因缘虽多，难为造入。唯净土法门，是修行径路。故诸经论，偏赞净土。佛法灭尽，唯无量寿佛经，百年在世。十方劝赞，信不徒然。

三、受皈戒者，应于出家五众边受（出家五众者，苾刍、苾刍尼、式叉摩那、沙弥、沙弥尼）。然以从大僧受者（大僧者，苾刍、苾刍尼），为通途常例。必无其人，乃依他众。（依《成实论》及《大智度论》，皆开自受八戒。灵芝《济缘记》云：“《成》《智》二论，并开自受，文约无师，义兼缘碍。”灵峰云：“受此八关斋法，须一出家人为作证明。不问大小两乘五众，但令毕世不非时食者，便可为师。设数里内决无其人，或可对经像前自誓秉受耳。”）

四、受皈戒者，若依律制，应于师前，一一别受。其有多众并合一时受者，盖为难缘；非是通途之制。《有部毗奈耶杂事》云：如来大师将入涅槃，五百壮士愿受皈戒。时阿难陀作如是念：“彼诸壮士，于世尊处一一别受近事学者，时既淹久，妨废圆寂。我今宜请与彼一时受其学处。”准斯明文，若无难缘，未可承用。

五、受皈戒时，授戒者说，受者随语。西国法式，唯斯一途。唐义净三藏云：“准如圣教，及以相承，并悉随师说受戒语。无有师说，直问能否。戒事非轻，无容造次。”（是编专宗有部，与他律论之说小有歧异，学者亦毋因是疑谤他宗，以各被一机，并契圣教也。）

六、诸余经论有云："不能具受五戒者，一分、二分得受。"若依《萨婆多毗尼毗婆沙》说："谓不具受者，不得戒。彼云：问曰：凡受优婆塞戒，设不能具受五戒，若受一戒乃至四戒，受得戒否？答曰：不得。若不得者，有经说有少分优婆塞、多分优婆塞、满分优婆塞，此义云何？答曰：所以作是说者，欲明持戒功德多少，不言有如是受戒法也。"灵峰亦云："若四分、三分等，既未全受，但可摄入出世福业，未可名戒学也。"准斯而论，今人欲受戒者，当自量度。必谓力弱心怯，不堪致远，未妨先受一分乃至四分。若不尔者，应具受持，乃可名为戒学。岂宜畏难，失其胜利。

七、今人乞师证明受皈依者，辄称皈依某师。俗例相承，沿效莫返。循名核实，颇有未妥。以所皈依者为僧伽，非唯皈依某师一人故。灵峰云："皈依僧者，则一切僧皆我师也。今世俗士，择一名德比丘礼事之，窃窃然矜曰：吾某知识、某法师门人也。彼知识法师者，亦窃窃然矜曰：彼某居士、某宰官皈依于我者也。噫！果若此，则应曰皈依佛、皈依法、结交一大德可也，可云皈依僧也与哉！"故已受皈依者，于一切僧众，若贤若愚，皆当尊礼为师，自称弟子。未可骄慢，妄事分别。

八、今人受五戒已，辄尔披五条衣，手持坐具，坏滥制仪，获罪叵测。依佛律制，必出家落发已，乃授缦条衣。若五条衣，唯有大僧方许披服。今以白衣，滥同大僧，深为未可。（《方等陀罗尼经》云：在家二众入坛行道，着无缝三衣。无缝，即是缦条，非五衣也。又《成实论》云：听畜一礼忏衣，名曰钵吒。钵吒，即缦条也。据经论言：着缦条衣，亦可听许。但准律部，无是明文，不着弥善。）若坐具者，梵言宜师但那，旧译作尼师坛。此云坐具，亦云卧具。唯大僧用，以衬毡席，防其污秽。此土敷以礼拜，盖出讹传。大僧持之，犹乖圣教。况在俗众，誖乱甚矣。（义净三藏云："尼师但那，本为衬替卧具，恐有所损，不拟余用。敷地礼拜，不见有文。故违圣言，谁代当罪？"）

九、既受戒已，若犯上品重罪，即不可忏。若犯中品、下品轻罪，悉属可悔。宜依律制，向僧众前，发露说罪，罪乃可灭。岂可妄谈实相，轻视作法？灵峰云："说罪而不观心，犹能决罪之流。倘谈理而不发露，决难清罪之源。若必耻作法，而不肯奉行，则是顾惜体面，隐忍覆藏，全未了知罪性本空，岂名慧日！"又云："世人正造罪时，实是大恶，不以为耻。向人发露，善中之善，反以为羞。甘于恶而苦于善，遂成恶中之恶，永无出期。颠倒愚痴。莫此为甚。”今于篇末，依有部律，酌定说罪之文。若承用时，未可铺缀仪章，增减字句。是为圣制，不须僭易。

十、末世以来，受皈戒者，多宗华山《三皈五戒正范》。曲逗时机，是彼所长。惜其仪文，颇伤繁缛。灵峰受《三皈五戒法》，颇称精要，承用者希，盖可怅叹！（陈熙愿谓此法唯约受者自说，而略录之。若师前受，仍依华山。寻绎斯言，实出臆断。戒事法式，宜遵圣教。若以西土常规，自为略录。别宗异制，偏尚繁文。是非混淆，若为安可？恐怀先惑，聊复辨陈。）是编集录，悉承有部（具云根本说一切有部。唐义净三藏法师留学印度二十余年，专攻此部。归国以来，译传此部律文凡十九部，近二百卷。精确详明，世称新律）。宗彼律文，出其受法。简捷明了，不逾数行。西土相传，并依此制。匪曰泥古，且示一例。可用与否，愿任后贤！

谨案：此凡例据民国二十三年十一月天津刻经处刻行本录，若文钞所载，则与此不同。

征辨学律义八则

问：我等受戒未能如法，将何以自解耶？若云受戒未能如法决定不得戒者，有何明文作证耶？

答：今先解释不得戒文。

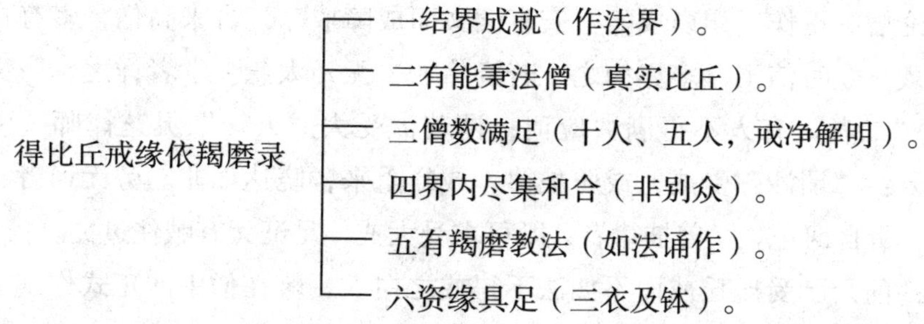

以上六缘，若阙一者，即不得戒。今则悉阙，故不得戒义，可以决定无疑。沙弥严戒于师授前，应在僧中作单白羯磨；故前五缘皆同，亦应判为不得。

问：既知未能得比丘戒，应有何妥善之办法耶？

答：今据拙见，拟定办法，分为二事：

一劝令礼占察忏仪，求得比丘戒。蕅益大师云："末世欲得净戒，舍此占察轮相之法，更无别途。"大师即依此法而得比丘戒也。此事易知，今不详述。

二于未得戒以前，为护法心，维持现状，不令断绝。令已受而未得者，学习比丘律。此事颇有疑问，后之辨释，皆约此也。

以上所言二事，第一为根本之办法；第二为维持现状之办法。此二事应同时并行，不可或阙。若唯有第二而无第一，则永远无真实比丘出现。若唯有第一而无第二，则过渡时代之现状不能维持；故须二事同时并行，乃为宜也。

问：非比丘，学比丘律，可有圣教作证耶？

将答此问，先须解释非比丘三字。非比丘三类：一约沙弥（此非问者本意所在）。二约已受沙弥、比丘戒，而不如法不得戒者。（问者本意在此。以下答文，皆约此辨释，文中亦有时指前后二类者，为是兼明，非正意也。）三约未曾受沙弥、比丘戒者。

答：若欲觅求律中有制未得戒者必须学比丘律之明文，乃不可能之事；但可引文以证非比丘而学比丘律无有贼住之过失。又可引文以证已受比丘戒而不如法不得戒之白衣，虽在僧中闻正式作羯磨者亦不成贼住；依此义判：已受而不如法不得戒之白衣，或亦可以学比丘律。即在僧中闻正式作羯磨者，亦似无大碍也。

问：前云非比丘而学比丘律，无贼住过，有何文以为证耶？

答：灵芝律师《资持记》云："问：'私习秉唱，未具忽闻；及未受前，普披经律，因读羯磨了知言义，成障戒否（即贼住）？'答：'准前后文，并论僧中正作，诈窃成障。安有读文而成障戒。'古来高僧，多有在俗先披大藏。今时信士，多亦如之；若皆障戒，无乃太急。学者详之。"又羯磨云："二者，有人不得满数应诃；谓若欲受大戒人。"灵芝律师《济缘记》释云："谓沙弥受戒，或曾披律，或复重来，晓达如非。旁无诃者，所为不轻，听自诃止。"曾披律者，既可求受大戒，足证无有贼住过矣。

问：前云已受比丘戒而不如法不得戒之白衣，雌在僧中闻正式作羯磨者亦不成贼住，此言尤足令人骇异。有何明文以为证耶？

答：羯磨云："三者，不得满数不得诃者……白衣……"《南山律》祖疏云："前十三难，有过障戒。此好白衣，受十具戒，虽并心净，不妨加法参差不成，仍本名故。"今案：我等已受戒而不如法不得戒者，即属此类；虽于僧中闻作羯磨，亦仅判为不得满数不得诃。决不云成贼住难，以无诈窃心故，而云此好白衣也。

问：已受而不得戒之白衣，若闻僧中正式作羯磨而无贼住难者，何以说戒羯磨时遣沙弥出耶？

答：灵芝律师《资持记》云："说戒遣未具者，恐生轻易，不论障戒；且如大尼亦遣，岂虑障戒耶？"

问：既不得沙弥、比丘戒，不堪为人世福田，虚消信施，罪果难逃耶？

答：《南山律祖行事钞》云："善见：檀越请比丘、沙弥虽未受具，亦入比丘数。涅槃：乃至未受十戒亦得受请。"灵芝律师《资持记》释云："论约法同（沙弥），经听形同（出家优婆塞）；无非皆为解脱出家，即堪受供。"故知不为解脱出家，虽是比丘，亦应云虚消信施。若为解脱出家，虽优婆塞，亦堪为人世福田。

问：当来真实比丘出现，如法传戒，即皆成为真实比丘，不须复云维持现状。当其时，若有未受比丘戒者，仍可引据前例而先学比丘律耶？

答：前文曾云：“为护法心，维持现状不令断绝，令已受而未得者学习比丘律。”因引诸文曲为证明。余盖欲于过渡时代，勉强维持，冀延一线之传也。若当来皆成真实比丘，不须复立维持现状。即应依通途轨则，慎重其事。凡有未受比丘戒者，不须令其辄学律也。岂唯当来，即以现在而论，若未经受戒者，亦不须学。唯有已受戒而不如法不得戒者，乃可令其学律；若如是者，庶几无大过乎？

李叔同诗词作品

遇风愁不成寐

世界鱼龙混，天心何不平。
岂因时事感，偏作怒号声。
烛烬难寻梦，春寒况五更。
马嘶残月坠，笳鼓万军营。

劝念佛菩萨求生西方

一九三八年于泉州开元寺所讲

近印光法师尝云：飞机炸弹大炮常常有，当此时应精进念佛菩萨名号。

不应死者，可消灾免难。

若定业不可转，应被难命终者，即可因此生西方。

以上法师之言，今略申说其意。

念佛（阿弥陀佛），常人唯知生西，但现生亦有利益。古德尝依经论之义，谓念佛有十大利益。念观世音名号，常人皆知现生获益，故念佛菩萨可避飞机炸弹大炮，亦决定无疑。

常人见飞机来，唯知惧。空怕，何益。入地洞上山亦无益。唯有诚心念佛菩萨。

于十分危险时，念佛菩萨必恳切，容易获感应。若欲免难，唯有勤念佛菩萨。

危险时须念，平日亦须念。因平日勤念，危险时更得力。

业有二种，以上且约不定业言。倘定业不可转，必须被难命终者，虽为弹炮所伤，亦决定生西。

常人唯知善终（即因病）乃生西，但为弹炮所伤亦可生。因念佛菩萨诚，佛菩萨必来接引。无痛苦生西。

须知生西后，无苦但乐。衣食自然，居处美丽，常见佛菩萨闻法，乃最好之事。故被伤生西，可谓因祸得福。

无论何人，皆应求生西方。即现在不应死者，暂免灾难，亦不能永久安乐。

娑婆苦。今生尚轻，前几生更苦。此次苦尚轻，以后更苦。故欲十分安全，不可专顾目前暂时，必须放开远大眼光，求生西方也。

若约通途教义言，应观我身人身山河大地等皆虚妄不实，飞机炸弹大炮等亦当然空无所有。如常人所诵之《心经》《金刚经》等皆明此义。《心经》云：“照见五蕴皆空，度一切苦厄。”《金刚经》云：“一切有为法，如梦幻泡影，如露亦如电，应作如是观。”

若再详言，应分为空假中三观，复有次第一心之别。但吾人仅可解其义，若依此修观则至困难，即勉强修之，遇境亦不得力。故印光法师劝人专修净土法门也。因此法门易解，人人皆可实行。

故劝诸君须深信净土法门。又须于印光法师前所说者，深信不疑，安心念佛菩萨名号，不必忧惧也。

此次与日本抗战，他处皆多少受损害，唯泉州安然。此是诸君念佛诵经之力，故能免一时之危险。但后患方长，不可安心，必须精进念佛菩萨，俾今生命终时，决定生西。乃是十分安全之道也。

略说。劝念佛菩萨，求生西方。至要至要。

李叔同诗词作品

送别

长亭外，古道边，芳草碧连天。
晚风拂柳笛声残，夕阳山外山。
天之涯，地之角，知交半零落。
一壶浊酒尽余欢，今宵别梦寒。
长亭外，古道边，芳草碧连天。
问君此去几时来，来时莫徘徊。
天之涯，地之角，知交半零落。
人生难得是欢聚，唯有别离多。

晚晴集

1. 若失本心，即当忏悔，忏悔之法，是为清凉。（《金刚三昧经》）

2. 菩萨若能随顺众生，则为随顺供养诸佛。若于众生尊重承事，则为尊重承事如来。若令众生生欢喜者，则令一切如来欢喜。（《华严经·普贤行愿品》）

3. 我若多瞋及怨结者，十方现在诸佛世尊皆应见我，当作是念："云何此人欲求菩提，而生瞋恚，及以怨结？此愚痴人，以瞋恨故，于自诸苦不能解脱，何由能救一切众生？"（《华严经·修慈分》）

4. 迦叶白佛："我等从今，当于一切众生，生世尊想。若生轻心，则为自伤。"佛言："善哉快论！"（《首楞严三昧经》，依《宝王论》节文）

5. 应代一切众生受加毁辱，恶事向自己，好事与他人。（《梵网经》）

6. 离贪嫉者，能净心中贪欲云翳，犹如夜月，众星围绕。（《理趣六波罗蜜多经》）

7. 生死不断绝，贪欲嗜味故；养怨入丘冢，虚受诸辛苦。（《大宝积经·富楼那会》）

8. 是身如掣电，类乾闼婆城；云何于他人，数生于喜怒？（《诸法集要经》）

9. 瞋恚之害，则破诸善法，坏好名闻；今世后世，人不喜见。（《佛遗教经》）

10. 行少欲者，心则坦然，无所忧畏，触事有余，常无不足。（《佛遗教经》）

11. 身语意业不造恶，不恼世间诸有情。正念观知欲境空，无益之苦当远离。（《有部律》周利槃陀伽尊者，三月不能诵得，即此伽陀也）

12. 名誉及利养，愚人所爱乐，能损害善法，如剑斩人头。（《有部律》）

13. 世间色声香味触，常能诳惑一切凡夫，令生爱着。（智者大师）

14. 瞋是失佛法之根本，坠恶道之因缘，法乐之冤家，善心之大贼，种种恶口之府藏。（智者大师）

15. 凡夫学道法，唯可心自知，造次向他道，他即反生诽。谛观少言说，人重德能成，远众近静处，端坐正思惟。但自观身行，口勿说他短，结舌少论量，默然心柔软。无知若聋盲，内智怀实宝，头陀乐闲静，对修离懈

惰。（道宣律师）

16．处众处独，宜韬宜晦；若哑若聋，如痴如醉；埋光埋名，养智养慧；随动随静，忘内忘外。（翠岩禅师）

17．我且问你，忽然临命终时，你将何抵敌生死？须是闲时办得下，忙时得用，多少省力。休待临渴掘井，做手脚不迭，前路茫茫，胡钻乱撞。苦哉苦哉！（黄檗禅师）

18．鼻有墨点，对镜恶墨，但揩于镜，其可得耶？好恶是非，对之前境，不了自心，但尤于境，其可得耶？洗分别之鼻墨，则一镜圆净矣。万境咸真矣。执石成宝矣。众生即佛矣。（飞锡法师）

19．修行人大忌说人长短是非，乃至一切世事非干己者，口不可说，心不可思。但口说心思，便是昧了自己。若专炼心，常搜己过，那得工夫管他家屋里事？粉骨碎身，唯心莫动。收拾自心如一尊木雕圣像坐在堂中，终日无人亦如此。旛盖簇拥、香花供养亦如此，赞叹亦如此，毁谤亦如此。修行人常常心上无事，时时刻刻体究自己本命元辰端的处。（盘山禅师）

20．元无我人，为谁贪瞋？（圭峰法师）

21．报缘虚幻，不可强为。浮世几何，随家丰俭。苦乐逆顺，道在其中。动静寒温，自愧自悔。（佛眼禅师）

22．学道人逐日但将检点他人底工夫，常自检点，道业无有不办。或喜或怒或静或闹，皆是检点时节。（大慧禅师）

23．化人问幻士，谷响答泉声；欲达吾宗旨，泥牛水上行。（永明禅师）

24．千峰顶上一茅屋，老僧半间云半间；昨夜云随风雨去，到头不似老僧闲。（归宗芝庵禅师）

25．过去事已过去了，未来不必预思量；只今便道即今句，梅子熟时栀子香。（石屋禅师）

26．即今休去便休去，若觅了时无了时。（云峰禅师）

27．琐琐含生营营来去者，等彼器中蚊蚋，纷纷狂闹耳。一化而生，再化而死，化海漂荡，竟何所之？梦中复梦，长夜冥冥，执虚为实，曾无觉日。不有出世之大觉大圣，其孰与而觉之欤？（仁潮禅师）

28．纵宿业深厚，不能顿断，当方便制抑，自劝自心。（妙叶禅师）

29．放开怀抱，看破世间，宛如一场戏剧，何有真实？（莲池大师）

30．达宿缘之自致，了万境之如空，而成败利钝，兴味萧然矣。（莲池大师）

31．伊庵权禅师用功甚锐，至晚必流涕曰：“今日又只恁么空过，未知来日工夫如何？”师在众，不与人交一言。（莲池大师）

32．畏寒时欲夏，苦热复思冬，妄想能消灭，安身处处同。草食胜空腹，茅堂过露居，人生解知足，烦恼一时除。（莲池大师）

33．人之过恶深重者，亦有效验。或心神昏塞转头即忘，或无事而常烦恼，或见君子而赧然消沮，或闻正论而不乐，或施惠而人反怨，或夜梦颠倒，甚则妄言失志，皆作孽之相也。苟一类此，即须奋发，舍旧图新，幸勿自误！（袁了凡）

34．只“强顺人情，勉就世故”八个字，误却你一生大事。道业未成，无常至速！急宜敛迹韬光，一心向道，不得再误！（《西方确指》）

35．深潜不露，是名持戒，若浮于外，未久必败。有口若哑，有耳若聋，绝群离俗，其道乃崇。（《西方确指》）

36．种种恶逆境界，尽情看作真实受益之处。名利、声色、饮食、衣服、赞誉、供养种种顺情境界，尽情看作毒药毒箭（蕅益大师）

37．将身心世界全体放下，作一超方特达之观。（蕅益大师）

38．善友罕逢，恶缘偏盛，非咬钉嚼铁，刻骨镂心，何以自拔哉？（蕅益大师）

39．何不趁早放下幻梦尘劳，勤修戒定智慧。（蕅益大师）

40．勿贪世间文字诗词而碍正法！勿逐悭贪、嫉妒、我慢、鄙覆习气，而自毁伤。（蕅益大师）

41．内不见有我，则我无能；外不见有人，则人无过；一味痴呆，深自惭愧；劣智慢心，痛自改革！（蕅益大师）

42．篱菊数茎随上下，无心整理任他黄；后先不与时花竞，自吐霜中一段香。（诵帚禅师）

43．从今以后，愿遁世不见知而不悔，作一斋公斋婆，向厨房灶下安隐过日，今生不敢复作度人妄想（彭二林）

44．幸赖善缘，得闻法要，此千生万劫转凡成圣之时。尚复徘徊歧路，乍前乍却，则更历千生万劫，亦如是而止耳。况辗转沦陷，更有不可知者哉！（彭二林）

45．轮转生死中，无须臾少息，犹复熙熙如登春台，曾不知佛与菩萨为之痛心而惨目也。（彭二林）

46．汝信心颇深，但好张罗及好游、好结交，实为修行一大障。祈沉潜杜默，则其益无量。戒之！（印光大师）

47．汝是何等根机，而欲法法咸通耶？其急切纷扰，久则或致失心。（印光大师）

48．当主敬存诚，于二六时中，不使有一念虚浮怠忽之相。及与世人酬酢，唯以忠恕为怀，则一切时，一切处，恶念自无从而起。（印光大师）

49．直须将一个死字挂到额颅上。（印光大师）

50．若善男子、善女人，闻说净土法门，心生悲喜，身毛为竖如拔出者。当知此人，此过去宿命，已作佛道来也。（《无量清净平等觉经》依迦才《净土论》引文）

51．汝今亦可自厌生死老病痛苦，恶露不浮，无可乐者！（《无量寿经》）

52．无忧恼处，我当往生，不乐阎浮提浊恶世也。（《观无量寿佛经》）

53．才有病患，莫论轻重，便念无常，一心待死。（善导大师）

54．我未曾见闻，慈悲而行恼，互共相瞋恚，愿生阿弥陀。若人如恒河，恶口加刀杖，如是皆能忍，则生清净土。（《诸法无行经》）

55．生宏律范，死归安养，平生所得，唯二法门。（灵芝元照律师）

56．凡闻恶声，则念阿弥陀佛以消禳之，愿一切人不为恶行。凡见善事，则念阿弥陀佛以赞助之，愿一切人皆为善行。无事则默念阿弥陀佛，常在目前，便念念不忘。能如此者，其于净土决定往生。（王龙舒）

57．人生能有几时？电光眨眼便过！趁未老未病，抖身心，拨世事，得一日光景，念一日佛名，得一时工夫，修一时净业。由他命终，我之盘缠预办，前程稳当了也。若不如此，后悔难追！（天如禅师）

58．如就刑戮，若在狴牢，怨贼所追，水火所逼；一心求救，愿脱苦轮。（天如禅师）

59．于此土声色诸境，作地狱想、苦海想、火宅想。诸宝物，作苦具想。饮食衣服，如脓血铁皮想。（妙叶禅师）

60．此界释迦已灭，弥勒未生，贤圣隐伏。众生奔波苦海，犹失父之儿，若不以极乐愿王为归，谁为救护？（妙叶禅师）

61．闻教便行，奚待更劝？（妙叶禅师）

62．唯名闻利养，甜爱软贼，及瞋心瞋火，虽有佛力，不能救焉。行者当深加精进，以攘却之。（妙叶禅师）

63．又复当护人心，勿使夸嫌；动用自若，息世杂善；不贪名利，将过归己；捐弃伎能，唯求往生。（妙叶禅师）

64．娑婆有一爱之不轻，则临终为此爱所牵，矧多爱乎？极乐有一念之

不一，则临终为此念所转，矧多念乎？（幽溪法师）

65．若生恩爱时，当念净土眷属无有情爱，何当得生净土远离此爱。若生瞋恚时，当念净土眷属无有触恼，何当往生净土得离此瞋。若受苦时，当念净土无有众苦，但受诸乐。若受乐时，当念净土之乐，无央无待。凡历缘境，皆以此意而推广之，则一切时处，无非净土之助行也。（幽溪法师）

66．如何说得娑婆苦，苦事纷纷等猬毛！（西斋禅师）

67．当屏人独处，自办道业，以设像为师，经论为侣。（袁宏道）

68．五浊恶世，寒热苦恼，秽相熏炙，不容一刻居住。（袁宏道）

69．问：人不信净土，恐只是本来福薄？答：此言甚是！（莲池大师）

70．余下劣凡夫，安分守愚，平生所务，唯是南无阿弥陀佛六字。今老矣！倘有问者，必以此答。（莲池大师）

71．当生大欢喜，切勿怀忧恼，万缘俱放下，但一心念佛。往生极乐国，上品莲花生，见佛悟无生，还来度一切。（莲池大师）

72．世情淡一分，佛法自有一分得力。娑婆活计轻一分，生西方便有一分稳当。

73．弹指归安养，阎浮不可留。（蕅益大师）

74．归命大慈父，早出娑婆关。（蕅益大师）

75．世之最可珍重者，莫过精神；世之最可爱惜者，莫过光阴。一念净即佛界缘起，一念染即九界生因。凡动一念，即十界种子，可不珍重乎？是日已过，命亦随减，一寸时光即一寸命光，可不爱惜乎？苟知精神之可珍重，则不浪用，则念念执持佛名。光阴不虚度，则刻刻薰修净业。（彻悟禅师）

76．悲哉众生！欲念未除，道根日坏。佛之视汝，将何以堪？（彭二林）

77．子等归向极乐，全须打得一副全铁心肠，外不为六尘所染，内不为七情所锢，污泥中便有莲花出现也。（彭二林）

78．莲花种子，荣悴由人。时不相待，珍重！珍重！（彭二林）

79．上品见佛速，下品见佛迟，虽有迟速异，终无退转时。参禅病着相，念佛贵断疑，实实有净土，实实有莲池。（张守约）

80．念阿弥陀佛正觉圆满之名，观极乐世界清净庄严之相，如此滞着，只怕未能切实；果能切实，则世间种种幻化妄缘自当远离。（悟开禅师）

81．随忙随闲，不离弥陀名号；顺境逆境，不忘往生西方（印光法师。以下悉同）

82．诚与恭敬，实为超凡入圣，了生脱死之极妙秘诀。

83．业障重、贪瞋盛、体弱心怯、但能一心念佛，久之自可诸疾咸愈。

84．佛固不见弃于罪人，当承兹行以往生耳。

85．须信娑婆实实是苦，极乐实实是乐，深信佛言，了无疑惑。

86．应发切实誓愿，愿离娑婆苦，愿得极乐乐。其愿之切，当如堕厕坑之急求出离，又如系牢狱之切念家乡。己力不能自出，必求有大势力者提拔令出。

87．业识未消，三昧未成，纵谈理性，终成画饼。

88．入理深谈，且缓数年！

89．一句南无阿弥陀佛，只要念得熟，成佛尚有余裕！不学他法，又有何憾？

90．汝虽于净土法门颇生信心，然犹有好高骛胜之念头未能放下，而未肯以愚夫愚妇自命。

91．其有平日自命通宗通教，视净土若秽物，恐其污己者，临终多是手忙脚乱，呼爷叫娘。

92．汝妄想之心遍天遍地，不知息心念佛，所谓向外驰求，不知返照回光。

93．今见好心出家、在家四众，多是好高骛远，不肯认真专修净业，总由宿世善根浅薄，今生未遇通人。

94．当今之时，其世道局势，有如安卧积薪之上，其下已发烈火，尚犹悠忽度日，不专志求救于一句佛号，其知见之浅近甚矣。

95．心跳恶梦，乃宿世恶业所现之兆。然现境虽有善恶，转变在乎自己，恶业现而专心念佛，则恶因缘为善因缘。

96．当恪守净宗列祖成规，持斋念佛，改恶修善，知因识果，植福培德，以企现生消除业障，临终正念往生。庶不虚此一生，及亲为如来弟子耳。

97．但当志心念佛，以消旧业，断不可起烦躁心，怨天尤人。

98．具缚凡夫，若无贫穷疾病等苦，将日奔驰于声色名利之场而莫之能已。谁肯于得意烜赫之时，回首作未来沉溺之想乎？

99．欲得佛法实益，须向恭敬中求，有一分恭敬，则消一分罪业，增一分福慧。

100．念佛要时常作将死、将堕地狱想，则不恳切亦自恳切，不相应亦自相应，以怖苦心念佛，即是出苦第一妙法，亦是随缘消业第一妙法。

101．末法众生，无论有善根无善根，皆当决定专修净土。善根有，固宜努力；无，尤当笃培。

102．汝须自知好歹，修行要各尽其分，潜修默契方可，急急改过摄心念佛。

占察法

木轮相<｜不杀｜>共十九轮

轮相有三种差别

一、能示宿世所作善恶业种差别。

（但观善恶种子有无。）

二、观善恶业力强弱。

三、遍示三世受报差别。

一、共十轮。书十善十恶之名。一面书善，一面书恶，令使相对。则余两面皆空；故使善恶有现有不现也。<｜不杀｜>

二、<｜ ｜身>

三、<｜一｜>

占时用初二：初轮念相应否（二皆有、不再掷；或再掷）。次轮，唯取前相应者问，不符再掷。

《菩萨戒》自誓受，依瑜伽羯磨。（先羯磨，后戒相。）

比丘及比丘尼戒羯磨同上（菩萨一，比丘二）。年未满，似亦应依前羯磨受；年满时，仍依前羯磨受。

行法

第一、先洒净——增加（楞严咒绕坛）。

礼忏七日后，掷三业（最好用九个，闭目三掷后再看）。

蕅益大师年谱

依大师自撰《八不道人传》，及成时《续传》录写。复检《宗论》中诸文增改，并参考别行诸疏序跋补订焉。己未，居钱塘，初稿。辛酉，掩室永嘉，改纂。乙亥，住温陵月台再治。老病缠绵，精力颓弊，未能详密校理，殊自恧也。

年谱诸文，虽有撮略，或加润饰，但悉有所据。若述私意，则写双行小字，上冠案字，以区别也。

明万历二十七年，己亥，一岁。是年五月三日亥时，大师生。俗姓钟，名际明，又名声，字振之。先世汴梁人，始祖南渡，居古吴木渎。

父名之凤，字岐仲。母金氏，名大莲。以父持《白衣大悲咒》十年，梦大士送子而生。时父母皆年四十。

庚子，二岁。

辛丑，三岁。

壬寅，四岁。

癸卯，五岁。

甲辰，六岁。

乙巳，七岁。始茹素。己巳，大师《礼大悲铜殿偈》有云："我幼持斋甚严肃，梦想大士曾相召。"

丙午，八岁。

丁未，九岁。

戊申，十岁。

己酉，十一岁。

庚戌，十二岁。就外傅，闻圣学，即以千古道脉为任，嚣嚣自得。天子不得臣，诸侯不得友，于居敬慎独之功，致知格物之要，深究之。开荤酒，作论数十篇，辟异端，梦与孔、颜晤言。

辛亥，十三岁。

壬子，十四岁。

癸丑，十五岁。

甲寅，十六岁。

乙卯，十七岁。阅《自知录序》，及《竹窗随笔》，乃不谤佛。取所著辟佛论焚之。

丙辰，十八岁。

丁巳，十九岁。

戊午，二十岁。诠《论语》颜渊问仁章，窃疑"天下归仁"语。苦参力讨，废寝忘餐者三昼夜，忽然大悟，顿见孔、颜心学。

冬十一月初五日丧父，享年五十九。闻《地藏本愿》，发出世心。

（录者注）大师闻《地藏本愿》，发心出世，故其一生尽力宏扬赞叹地藏菩萨。弘一法师曾辑《灵峰赞地藏菩萨别集》一卷，收入《地藏菩萨圣德大观》内。

庚午，大师《结坛水斋持大悲咒愿文》有云："七岁断肉，未知出世正因。十二学儒，乃造谤法重业。赖善根未绝，每潜转默移。一触念于《自知》之序，次旋意于寂感之谭。礼《乐师》妙典，知佛与神殊。闻地藏昔因，知道从孝积。既怀丧父之哀，复切延慈之想。书《慈悲忏法》，矢志尸罗，听《大佛顶经》，决思离俗。"

己未，二十一岁。至星家问母寿，言六十二三必有节限。遂于佛前立深誓："唯愿减我算，薄我功名，必冀母臻上寿。"

庚申，二十二岁。专志念佛，尽焚窗稿二千余篇。

天启元年，辛酉，二十三岁。听《大佛顶经》，谓："世界在空，空生大觉。"遂疑何故有此大觉，致为空界张本，闷绝无措。但昏散最重，功夫不能成片。因决意出家，体究大事。七月三十日，撰《四十八愿》愿文。时名大朗优婆塞。

壬戌，二十四岁。梦礼憨山大师，哭恨缘悭，相见太晚。师云："此是苦果，应知苦因"。语未竟，遽请曰："弟子志求上乘，不愿闻四谛法。"师云："且喜居士有向上志，虽然不能如黄檗、临济，但可如岩头、德山。"心又未足，拟再问，触声而醒。因思古人安有高下，梦想妄分别耳。

一月中，三梦憨师。师往曹溪，不能远从。乃从雪岭峻师剃度，命名智旭。雪师，憨翁门人也。

［案］大师字藕益，又字素华，当时诸缁素撰述中，多称素华也。将出家，先发三愿，一、未证无生法忍，不收徒众。二、不登高座。三、宁冻

饿死，不诵经礼忏及化缘，以资身口。又发三拌：拌得饿死，拌得冻死，拌与人欺死。将出家，与叔言别诗云："世变不可测，此心千古然；无限他山意，丁宁不在言。"

大师出家时，母舅谓曰："法师世谛流布，吾甥决不屑为，将必为善知识乎。"大师曰："佛且不为，况其他也。"舅曰："既尔，何用出家？"大师曰："只要复我本来面目。"舅乃叹善。

夏、秋作务云栖，闻古德法师讲《唯识论》，一听了了。疑与《佛顶》宗旨矛盾，请问。师云："性相二宗，不许和会。"甚怪之，佛法岂有二歧耶？一日，问古师云："不怕念起，只怕觉迟。且如中阴入胎，念起受生，纵令速觉，如何得脱？"师云："汝今入胎也未？"大师微笑。师云："入胎了也。"大师无语。师云："汝谓只今此身，果从受胎时得来者耶？"大师流汗浃背，不能分晓。竟往径山坐禅。始受一食法。

此时即与新伊法主相识，尔后为忘年交，几三十年。自庚午岁始，每一聚首，辄晓夜盘桓佛法弗置。学人从大师游者，皆令禀沙弥戒于法主。

初出家时，剃度师令作务三年，其时急要工夫成片，不曾依训。始意工夫成片，仍可作务。后以声誉日隆，竟无处讨得务单。

癸亥，二十五岁。是春拜见幽溪尊者，时正堕禅病，未领片益。大师坐禅径山。至夏，逼拶功极，身心世界忽皆消殒。因知此身从无始来，当处出生，随处灭尽，但是坚固妄想所现之影。刹那刹那，念念不住，的确非从父母生也。从此性相二宗，一齐透彻。知其本无矛盾，但是交光邪说大误人耳。是时一切经论、一切公案无不现前。旋自觉悟，解发非为圣证，故绝不语一人。久之，则胸次空空，不复留一字脚矣。秋，住静天台。腊月初八日，从天台蹑冰冒雪，至杭州云栖。苦到恳古德贤法师为阿阇梨，向莲池和尚像前，顶受《四分戒本》。

甲子，二十六岁。正月三日，于三宝前，然香刺血，寄母书。劝母勿事劳心，唯努力念佛，求出轮回。十二月廿一日，重到云栖，受菩萨戒。后一日，撰《受菩萨戒誓文》。

大师甫受菩萨戒，发心看《律藏》。阇梨古德师试曰："汝已受大，何更习小？"对曰："重楼四级，上级既造，下级可废耶？"师曰："身既到上层，目岂缘下级？"对曰："虽升他化，佛元不离寂场。"

乙丑，二十七岁。是春，就古吴阅《律藏》一遍，方知举世积讹。四旬余，录出《毗尼事义要略》一本，仅百余纸。此后仍一心究宗乘。同二三法友结夏。寄剃度师雪岭及阇梨古德师书，痛陈像季正法衰替，戒律不明。词至恳切。

乙丑、丙寅两夏，为二三友人逼，演《大佛顶要义》二遍。实多会心，愿事阐发，以志在宗乘，未暇笔述。

丙寅，二十八岁。母病笃。四刲肱不救。痛切肺肝。六月初一日，母亡，享年六十七。大师赋《四念处》以写哀。葬事毕，焚弃笔砚，矢往深山。道友鉴空、如宁留掩关于吴江之松陵。关中大病，乃以参禅工夫，求生净土。

丁卯，二十九岁。

崇祯元年，戊辰，三十岁。是春出关，朝南海，觐洛伽山，将往终南。遇道友雪航檝公，愿传律学，留住龙居。是夏，第二次阅《律藏》一遍，始成《毗尼事义集要》四本及《梵室偶谈》。

是年，在龙居阅藏，于一夏中，仅阅千卷。夏初遇惺谷师，乃订交焉。时惺谷师尚未剃染。仲冬，又获交归一师。于是二友最得交修之益，同结冬。刺舌血书大乘经律。撰刺血书经愿文，及书佛名经回向文。

过槜李东塔，见人上堂，有感。赋偈云：

“树杪声声泣露哀，岸舟鱼背漫相猜。宗乘顿逐东流下，触目难禁泪满腮。”

“一滴狐涎彻体腥，当阳鸦立法王庭。却惭普眼能弘护，犹使天人掩耳听。”

“聋人听曲哑人歌，跛躄相将共伐柯。今日已成冥暗界，不知向后又如何。”

己巳，三十一岁。正月十五日，为同学比丘雪航智檝师讲《四分》戒本，并刺血书愿文。是春，同归一筹师，送惺谷至博山，依无异禅师剃发。禅师见大师所著《毗尼事义集要》，喜之，即欲付梓，大师不许。

在博山，遇璧如镐师，详论律学，遂与订交。随无异禅师至金陵，盘桓百有十日。尽谙宗门近时流弊，乃决意弘律。大师律解虽精，而自谓“烦恼习强，躬行多玷，故誓不为和尚”，“三业未净，谬有知律之名，名过于实”，引为“生平之耻”。

是春，撰持咒先白文。愿持灭定业真言（注）百万，观音灵感、七佛灭罪、药师灌顶、往生净土真言各十万。次当结坛持大悲咒十万。

（录者注）指持地藏菩萨灭定业真言。

母亡三周年，乞善友课持经咒。撰为母三周求拔济启，及为母发愿回向文。

秋，游栖霞，始晤自观印阇梨。赠以偈云："举世不知真，吾独不爱假。羡君坦夷性，堪入毗尼社。"是冬，同归一筹师结制龙居。第三次阅律一遍。至除夕，第三次阅《律藏》毕，录成六册，计十八卷。撰礼大报恩塔偈，持准提咒愿文，礼大悲铜殿偈，起咒文，除夕白三宝文。撰《尚友录序》。

庚午，三十二岁。春，病滞龙居。正月初一，然臂香，刺舌血，致书惺谷。三月尽，惺谷同如是昉公从金陵回，至龙居，请季贤师为和尚，新伊法主为羯磨阇梨，觉源法主为教授阇梨，受比丘戒。经三阅律，始知受戒如法不如法事。彼学戒法，固必无此理，但见闻诸律堂，亦并无一处如法者。

是春，归一筹师作《毗尼事义集要跋》。撰《阅律礼忏总别》二疏，《安居论律告文》，为母四周愿文，为父十二周求荐拔启。结夏安居，为惺谷寿、如是昉、雪航檝三友细讲《毗尼事义集要》一遍。添初后二集，共成八册。虽然尽力讲究，不意或寻枝逐叶，不知纲要。或东扯西拽，绝不留心。或颇欲留心，身婴重恙听不及半。其余随缘众，无足责者。大师大失所望。

拟注《梵网》，作四阄问佛。一曰宗贤首，二曰宗天台，三曰宗慈恩，四曰自立宗。频拈，得天台阄。于是究心台部，而不肯为台家子孙。以近世台家与禅宗贤首慈恩，各执门庭，不能和合故也。时人以耳为目，皆云大师独宏台宗，谬矣！谬矣！

［案］大师法语，示如母云："予二十三岁，即苦志参禅，今辄自称私淑天台者，深痛我禅门之病，非台宗不能救耳。奈何台家子孙，犹固拒我禅宗，岂智者大师本意哉！"复松溪法主书云："私淑台宗不敢冒认法派。诚恐著述偶有出入，反招山外背宗之诮。""然置弟门外，不妨称为功臣。收弟室中，不免为逆子。知我罪我，听之而已。"撰结《坛水斋持大悲咒愿文》，为父回向文。

辛未，三十三岁。是春，撰《毗尼事义集要序》于皋亭古永庆寺。先是真寂闻谷老人、博山无异禅师，劝将《毗尼事义集要》付梓流通。乃同璧如、归一二友商榷参详，备殚其致。惺谷以此书呈金台法主，随付梓人，至今岁于皋亭佛日寺刊成。

春，同新伊法主礼大悲忏于武林莲居庵。撰《楞严坛起咒》及《回向》二偈。八月，惺谷师示寂于佛日。师病时，大师割股救之，并赋偈云："幻缘和合受兹身，欲剜千疮愧未能。爪许薄皮聊奉供，用酬严惮切磋恩。”

九月，入孝丰。取道武林，晤璧如师，不旬日，师示寂。着惺谷、璧如二友合传。始入北天目灵峰山过冬，即灵岩寺之百福院也。有句云：“灵峰一片石，信可矢千秋。”时山中无藏，为作请藏因缘。是冬，在灵峰讲《毗尼事义集要》七卷。次夏，续完。听者十余人，唯彻因比丘能力行之。是冬，有温陵徐雨海居士，向大师说《占察》妙典。大师倩人特往云栖请得书本。一展读之，悲欣交集。撰《读持回向偈》。

壬申，三十四岁。结夏灵峰。为自观师秉羯磨授具戒。撰《龙居礼大悲忏文》及《礼大悲忏愿文》。

癸酉，三十五岁。是春，为灵峰请藏至，未装。撰《西湖寺安居疏》。结夏金庭西湖寺，细讲《毗尼事义集要》一遍。听者九人。能留心者，唯彻因、自观及幻缘三比丘。

撰《前安居日供阄文》。前安居日，大师自念再三翻读《律藏》，深知时弊多端，不忍随俗淆讹，共蚀如来正法。而自受具，心虽殷重，佛制未周。爰作八阄，虔问三宝。若智旭比丘戒从心感得，十夏行持，当得作和尚阄。若得戒前，轻犯未净，当得礼忏作和尚阄，先行忏法。若未得不成遮难，或已得未堪作范，当得见相好作和尚阄，礼忏求相。若不成难而未得，当得重受阄，如法秉受，更满十夏。若成盗难而通忏，当得礼忏重受阄。若已成难，当得菩萨沙弥阄。若不许沙弥法，当得菩萨优婆塞阄。若一切戒法悉遮，当得但三归阄。若得作和尚等三阄，誓忘身命，护持正法。宁受剧苦，作真声闻。不为利名，作假大乘。若得重受等二阄，敦弟子职，誓不藐法。若得菩萨沙弥阄，誓尊养比丘，护持僧宝。若得菩萨优婆塞阄，誓以身命护正法，终不迷失菩提心。若得但三归阄，誓服役佛法僧间，种种方便，摧邪显正。并然香十炷，一夏持咒加被。至自恣日，更然顶香六炷，撰自恣日拈阄文，遂拈得菩萨沙弥阄。撰《礼净土忏文》二首。冬，述《占察行法》。

甲戌，三十六岁。癸酉、甲戌之际，大师匍匐苦患。彻因比丘独尽心竭力相济于颠沛中，毫无二心。是冬，在吴门幻住庵，讲《毗尼事义集要》一遍。听者仅五六人，唯自观、僧聚二比丘能力行之。撰《礼金光明忏文》。

乙亥，三十七岁。春，阻雨祥符。始晤影渠、道山（字灵隐）二师，为莫逆交。是冬，大师遘笃疾，二师尽力调治，不啻昆季母子也。撰讲《金光明忏告文》。

夏初，住武水智月庵，讲演《占察经》。是时即有作疏之愿，病冗交沓，弗克如愿。述《戒消灾略释》《持戒犍度略释》《盂兰盆新疏》。

丙子，三十八岁。是春，大师自辑《净信堂初集》。三月，遁迹九华，礼地藏菩萨塔，求决疑网，拈得阅藏著述一阄。于彼抱病，腐滓以为馔，糠粃以为粮，忘形骸，断世故。续阅藏经千余卷。撰《九华地藏塔前愿文》《亡母十周愿文》。

丁丑，三十九岁。是岁夏、秋之际，居九子别峰，述《梵网合注》。先是如是昉公，远从闽地，携杖来寻。为其令师肖满全公，请讲此经，以资冥福。复有二三同志，欢喜乐闻。大师由是力疾敷演，不觉心华开发，义泉沸涌，急秉笔而随记之。共成《玄义》一卷，《合注》七卷。

［案］《梵网合注》初刊之板，存金陵古林庵。后康熙丙辰岁，沈书准应成时师之请，重刻板，送嘉兴楞严寺入藏流通。（见沈书准跋）日本元禄五年所刊之板，即据此也。

撰完《梵网告文》《赞礼地藏菩萨忏愿仪》。自观印阇梨自武水寻大师于九子别峰，商证《梵网》《佛顶》要旨。大师见其躬行有余，慧解不足，设坛中十问拶之。

梦感正法衰替，痛苦而醒，写怀二偈云：

“魔军邪帜三洲遍，孽子孤忠一线微。梦断金河情未尽，醒来余泪尚沾衣。”

“休言三界尽生盲，珠系贫衣性自明。肯放眼前闲活计，便堪劫外独称英。”

戊寅，四十岁。结夏新安，重拈《佛顶》妙义，加倍精明。四十初度诗云：“物论悠悠理本齐，年来渐觉脱筌蹄。拳开非实掌元在，翳去唯空眼不迷。流水有心终汇海，落花无语亦成溪，刹那生处生何性，却笑威音劫外提。”自辑《绝余编》。秋，践诵帚师之约，入闽。渡洪塘，往温陵。十一月，撰《陈罪求哀疏》。

己卯，四十一岁。住温陵。诵帚昉师及一切知己坚请疏解《大佛顶经》。大师感其意，兼理夙愿。在小开元撰述《玄义》二卷、《文句》十卷。

刊《佛顶玄义》，板藏大开元寺之甘露戒坛。如是师示寂。助其念佛，并为撰《诵帚师往生传》。撰为如是师《六七礼忏疏》，挽如是师诗。

庚辰，四十二岁。住漳洲。述《金刚破空论》，（在温陵刊）《漓益三颂》《斋经科注》。

辛巳，四十三岁。结冬温陵月台。有郭氏问易，遂举笔述《周易禅解》，稿未及半，以应请旋置。

（录者注）今泉州大开元寺藏有大师施赠之《梵网经》两部。卷末有大师亲笔题识。文曰："崇祯辛巳。古吴智旭，喜舍陆部。奉大开元寺甘露戒坛，永远持诵。"

壬午，四十四岁。是夏，自辑《闽游集》。自温陵返湖州。述《大乘止观释要》。灵峰山中藏经装成。撰《铁佛寺礼忏文》。

癸未，四十五岁。结夏灵峰。是岁结制。简阅藏经，仅千余卷。

崇祯十七年（清顺治元年）甲申，四十六岁。是秋，居槜李，游鸳湖宝寿堂。撰《游鸳湖宝寿堂记》。返灵峰。有句云："灵峰片石旧盟新。"九月，述《四十二章经》《遗教经》《八大人觉经解》。

是岁，大师退作但三归依人。撰《礼慈悲道场忏法愿文》《佛菩萨上座忏愿文》。

乙酉，四十七岁。自去岁退作但三归人以来，勤礼《千佛》《万佛》及《占察行法》。于今岁元旦获清净轮相。夏，撰《周易禅解》竟。撰《大悲行法道场愿文》。是秋，住祖堂及石城北，共阅藏经二千余卷。是岁，紫竹林颛愚大师遣七人来学。

丙戌，四十八岁。晤妙圆尊者于石城之隈，同住济生庵。撰《占察行法愿文》。

丁亥，四十九岁。三月，述《唯识心要》《相宗八要直解》。九月，述《弥陀要解》《四书蕅益解》。

去岁，颛愚大师坐脱于紫竹林。门人以陶器奉全身供于林之山阳。今年弟子请归云居，于是金陵缁素以所存爪发衣钵，就山阳建塔供养。大师为撰志铭。

是冬，自辑《净居堂续集》。居祖堂幽栖寺。除夕普说。

戊子，五十岁。成时师始晤大师。大师一日顾成时师曰："吾昔年念念思复比丘戒法，迩年念念求西方耳。"成时师大骇，谓何不力复佛世芳规耶？久之，始知师在家发大菩提愿以为之本，出家一意宗乘，径山大悟后，彻见近世禅者之病，在绝无正知见，非在多知见。在不尊重波罗提木叉，非在着戒相也。故抹倒禅之一字，力以戒教匡救，尤志求五比丘如法共住，令正法重兴。后决不可得，遂一意西驰。冀乘本愿轮，仗诸佛力，再来与拔。至于随时著述，竭力讲演，皆聊与有缘下圆顿种，非法界众生一时成佛，直下相应，太平无事之初志矣。

是冬，自辑《西有寝余》。

己丑，五十一岁。九月，从金陵归卧灵峰。撰《北天目十二景颂》。腊月，力疾草《法华会义》。翌年正月告成。

庚寅，五十二岁。结夏北天目，究心毗尼，念末世欲得净戒，舍占察轮相之法，更无别涂。

六月，述《占察疏》。自癸酉迄今十余年，毗尼之学无人过问者，而能力行之彻因、自观、僧聚三比丘，又皆物故。毗尼之学，真不啻滞货矣。是夏安居灵峰，乃有心学律者十余人，请大师重讲。大师念向所辑，虽诸长并采，犹未一一折衷。又《问辩》《音义》二书，至今未梓。因会入《集要》而重治之，兼削一二繁芜，以归简切，名曰《重治毗尼事义集要》。

六月二十一日，撰《重治毗尼事义集要序》。安居竟，重拈自恣芳规，悲欣交集，慨然有作。赋偈云："秉志慵随俗，期心企昔贤。拟将凡地觉，直补涅槃天。半世孤灯叹，多生缓戒愆。幸逢针芥合，感泣泪如泉。正法衰如许，谁将一线传。不明念处慧，徒诵木叉篇。十子哀先逝，诸英喜复联。四弘久有誓，莫替马鸣肩。"

八月初八日，撰《重治毗尼事义集要跋》。与见月律主书，谈论律学，冀获良晤。冬，住祖堂。

辛卯，五十三岁。夏，结制长干。九月，重登西湖寺。是冬，归卧灵峰。重订《选佛图》。

壬辰，五十四岁。结夏晟溪。草《楞伽义疏》。八月，迁长水南郊冷香堂，乃阁笔。秋，辑《续西有寝余》。

是岁腊月，草自传。先是是秋大师决志肥遁，缁素遮道不得，请述行脚。冬，憩长水营泉寺，念行脚未尽致，复述兹传，曰《八不道人传》。取《中论》八不，《梵网》八不之旨。又大师自云："古者有儒有禅有教有律，道人既蹴然不敢。今亦有儒有禅有教有律，道人又艴然不屑。故名八不也。"住长水，阅藏经千卷。

（录者注）大师一号"西有"，出家前曾用"金闻逸史"号。

癸巳，五十五岁。是春，大师过古吴。删改自述《八不道人传》。故从古吴传至留都，与长水本数处不同。后成时师谓传收著述未尽，请补。于是与古吴本又增数句矣。

夏四月，入新安。结后安居于歙浦天马院。五月著《选佛谱》，阅《宗镜录》，删正法涌、永乐、法真诸人所羼杂说，引经论之误，及历来写刻之伪。于三百六十余问答，一一定大义，标其起尽。阅完，七月作校定宗镜录跋四则。又汰《袁宏道集》，存一册，名《袁子》。

秋八月，游黄山白岳诸处。冬，复结制天马。著《起信论裂网疏》。

（录者注）是岁大师在歙浦栖云院演说《弥陀要解》，释义分科，间有与前不同。由性旦师录出。甲午冬，大师病中，复口授数处令改正，名歙浦本。即今十要中之流通本也。

甲午，五十六岁。正月应丰南仁义院请，法施毕，出新安。二月后褒洒日，还灵峰。自辑《幻住杂编》。夏卧病。选《西斋净土诗》，制赞补入《净土九要》，名《净土十要》。夏竟，病愈。七月，述《儒释宗传窃议》。八月，续阅《大藏》竟。九月，成阅《藏知津》《法海观澜》二书。

九月一日，撰阅藏毕愿文。计前后阅律三遍，大乘经两遍，小乘经及大小论两土撰述各一遍。

（录者注）大师阅藏毕然香愿文有云：“窃见南北两藏，并皆模糊失次，或半满不辨，或经论互名，或真伪不分，或巧拙无别。虽有宋朝法宝标目，明朝汇目义门，并未尽美尽善，今辄不揣，谬述《阅藏知津》《法海观澜》二书，倘不背佛旨，乞得成就流通。”又大师佛顶玄文后自序云：“深痛末世禅病，方一意研穷教眼，用补其偏。虽遍阅大藏，而会归处不出《梵网》《佛顶》二经。”

冬十月，病。复有独坐书怀四律，中有“庶几二三子，慰我一生思”之句。十一月十八日，有病中口号偈。腊月初三，有病间偶成一律，中有“名字位中真佛眼，未知毕竟付何人”之句。是日口授遗嘱。立四誓。命以照南、等慈二子传五戒菩萨戒。命以照南、灵晟、性旦三子代座代应请。命阇维后，磨骨和粉面，分作二分。一分施鸟兽，一分施鳞介，普结法喜，同生西方。十三起净社，撰《大病中启建净社愿文》。嗣有求净土偈六首。除夕有《艮六居铭》，有偈。

是岁多病，寄钱牧斋书云：“今夏两番大病垂死，季秋阅藏方竟。仲冬一病更甚，七昼夜不能坐卧，不能饮食，不可疗治，无术分解。唯痛哭称佛菩萨名字，求生净土而已。具缚凡夫损已利人，人未必利，已之受害如此。平日实唯在心性上用力，尚不得力。况仅从文字上用力者哉？出生死，成菩提，殊非易事。非丈室谁知此实语也。”

乙未，五十七岁。元旦有偈云：

“爆竹声传幽谷春，苍松翠竹总维新。泉从龙树味如蜜，石镇雄峰苔似鳞。课续三时接莲漏，论开百部拟天亲。况兼已结东林社，同志无非法藏臣。”

“法藏当年愿力宏，于今旷劫有同行。岁朝选佛归圆觉，月夜传灯显性明。万竹并沾新令早，千梅已露旧芳英。诸仁应信吾无隐，快与高贤继宿盟。”

正月二十日，病复发。二十一日晨起病止。午刻，趺坐绳床角，向西举手而逝。世寿五十有七岁。法腊三十四。僧夏，从癸亥腊月至癸酉自恣日，又从乙酉春至乙未正月，共计夏十有九。

大师生平不曾乞缁素一字，不唯佛法难言，知己难得，亦鉴尚处名之陋习，而身为砥也。西逝时，诫勿乞言，徒增诳误。

大师著述，除《灵峰宗论》十卷外，其释论则有：《阿弥陀经要解》一卷，《占察玄疏》三卷、《楞伽义疏》十卷、《盂兰新疏》一卷、《大佛顶玄文》十二卷、《准提持法》一卷、《金刚破空论附观心释》二卷、《心经略解》一卷、《法华会义》十六卷、《妙玄节要》二卷、《法华纶贯》一卷、《斋经科注》一卷、《遗教经解》一卷、《梵网合注》八卷（后附授戒法、学戒法）、《梵网忏法问辩》共一卷、《优婆塞戒经受戒品笺要》一卷、《羯磨文释》一卷、《戒本经笺要》一卷、《毗尼集要》十七卷、《大小持戒犍度略释》一卷、《戒消灾经略释》一卷、《五戒相经略解》一卷、《沙弥戒要》一卷、《唯识心要》十卷、《相宗八要直解》八卷、《起信论裂网疏》六卷、《大乘止观释要》四卷、《大悲行法辩伪》一卷（附《观想偈略释》《法性观》《忏坛轨式》三种）、《四十二章经解》一卷、《八大人觉经解》一卷，《占察行法》一卷、《礼地藏仪》一卷、《教观纲宗并释义》二卷、《阅藏知津》四十四卷、《法海观澜》五卷、《旃珊录》一卷、《选佛谱》六卷、《重订诸经日诵》二卷、《周易禅解》十卷、《辟邪集》二卷，共四十七种。又定嗣注经目，有《行愿品续疏》《圆觉经新疏》《无量寿如来会疏》《观经疏钞录要》《十轮经解》《贤护经解》《药师七佛经疏》《地藏本愿经疏》《维摩补疏》《金光明最胜王经续疏》《同性经解》《无字法门经疏》《十二头陀经疏》《仁王续疏》《大涅槃合论》《四阿含节要》《十善业道经解》《发菩提心论解》《摩诃止观辅行录要》《僧史删补》《缁门宝训》共二十一种，俱未及成书。

（录者注）上列著述，系依成时师之《蕅益大师宗论序说》及《续传》钞录。此外尚有《净土十要》《四书蕅益解》《见闻录》等辑著行世。

大师示寂，诸弟子请成时师辑《灵峰宗论》。辑成，成时师然香一千炷，愿舍身洪流，一、报师恩，助转愿轮。二、供妙法，生生值遇，三、转劫浊，救苦众生。四、代粉骴，满师弘誓。五、忏重罪，决生珍池。

腊月十二日，成时师撰大师《续传》。后一日撰《灵峰始日大师私谥窃议》。后二日撰《灵峰宗论序》。越一日撰《灵峰宗论序说》。

丙申。

丁酉。是冬如法荼毗。发长覆耳，面貌如生，趺坐巍然，牙齿俱不坏。因不敢从粉骴遗嘱，奉骨塔于灵峰大殿右。

戊戌。

己亥。是冬，《灵峰宗论》刻板成。

庚子。

辛丑。

康熙元年，壬寅。大师入灭八年，壬寅七月，门人性旦病逝，先书嘱语，面乞成时师并胞兄胡净广粉遗骨，代大师满甲午腊月初三日所命。先是成时师邀净侣礼佛说佛名经，且就坛然顶灯，以报法乳深恩。至是复有此嘱。谨就八月集众修药王本事七昼夜而作法焉。

雍正元年，癸卯。（即日本享保八年。）是年孟春，日本京都《灵峰宗论》重刊版，老苾刍光谦序云："（前略）昔尝读灵峰蕅益大师所著诸书，见其学之兼通博涉，其行之苦急严峻，因窃自叹虽荆溪、四明大祖师几不及也。（中略）古人有言曰：读孔明《出师表》而不堕泪者，其人必不忠。读令伯《陈情表》而不堕泪者，其人必不孝。读退之《祭十二郎》文而不堕泪者，其人必不友。余亦尝言读蕅益《宗论》而不堕血泪者，其人必无菩提心。"

（后略）

李叔同诗词作品

书愤

文采风流上座倾，眼中竖子遂成名！
某山某不留奇迹，一草一花是爱根。
休矣著书俟赤鸟，悄然挥扇避青蝇。
众生何用干霄哭，隐隐朝廷有笑声。

书简

与丰子恺居士二通

子恺居士：

前日已至白马湖，承张居士代表招待一切，至用感慰！兹有四事奉托如下：

（一）乞画澄照律祖像一幅，别奉样式一纸，乞检阅。此像在《续藏经》中，今依彼原稿略为缩小，如别纸中朱笔所画轮廓为限。如以原稿太繁密者，乞仁者依己意稍为简略，但仍以工笔细线画之为宜；画纸乞用拷碑纸，因将刻木板也，此画像能于旧历九月中旬随夏居士返家之便带下为感！

（二）前存尊处之马一浮居士图章一包，乞于便中托人带至杭州交还马居士，但此事迟早不妨，虽迟至数月之后亦可。马居士寓杭州联桥及粥教坊之间，延定巷旧第五号（或第四第六号）门牌内。

（三）福建苏居士今春在鼓山定印《华严疏论纂要》多部，（此书系康熙古版，外间罕有流传，每部大约六十册，实费二十圆。）拟以十二部分赠与日本各宗教大学及图书馆等，托内山书店代为分配及转寄。又以二部赠与上海功德林流通，附写信二纸，乞于便中转交内山书店及功德林佛经流通处为感！

（四）有人以五圆托仁者向功德林代请购下记之书——《华严处会感应缘起传》一册；其余之资，皆请购（功德林藏版）《地藏菩萨本愿经》若干册及其邮费。此书代为邮寄“温州大南门外庆福寺因弘法师收”，无须挂号。此款乞暂为垫付，俟他日托夏居士带奉。

种种费神，感谢无尽！惟净法师偕来，诸事甚为妥善，秋后朽人或云游他方，仍拟请惟净法师在晚晴山房居住，管理物件及照料一切，彼亦有愿久住山房之意。闻仁者近就开明编辑之事，想甚冗忙；如少闲暇，九月中旬可以不来白马湖，俟他时朽人至上海，仍可晤谈也。俗礼幸勿拘泥为祷！不具。

旧八月廿九日演音疏

承寄佛书二册，顷已收到，至感！余本拟在白马湖过夏，因是间近来兵士忽至，昨午曾到山房扰乱，又闻夏宅即拟移居上海，今后一人居此，诸事困难，现已决定往金山寺亦幻法师处或他处，二三日内即拟动身也。夏居士如在上海，乞为致候。所有前托带来各件，皆乞从缓。不宣。

演音疏

与夏丏尊居士

丏尊居士：

赐笺敬悉。居士戒除荤酒，至善至善。父病日剧，宜为说念佛往生之法。临终一念，最为紧要（临终时，多生多劫以来善恶之业，一齐现前，可畏也）。但能正念分明，念佛不辍，即往生可必。（释迦牟尼佛所说，十方诸佛所普赞，岂有虚语！）自力不足，居士能助念之，尤善。

劝亲生西方，脱离生死轮回，世间大孝，宁有逾于是者（临终时，万不可使家人环绕，妨其正念。气绝一小时，乃许家人入室举哀，至要至要）。净土经论集说，昭庆经房皆备，可以请阅。闻范居士将来杭，在佚生校内讲《起信论》，父病少间，居士可以往听。《紫柏老人集》（如未送还）希托佚生转奉范居士。不慧入山后，气体殊适，可毋念。

演音稽首六月十八日

银表、古研敬受。判教宜先看五教，再阅四教；选佛谱宜每日掷数次，名位繁琐，非如是不易记忆也。卒复

丏尊居士，小额附奉。

演音

前日叶子来谈，藉悉起居胜常为慰。南京版《四书小参》《中庸直指》，仁者如已请来，希假一诵（否则乞询佚生或有之，俟他日有人来带下，不急需也）。《归元镜》（昭庆版）颇有可观（曩以其为戏曲，甚轻视之。今偶检阅，词旨警切，感人甚深），愿仁者请阅，并传示同人。近作一偈附写奉览，不具。

释演音三月十一日

曩承远送，深感厚谊。来新居楼居士家数日，将于二日后入山，七月

十三日掩关，以是日为音剃染二周年也。吴建东居士前属撰《杨溪尾惠济桥记》，音以掩关期近，未暇构思，愿贤首代我为之；某氏所撰草稿附奉，以备参考，撰就希交吴居士收。相见无日，幸各努力，勿放逸。不一。

演音六月廿五日

丏尊居士文席：

江干之别，有如昨日。吴子书来，知仁归卧湖上，脱屣尘劳，甚善甚善。余以是岁春残，始来永宁（寓温州南门外城下寮），掩室谢客，一心念佛，将以二载，圆成其愿。仁者迩来精进何似？衰老浸至，幸宜早自努力。

义海渊微，未易穷讨，念佛一法，最契时机。印老文钞，宜熟览玩味，自知其下手处也（可先阅其书札一类）。仁或来瓯，希于半月前先以书达，当可晋接。秋凉唯珍重，不具（便中代求松烟墨二锭寄下）。

演音八月廿七夕

丏尊居士道鉴：

因事留滞泉州，秋晚乃可入山也（今年未能北上）。前承尊戚施眼镜，甚为适用，但携带未能轻便。仁者前用之眼镜，如已不合用（闻人云，近十年即须换），乞以惠施，因余犹可适用此光也；且备有两具，万一有破碎亦可资急需。至镜边金质，可用他物涂之，无有碍也。唯付邮寄下，颇非易事，或致途中破损，乞托眼镜公司代寄，当妥善也。惠书仍寄“厦门转泉州大开元寺”（二月后乃移）。

演音启

丏尊居士道席：

惠书具悉，承施目鱼（此名马居士定），感谢无尽。印西师盛意，至用铭感！近年来虽无大病，但衰老日甚，殊畏寒暑。闽南气候调和，适于疗养，故暂未能北上，至用歉然。稍缓即拟移居山中，希施资二十元，付邮汇下，以备杂用，甚感！谨复不宣。

八月廿二日演音疏

丏尊居士：

惠书忻番一一。摄影甚美，可喜。山房建筑于美观上甚能注意，闻多出于石禅之计划也。石禅新居，由山房望之，不啻一幅画图（后方之松树配置甚妙）。彼云：曾费心力，惨淡经营。良有以也。现在余虽未能久住山房，但因寺院充公之说，时有所闻，未雨绸缪，早建此新居，贮蓄道粮，他年寺制或有重大之变化，亦可毫无忧虑，仍能安居度日。故余对于山房建筑落成，深为庆慰。甚感仁等护法之厚意也（秋后往闽闭关之事，是为宿愿，未能中止。他年仍可来居山房，终以此处为久居之地也）。

以上之意，如仁者与发起诸居士及施资诸居士晤面之时，乞为代达。因恐他人以新居初成，即往他方或致疑讶者，故乞仁者善为之解释，俾令大众同生欢喜之心也。数日以来，承尊宅馈赠食品，助理杂务，一切顺适，至用感谢！顺达，不具。

重阳朝演音答

丏尊居士：

惠书诵悉。至白马湖后，诸事安适，至用欣慰。厕所及厨灶已动工构造。厨房用具等，拟于明后日，请惟净法师偕工人至百官购买。彼有多年理事之经验，诸事内行，必能措置妥善也。山房可以自炊，不用侍者。今日拟向章君处领洋十五元，购厨房用具及食用油盐米豆等物。其将来按月领款办法，俟与仁者晤面时详酌。立会经理此款资，甚善。拟即请发起人为董事。其名目乞仁者等酌定。以后每月领取之食用费，作为此会布施之义而领受之（每月数目不能一定，因有时住二人，或有时仅一人，或三人。此事晤面时详酌）。以后自炊之时，尊园菜蔬，由尊处斟酌随时布施（此事乞于便中写家书时提及，由便人送来，不须每日送）。一切菜蔬皆可食，无须选择也。

草草复此，余俟面谈。联辉居士竭诚招待一切，至可感谢。不宣。

旧八月廿九日演音上

外五纸乞交子恺居士

丏尊居士：

惠书前已诵悉，又由尊宅送到书籍及惠施诸物，至用感谢。宿疾已渐愈。质平前日来此，二宿而去。佩弦居士及尊眷属书之幅已写就，俟后面呈。《临古法书》承为代寄，甚感！谨复，不具。

旧七月八日演音

倘有向尊处询问余之踪迹者，乞答以遁居他方，未能见客及通信。现住之地及寺名，乞勿告知。

丏尊、子恺居士同览：

前日寄奉一函，想已收到。至白马湖后，承夏宅及诸居士辅助一切，甚为感谢。前者仁等来函，曾云山房若住三人，其经费亦可足用云云，朽人因思现在即迎请弘祥师来此同住。以后朽人每年在外恒勾留数月，则山房之中居住者有时三人，有时二人，其经费当可十分足用也。

仁等于旧历九月月望以后（即阳历十月十七八日以后）来白马湖时，拟请由上海绕道杭州，代朽人迎请弘祥师，偕同由绍兴来白马湖。弘祥师之行李，乞仁等代为照料。至用感谢！迎请弘祥师时，其应注意者，如下数则：

（一）仁等往杭州时，宜乘上午火车至闸口，即至闸口虎跑寺，访弘祥师。仁等即可居住虎跑寺一宿。次晨，偕同过江，往绍兴。所以欲仁等正午到杭州者，因可令弘祥师于下午收拾行李，俾次晨即可动身。

（二）仁等晤弘祥师时，乞云："今代表弘一师迎请弘祥师往他处闭关用功。其地甚为幽静，诸事无虑，护法之人甚多，但不是寺院，亦不能供养多人，仅能请弘祥师一人，往彼处居住。倘有他位法师欲偕往者，一概谢绝。即请弘祥法师收拾行李，所有物件，皆可带去。明晨，即一同动身云云。"

（三）弘祥师倘问，其地在何处？仁等可答云："现在无须问，明日到时便知。"其余凡有所问，皆不必明答。朽人之意，不欲向他僧众传扬此事。因恐他僧众倘有来白马湖访问者，招待对付之事甚为困难，故不欲发表住处之地址也。

（四）并乞仁等告知弘祥师云："此次动身他往，不必告知弘伞师。"恐弘伞师挽留，反多周折也。

（五）朽人自昔以来，凡信佛法、出家、拜师傅等，皆弘祥师为之指导一切，受恩甚深，无以为报，今由仁等发起建此山房，故欲迎养，聊报恩德于万一也。弘祥师所有钱财无多，其由闸口至白马湖种种费用，皆乞仁等惠施，感同身受。

（六）朽人有谢客启，附奉上一纸，托弘祥师代送虎跑库房，令众传观。以上所陈诸琐碎事，皆乞鉴察。

种种费神，感谢无尽！再者，朽人于今者，已与苏居士约定，于晚秋冬初之时，往福建一行。故拟于阳历九月底即往上海，或小住数日，或即乘船而行。并乞仁等便中代为询问，太古公司往厦门及往福州之轮船，其开行之时间，是否有一定之规例（如宁波船决定五时开，长江船决定半夜开之例。此所询问者为时间，因日期可阅报纸也）。琐陈草草，不宣。

十月三日演音上

惠书诵悉。仁者有疾，行旅未便，本月可以不来白马湖。朽人于下旬即往上海，当可晤谈也。子恺校课与译务皆甚忙，亦可不来。杭州之事，可以稍缓无妨也。幸勿拘执俗礼。至祷。

九月初五日演音上

丏尊居士：

前寄写经，续寄一函，想悉收到。余拟于新历六月五日（星期四）到宁波（三日自温动身），在北门白衣寺暂住二三日，乞仁者于六日（星期五）或七日（星期六）自上海搭轮船来为盼。仁者到宁波时，乞坐人力车至北门白衣寺（车力约二角余）。到白衣寺乞问慧性师，倘云不知，乞问念佛堂内出尘老和尚，由彼二人可以引导与余晤谈也；有应商酌之事，统俟面谈。乞仁者先去信，托尊府人到山房洒扫，又如有寄与弘一之信，乞代收云云。《临古法书》出版后，乞更改寄处如下（前纸作废）：福建泉州承天寺性愿法师三十册，厦门南普陀大醒法师二十册，温州大南门庆福寺因弘法师二十册，天津河东山西会馆南李晋章居士二十册，白马湖弘一十册，共百册。种种费神，至为感谢！附一纸，乞交丰居士。

新历五月廿九日演音

丏尊居士：

移居之事诸承护念，感谢无尽。居此已数日，至为安适，气候与普陀相似，蚊蝇等甚稀，用功最为相宜。居此山中，与闭关无以异也，以后出家、在家诸师友，有询问余之踪迹者，乞告以云游他方，谢客用功，未能通讯及晤谈云云。附一纸，便中乞交丰居士。不具。

演音

本市有工人一名，每日至余处送饭、送开水及其他杂事，甚为精勤，每月似应以资酬谢，与赠送寺中伙食费同时交去。每月应付寺中之伙食费及工人费，拟请由山房存款利息内支付，因余居彼居此无以异也。前存泉州行李三件，拟托彼觅便人带至上海，送存江南银行。乞仁者为写一凭信，寄至余处，转为寄去。信函写：外行李三件，送交宁波路（乞写极详细之地址），江南银行某人收云云。信内乞写：托其收下，觅便带至白马湖夏寓宁波路之地址，能绘一图尤善，因外乡之人不易寻觅也。附白。

丏尊居士：

昔承过谈，至为感慰！朽人于八月十一日患伤寒，发热甚剧，殆不省人事。入夜兼痢疾，延至十四日乃稍愈。至昨日（十八日）已获痊愈，饮食如常，唯力疲耳。此次患病颇重，倘疗养不能如法，可以缠绵数月。幸朽人稍知医理，自己觅旧存之药服之，并断食一日，减食数日，遂能早痊（此病照例须半月或两月），实出意料之外耳。未曾延医市药，故费用无多，仅半元余耳（买绿豆、冬瓜、萝卜等）。前存之痧药等，大半用罄，唯余药水半瓶。乞仁者便中托人代购下记之药以惠施，他日觅便带下。因山居若遇急病，难觅医药（即非急病，亦甚困难），故不得不稍有储蓄耳（药名另写一纸）。

如此之重病，朽人已多年未患，今以五十之年而患此病，又深感病中起立做事之困难（无有看病之人），故于此娑婆世界，已不再生贪恋之想，唯冀早生西方耳。阳历九月十日以后，仁者或可返里。其时天气已渐凉爽（已过白露节），乞惠临法界寺，与住持预商临终助念及身后之事，至为感企！此次病剧之时，深悔未曾预备遗嘱（助念等事），故犹未能一意求生西方，唯希病愈，良用自惭耳。今病已愈，乞仁者万勿挂念。丰居士并此致候，不具。

八月十九晨演音

丏尊居士：

今晨奉惠书，具悉一一。重阳前后，朽人曾寄信片至开明（通告九月未能返白马湖），想已遗失，致劳远念，深为歉然。

日报所载，有传闻失实处。此书版旧藏福州鼓山，久无人知，朽人前年无意中见之，乃劝苏居士印廿五部（以十二部赠与日邦）。按吾国江浙旧经版，经洪杨之乱皆成灰烬，最古者唯有北京龙藏版，大约雍正时刻。今此“华严经疏论纂要”，为康熙时版，或为吾国现存之最古之经版亦未可知也。（此意便中乞告内山居士。）此外，彼处尚有古版数种，甚盼将来有人印刷流布。附一纸，乞呈西田大士，并希致候。不宣。

音复

承询所需，深为感谢，现无需用，俟后奉达。返白马湖期，俟讲经圆满再订，现在每日听静权法师讲《地藏菩萨本愿经》。白衣寺孤儿院事甚为棘手，拟暂缓往。子恺居士处久未通讯，甚为思念，乞代致候。三年前，往内山居士处时，见其屋隅（即陈列佛书之处）有黄皮厚册之华严……（忘其名，为《华严概论》之类）现朽人甚思得此书，他日如仁者见内山居士时，乞为一询，如无亦无妨也。此书倘承惠寄，乞交二马路全盛信局，即可寄至慈北鸣鹤场，或交邮局亦可。附白。

十二月二日

丏尊居士慧览：

前上书，想已收到。旧历明年正月元宵后，即拟觅便返法界寺，极迟或延至正月底，必可到法界也。其时当先到尊寓午餐，然后乘船而往。再者，前至宁波时，偶一不慎，将衣袋中之钞票一包完全遗落，幸得友人资助，得以动身至温州。将来由温返白马湖时，所需路费及买物等费，仍乞护法会有以施助，至为感荷！

以前在闽南过冬两年，无有所苦，今岁骤值奇寒，老体已不能支持，明冬如仍在世，只可再往闽南过冬矣！谨达，不具。

音上立春后一日

丏尊居士：

两奉惠书，具悉一一；诸承慈念，感谢无既。兹奉上钞票洋十八元，乞便中托人到邮局，以十七元五角汇往南京。汇票上写法：汇款人，上海兆丰路口开明书店夏丏尊；收款人，南京延龄巷马路金陵刻经处。所余之五角，即作为汇费及挂号信费等可也。附信一件，未封口，乞托人将汇票装入，代为封口寄去为祷！种种费神，感激无尽，不具。

演音疏

丏尊居士：

南京经书已寄到，乞勿念！居法界月余，甚安，与闭关无以异也。以后倘有出家、在家之人，向仁者询问余之近状者，乞告以隐遁用功，不再晤面及通信（现住之处勿告彼）云云。他日仁者返白马湖时，乞惠临一谈为祷！

闰月十日音上

丏尊居士慧览：

绍兴诸居士等，盼望朽人往彼一游甚切，拟二三日即动身往绍，将来或顺便至杭沪，亦未可定也，俟返法界寺时再致函奉达。

前得黄寄慈居士函，谓彼校颇欲以拙书《临古印本》为习字用，惜其定价太昂云云，可否乞仁者转商诸章居士，另印江南连史纸粗率装订者发行，则定价可在六七角也。不宣。

中秋节演音上

前质平来函，谓歌集不久即可出版，至用感慰。承寄五十册，乞分寄下记之二处：十册寄“厦门转泉州大开元寺内慈儿院叶宗（择定）二居士收”，四十册寄“厦门鼓浪屿日光岩弘一收”。以后通讯处即改为鼓浪屿日光岩，勿再寄至南普陀也。

音启

昨诵惠书，承施资，至感，已甚足用！山房潮气全除，至用忻慰，唯此次余返驿亭时，仅携带薄棉被一件。其他蚊帐被褥等，皆存在法界寺中，以是之故，未能在山房止宿，且俟秋凉时，再当来山房也。动身之时未定，早者二十左右，至迟者在月底。谨复不具。

音上正月初九日

返山房后，诸承照料，感谢无尽。子渊及尊府送来烧饼甚多，乞仁者勿再买饼干，亦勿买罐头。闭门用功之广告，拟即日贴于门外（不俟七月六日），但此是对外方人，若仁等则非此限也。白衣寺安心头陀，今日来山房，声泪俱下，约余往甬。泥水工人昨日已做工一日，因天气阴雨无定，嘱彼暂止。以后如有出家人、在家人等，向尊处或子恺处询问余之消息，乞告以不晤客、不通信等。

音上

《佛教大辞典》太笨重，现在亦不披阅，乞仍存沪上，倘他日子恺往嘉兴时，乞彼于便中带交“第二中学蔡丏因收”，但不必急急也。又白。

前复函想已收到。前存开明发行所之《五戒相经》及《有部毗柰耶》，并存尊处之吴梦非居士，由南京请来佛经等，皆乞托人于阴历九月二十日以前带至白马湖为祷！

九月十二日演音上

承托佛学书局所寄之书，已收到，感谢无尽。讲经即将圆满，拙人因天气太寒，骨节凝痛，困苦殊甚，不得已，拟于五六天后即往温州，在彼过年，春暖之后再当返法界寺。知承远念，谨闻不宣。

十二月廿六日音上

以后通讯，乞寄“温州大南门庆福寺”。

别后安抵厦门，寓太平岩，暂不往泉州，以后通讯，乞寄厦门南普陀闽南佛学院转交弘一收。小册之《护生画集》，再乞向李居士请施八十余册（再多更善），寄至佛学院，交余手收，因将以是分赠院中诸学僧及教职员等也。质平处之住址已记不清楚，乞仁者费神，将余通讯之处告彼，并乞彼将其通讯之处告知余也。夏居士、章居士、陶居士等，乞便中代为致候，并谢余在沪时承招待之厚情。

演音上旧十月四日

丏尊居士：

来厦门后居太平岩，拟暂不往泉州，因开元寺有军队多人驻扎也。《临古法书》序文写就，附以奉览。此书出版之后，余不欲受领版税（即分取售得之资）。因身为沙门，若受此财，于心不安。倘书店愿有以酬报者，乞于每版印刷时，赠余印本若干册，当为之分赠结缘，是固余所欢喜仰望者也。将来字模制就，印佛书时，亦乞依此法，每次赠余原书若干册。此意便中乞与章居士谈之，并乞代为致候。字模之字，决定用时路之体（不固执己见），其形大致如下：（将来再加练习可较此为佳）。

字与字之间，皆有适宜之空白，将来排版之时，可以不必另加铅条隔之，唯双行小注，仍宜加铅条间隔耳（或以四小字占一大字之地位，圈点免去，此事俟将来再详酌）。

是间气候甚暖，日间仅着布小衫一件，早晚则着两三件。老病之体甚为安适。附一纸及汇票，乞交子恺。

演音上

前邮信片想已收到。拙书集出版之时，乞检三十册寄“福建泉州承天寺性愿法师收”，再检三十册寄“温州大南门外庆福寺因弘法师收”，并乞挂号，至为感谢。模字拟于二三日后即动手书写，先写七百字寄上，俟命工镌刻时，再继续书写他字。附闻。

二月十一日演音

昨日南普陀送来尊函及格纸一包、白纸一包，悉已收到。所云字典等一包，想不久亦可寄到。《有部毗柰耶》，请李居士转交四川徐耀远居士。承夏居士转到孙居士一函一片，悉已收到（此事于前函中似已提及）。护生信笺乞即选定，并示知其格式，即为书写。以前属写各件，除铜模字须明年乃可奉上，其余各件不久即可写好邮呈。所有书物等，均乞暂存尊处，俟明年再斟酌办法。

演音

书悉。自惭凉德，本无可传，拟自记旧事数则，或足以资他人改过迁善之一助尔。稍迟当写奉，不宣。

六月十日演音

尔来患神经衰弱甚剧，今年拟即在此静养，不再他往。晚晴山房若无人居住，恐致朽坏，如惟净师能来住，甚善，否则或请弘祥师或他人入内住之，此事乞仁者斟酌为祷！信笺附挂号寄上，乞收入。铜模之字俟病愈后再执笔。岁晚移居泉州山中，以后惠函，乞寄“福建泉州洪濑雪峰寺弘一收”。

正月初七日演音

子恺居士乞致候

惠书并施金悉收到，感谢无尽。拟于旧三月初旬动身，先至温州（由福州往不过上海），俟下半年再至白马湖。因质平属撰歌词，须在温州撰著，彼寺中经书齐备，可资检阅也。以后惠书，乞寄“温州庆福寺弘一收”。谨复。

演音二月望

丏尊居士道席：

一月半前，因往乡间讲经，居于黑暗室中，感受污浊之空气，遂发大热，神志昏迷，复起皮肤外症极重。此次大病，为生平所未经过，虽极痛苦，幸佛法自慰，精神上尚能安也。其中有数日病势凶险，已濒于危，有诸善友为之诵经忏悔，乃转危为安。近十日来，饮食如常，热已退尽，唯外症不能速愈，故至今仍卧床不能履地，大约再经一二月乃能痊愈也。

前年承护法会施资请购日本古书（其书店为名古屋中区门前町其中堂），获益甚大，今拟继续购请。乞再赐日金六百元，托内山书店交银行汇去，购书单一纸附奉上，亦乞托内山转寄为感。

此次大病，居乡间寺内，承寺中种种优待，一切费用皆寺中出，其数甚巨；又能热心看病，诚可感也。乞另汇下四十元，交南普陀寺广洽法师转交弘一收（但信面乞写广洽法师之名，可以由彼代拆信代领款也）。此四十元，以廿元赠与寺中（以他种名义），其余廿元自用。屡荷厚施，感谢无尽！

演音启旧正月初八日

以后通信乞寄“厦门南普陀寺养正院广洽法师转交”，余约于病愈春暖后移居厦门。又白。

丏尊居士道席：

前复明信想已收到。宿疾约再迟一月可以痊愈，此次请黄博士治疗，彼本不欲收费，唯电火药物等实费，统计约近百金，若不稍为补助，似有未可，拟赠以厦门日本药房礼券五十元一纸及拙书等，此款乞便中于护法会资支寄惠施，至用感谢。此次大病（内外症并发）为生平所未经过，历时近半载，九死一生，虽肉体颇受痛苦，但于佛法颇能实地经验，受大利益，亦昔所未有者也。谨陈不宣。

三月廿八日演音疏

以后通讯，乞写“厦门南普陀寺养正院转交”，后天起在此讲律，约一月余讲毕，移居鼓浪屿，通信处仍旧由养正院转。

惠书诵悉，宿病已由日本医学博士黄丙丁君诊治，十分稳妥，不久即可痊愈，希释怀念。其中堂信已直接寄去，江翼时居士所寄之书已收到。种种费神，至用感谢，不宣。

演音启

往黄博士处诊治，乃由友人介绍，已去十余次，用电疗及注射等需费甚多，将来或唯收实费，或完全赠送，尚未知悉，俟后由友人探询清楚，再以奉闻。附白。

前函初发出，即奉到开明所寄书籍一包，乞便中代达子恺居士。诸承费神，感谢无尽。

闰五月十五日演音启

惠书昨晚诵悉，是间近来大兵云集，各大寺院皆住满。以前所云在此静修之事，恐难成就，且俟下月再酌定可也。弘祥师之事，今由余详思，似须余亲往商量，决定可否，乃为稳妥。倘余于春暖之时返浙者，即拟亲往杭州一行也。旅费已不足，拟请仁等为集资十五元汇下存贮，倘于春暖返浙，即以此费充之；万一仍居闽地者，当存贮此费以备他日旅行用也。惠复乞寄“福建泉州城内承天寺转交弘一收”。汇款之时，亦依此地址书写，以后乞勿再寄洪濑。因彼处不稳妥，或致遗失也。不具。子恺居士乞代致候。

正月晦日演音

惠书诵悉，至用感谢。《画集》即可收到。讲律尚须继续，今年或不能北上也。不宣。

演音启

两旬之后，拟往百里外山中避暑，乞暂勿来信；将来住处定后，再以奉闻。附白。

惠书诵悉。承询所需，至用感谢。此次由闽至温，旅费甚省，故尚有余资。宿疾本因路途辛劳所致，今已愈十之九。铜模字即可书写。拟先写千余字寄上。俟动工镌刻后，再继续书写其余者。今细检商务铅字样本，至为繁杂，有应用之字而不列入者。有《康熙字典》所未载之僻字及俗体字，而反列入者。若依此书写，殊不适用。今拟改依《中华新字典》所载者书写，而略增加。总以适用于排印佛书及古书等为主。倘有欠缺，他时尚可随时补写也。墓志、造像不列目录，甚善。《佛教大辞典》，是否仍存尊处？因嘉兴前来书谓未曾收到。如未送去，仍以存尊处为宜。阳历四月十九日寄挂号信与上海美专刘质平居士，至今半月余，无有复音，乞为探询，质平是否仍在美专，或在他处？便中示知为感。

演音阳历五月六日

昨复一片，想已收到。此次写铜模字，悉据商务新字典（前片云《中华新字典》者非也。）所载之字，去其钙、腺、呎等新造之字，而将拾遗门之字择要增入，并再参考《康熙字典》增加其适用之字（如丐字等），先依此写成一部，以后倘有缺少者，可以随时增入也。拟先写卅纸奉上，计一千〇五十字，俟动工镌刻后，乞即示知，再当续写。前寄样纸两张作废，今拟重新书写也；大约十天后即可写就奉上。书写模字最应注意者，为全部之字须笔画粗细及结构相同；必能如是，将来拆开排列之时，其字乃能匀称。又写时，于纸下衬一格纸，每字中画一直线，依此直线书写，则气乃连贯；将来拆开排列时，气亦连贯矣。今夏或迟至秋中，余决定来白马湖正式严格闭关，详情后达，先此略白。山房存米甚多，乞令他人先取食之，俟余至山房再买新米。

演音

丏尊居士：

到温后即奉上明信，想已收到。铜模字已试写二页，奉上，乞与开明主人酌核。余近来精神衰颓，目力昏花，若写此体或稍有把握，前后可以大致一律，若改写他体，恐难一律，故先以此样子奉呈。倘可用者，余即续写，否则拟即作罢（他体不能书写）。所存之格纸，拟写小经一卷，以奉开明主人，为纪念可耳。此次旅途甚受辛苦，至今喉痛及稍发热咳嗽头昏等症相继而作；近来余深感娑婆之苦，欲早命终往生西方耳。谨陈，并候回玉。

旧三月晦日演音

丏尊居士：

前奉上二片，想已收到，铜模已试写三十页。费尽心力，务求其大小匀称。但其结果，仍未能满意。现余经详细思维，此事只可中止。其原因如下：

（一）此事向无有创办，其中必有困难之处。今余试之，果然困难。因字之大小与笔画之粗细及结体之或长或方或扁，皆难一律。今余书写之字，依整张之纸看之，似甚齐整。但若拆开，以异部之字数纸（如口卩亻匚儿等），拼集作为一行观之，则弱点毕露，甚为难看。余曾屡次试验，极为扫兴，故拟中止。

（二）去年应允此事之时，未经详细考虑，今既书写之时，乃知其中有种种之字，为出家人书写甚不合宜者。如刀部中残酷凶恶之字甚多；又女部中更不堪言；尸部中更有极秽之字，余殊不愿执笔书写。此为第二之原因（此原因甚为重要）。

（三）余近来眼有病，戴眼镜久，则眼痛。将来或患增剧，即不得不停止写字，则此事亦终不能完毕。与其将来功亏一篑，不如现在即停止。此为第三之原因。

余素重然诺，决不愿食言。今此事实有不得已之种种苦衷。务乞仁者向开明主人之前，代为求其宽恕谅解，至为感祷！所余之纸，拟书写短篇之佛经三种（如《心经》之类是），以塞其责，聊赎余罪。前寄来之碑帖等，余已赠与泉州某师。又《新字典》及铅字样本并未书写之红方格纸，亦乞悉赠与余。至为感谢！余近来精神衰颓，远不如去秋晤谈时之形状，质平前属撰之《歌集》，亦屡构思，竟不能成一章，止可食言而中止耳。余年老矣，屡为食言之事，日夜自思，殊为抱愧，然亦无可如何耳。务乞多多原谅。至感，至感！已写之三十张奉上，乞收入。

旧四月十二日演音上

丏尊居士：

顷诵尊函并金二十元，感谢无尽。余近来衰病之由，未曾详告仁者，今略记之如下：去秋往厦门后身体甚健；今年正月（旧历，以下同）在承天寺居住之时，寺中驻兵五百余人，距余居室数丈之处，练习放枪并学吹喇叭，及其他体操唱歌等，有种种之声音，惊恐扰乱，昼夜不宁，而余则竭力忍耐，至三月中旬乃动身归来。轮舟之中，又与兵士二百余人同乘（由彼等封船），种种逼迫，种种污秽，殆非言语可以形容。共同乘二昼夜，乃至福州。余虽强自支持，但脑神经已受重伤。故至温州，身心已疲劳万分，遂即致疾，至今犹未十分痊愈。

庆福寺中，在余归来之前数日，亦驻有兵士，至今未退。楼窗前二丈之外，亦驻有多数之兵，虽亦有放枪喧哗等事，但较在福建时则胜多多矣。所谓秋荼之甘，或云如荠也。余自念此种逆恼之境，为生平所未经历者，定是宿世恶业所感，有此苦报，故余虽身心备受诸苦，而道念颇有增进。佛说："八苦为八师"，洵精确之定论也。余自经种种摧折，于世间诸事绝少兴味。不久即正式闭关，不再与世人往来矣（以上之事，乞与子恺一谈，他人之处，无须提及为要）。以后通信，唯有仁者及子恺、质平等，其他如厦门、杭州等处，皆致函诀别，尽此形寿不再晤面及通信等。以后他人如向仁者或子恺询问余之踪迹者，乞以"虽存如殁"四字答之，并告以万勿访问及通信等。质平处，余亦为彼写经等以塞其责，并致书谢罪。现在诸事皆已结束，唯有徐蔚如编校《华严疏钞》，属余参订，须随时通信。返山房之事，尚须斟酌，俟后奉达（临动身时当通知）。

山房之中，乞勿添制纱窗，因余向来不喜此物，山房地较高，蚊不多也。余现在无大病，唯身心衰弱，又手颤眼花神昏，臂痛不易举，凡此皆衰老之相耳，甚愿早生西方。谨复，不具一一。

旧四月廿八日演音

马居士石图章一包，前存子恺处，乞托彼便中交去，并向马居士致诀别之意，今后不再通信及晤面矣。

丏尊居士慧鉴：

前日奉手书，忻悉一一。承寄之书籍，昨日已收到。兹寄上拙书二纸，一赠天香大士，一赠内山居士（附邮挂号奉上）。附呈致小楼居士一纸，乞转交。又致内山居士三纸，乞转交；并乞为说明其意，因彼不甚解汉文也。又请经目录一纸，乞于晚晴护法会支洋三十元；托人持此目录，往北火车站东首宝山路口佛学书局购请，并托佛学书局代寄。即将邮资及挂号资付清，所余之零资，乞购邮票，于他日便中寄下。种种费神，感谢无尽。又致丰居士一纸，亦乞于便中转交。及附奉拙书六纸，乞随意转赠他人结缘（此六纸别挂号寄上）。

十二月十四日演音疏

惠书诵悉。承施资请辞汇，至感！拙书附寄上，乞收入。晚晴修理甚善，江居士经手修理至为妥也。谨复不宣。

演音启

前寄下洋五十元，曾两次托人送与黄博士，彼坚不受。后乃商酌，即以此资做大藏经等木箱数个，箱外镌刻“黄博士施助”字样云云，附陈。以后惠书乞写寄“厦门南普陀寺养正院广洽法师转交弘一”。

前日复片及写件一包，想已收到。昨日乃获披诵辞汇，悉功德人名。前寄写件不足，数日后再补写邮奉。先此预陈，不宣。

演音启

承转寄天津之函已收到，甚感！今秋到沪时，由仁者托同居之张居士带往嘉兴之《佛教大字典》一册，至今彼处未曾收到，乞为查询。如已烦人带往，乞速送至第二中学蔡丏因居士处。如尚未带去者，即仍存上海尊寓，俟将来再酌定办法可耳。

十二月十七日演音上

子恺居士托开明寄来大册画集两包，已收到。

十二月十七日演音上

前复明信想已收到。近获扶桑古书多册，至用欢忭。彼书中常云镰仓、南北朝、藤原乃至德川等时代（此外甚多），于每时代中又分为初期、末期等。阅之，不解其所指何时。日本书中如有说明种种时代年限之表，乞代购一册，惠施。又，日本古书屡云泉州，是否即在大阪附近，今为何地，便中乞询内山居士为感！

演音上

半月前曾复函，想已收到。前日由厦门转到惠书，具悉一一。《表记》制版印刷皆佳，承仁者护念一切，感谢无尽。以后通讯，仍乞寄“厦门南普陀寺广洽法师转交”。谨复不宣。

演音启旧十一月一日

数日前曾上一函，想已收到。十二月十八日尊函，昨始披读，此次印《表记》，诸承费神，精密周到，至用感谢。寄至厦门四百册，久已收到，其时代收者或因在泉州，忘写回信，乞谅之。扶病坐起，书此略复不宣。

演音启

丏尊居士道席：

惠书诵悉。近见仁者所撰《辞通》序，古雅渊懿，至为欢赞。并悉作者为老儒，因写字一叶赠之，乞托宋居士转交。不宣。

二月十七日演音启

前寄上《辞通》书面字，想已收到。昨承转寄超伊师函，已达，至感！开明书店出版之《护生画集》，乞惠施二十册上下，俾便转赠同人为祷！

演音疏

《辞通》出版后乞惠施一册。

久未通讯，甚念！厦门天气甚暖，石榴花、桂花、晚香玉、白兰花、玫瑰花等，皆仍开放。又有热带之奇花异草甚多，几不知世间尚有严冬风雪之苦矣。近由李圆净居士，交至尊处之天津寄款廿元，乞便中托人送至愚园路胶州路七号佛学书局交沈彬翰居士，收入第七六六号弘一存款户头中，以备将来请经之用。至为感谢！拟于旧历正月廿一日，即澫益大师涅槃之日，在此讲《四分律戒本》及《表记》。

演音疏

丏尊居士道席：

近因友人之约，已移居南普陀寺暂住。附寄《韩偓》草稿一包，为余请高君编者。其原委，乞阅此稿后记中，即可知之。是事甚有趣味，想仁者必甚欢赞，乐为出版流布也（此书乍观之，似为文学书，但其中提倡气节，屏斥淫靡，亦且倡导佛法，实为益世之佳作）。其原稿曾由余删改，今所寄奉者，为第二次抄写之本，多由幼童书写，颇有讹字。又高君于著作罕有经验，虽引证繁博，但恐有讹舛处，其标点记号误脱处尤多。乞仁者先托人为详校二次（第一次校正其文字，第二次校正标点记号），至用感谢。以后惠书，乞寄“厦门南普陀寺养正院广洽法师转交弘一收”。

立春前一日演音启

开明版《护生画集》，因印刷太多，拙书之字已肥粗不清楚，又杜甫诗脱落一个字，拟再书写瘦体之字，重制锌版印行。倘承赞喜，即书写奉上也。又及。

丏尊居士道鉴：

惠书诵悉，至为欢慰。偓没后千载，无有人为之表彰者，今仁者以此稿出版，广为流布，偓若有知，当深感谢。俟出版后，并希以若干册赠与朽人，以分致诸道侣也。

《护生画集》另制版甚善。所示办法，甚为赞喜。兹先书奉《金刚偈》一帧，余俟后邮上。余于近六年来，研习《南山律羯磨》，曾讲三次，讲稿亦改编数回，竭其心力，愿为弘阐。今岁明年，更拟重为整理编辑，并自书写。与前印之《戒相表记》相似，于廿八年老龄六十岁时出版流布，以为纪念。拟即用护法会资制版印刷，所阙亦无多也。前承诸友人为请购日本《佛教大辞汇》六册，至用感忭。彼于末次寄来时，内附广告，谓又增编续卷一册，内有全书索引、年表等，不久即可出版。乞托内山居士，俟出版时，仍乞购以惠施，价约五六元也。

《韩偓》书端，乞请仁者及叶居士撰序冠之尤善。高君自幼蔬食，其母及姊亦尔，全家信仰佛法，高君与姊不婚不嫁，故其家庭与寺院无异。近编此书甚费心力，余亦为之校改数次。今获出版，欢庆无尽。谨复，不宣。

正月四日演音疏

丏尊居士道鉴：

前函想达慧览。拟兹将《四分律比丘戒相表记》再版石印二千册流传。所需多金，前年曾属丰居士商诸仁者，由护法会捐助，已荷欢赞。今托上海世界新闻社陈元我居士（太平洋报社旧友）经手办理一切；需资之时，迳向仁处领取。即依彼说之数目，交付为感。谨陈不宣。

演音疏

丏尊居士道鉴：

惠书具悉。吉子临终，安详无苦，是助念佛名力也。余自昨夕始，为诵《华严行愿品》。又有友人（不须酬资）亦为诵《行愿品》及《金刚经》。附奉上诵经证，请于灵前焚化可也。净峰寺在惠安县东三十里半岛之小山上，三面临海（与陆地连处仅十分之一），夏季甚为凉爽，冬季北风为山所障，亦不寒也。小山之石，玲珑重叠，如书斋几上所供之珍品，惜在此荒僻之所无人玩赏耳。

附奉《表记附录》一章，拟附于再版《表记》之后（用小号仿宋字排印）。倘陈无我居士来时，乞面交与。若已来者，乞挂号寄至世界新闻社（大约在慕尔鸣路，乞探询之）。费神，至感！不宣。

演音覆疏旧五月廿八日

开明出版子恺漫画，其卷首有仁者序文述余往事者，已忘其书名，乞寄赠四册，以结善缘，至用感谢！

丏尊居士慧鉴：

惠书于今日始收到（因无便人带来）。《表记》样本甚为清楚；余初意以为依小字摄影恐致模糊，今乃得良好之结果，至用欢慰。此事始终承仁者尽心辅助，感谢无量。净峰寺寺主去职，余亦随之他往，大约居住草庵。以后半月内通讯，乞寄“泉州城内百源村百源庵（又名铜佛寺）觉彻法师转交”。半月后通讯，乞寄“厦门南普陀寺养正院广洽法师转交”，至妥。谨复不宣。

新历十一月四日演音启

丏尊居士：

惠书诵悉。承施多资，至用感谢。前拟赠与草庵二十元，彼不肯受，今拟以物件等（价约近十元）赠奉；其余十余元，即由音自受用也。宿疾已渐愈，以后通讯，乞寄“厦门南普陀寺养正院广洽法师转交弘一”，至为稳妥，虽偶云游他处，彼亦可转送也。前奉托诸事，诸承费神，感激无尽。谨复不宣。

演音疏

丏尊居士道席：

到青岛后，曾上明信，想已收到。此次至青岛，预定住至中秋节为止（决不能早动身）。其时轮船未必有，倘火车尚可通者，则乘火车到杭州（转济南换坐京浦车）。唯北方三等车，较沪杭宁大异，不能安坐，故不得不乘二等车。预算车资及其他杂用，所需甚多，拟请于护法会资中寄下八十元。若有火车开行，于中秋节后必可动身也。谨陈不宣。

八月二十日旧七月十五日演音启

丏尊居士道席：

惠书诵悉。厚意殷勤，感谢无尽。青岛平安如常，书店等久已闭门休业，须俟他日开门，再往商酌领取可也。朽人于中秋节后动身否，暂不决定；倘动身者，所缺路资，亦可向同居某师借贷，俟将来时局平定时再偿还，乞仁者勿以是为虑也。湛山寺居僧近百人，毫无恒产，每月食物至少须三百元；现在住持者不生忧虑，因依佛法自有灵感，不至绝粮也。谨复不宣。

旧八月三日演音疏

丏尊居士道席：

前复函想已收到。青岛市面已渐恢复。曾向中华书局领款，彼云：“未曾接上海开明之信及电话，现不能领取”云云。其他之某堂书店之款，已经领到。将来若乘火车南下，颇费周折，费昂而多劳，拟改为乘船，或直往厦门，或先到上海。北地冬春严寒，非衰老之躯所能堪也。谨复不宣。

若往上海，拟暂寓泰安栈（新北门外马路旁面南，其地属法租界之边也，某银楼对门，与新北门旧址斜对门，在其西也），即以电话通知仁者，当获晤谈也。

旧八月初八日演音启

两处之款，皆已领到。值此时局不宁，彼等能如此损己利人，情殊可感。数日后，即乘船返厦门。因有往香港之大轮船，或停厦门，故不能往上海矣。谨复不宣。

中秋夕演音启

在沪欢晤，为慰！前日安抵厦门，途中毫无障碍。以后通信，寄“厦门中山公园妙释寺转交万石岩弘一收”。谨达不宣。锡琛居士乞代致候。

十月十八日演音上

《金刚经》一册别邮奉，乞收入。若能常常读诵，自然身心安宁，无诸烦恼也。附白。

到厦门后，诸事安适，足慰远念。近到泉州讲经，法缘甚盛，拟请惠寄《清凉歌集》五十册，分赠诸友；其资乞由护法会内支付为感！以后通讯，乞寄“厦门转泉州承天寺弘一收”。章居士乞为致候。

演音启

今年在闽南各地弘法至忙，于厦门变乱前四天，已至漳州弘法。今居东乡瑞竹岩静养，通讯乞寄“漳州南门南山寺转交”。子恺想仍在长沙，便中乞代致意。不宣。

旧五月一日演音启

近得子恺函，悉仁者殇孙，境缘恶逆，深为叹息！若依佛法言，于一切境，皆应视如幻梦。乞仁者常阅佛书，并诵经念佛，自能身心安宁，无诸烦恼，则恶因缘反成好因缘也。朽人近来漳州城区，弘扬佛法，十分顺利，当此国难之时，人多发心归信佛法也。陈无我居士，寓上海慕尔鸣路一百十一弄六号。仁者若能常常访谈，自必胸怀开脱，获极大之利益也。谨陈，不宣。

闰月六日演音启

惠书诵悉。现居乡间高山之上，虽值变乱亦无妨也，乞勿念。将来汽车通时，拟往泉州或惠安，届时再奉闻也。不宣。

小暑后一日演音上

丐尊居士文席：

前上书想悉收到。闽南时局倘无变化，朽人拟再迟月余返泉州小住，再往惠安。车路已毁损，由漳至泉州三百里，须乘肩舆，需费甚多；拟请仁者汇资二十元，乞交上海农民银行汇漳最妥，因朽人与漳州分行行长相识也（乞勿交邮局汇，领取时甚困难）。谨陈不宣。

中秋节演音启

丐尊居士道席：

前上信片想已收到。兹拟向佛学书局购请佛书，附一函乞托人送去；并乞护法会惠施十五元，一并送去，至用感谢。朽人在漳，诸事安适，一时尚未能返泉州也。谨达不宣。

演音启

丐尊居士：

前明信想已收到，居此甚安，乞释慈念。兹有恳者，乞汇洋十元致南京延龄巷马路金陵刻经处，云系弘一购经之款，请彼存贮云云。费神至感。通讯处尚无有定，信面写开元寺，但音仍住草庵也，距泉州三十里乡间。

演音疏

丐尊居士澄览：

惠书诵悉，至用欢慰。书件附挂号邮奉，以后暇时，拟多写结缘之书幅，俟时局平靖即可邮寄也。承询所需，甚感，现无所需。居深山高峰麓，有如世外桃源，永春亦别名桃源也。谨复不备。

农历中秋后二日音启

附一笺及经名三纸，乞费神转交蔡丏因居士；彼昔居法界环龙路三十号，近未通信，未审住所，乞转询之。附白。

丏尊居士渊鉴：

前复书想已收到。拙书已就，计五言联八对，七言联二对，读律室额一纸、横幅二纸、斗方一纸、小堂幅（长二尺）二十纸、大堂幅（长二尺余）二十二纸（内有一纸仲盐款），共计一包。俟有妥便，送至邮局挂号奉上，或须稍迟也，以后暇时再为续写奉上。

兹有恳者，便中托人至功德林佛经流通处（以前在北泥城桥堍，未知今迁移否），请购《四分律行事钞资持记》一部（计二十册），价约十元左右，乞护法会施资。即托功德林用皮纸包裹两层（恐路远破损），付邮挂号寄下。倘功德林无有，再向佛学书局询问，以功德林所存者为善也。以后通讯，寄“福建永春县蓬壶乡华记药店转普济寺”。

音启四月廿二日

丏尊居士澄览：

惠书于前数日收到。《行事钞》亦于今晨由寺送至，甚为欢慰。画稿久已转邮寺中，附奉上拙书一纸。谨复不宣。

庚辰元旦清晨音启

丏尊居士道鉴：

惠书诵悉，至用感慰。近来老态日增，足力未健，不胜舟车之劳，恐一时未能北上，至用怅然耳。近因研习编辑，请经甚多，乞再汇二十元至金陵刻经处为祷！附笺乞并寄去，以后惠书乞寄“厦门南普陀寺转交弘一收”。谨复不具。

演音启

丏尊居士渊鉴：

惠书诵悉。附奉上致丰居士一笺及佛字二纸，乞于便中附寄去。又致李居士一笺，乞阅毕，便中转交，迟迟无妨也。近问邮局，沪闽之间仍不能寄大包印刷品；前承寄《行事钞资持记》，于元旦晨收到，实为庆幸事也。谨复不备。

农历三月十八日音启

丏尊居士文席：

两奉惠书，具悉一一。拙师信已转交。承示怀旧文，厚意殷勤，至用感谢。闻浙中交通多阻，明年恐不能来山房也。前浙一师学生石有纪居士，近任安溪县长，曾来谈一次，彼谓若往山房，须由江山绕道，老体颓唐，不胜此长途汽车之劳也。不宣。

立春前一日演音启

丏尊居士文席：

惠书诵悉。厚情殷殷，至用感谢。朽人拟于旧十二月一日始（新正月二十日），在承天寺暂时闭关用功，不定期限，可以于数月后移往他处也。时局不宁，交通阻碍，明年能往江浙否尚未能定。闭关后，通信者唯有仁者一处。子恺或有要事，可以书笺附于仁者函中寄来，亦可入览也。再者，前与陈无我、李圆净二居士商酌，拟重写《护生画集》，重制铜锌之版，此事尚未了结。以后彼二居士关于画集之事，欲与朽人通讯者，亦送至尊处，由仁者便中附入寄来。朽人有必须复彼二居士之信，亦寄至仁者之处，乞为转交也。画集之事，不久即可了结，非是数数通讯也。以后唯有信面写仁者姓名仍可送入关内，其他信件皆由他人代拆代阅，暂为存贮，决不送至关内也。

承询资用之事，前资余者甚多，且闭关后更少需用，乞勿汇寄，俟将来移居他处时，或有所需，当随时奉达。

附致子恺一纸，乞检阅，并乞便中加封寄去，迟迟无妨。将来有写件寄与子恺者，拟寄至尊处暂为保管，因桂林近况至不安也。

演音启十一月二十日

丏尊居士澄览：

惠书两通，于今午同时收到。信笺稿写奉；刻木板时，乞勿移动其地位（印章亦勿移动）。因字形配合及笔气连贯处，皆未能变易也。《护生画集》流布，承代谋画，甚感！朽人居深山中，诸事如常。永春及泉漳等处居民，多朝散暮归，唯营夜市，以避机弹，至可愍也。信笺稿之字句，皆出于《华严经》。乞代达无我居士并希致候。不宣。

音启六月十九日

丏尊居士道鉴：

前复书想已收到。近在惠安弘法，拟以《华严集联》十册施送，乞以护法会资请购此书十册，寄“福建惠安县城内霞梧街集泉茶庄王颂平居士收”。再乞以洋二十元寄与上海佛学书局，附一纸亦乞一并交去，至用感谢。不宣。

演音启

丏尊居士文席：

惠书诵悉，承施资，至感。兹奉上拙书十二纸，乞受收。下月尚须在泉州讲经，往永春之期未定。谨复不备。

正月二十九日音启

惠片诵悉。前日已移居永春，距泉州百数十里，为闽南最安稳之地；山奥幽僻，古称桃源。明日即往乡间居住，以后通讯乞寄“福建永春县蓬壶新市场华记宝号转普济寺弘一收”。

旧二月廿七日音启

丏尊居士文席：

惠书诵悉。“护生画集”拟先依旧本影印，仅题字重写，已由佛学书局承印。子恺居士所述之意，拟俟时事安靖再进行可耳。拙书若干纸，稍缓俟友人入城时寄奉。朽人于前月余，寄居永春山中，以后惠函，乞寄“福建永春县蓬壶乡弘一收”，即可达到。谨复不宣。

四月十四日音启

丏尊居士文席：

数月前，曾将退回信件之签条数十纸，交与邮局代办所，代为张贴退回信件，但仁者之信件则在例外；故以前惠书，悉皆收到。此次则为代办所执事者误贴，故未收到，至用歉然。画集事，具写致李居士书中，乞披览。以后惠书，乞于函面写善梦之名，俾代办所人可以不致再误会也。不宣。

善梦启十一月廿四日

福建永春县蓬壶乡华记药号转交普济寺善梦收。

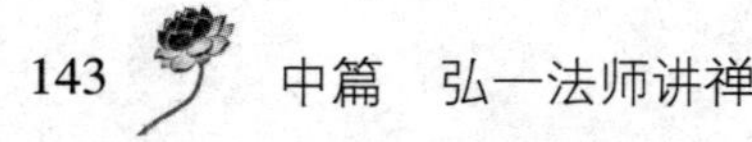

丏尊、圆晋居士同览：

养疴山中，久疏音问。近以友人请住檀林乡中，结夏安民，故得与仁者特殊通信，发起一重要之事。以《护生画集》正续编流布之后，颇能契合俗机,丰居士有续绘三四五六编之弘愿，而朽人老病日增，未能久待,拟提前早速编辑成就，以此稿本存藏上海法宝馆中，俟诸他年陆续付印可也。兹拟定办法大略如下。乞仁者广征诸居士意见，妥为核定，迅速进行，至用感祷。

（一）前年丰居士来信，谓作画非难，所难者在于觅求画材。故今第一步为征求三四五六集之画材。于《佛学半月刊》及《觉有情》半月刊中，登载广告，广征画材。其赠品以朽人所写屏幅、中堂、对联及初版印《金刚经》（坷罗版印，较再版为优。今犹存十余册）等为酬奖。

（二）此事拟请仁者及范古农、沈彬翰、陈无我、朱苏典六居士，负责专任其事。仍请圆净居士任总编辑。

（三）预定三集画七十张，四集八十张，五集九十张，六集一百张；每画一张，附题句一段。

（四）已刊布之初二集，画风既有不同，以下三四五六集亦应各异。俾全书六集各具特色，不相雷同。据鄙意，以下四集中，或有一集用连环画体裁，或有一集纯用语体新文字题句，其画风亦力求新颖，或有一集纯用欧美事迹。此为朽人随意悬拟，不足为据。仍乞六居士妥为商定，务期探契时机，至为切要。

（五）每集画旁之题句，字数宜少。或仅数字，至多不可超过四五十字。因字数多者，书写既困难，缩印亦未便。

（六）征求画材之广告文，乞六居士酌定。征求既毕，应审核优劣，分别等第，亦乞六居士酌定。至其画材能适于作画否，乞苏典居士详核之。

（七）以上且据登广告征求画材而言。依朽人悬揣，应征之人未必多，寄来之稿亦恐罕能适用。则登广告征求画材一事，将无结果，殊为可虑。不如专请四位负责，各位各编一集之画材，如是或较为稳妥也。乞六居士详审之。以后关于此事之通信，乞寄与性常法师转交朽人。至感！

农历六月六日音启

丏尊居士文席：

顷奉惠书，欣悉此事已承仁者尽力规划，助理一切，至用感谢！征求期限，似宜再展缓两月，因远方邮便迟滞，恒须一二月乃可达也。陈无我居士因修习密宗法，无暇任事，曾来函辞谢。乞仁者再斟酌延请一位助理此事为祷！致苏典居士一纸，乞便中交去。时事不靖，南闽物价昂至数倍乃至廿余倍。朽人幸托庇佛门，诸事安适，至用惭惶。旧存写小字笔已将用罄，乞仁者以护法会资代购小楷水笔数支，封入信内寄下为感！《护生画》续编事，关系甚大，务乞仁者垂念朽人殷诚之愿力，而尽力辅助，必期其能圆满成就，感激无量。又有致圆净居士一纸，乞便中交去，迟迟无妨也。赠品以拙书为宜，由泉邮递，可作信件例寄。唯宣纸已无购处，仅能用闽产之纸耳。率复，不宣。

闰六月廿七日音启

倘他日因画材不足，未能成就四编者，亦可先辑一二编，其余俟后络续成之，附白。

丏尊居士文席：

去冬沪变时，曾致明片，未审收到否？画集资料想尚未辑就，无足介意也。因现在诸物昂贵，亦甚难出版。泉州米价将至三百，火柴每一小盒二元，其他可知，贫民苦矣！朽人幸托庇佛门，食用无虑，诸事丰足，惭愧！惭愧！

拙书二纸，乞随意结缘，略陈不宣。

音启四月七日

丏尊居士道鉴：

惠书诵悉。问答一册已收到，承询所需，至用感谢。朽人近居普济寺中，所有用款皆由寺中支付。寺中住持兼任南洋寺务，故常寄款资来，以助寺用。画集缘资五百元，亦其所募集也，故尊处施资，现不需用，乞勿寄下。谨谢，并复不宣。

五月十二日音启

丏尊居士道鉴：

久未致讯，至念。上月徙居山中，距邮政代办所八里，投信未便，故诸友处悉无音问也。兹拟向佛学书局请经，附一笺乞转送，并乞由晚晴会施洋三十元附递。费神，至感！

山乡风俗淳古，男业木、土、石工，女任耕田、挑担。男四十岁以上多有辫发者，女子装束更古，岂唯清初，或是千数百年来之遗风耳。余居此间，有如世外桃源，深自庆喜。

开明出版拙书《华严集联》及《李息翁法书》，乞各寄下三册，以结善缘，感谢无尽！惠书乞寄“厦门转惠安县东门外黄坑铺港仔街回春号药店刘清辉居士转交净峰寺弘一收”。

演音疏

丏尊居士文席：

前复函及写件想已收到，兹寄上致子恺居士一笺及写件一纸，乞便中转寄。又与李圆净居士一笺，乞便中托陈无我居士转交，迟迟无妨也。谨恳不宣。

九月十二日音启

丏尊居士道鉴：

战事纷起，沪上尚平安否？为念。画材数则附奉上，以备采择。以后倘有他处赠与朽人资财者，乞代辞谢，因现不需用也。稣典居士乞代致候。不宣。

十一月七日音启

近作附录：南闽道耆宿七秩寿联——“老圃秋残犹有黄花标晚节，澄潭影现仰观皓月镇中天。”

丏尊居士文席：

今日已六十矣！今岁拟多写字结缘，便中乞惠施廿金，以备购宣纸及其他需用。拙书一纸，附奉慧览，不宣。

己卯元旦晨演音启

近来身体较前强健，齿力、目力皆佳，足力更健，无异少年，但精神颇呈老态耳。知念附闻。

丏尊居士文席：

朽人世寿周甲已过，拟自下月中旬始，至农历明年辛巳除夕止，掩室静修。须俟壬午元旦，乃可与仁等通信也。仁者之地址倘有变动，乞于辛巳十二月初旬写交性常法师，于壬午元旦清晨，由彼面交朽人可也。谨陈，不宣。

九月三十日音启

丏尊居士慧览：

惠书诵悉一一。子恺处已久不通信，闻友人云，彼之通讯处为重庆沙坪坝国立艺术专校（据彼八月廿五日之信云云）。

闽中平静如常。仁者能入闽任职，则生活可无虑矣。泉州物价之昂，自昔以来，冠于全闽。但米价每石亦仅一百七十元左右。其他闽中产米之区，如漳州及闽东等处，则仅五十元左右。泉州街市无乞丐（另设乞丐收容所），物价亦不甚昂。华侨家族生活亦大致可维持，因努力种植，生产量故富也。

统观全闽气象，与承平时代相差无几。朽人于十四年前，无意中居住闽南（本拟往暹罗，至厦门而中止），至今衣食丰足，诸事顺遂，可谓侥幸，至用惭愧。唯从前发愿编辑律宗诸书，大半未成就。拟于双十节后，即闭关著书，辞谢通信及晤谈等事，以后于尊处亦未能通信。仁者欲知朽人之近状者，乞常访问上海慕尔鸣路一百十一弄六号大法轮书局陈无我居士及彼处同住之陈海量居士，因泉州诸僧常与海量通信，彼深知朽人之近状也。

朽人近作，屡载《觉有情》半月刊中（无我所办），乞仁者定此月刊一份（自今年正月始尤善，每年一元余），即可带阅览朽人之近作也。苏慧纯居士亦为海量之旧友，仁者能常与海量晤谈，当获益匪浅也（指导生活，安慰心灵）。不宣。

十月一日音启

附呈相一纸，为去秋九月所摄。佛名二纸，乞结缘。

丏尊居士文席：

朽人已于九月初四日迁化，曾赋二偈，附录于后“君子之交，其淡如水。执象而求，咫尺千里。问余何适？廓尔亡言。华枝春满，天心月圆”。谨达不宣。

音启

前所记月日系依农历，又白。

南山律在家备览略编（别行篇）

别行篇中分为六门
- 一敬佛仪相
- 二入寺法式
- 三造像塔寺
- 四瞻视病人
- 五离诸非法
- 六出家宗致

第一门　敬佛仪相

敬佛仪相中分为二章
- 一先示敬仪
- 二正明敬相

第一章　先示敬仪

《事钞》云："若塔庙支提受用之物，乃至拟造堂殿、床座材石等已经佛像受用者，纵使风吹雨破，当奉敬之如形像无异。故《四分》中，王以园施佛，佛不受，当令奉僧。何以故？若佛园及园物、房舍、房舍物、衣钵、坐具、针筒，便是塔庙。一切诸天、世人、沙门、魔梵不能受用，应恭敬如塔。（若施僧者，我在僧中。）"《资持》释云："初受用功胜中，初正明。准前盗戒，佛受用物，乃至为佛亦不得卖易支提亦翻为庙。故下引证，王即瓶沙王。施佛则永不通僧，施僧则兼通于佛。"

《事钞》续云："《增一》云：告诸比丘，礼佛承事有五功德。一者端正。以见佛像，发欢喜心。二者好声。由见形像，口自称号南无如来、无所著、至真、等正觉。三多财报。由以华香供施故。四生长者家。由见形已，心无染著，志心礼故。五命终生天。此即诸佛常法，当如是学。"《资持》释云："二承事感报。五功德前四别报并列因果，后一总报通前为因故但示果。南无经音义，翻为归礼，或云归敬，或云度我。此即下劝修。诸佛所行，下凡宜学。"

《事钞》续云："《智论》：礼法有三。一者口礼。二屈膝，头不至地。三头至地，是为上礼。《地持》：当五轮至地作礼。《阿含》云：二肘、二膝顶，名轮也。亦云五体投地。先正立已，合掌，右手褰衣，屈二膝已，次屈两肘，以手承足，然后顶礼。后起顶头，次肘，次膝，以为次第。（不相乱也）"《资持》释云："三设礼仪式中，初引三礼。口即言相审问，名下礼。屈膝即跪，为中礼。头至地，即稽首也。地下示五轮。《地持》语通，故引《阿含》续释。五处皆圆故名五轮，四支及首名为五体。轮则别指五处，体则通目一身。先下正示礼仪。正立者摄身仪也。合掌者定心想也。两掌相抵，指掌齐合，今人但合指耳。屈则先下后上，起则先上后下，故注云不相乱也。手承足者舒手仰承，表敬之极。今人有结印者，不知法也。世衰法丧，不识礼仪。或览此文，宜须依准。"

《事钞》续云："《智论》云：若闻诸佛功德心敬，尊重恭敬赞叹。知一切众生中，德无过上，故言尊也。敬畏之心，过于父母师长君王，利益重故，故云重也。谦逊畏难，故云恭。推其智德，故云敬。美其功德，为赞。赞之不足，又称扬之，为叹。又云：植佛福田者，植谓专心坚著也。随以一善，礼诵香华等，至佛无尽。由智胜故。"《资持》释云："四对境用心中引论两段。前段，初三句总标。知下牒释。六义通是敬心，别分三业，恭敬二字义必兼身。又通约能敬，尊重二字则兼所敬。又云下引次段，上举喻，佛如肥田，专心如好种，坚著如投种于田。随下法合。一善等是因，至佛是果。由下显意。"

《事钞》续云："《毗尼母》：不得着革屣入塔绕塔，富罗不得入塔者。彼土诸人，着者皆起慢心，故不听着。寒雪多处，听着靴富罗。"《三千》云："绕塔法，一低头视佛，二不得蹈虫，三不左右视，四不唾地，五不与人语。又当念佛恩大难报，念佛智慧，念佛经戒，念佛功德，念佛精进，乃至泥洹。又念僧恩、师恩、父母恩、同学恩。又念一切人，皆使解脱离苦。又念学慧，除其三毒，求出要道。见塔上草，念手去之，不得捉拔。有不净，即分除之。若天雨，当脱履塔下，乃上礼佛。"《资持》释云："五入塔法中，《母》论：西国以跣足为敬，故不得入塔。此方以穿着为礼，或着袜履亦须洁净。寒雪处听者谓开边国。"《三千》中，初明绕法。一现卑下，二示慈心，三离轻掉，四离触秽，五离愦闹。又当下次明用心。念佛恩者无量劫来，为度我等，不惜身命，求菩提故。念佛智者权巧方便，不思议故。念经戒者三藏教法，开发我故。念功德者威神相好，无与等故。念精进者乃至无一芥子地，非舍身处故念泥洹者示现灭度，令诸众生，追慕勤修故。乃至者略降生成道转法轮故。僧是福田，师则摄诱，（上即三宝）父母生育，同学琢磨，皆思报故。念一切人即利他。念学慧即自利。念除草即营福。天雨脱履者即知天晴亦通着上，但须净耳。如上所念，不出三宝亲友慈悲福慧自利利他，寻之可见。"

《事钞》续云："《五百问》云：比丘绕塔，女众随者，不得。有优婆塞，不犯。《大论》：如法供养法，必应右绕。《善见》云：辞佛法，绕佛三匝，四方作礼而去。合十指爪掌，叉手于顶上却行，绝不见如来。更复作礼，回前而去。"《资持》释云："六旋绕法中，《五百问》息嫌疑。《智论》示绕法。《善见》明礼辞。"（已上皆见《事钞记》卷三十七））

上来敬佛仪相中第一章先示敬仪竟

第二章　正明敬相

正明敬相中分为三节
- 一总斥非法
- 二坐立差异
- 三修供时节

第一节　总斥非法

《事钞》云："佛像经教住持灵仪，并是我等所尊敬，则至真齐观。今多不奉佛法。并愚教网，内无正信，见不高远，致亏大节。或在形像之前，更相戏弄，出非法语，举目攘臂，偏指圣仪。或端坐倨傲，情无畏惮，虽见经像，不起迎奉。致令俗人轻笑，损灭正法。"《资持》释云："初通斥轻慢之相二，初斥非致毁中二，初叙合敬。我等者通指末代。敬像同真佛，敬经同真法，故云齐观。今下次正斥又四，初指非。并下示所以。初句无智，次句无信，三即无识。由无此三，不守礼度，故云亏大节也。或下出非相。文叙多事，不出三业。攘谓揎袖出臂，惮难也。致下明过状。"

《事钞》续云："故《僧祇》中，礼人不得对于佛法，乃至悬施幡盖，不得蹈像，别施梯磴。以此文证，明敬处别。既知多过，弥须大慎。至堂殿塔庙，如履冰临深。睹形像经教，必慑然加敬。此则道俗通知奉法，贤圣达其信心。且如对王臣令长，事亦可会。凡情难任，圣法宜遵。"《资持》释云："二引教佛诫中二，初引文，礼人悬幡。俱非恶事，犹诫轻侮。良由对圣，更无所尊，故云敬处别也。蹈谓足践。既下次申诫，初勉慎，至下示法。履冰临深喻其悚惧。（《诗》云：战战兢兢，如临深渊，如履薄冰。今借用之）此下彰益。上句规他，下句感圣。且下举况。令长即郡县官典，凡下劝依。任信也。”

《事钞》续云：“比世中，多有在下床上礼佛者。此全无楷模。敬人尚自被责，敬佛自心在慢。有心存道者，必不行之。余亲问天竺诸僧，诸国无有此法，来此方见。”《资持》释云：“二别斥居庆设礼中，初指非。下床即低床，今时愚徒，多习讹风。有识苟闻，幸宜悛革。此下正斥。祖师尝游晋魏，亲睹其事，乃于床上与僧设礼，彼反责之，故云敬人等。楷模即指法律。余下引亲传以验。既非西竺之法，显是此土滥行。”（已上皆见《事钞记》卷三十七准《事钞》释高大床戒注，于下湿处，应开得在揩床上礼佛。见前“持犯篇”遮罪-高大床节。）

第二节　坐立差异

《事钞》云：“《智论》云：外道是他法，故轻佛，来至佛所自坐。白衣如客，故命坐。一切出家五众，身心属佛，故立。若得道罗汉，如舍利弗等，皆坐。三道已下，并不听坐，以所作未办结贼未破故。”《资持》释云：“前二俗众俱坐，命不命别。后明道众或坐不坐，学无学分。三道即三果，凡夫可知。未办谓所证道，未破谓所断惑。”《归敬仪》云：“今有安坐像前，情无敬让。可谓无事受罪，枉坏身心。如上三果尚立，况下凡乎。像立而坐，弥是不敬。比今君父，可以例诸。此言易矣，临机难哉。常志在心，努力制抑，方可改革。不尔虽让，不救常习。思之唯之。”见《释门归敬仪》第一。案：白衣已受归戒者，似应同道众，立而不坐。与《论》云白衣如客者，异也。

《事钞》云：“《十诵》：得对佛加趺坐。”《资持》释云：“或为瞻想，或复禅诵故。”（已上皆见《事钞记》卷三十七）

第三节　修供时节

《事钞》云：“《僧祇》：佛生日乃至涅槃日，为大众说法称扬佛德。《萨婆多》云：二月八日成佛亦以此日生，八月八日转法轮亦以此日取涅槃。若依《瑞应》等经，多云四月八日生。《涅槃》初云：二月十五日临涅槃复度十仙，云过三月已入涅槃。《月德太子经》：八月十五日入灭。此并由众生见闻不同，故时节不等。《智论》云：舍婆提城九亿家，尚三亿见或闻，由慢业故。佛世犹尔，何况末法转轻，心业最重。”《资持》释云：“前引《僧祇》通示四时。文略成道转法轮二日故云乃至。（今时但知降生涅槃二时供养，余二举世未闻。闻者行之）萨下次定日月又二，初引文示异三，初《多论》总明四日。但二日重叠。今取下瑞应四月八日降生，复准涅槃二月十五日灭度。则四日各异，修供可行，复是此方机缘所乐。故一年四日，释门时节。二月八日成道，二月十五日涅槃，四月八日降生，八月八日转法轮。适时之义，勿事专隅。次引瑞应别示降生。具云《太子瑞应本起经》有二卷。后引涅槃月德别明入灭。涅槃初云者即第一卷序分中文，简后三十故。（一经前后自别，今时即用后文）《月德》中与上《多论》相近。《阿含》亦云如来八月八日涅槃。此并下二约义会通，初正明。二引证。舍婆提即是舍卫。文中且举见闻。《准论》具云：“舍卫九亿家，三亿家眼见佛，三亿家耳闻有佛而眼不见，三亿家不闻不见。佛在舍卫二十五年，而此众生不闻不见，何况远者。由慢业者出不见及不闻之所以。我辈生不值佛，岂非慢重。抚膺自责，深痛沉沦。呜呼！佛下举况。灭后正法不及现在，像不及正，末不及像，故云转轻，谓奉佛之心薄也。心业即慢习也。”（见《事钞记》卷三十七）

上来敬佛仪相中第二章正明敬相竟

上来别行篇中第一门敬佛仪相竟

第二门　入寺法式

《事钞》云：“俗人士女入寺法。先出文意。息心静默非喧乱所集，轨法施训岂漏慢所践。且心栖相表，形异世仪。归奉凭趣，理存规则。故应其俯仰，识其履行。是敬事仪式，如法亲觐。岂可足蹈净刹，心形懈慢。非唯善法无染，故得翻流苦业。可不诫哉。”《资持》释云：“初叙寺处清严。僧居有二，一者慕静即自行，二者施训即化他。居静不宜喧，禀训不当慢。此四句即约行显处也。且下次叙入须法式二，初明所应为。上二句标境胜，下六句示须法所以。应合也。俯仰即仪貌，履行即所为事。岂下次示不应为，蹈履也，形见也。非唯等者谓无益有损，流坠也。”（见《事钞记》卷三十九）

入寺法式中分为二章
- 一中国旧法
- 二今师要术

第一章　中国旧法

中国旧法中分为二节
- 一入寺法
- 二出寺法

第一节　入寺法

入寺法中分为二项 ┌ 一清信士法
└ 二清信女法

第一项 清信士法

清信士法中分为二支 ┌ 一示正法
└ 二斥非法

第一支 示正法

《事钞》云："今依祇洹旧法出。中国士民，凡至寺门外整服一拜，入门复礼一拜。安详直进，不左右顾眄。先至佛所，礼三拜竟，围绕三匝，呗赞三契。（若未见佛供养，设见众僧不先与语）礼佛已，方至僧房户外，礼一拜。然后入见上座，次第至下，各礼一拜。若见是非之事，不得讥诃。若发言嫌责者，自失善利，非入寺之行。（僧中亦不可识。事似俗阙，检意则殊。今以俗情检道，意诫非易。若以见僧之过，则不信心生，生便障道，终无出期）且初入寺，背僧取异，云何得作出家因缘。经云：夫入寺者，弃舍刀杖杂物，然后乃入。顺佛而行，不得逆行。设缘碍左绕，恒想佛在我右。入出之时，悉转面向佛。"《资持》释云："初礼敬舍恶等法有五，初入寺门二拜总礼三宝。先下次礼佛。礼佛下三礼僧。户外总礼如今众堂之处。若下四诫守慎，初叙诫。注中俗阙者谓同俗流，阙于道行。背僧即不信心生，取异谓求见僧过。经下引证。顺佛下五示行法。顺佛行即右绕，西入东出，佛在我右，偏袒右肩示有执作之务。逆行即左绕，反上可知。缘碍左绕者示权开也。入出身佛者假事表心，归依不背也。"

《事钞》续云："礼拜佛法僧者，常念体唯是一者。何者？觉法满足，自觉觉他名佛。所觉之道名法，学佛道者名僧，则一体无别矣。（始学时名僧，终满足名佛。僧时未免诸过，佛时一切恶尽，一切善满也。今我未出家学道，名俗人，回俗即是道器。如此深思，我亦有道分，云何轻侮。宜志心归依，自作出家因缘者，是名围绕念佛法僧之大意矣）低头看地，不得高视。见地有虫，勿误伤杀。不唾僧地。当歌呗赞叹。若见草土，自手除之。"《资持》释云："二想念慎护等法有三，初念三宝。佛僧能觉，因果虽分，所觉道同，故云一体。道即诸佛果源，众生心本。极证名佛，始学名僧。僧现学法，终至佛果。若此待僧，岂容轻侮。注中初教念僧，则三宝备矣。今下次令念已，与僧不殊。尚当尊已，岂敢慢人。低下次离诸过。初二句舍惰慢，次二句止杀害，后一句离触秽。当下三修净福。"

《事钞》续云："若有因缘寺中宿者，不得卧僧床席，当以己物藉之。

亦勿卧沙门被中。（应自设供，供养于僧。岂损他供，自害善器）并调戏言笑，说非法事。沙门未眠，不得先寝。为除憍慢故。又勿坐僧床席，轻侮僧故。俗中贵士之座，犹不许贱人升之。况出世高僧，辄便相拟。是以经中，共僧同床半身枯也，如是因缘，如别广说。若至明晨，先沙门起。（修恭敬之行）”《资持》释云：“三有缘暂宿等法有五，初护毁损。注云他供，即卧具等皆他所施故。善器即自身堪受道故。并下除调戏，沙门下不先卧，又下敬僧坐处。举况引证，寻文可了。经中即宝印手经。又《文殊问经》云：死坐铁床上，若下不后起。”（已上皆见《事钞记》卷三十九）

第二支　斥非法

《事钞》云：“凡入寺之行，与俗人作入道之缘。建立寺者，开净土之因。供养僧者，为出离之轶也。”《资持》释云：“初示入寺本意。入道缘者，善根由发故。净土因者，心静净故。出离轶者，期解脱故。轶即是辙，车所从之道也。”

《事钞》续云：“今末法中，善根浅薄，不感圣人示导，仅知有寺而已，不体法意。都无敬重佛法超生因缘，供养福田，而来入寺也。（如此者多，非谓全无敬信者）多有人情来往，非法聚会。又在寺止宿，坐卧床褥，随意食啖。乞索取借，如俗去还，逐意则喜，违心必嗔。系缀胸抱，望当图剥，犹牛羊之抵突，恣顽痴之鄙情。或用力势逼掠，打扑抄夺。具造恶业，必死何疑。一但横骸，神何可灭，随业受苦，永无救护。可共悲哉！（非三宝不能救，由此人不可拔）若有智之人，终不行此敬重寺法，准而行之。护惜三宝，咨请法训，自招大益。故经云：众僧良福田，亦是蒺藜园。斯言实矣。当知衰利由心，非前境咎。”《资持》释云：“二明非法之相二，初叙无知，仅犹略也。不体法意者，总迷上三也。都无下二句反上因缘也，供养福田反上出离轶也。多下次出非法三节，初叙无智造业又四，前斥聚会，今世多然。又下斥侵毁，图剥谓谋害，抵突即触犯。恣顽痴者即不畏因果，或下斥规夺。具下总示因果，二明有智获益，三引经合证。经文双喻，下云衰利即合田园。蒺藜有刺，如菱而小。前境谓僧寺。”（已上皆见《事钞记》卷三十九）

第二项　清信女法

《事钞》云：“清信女人入寺，仪式同前。唯不得在男子上坐，形相语笑，脂粉涂面，画眉假饰，非法调戏，共相排荡，持手撑人。必须摄心整容，随人教令，依次持香，一心供养，忏悔自责。生女人中常成碍绝，于此妙法修奉无因。不得自专，由他而办，一何苦哉。应深生鄙悼，若见沙弥，礼如大僧，以位注而不加敬。（此于大僧为小，于俗为尊。出家受具，便入僧数。不得以小儿意，轻而持接。设有说法，当谨听受，勿复唤名而走使）”《资持》释云：“初指同，唯下次彰异又二。初指过。排谓推排，即牵推等。荡谓纵放，撑触也，必下示法。碍绝谓系属于人，不自在故。鄙谓厌恶，悼即悔恨。敬沙弥者恐谓未具，不加敬故。”（见《事钞记》卷三十九）

上来入寺法式中第一章中国旧法竟

第二章　今师要术

《事钞》云：“此入寺法，中国传之矣。余更略出护过要术。谓一切天人龙鬼，是出家人修道之缘。一切出家人，为天人龙鬼生善境界。出家人既为四辈生善之处，不得对彼幽显轻有所失。彼四辈既是出家修道之缘，又不得辄便见过。佛已敕竟，假使道人畜妻挟子，供养恭敬如舍利弗大目等莫生见过，自作失善境之缘也。”《资持》释云：“初明道俗相资。修道缘者，假彼外护故。生善境福，智由生故。四辈即天人龙鬼。幽通三趣，显则唯人。”

假使道人等文出《贤愚经》，如下第五门第一章中具引。

《事钞》续云：“凡出家者，长标远望，必有出要之期。始尔出家舍俗，焉能已免瑕疵也。智士应以终照远度，略取其道。不就同彼愚小，拾僧过失。所以天龙鬼神，具有他心天眼，而护助众僧者，非僧无过，以克终照远耳。今人中无察情鉴失之见，情智浅狭，意无远达，暂见一过，毁辱僧徒。自障出要，违破三归，失于前导，常行生死，不受道化。可谓惑矣，小儿痴矣。”《资持》释云：“二诫拾僧过失中，初叙道众志远行薄。智下次教俗士取志舍行。终照即即深识不责目今，远度即大量不见小过。略谓拣略，所下示幽灵同赞，克犹究也。克照皆龙天之心，终远即出家之志。如《感通传》韦天告祖师云：天竺诸国，不及此方。此虽犯戒，大涂渐愧，内虽陵犯，外犹慎护。故使诸天见其一善，忘其百非。若见造过，咸皆流涕，悉加守护，不令魔恼。今下斥凡俗多讥，初叙其愚迷，自下彰过失。上句障圣道，次二句失善利，后二句招苦报。可谓下结叹。”（已上皆见《事钞记》卷三十九）

上来入寺法式中第二章今师要术竟

上来别行篇中第二门入寺决式竟

第三门　造像塔寺

造像塔寺中分为二章
- 一造像塔法
- 二造寺法

第一章　造像塔法

造像塔法中分为二节
- 一造像
- 二造塔

第一节　造像

造像中分为二项
- 通叙经像意
- 二正明造像

第一项　通叙经像意

《事钞》云："造经像法意者，如来出世有二益：一为现在生身说法。二为未来经像流布，令诸众生于弥勒佛闻法悟解，超升离生。此大意也。"《资持》释云："现在即化相佛法一期益近，未来即住持佛法三时益远。即经云，应可度者皆悉已度，其未度作得度缘是也。"（见《事钞记》卷三十七）

第二项　正明造像

正明造像中分为二支
- 中国造立元缘
- 二此方制度渐失

第一支　中国造立元缘

《事钞》云："恐后生造像无所表彰。故目连躬将匠工，上天图取。如是三反，方乃近真。至于下天，此像垂地来迎。世尊命曰：汝于来世，广作佛事。因垂敕云：我灭度后，造立形像，一一似佛，使见者得法身仪则。乃至幡华供养，皆于来世得念佛三昧，具诸相好。如是造立是佛像体。"《资持》释云："先叙目连图写。以佛生七日，摩耶命终，生忉利天。佛后成道，思报母恩，升天说法，经于一夏。按造像经，时优填王思念如来，命目连引三十二匠往彼天中，以栴檀木各图一相，如是至三，方得圆足。文云恐者若论图写似指目连，取后垂诫须推佛意。虽缘在优填，意存来世。后引如来垂诫中二，初明授记。即优填王闻佛下天，将像至宝阶所，像即迎佛自行七步。佛为摩顶授记，辞如钞引，低首曲身，故云垂地。因下次正诫敕，法身仪则者威容相好，法身之表故。得念佛三昧者，由见色像，三昧易成故。具相好者由生欣慕，能感胜报故。如是者即指檀像，敕后效之。"（见《事钞记》卷三十七）

第二支　此方制度渐失

《事钞》云："所以中国传像在岭东者，并皆风骨劲壮，仪肃隆重，每发神瑞，光世生善。逮于汉世仿佛入真，流之晋宋，颇皆近实。并由敬心殷重，意存景仰，准圣模样，故所造灵异。”《资持》释云：“初前代近真中二，初引西土传来。岭东即此震旦，在葱岭之东。风骨劲壮，言其体貌，劲即直也。仪肃隆重，言其威势。每发神瑞，言其灵异。光世生善，言其动人。逮下次引此土创制。汉世佛法初来，至于晋宋已前也，仿佛犹似像也。并下总出所由，初句心重，次即追慕，三谓法古。故下结成所引。”

《事钞》续云：“今随世末，人务情巧。得在福敬，失在法式。但问尺寸短长，不论耳目全具。或争价利钝，计供厚薄。酒肉饷遗，贪淫俗务，身无洁净，心唯涉利。致使尊像虽树，无复威灵。乃至钞写经卷，唯务贱得。弱笔粗纸，恶匠鄙养。致使前工无敬，自心有慢。彼此通贱，法仪灭矣。”《资持》释云：“二后世失法三，初明非法中二，先叙得失。与之且言福敬，夺之过在无法。但下次列非相又二，初斥造像。上四句是营勾人非，酒下四句即匠者之非，致下二句显其无功。乃至下次明造经。”

《事钞》续云：“致令经像训世为诸信首，反自轻侮，威灵焉在。故致偷盗毁坏，私窃冶铸，焚经受用，多陷罪咎。并由违背世出世法，现在未来受无量苦，皆由失法之所致也。”《资持》释云：“二示过患中三，初叙无灵。经像住持功高，故为信首，故下显过。偷盗是遭夺失，毁坏即风火所损，私窃冶铸谓金铜等像镕为别物，焚经受用即金银字经烧取余用，多陷罪咎谓累他也。并下出意，薄贱轻侮，乖俗礼教，非佛严敕，故云违背世出世法。现未两报因像而致，后之制造可不慎耶。”

《事钞》续云：“若使道俗存法，造得真仪，鸟兽不敢污践，何况人乎？但能奉圣像仪，佛亦垂形示迹。”《资持》释云：“三明应法中，初明合法有灵。但下次明至诚感圣。”（已上皆见《事钞记》卷三十七）

第二节　造塔

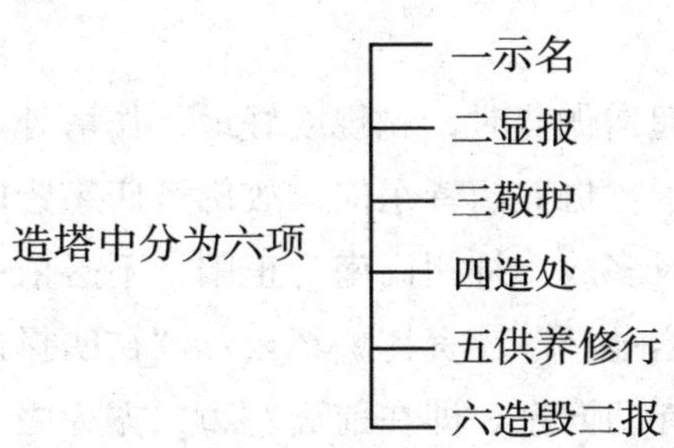

第一项　示名

《事钞》云：“《杂心》云：有舍利名塔，无者名支提。塔，或名塔婆，或云偷婆。（此云冢也，亦云坟）支提云庙。（庙者，貌也）”《资持》释云：“初示名，舍利及塔，名通凡圣。今明造立，多是佛塔，亦通余圣。无名支担谓安形像，故下释云庙貌也。塔或下翻释。”（见《事钞记》卷三十七）

第二项　显报

《事钞》云：“《增一阿含》云：初起偷婆，补治故寺，并受梵福。云何梵福，如阎浮一洲人功德，不如一转轮王功德。如是西东北天下，乃至四天六欲初禅总多，此一梵主功德。此为梵福量。当如是学。”《资持》释云：“初示因果，初起谓新创也。梵福谓梵天王福最胜也。次校量梵福，此下劝修。”（见《事钞记》卷三十七）

第三项　敬护

《事钞》云：“《四分》：若起塔者，应四方若圆若八角。以石墼，木作。作已，用黑泥乃至石灰白土等，应安基。四边作阑楯，安香华着上。听安悬幡盖物。不得上塔上阑楯上，护塔神瞋。若有所取与，开。彼安幡盖，不得蹈像上，作余方便梯凳安之。若塔露地供养具，雨渍风飘，鸟乌不净者，作种种舍覆之。地有尘，种种泥泥之。须洗足器，安道边，外作墙门安置。若上美饮食，用金宝等器盛之，令白衣伎乐供养。若饮食，当与比丘沙弥优婆塞。经营塔作者应食。舍利安金宝塔中，若缯绵中。若持行者，若畜生若头上肩上担戴。若拂，应用树叶雀尾拂。多有香华，罗列基上阑上。杙上。响中，绳贯悬屋檐前。有香泥，作手轮像。乃至有余，泥地等。”《资持》释云：“初明造立，安基为坚牢故。作阑为外护故，悬幡盖物即梯凳也，不得下次制践污。若塔下明覆盖，地下明泥治，须下明器具，以西国俗风多跣足故，安道边者登上便故，外作墙者恐触秽故。若上下明献供养，饮食得与道俗即守塔人，经营即造立者。舍下明护舍利，若下明帚拂，但可去尘，余物皆得，多下明庄严。手轮者旧云佛手中千辐轮。”（见《事钞记》卷三十七）

第四项　造处

《事钞》云：“僧祇：塔事者，起僧伽蓝时，先规度好地，作塔处。其塔不得在南在西，应在东在北。（中国，伽蓝门皆东向，故佛塔庙宇皆向东开。乃至厨厕亦在西南，由彼国东北风多故。神州尚南为正阳，不必依中土法也）不得僧地侵佛地，佛地不得侵僧地。”《资持》释云：“初明择地，规谓看视。其下指方所，须东北者以寺门向东，即在前面左边二方为之。注中，前示西土，亦合作并。东北风多，则秽气不至殿塔，此示寺门向东所以。下明此方应南西。今此厨多在东北，亦以南西风多故也，不得下制侵

犯。西土佛法僧地各有分齐，不相混滥。”（见《事钞记》卷三十七）

第五项　供养修治

《事钞》云：“《善生经》云：善男子，如来即是一切智藏。是故智者应当志心勤修，供给身灭身形像塔庙。若于空野无塔像处，常当系念尊重赞叹。若自力作，若劝人作，见作生喜。如其自有功德力者，要当广教众多之人而共作之。既供养已，于已身中莫生轻想，于三宝所亦应如是。凡所供养，不使人作，不为胜他。作时不悔，心不愁恼，合掌赞叹，恭敬尊重。若以一钱一线一华一香一偈一礼一匝一时，乃至无量宝无量时。若自独作，若共他作。善男子。若能如是志心供养佛法僧者，若我现在若涅槃后等无差别。若见塔庙，应以金银铜铁绳锁幡盖伎乐香油灯明而供养之。”《资持》释云：“初劝化供养五段，初劝修。一切智者总收十界世出世智无不圆足，含蕴无穷出生无尽故喻如藏。生身即现在，灭身即舍利。若自下明营办，自有功德者谓富于道行，人所信重者，于已莫轻者以能供养，获大福德故。凡下明用心，若以下明施物。现在灭后无差别者谓所得福，存没正等故。若见下明供具。”

《事钞》续云：“若见鸟兽践蹋毁坏，要当涂治，扫除令净。暴风水火人所坏处，亦当自治。自若无力，当劝人治，或以金银铜铁土木。若有尘土，洒扫除拂。若有垢污，以香水洗。”《资持》释云：“二见塔涂治。自作劝人，随力所构。”

《事钞》续云：“若作宝塔及作宝像，当以种种幡盖香华奉上。若无真宝，力不能办，次以土木而造成之。成讫，亦当幡盖香华伎乐种种供养。若是塔中草木不净，鸟兽死尸及其粪秽，萎华臭烂，悉当除去。蛇鼠孔穴，当塞治之。铜像木像，石像泥像，金银琉璃颇梨等像，常当洗治。任力香涂，随力造作种种璎珞，乃至犹如转轮圣王塔。精舍内，当以香涂，若白土涂。作塔像已，当以琉璃真珠、绫绢锦彩、铃磬绳锁而供养之。画佛像时，彩中不杂胶乳鸡子，应以种种华贯散华，妙拂明镜，末香散香烧香，种种伎乐歌舞供养，昼夜不绝。不如外道，烧酥大麦而供养之。终不以酥涂塔像身，亦不乳洗。”《资持》释云：“三造立庄严中，初明造立。若是下明净治，任下严饰。画下明杂秽，此土多用鱼牛等胶，虽复腥膻，且图久固。应下明供养，不下示非法。酥涂乳洗，皆外道法故。”

《事钞》续云：“不应造作半身佛像。若有形像身不具足，当密藏覆，劝人令治，治具足已然后显示。见毁坏像，应当志心供养恭敬，如完无别。

如是供养，要身自作。自若无力，当为他使，亦劝他人令作助之。”《资持》释云：“四接续毁损。令密藏者不生善故，令恭敬者恐生慢故。今时有作涌壁，或画佛首相，并宜藏之。”（已上皆见《事钞记》卷三十七）

第六项 造毁二报

《事钞》云：“无垢清信女问经云：未知扫佛塔地，有何善报？佛告女言：扫佛地得五福。一自心清净，他人见已亦生净心。二为他爱。三天心欢喜。四集端正业。五命终生善道天中。《涅槃》云：不犯僧佛物，涂扫佛僧地，造像若佛塔，常生欢喜心，皆生不动国。”《资持》释云：“初扫治善报二，初无垢女经。五福一是内感。二三即外应。四五即来报，四是别报，五即总报。二《涅槃》偈，彼云：东方有佛世界名不动，佛号满月光明。无畏菩萨白佛，此土众生造何等业，得生彼国？佛以偈答，如钞引。上四句即四种因，正取中二。下一句示果，言不犯者谓不侵损也。”

《事钞》又云：“《十轮》：若破寺，杀害比丘。其人欲终，支节皆疼，多日不语。堕阿鼻狱，具受诸苦。”《资持》释云：“二毁坏恶报，破寺报重，反明造立功深。”（已上皆见《事钞记》卷三十七）

上来造像塔寺中第一章造像塔法竟

第二章 造寺法

《事钞》云：“有盛德法师造寺诰十篇，具明造寺方法。祇洹图样，随有所造，必准正教，并护持匡众僧网纲要等。事繁不具，略引宗科造寺一法。”《资持》释云：“初标人法，即灵裕法师，称美道行，故云盛德。寺诰即彼文通题。具下示其所述。事下明今所引。”（见《事钞记》卷三十七）

造寺法中分为二节 ┌ 一应法生善
└ 二无法致损

第一节 应法生善

《事钞》云：“谓处所须避讥涉，当离于尼寺及市傍府侧等。佛殿经坊极令清素，僧院厨仓趣得充事。如此，则后无所坏。祇洹图中，凡立木石土宇，并有所表。令人天识相，知释门多法，故能影覆邪术，禽兽畏威。形仪隐映，为世钦仰。”《资持》释云：“讥谓讥嫌，涉即干涉。经坊即今经藏。木石等者植树，表其生长。立石，表其坚贞。戒坛居东，表发生之义。无常院在西，表倾没非久。立刹，表迷者知归。楼观，表道品阶渐。池沼，表魔外洗心。栽莲，表行人心净。余如彼说，须者寻之。（《图经》，近日本将至，文有两卷，即祖师撰者）影覆邪术，谓使魔外无其威势，影犹闭也。禽兽畏威，谓令异类不敢侵犯。形仪隐映，谓像设可观。为世钦仰，即士庶生善。”（见《事钞记》卷三十七）《资持》注云《图经》等者，宋时由日本赍远，旋复佚失。今再由日本请归。天津刻经处刊本，名《祇洹寺图经》，与《戒坛图经》合为一册。

第二节　无法致损

《事钞》云：“但历代绵积，秉教陵迟。事存法隐，错举意旨。俗人既不晓法，众僧未解示导。但相仿效，虚费财物，竞心精妙，力志胜他。房廊台观，务令高显，过彼便止，都不存法。”《资持》释云：“初造立非法。绵积犹言长久。秉即执也。错举，谓每事废立，皆任意耳。仿效，谓互习讹风。竞心，谓斗竞为怀。力志，即竭力用意。高显，即副竞妙之心。过彼，乃称胜他之志。”

《事钞》续云：“又还自腾践，如己庄宅。众僧房堂，诸俗受用。毁坏损辱，情无所愧。屈道承俗，如奴事主。是名寺法灭也。（其甚者，打骂众僧，种种非法，取要言之。从僧强力抑夺，贷借乞请。乃至停尸僧院，举哀寺内，置冢澡浴等，并非法也。”《资持》释云：“二腾践毁坏，明俗人愚暗。文叙本主，义通余人。毁坏约物，损辱约僧。承即奉事。此科大字并引寺诰，故注以助之。乞请即求索。请观诸事，彼时尚然，今何足怪。更有殿堂饮宴，僧厨宰杀。寄着杂物，贮积粮储。或射作衙庭，或编为场务。婚姻生产，杂秽难言。斯由道众之非才，岂独俗儒之无识。每恨法门之覆灭孰为扶持，更嗟狱报之艰辛谁当救疗。必怀深识，岂不再思。是知祸福无门，唯人所召。有力能济，传而勉之。”

《事钞》续云：“若改往修来，追法更新，慎敬无犯者，是则护持寺法也。（俗人造寺，本为求福，作出家之因，得道之缘。唯应礼拜供养，为法咨请，时时觐问，如法往来。彼此利益，自他无恼，名护持也）故《增一》云：阿阇世王得信已后，敕国中，无令事佛之赀输迎送。岂非僧传正法，得信于人乎？”《资持》释云：“三引劝俗流中，初正劝。改往谓悔上诸过，修来谓期后超升。追法即依教，更新即起敬。次引经证：阇王逆邪见，后方归佛求悔，故行此敕。赀输谓科配财物也，迎送即只奉官僚，事佛之家俱令免放。岂下推得信所以。”（已上皆见《事钞记》卷三十七）

上来像塔寺中第二章寺法竟

上来别行篇中第三门像塔寺竟

第四门　瞻视病人

瞻视病人中分为四章
- 一制意
- 二简人
- 三安置处所
- 四说法敛念

第一章　制意

《事钞》云：“制意者，夫有待之形，多诸婴累。四大互反，六府成病。若不假相提接，薄命则无所托。然则世情流变，始终难一。健壮则亲昵，病弱则捐舍。鄙俗恒情，未能忘此。故如来深鉴人物，知善来未崇，恶必相遵，故亲看病。”《资持》释云：“初叙意中，初叙病患。多婴累者，通目众苦也。四大等者，别示病恼也。若下次明瞻视。然下三示凡情。故下彰圣引导。按《西域记》，祇洹东北有塔，即如来洗病比丘处。如来在日，有病比丘含苦独处。佛间：汝何所苦？汝何独居？答曰：我性疏懒，不耐看病，故今婴疾，无人瞻视。佛愍而告曰：善男子，我今看汝。”

《事钞》续云：“故律中，佛言：汝曹不相看视，谁当应为。乃至世尊为病人洗除大小便已，扫治卧处极令清净，数衣卧之。便立制云：自今已去，应看病比丘，应作瞻病人。若有欲供养我者，应供养病人。佛为极地之人，犹励诸比丘，亲自下接。况同法义重，如何相弃。”《资持》释云：“二引证中，初引缘。便下立制。佛下结劝。”

《事钞》续云：“问：供养病者等佛何耶？答：谓悲心看病，拔苦与乐，慈行同佛故也。又《论》云：随顺我语，名供养佛。”《资持》释云：“三释疑中，征上律文，欲彰功行。答中，初约心行同佛。又下次约随顺法制。”（已上皆见《事钞记》卷四十）

上来瞻视病人中第一章制意竟

第二章　简人

《事钞》云：“二简人中。《四分》：若有病者，听和尚乃至弟子，从亲至疏。若都无者，众僧应与瞻病人。若不肯者，应次第差。若无比丘沙弥优婆塞者，比丘尼式叉摩那沙弥尼优婆夷随所可作应作，不应触比丘。”《资持》释云：“初制本众有三，一亲属自看。二僧与。三僧差。准无比

丘，应令沙弥净人看。若无下次开女众。”（见《事钞记》卷四十）

上来瞻视病人中第二章简人竟

第三章　安置处所

《事钞》云：“三安置处所。若依中国本传云，祇洹西北角日光没处为无常院，若有病者安置其中。堂号无常，来者极多，还反一二。即事而求，专心念法。其堂中置一立像，金薄涂之。面向西方，其像右手举，左手中系一五彩幡，脚垂曳地。当安病者在像之后，左手执幡脚，作从佛往净刹之意。瞻病者烧香散华，庄严病者。乃至若有屎尿吐唾，随有除之，亦无有罪。传云：原佛垂忍土，为接群生，意在拔除烦恼，不唯粪除为恶。如诸天见人间臭秽，犹人之见屏厕，臭气难言，尚不以为恶，恒来卫护，何况佛德而有爱憎，但有归投者无不拔济。乃至为病者随机说法，命终恒在佛所，不得移之。”《资持》释云：“《中国本传戒坛图经》，所谓别传是也。《日光没处者坛经》云：西方为无常之院，由终殁于天倾之位也。今寺亦有，但方隅不定，不知法故。其堂中下次明设像，立弥陀者归心有处也。然十方净土而偏指西方者，系心一境，想念易成故。西方诸佛而独归弥陀者，誓愿弘深，结缘成熟故。是以古今儒释，靡不留心。况浊世凡愚，烦恼垢重，心猿未锁，意马难调，舍此他求，终无出路。请寻《大小弥陀经》《十六观经》《往生论》《十疑论》等诸文，详究圣言，必生深信矣。像面向西病者，在后谓将终之时已前，常须瞻像，令其系心。忍土者梵语娑婆，此云堪忍，《大悲经》云此界众生忍受三毒及诸烦恼故。人间臭秽者感通传，天人云：人中臭气，上熏于空四十万里，诸天清净无不厌之。但以受佛付嘱，令护于法。佛尚与人同止，诸天不敢不来。恒在佛所者，恐心无系，念世事故。”（见《事钞记》卷四十）

上来瞻视病人中第三章安置处所竟

第四章　说法敛念

说法敛念中分为二节
- 一余人劝导
- 二瞻病劝导

第一节　余人劝导

《事钞》云：“四说法劝善者，《十诵》：应随时到病者所，为说深法，是道非道，发其智慧。先所习学，或阿练若，诵经，持律，法师，阿毗昙，佐助众事。随其解行而赞叹之。”《资持》释云：“深法但是佛教，通得云深。是道谓出世法，非道即世间法。”

《事钞》又云：“传云：中国临终者，不问道俗亲缘，在边看守。及其根识未坏，便为唱读一生已来所修善行。意令病者内心欢喜，不忧前途。便得正念不乱，故生好处。”《资持》释云：“令唱读者准此，生前所修一切功德并须记录。凡为看病，常在左右，策其心行，恒令念善。以舍报趣生，唯在临终心念善恶。”（已上皆见《事钞记》卷四十）

第二节 瞻病劝导

《事钞》云：“其瞻病者，随其前人病有强弱，心有利钝，业有粗细，情有去取，当依志愿随后述之。或缘西方无量寿佛，或兜率弥勒佛，或灵鹫释迦本师。或身本无人，妄自立我。或外相似有，实自空无，如至焰处则无水相。或为说唯识无境，唯情妄见。各随机辩而诱导之。”《资持》释云：“初明说法中二，前明量机，病强弱者观其健困也，心利钝者智明昧也。业粗细者粗如营福，细如禅讲等。情取舍者所乐异也，如下西方兜率等是。此四观察，义无不尽。随宜方便，临事自裁。或下次明说法三，初令缘佛。或教称名，或令观相，或叹功德令生欣乐。或身下次示心观，即性空、相空、唯识三观。至焰处者，喻相空也。谓如渴鹿逐于阳焰，遥见似水，至彼元无。各下后示随缘。不必如上故。”

《事钞》又云：“应以经卷手执示其名号，又将佛像对眼观瞩。恒与善语，勿传世事。《华严》偈云：又放光明名见佛，彼光觉悟命终者，念佛三昧必见佛，命终之后生佛前。见彼命终劝念佛，又示尊像令瞻敬，又复劝令归依佛，因是得成明净光。”

《资持》释云：“二示经像中，初示经像。次引《华严》为证。”（已上皆见《事钞记》卷四十）

上来瞻视病人中第四章说法敛念竟

上来别行篇中第四站瞻视病人竟

第五门 离诸非法

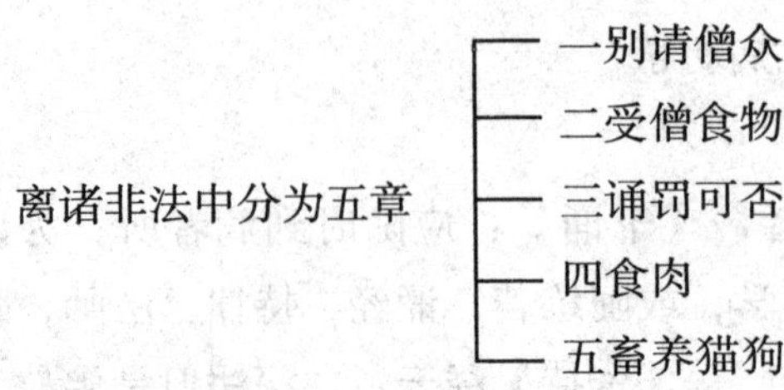

第一章　别请僧众

《事钞》云："《五分》：僧次请者，凡夫，圣人，坐禅，诵经，劝佐众事，并为解脱出家者，得入僧次，唯除恶戒人。若言次第上座者是僧次摄，又不知齐几为上座。佛言：上无人者皆名上座。以法取人，不称名字，犹名别请，为佛所诃。"《资持》释云："初简能受人。文列五种，并堪预数，不可拣择。若下二示僧次法又二，初正示。以下显非以法取者虽不定名，简其所学即非僧次。此谓虽通而别，非平等故。十诵下三引文证。彼云：有人请佛五百罗汉。佛言：不名请僧福田。若能于僧中请一似像极恶比丘，犹得无量果报。与下增一意同。"（见《事钞记》卷二十三）

《事钞》云："《梵网》云：别请物者即盗四方僧物。《仁王经》，亦呵责别请过。既僧僧次福大，有凭请者，应说僧次功能，开悟俗心，勿令别请。"《资持》释云："初引文示，仁王亦呵责者彼云，诸恶比丘受别请者，是外道法，都非我教等。既下二令劝赞僧次。"（见《事钞记》卷三十八）

《事钞》云："《增一》云：师子长者别请五百罗汉。佛言：不如僧次一人，福不可量。因说如饮大海，则饮众流。师子言：自今以后，当不别请。佛言：我亦不令别施，以无有福。师子便平等施，亦不言此持戒犯戒。佛赞善哉，平等之施获福无量，平等施者施中第一。《贤愚经》：以毯施佛，佛让与僧，义意同此。正使将来法垂灭尽，比丘畜妻挟子，四人已上名字众僧漫请供养，应当敬视如舍利弗等。"《资持》释云："前引《增一》。彼云：佛在罗阅城，长者请舍利弗目连等五百人。佛诃如钞，饮大海者由心通僧宝，无所简择，虽得一人则为供养十方凡圣故。《贤愚》中，姨母自纺绩作一端金色毯上佛。佛言：可以施僧，得福无量。挟抱也，名字僧无实德者。"

《资持》云："问：前引《五分》除恶戒者，此何相违？答：《疏》云：《五分》简人，精也。《贤愚》取人，粗也。破戒受施，且取外生物信，令于僧海自感施福，非谓行缺能消信施（疏中意也）。私谓《五分》除恶戒等，并谓极诫内众，使自策勤。《增一》《贤愚》《十诵》《善生》，皆据导俗，恐忽慢僧徒自招枉坠。是知受须戒净，不净则自陷无疑。施必普周，不周则所施无福。用斯往判，谅无所违。"（已上皆见《事钞记》卷二十三）

上来离诸非法第一章别请僧众竟

第二章 受僧食物

此章诸文，多诫道众不得妄与。而俗众亦可因是了知于僧食物，不得妄索妄受也。

受僧食物中分为三节
- 一明用与
- 二约缘开
- 三示污家

第一节 明用与

《事钞》云："佛法中无贵贱亲疏，唯以有法平等，应同护之。人来乞索，一无与法。若随情辄与，即坏法也。"《资持》释云："初劝依法。一无与者，谓不非用也。心能依法，如下则听。"

《事钞》续云："俗人本非应斋食者。然须借问：能斋，与食；不能斋者，示语因果，使信罪福，知非为吝，怀欢而退。（此中非生人好处，非生人恶处。不得一向嗔人，一向任人不斋者而食。必须去情存道，善知处量也）是以谨守佛教，慎护僧法，是第一慈悲人。现在未来一切众生离苦得乐故。"《资持》释云："二示损益二，初守教之益中，初明善用。注云：非生好者以任情故，非生恶者以依法故。是下结益。"

上云斋者，如宗体篇八戒中委明。白衣能受斋者得食，出《五分律》。

《事钞》续云："若不守佛教，随情坏法。（谓听俗人不斋而食。有来乞请，随请辄与）令诸众生不知道俗之分，而破坏僧法，毁损三归。既无三归，远离三宝。令诸众生沉没罪河，流入苦海，失于利乐，皆由坏法。是以不守佛教，不闲律藏，缺示群生，自昏时网，名第一无慈悲人也。"《资持》释云："二违教之损中，初明非用。令下二示过，初明失利，后令诸下明堕苦。道俗分者，道修智分为俗福田，俗修福分当供道众。今则反乱，故云不知。毁三归者，失彼信心，侵陵三宝故。是下三结损。"（已上皆见《事钞记》卷七）

第二节 约缘开

《事钞》云："《五分》：若白衣入寺，僧不与食，便起嫌心。佛言：应与。便持恶器，盛食与之，又生嫌心。佛言：以好器与之。此谓悠悠俗人见僧过者。若在家二众及识达俗士，须说福食难消，非为悭吝。"《资持》释云："初引文。此下义决，初指前文且据无信。悠悠谓远离三宝，无所归者，若下次明有信。福食谓檀越求福，施众僧故。"

《事钞》续云："《十诵》：供给国王大臣薪火灯烛，听辄用十九钱不须白僧，若更索者白僧给之。恶贼来至，随时将拟，不限多少。僧祇，若恶贼檀越工匠乃至国王大臣，有力能损益者，应与饮食。《多论》云：能损者与之，有益者不合即是污家。若彼此知法，如律亦得。”《资持》释云：“初引《十诵》明用分齐，初给王臣。十九钱者彼土大铜钱，一当十六，当今三百也。下明贼难，不可约数。次僧祇中，通列五人，上三可解。下示王臣须论势力，必无力者应非所开。多下引决，由上律云损益皆与，既是有益理不当与，在文不了故续决之。若下通上律。俗知僧物难消必无虚受，僧知污家非法必无妄与。但有缘须给，微亦通之《十诵》通开，谅在于此。”（已上皆见《事钞记》卷十七）

第三节　示污家

《事钞》云：“比丘凡有所求，若以种种信施物，为三宝自身乃至一切，而与大臣俗人等，皆名污家。由以信施物与白衣故，即破前人平等好心。于得物者，欢喜爱乐。不得物者，纵使贤善，无爱敬心，失他前人深厚福田，又倒乱佛法故。凡在家俗人，常于三宝求清净福，割损血肉，以种善根。今出家人反持信物赠遗白衣，俗人反于出家人所生希望心。又若以少物赠遗白衣，因此起七宝塔造立精舍，乃至四事满阎浮提一切圣众，亦不如静坐清净持戒，即是供养真实法身。”《资持》释云：“凡所求者总收多事，不问公私善恶皆不许之。纵贤善者据比丘言之。”

《事钞》又云：“律不犯中。若与父母、病人、小儿、妊娠妇女、牢狱系闭及寺中客作者，不犯。”（已上皆见《事钞记》卷十九）

与父母者准母论，须父母贫苦而先受归戒者乃可施与。

上来离诸非法中第二章受僧食物竟

第三章　谪罚可否

谪罚可否中分为二节
- 一别列
- 二会通

第一节　别列

别列中分为二项
- 一劝俗敬护
- 二劝俗治恶

第一项　劝俗敬护

《事钞》云：“《十轮经》云：若诸比丘护持戒者，天人供养，不应谪罚。除其多闻及持戒者，若有破戒而出家者，能示天龙八部珍宝伏藏。应作十种胜想，佛想乃至礼足，后生豪贵，得入涅槃。是以依我出家，持戒破戒，不听轮王宰相谪罚。况余轻犯。破戒比丘虽是死人，是戒余力，犹如牛黄麝香眼药烧香等喻。破戒比丘为不信所烧自堕恶道，能令众生增长善根。以是因缘，一切白衣皆应守护，不听谪罚。”《资持》释云：“初四句明持戒。除下明破戒为二，前约报劝，上二句拣除如法。若下明破者功能。此明破戒，必约犯重。天龙下彼具列夜叉乃至人非人等，今文束之。应下劝俗恭敬，后下示报，是下结意。破戒下次约喻劝，初举喻。《牛黄下经》云：是牛虽死人故取之，亦如麝香死后有用。又云：譬如估客入于大海，断无量众生命挑其两眼和合成药，若盲冥无目乃至胞胎生盲者以此药涂其眼明净。（彼人虽死，其药有功）又云：譬如烧香，香体虽坏熏他令香。破下合法。上三句合牛麝人死及香体坏，能下合香药有用香气熏他。以是下结意。”见《事钞记》卷七）

第二项　劝俗治恶

《事钞》云：“《涅槃》云：今以无上正法，付嘱诸王大臣宰相及于四众。应当劝励诸学人等，令学正法。若懈怠破戒毁正法者，大臣四部应当苦治。”《资持》释云：“初令劝学。四众即僧尼士女，下云四部亦同。正法者经作定慧。若下二劝苦治。”

《事钞》续云：“《大集》云：若未来世，有信诸王若四姓等，为护法故，能舍身。命宁护一如法比丘，不护无量诸恶比丘，是王舍身生净土中。若随恶比丘语者，是王过无量劫不复人身。”《资持》释云：“初明护如法之益。四姓者，西土姓种统之唯四，一刹帝利（王种），二婆罗门（净行），三毗舍（商贾），四首陀（农人）。若下二明随恶人之损。”

《事钞》云：“《大集》云：若末世中，有我弟子多财多力，王等不治，则为断三宝种，夺众生眼。虽无量世修戒施惠，则为灭失。广如第二十八卷护法品说。”《资持》释云：“初明国王纵彼造恶，则下显过断三宝者翳障正法也，夺众生眼者损他正见也，戒施灭失者损自功德也。”（已上皆见《事钞记》卷七）

第二节　会通

《事钞》云：“问：前《十轮经》不许俗治，《涅槃》《大集》令治恶者。”《资持》释云：“问中二经相违，故须和会。”

《事钞》续云：“答：《十轮》不许治者，比丘内恶，外有善相，识闻广博，生信处多，故不令治。必愚暗自缠，是非不晓，开于道俗三恶门者，理合治之，如后二经。又《涅槃》是穷累教本，决了正义。纵前不许，依后为定。两存亦得，废前又是。”《资持》释云：“答中，初两存释，又下废前释。穷即训极，累谓嘱累。一代所归故云教本。决前不了故是正义。两下双结。”（已上皆见《事钞记》卷七）

上来离诸非法中第三章谪罚可否竟

第四章　食肉

食肉中分为三节
- 一引大废小
- 二引小急制
- 三通禁诸物

第一节　引大废小

《事钞》云：“诸律并鱼肉为时食，此是废前教。《涅槃》云：从今日后，不听弟子食肉，观察如子肉想。夫食肉者，断大慈种，水陆空行有命者怨，故不令食，广如彼说。经云：前令食肉，谓非四生之肉，但现化耳，为度众生”《资持》释云：“初引《涅槃》制断中二，初示前废教。《涅槃》下次引后制断。尔前虽断，如《楞伽》等，但通指其过。《涅槃》终穷，正为开会，故特引之，出如来性品。初引废前文三，初二句立制。次一句教观厌。经云：如夫妻二人，共携一子，同行旷野。险难粮尽，杀子而食，垂泪而飧，不得滋味。今若观一切众生肉如子之肉，作是想时，必不贪食。夫下显过患，大慈是佛心，即于已他断佛种故。水陆空行者举处摄物，沉潜飞走无所不收。今食肉者，由害彼命，即彼怨仇。经下次引决前文，欲彰前教无诸过故。四生胎卵湿化。经云：为度众生故，示现食肉，而实不食。”

《事钞》续云：“《楞伽》云：有无量因缘，不应食肉。略说十种：一者一切众生无始已来常为六亲，以亲想故不应食肉。二狐狗人马，屠者杂卖故。三不净气分所生长故。四众生闻气悉生怖故。五令修行者慈心不生故。六凡愚所习，臭秽不净，无善名称故。七令咒术不成就故。八以食肉，见形起识，以染味著故。九诸天所弃，多恶梦，虎狼闻香故。十由食种种肉，遂啖人肉故，如《斑足王经》说。”《资持》释云：“二引《楞伽》示过。《楞伽》中十过，最须观察。初恐食啖父母，成恶逆故。《梵网经》云：一切男女皆是我父母，我生生无不从之受生，而杀而食者即杀我父母是也。二恐食其同类，非仁心也。三谓禽畜交合精血所成，腥臊秽物，自内于口，深可恶也。四者由多啖肉，易其血气。众生闻之，知是杀者。五即《涅槃》所谓大慈种也。六中由是愚痴不净者所为。故有食啖，无善名称。七谓或持咒术，必须精洁。尚诫荤辛，何况肉食。八谓凡遇畜形，即思其味故。九中三过，天报清净，所以舍弃。不习善法，故多恶梦。身同畜气，故为虎狼所食。十谓由此相因，遂啖同类。斑足王者其父游猎至山，染师而生，人形斑足。后绍王位。一日掌膳者阙肉，求得小儿肉以充之。王觉味殊，因敕常供。杀害既多，众欲杀王。王变为飞行罗刹，十二年中常食人肉。”

《事钞》续云：“今有凡愚多嗜诸肉。罪中之大，勿过于此。故屠者贩卖，但为食肉之人必无食者，亦不屠杀。故知食者，同屠造业，沾杀生人，可不诫乎。”《资持》释云：“三伸诫中，初明过重，如向列故。故下次明业深，同屠杀故。”（已上皆见《事钞记》卷三十三）

第二节　引小急制

《事钞》云：“《僧衹》云：若为比丘杀者，一切七众不应食。乃至为优婆夷杀，七众不食亦尔。”《资持》释云：“初引《僧衹》急制，为一众杀而制七众者，以同沾佛戒，意所通故。彼律得食三种净肉，谓不见不闻不疑为我故杀者。是知虽云得食，还同禁断。下引《四分》，其意益明。”

《事钞》续云：“今学戒者多不食之，与中国大乘僧同例。有学大乘语者，用酒肉为行解。则大小二教不收，自入屠儿行内。天魔外道尚不食酒肉，此乃阎罗之将吏耳。”《资持》释云：“二斥学罔时，初明学戒。中国学大乘者，皆依《梵网》《楞伽》《涅槃》等制。既修大行，慈济为先，安有大乘方行杀戮。有下指斥，行谓为之无耻，解谓执之不疑。二教不收者，以大小俱制，反不依行，教所不被故。教既不被，非佛弟子，无慈好杀，宜入屠行。天魔报胜净因所克，外道苦行飧风自饿等。故知啖肉未及魔外，阎罗将吏信是同伦。将吏，谓夜叉、鬼卒之类。”

《事钞》续云：“《四分》云：若此杀者行十恶业，为我故杀乃至大祀处肉，不得食之。以办具来者心无定主故。今屠者通杀，则依教无肉可食，正断食肉也。《律》云：若持十善，彼终不为我故断众生命，如此应食。准此，何由得肉而啖。”《资持》释云：“三显四分密断中，初明制断。为我大祀二皆不净。今下显意，次明开食。前与肉者须行十善，岂有行十善者而有肉耶，故云何由得肉等。”（已上皆见《事钞记》卷三十三）

第三节　通禁诸物

《事钞》云：“《楞伽》云：酒肉葱蒜韭薤之属，悉不尝之。”《资持》释云：“酒肉兼五辛，文缺与渠。或谓阿魏，或云自有兴渠，根如萝卜。蒜音算，韭音久，薤胡介反，并荤菜也。《梵网》云：一切食中不得食。《楞严》云：熟食发淫，生啖增恚。如是世界食辛之人，纵能宣说十二部经，十方天仙嫌其臭秽，咸皆远离，诸饿鬼等因彼食次，舐其唇吻。常与鬼住，福德日消，长无利益等。”（见《事钞记》卷三十三）（又《南山律》中，严禁蚕衣。乳蜜唯开重病，不许辄饮。如《南山释门章服仪》云：囚犊将乳，劫蜂贼蜜。过之大者，无越蚕衣。比夫屠猎之量，万计倍之。诸文至繁，今不委引）

上来离诸非法中第四章食肉章竟

第五章　畜养猫狗

《事钞》云：“或畜猫狗，专拟杀鼠，是恶律仪。《杂心》云：恶律仪者，流注相续成也。善生成论，若受恶律仪，则失善戒。”《资持》释云：“初显过，《杂》下引示。流注者，恶业遍也。相续者，念念增也。所以然者，由彼害心非止一境，复无时限故。善生成论，失善戒者，恶势强也。恶业顺惑，势力猛盛，一切善戒并绝相续故。有云：且望一类鼠上，善戒不续，非谓余戒俱无。又云：此乃诫勒之切耳。”（见《事钞记》卷七）

《轻重仪》云：“养畜猫狗，专行杀害。经论断在恶律仪，同畜便失善戒。出卖则是生类，业障更深。施他还续害心，终成缠结。宜放之深薮，任彼行藏。必系之显柱，更增劳役。但依前判，彼我夷然。便息生杀怨家，新树慈悲圣宅。”（见《量处轻重仪》卷上）

上来离诸非法中第五章畜养猫狗竟

上来别行篇中第五门离诸非法竟

第六门　出家宗致

问：今辑在家备览，何以最后列出家宗致门耶？答：凡俗士尚未出家，而欲出家者，须先了知出家之后，如何发心，如何苦行，自量己力，以定可否。若其力有未能，应即知难而退，不须率尔出家，免致将来忧悔。以是之故，出家宗致，为在家者所应预知。因以此门，殿于卷末焉。

出家宗致中分为三章
- 一出俗本意
- 二先说苦事
- 三应知五德

第一章　出俗本意

《事钞》云：“沙弥建位，出俗之始。创染玄藉，标心处远。自可行教，正用承修。滥迹相济，世涉多有。”《资持》释云：“初叙本示滥中四，上二句示位。此中须分形法二同，若但剃发名形同沙弥，若受十戒名法同沙弥。次二句明本志。上句言其始，下句示其终。玄藉通目佛教，处远直指佛果。复次二句示律可依，后二句斥世无训。”

《事钞》续云：“然信为道原功德之母，智是出世解脱之因。夫出家者必先此二。如未晓此，徒自剃著，内心无道，外仪无法，纵放愚情，还同秽俗。所以入法，至于皓首，触事面墙者，良由自无奉信，圣智无因而生。但务养身，宁知出要胜业。”《资持》释云：“次明信智二门中二，初叙二法之要。道由信立，故为道原；德自信生，故云德母。治业由智之力，破惑在智之照，故为解脱因也。非信道德无以发，非智业惑无以除，出家之人为道求脱，故云必先此二也。如下叙不明之失，初明形心混俗，所下次显愚法所以。皓首即白头也，面墙无所见也。无信则智不发，无智则不慕道，饱食暖衣悠悠卒世，故云但务养身等也。”（已上皆见《事钞记》卷四十一）

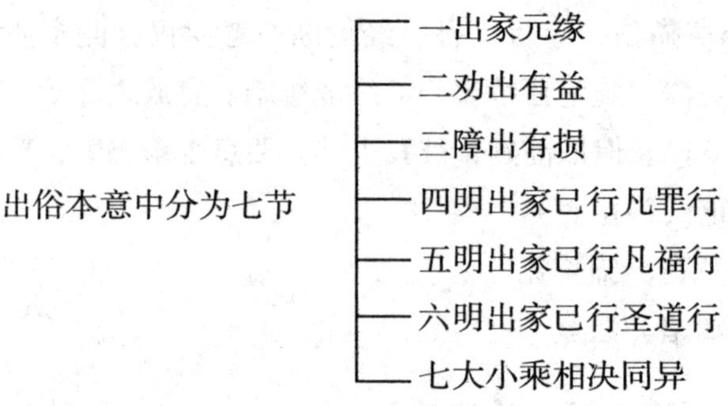

《资持》云：“标列七科，前三明功，次三明行，后一决疑。”（见《事钞记》卷四十一）

《济缘》云：“次列七科，统明出家始终行相。学者至此，当须自检。若唯徒说，于己何益。说食数宝，目击多矣。”（见《业疏记》卷十一）

第一节　出家元缘

出家元缘中分为二项

- 一出家文证
- 二引诫劝修

第一项　出家文证

《业疏》云：“如《华严》偈：若有不识出家法，乐着生死不求脱。是故菩萨舍国财，为之出家求寂静。五欲所缚不离家，欲令众生解脱故。以此文证，众生无始缠着家属，无思解脱。故大士引出于世。”《济缘》释云：“《华严》二偈，前偈为不识故立法示之，后偈为着欲故方便引之。初偈，上二句示不识之过。下二句明立法之相。云菩萨者，即指释迦因行为言。舍国财者，菩萨在家为王太子，次绍王位，国城财宝一切自在，欲明难舍犹须舍之，况余凡庶不足恋矣。寂静即涅槃果。后偈，初句示着欲。下三句明方便。文略下二句，具云示现不乐处五欲，是故出家求解脱。以下疏家结显推功归佛。”

《业疏》续云：“广如《郁伽长者》《涅槃经》中。家及非家相比显过，方起欣厌，得预法门。”《济缘》释云：“《郁伽长者经》秽居品云：居家菩萨当知在家秽污之事常念作故名为居家，断诸善根本是名居家。乃至居家如罗网如毒蛇如火烧身等。《涅槃》云：居家迫窄，犹如牢狱，一切烦恼由之而生；出家宽旷，犹如虚空，一切善法由之增长。若在居家，不得尽寿，净修梵行，我今应当剃除须发，出家学道。”（以上皆见《业疏记》卷十一）《资持》云：“《净住子》说：出家有十八法，难行能行。父母是孝恋难遣，而能辞亲。妻子是恩染难夺，而能割爱。势位是物情所竞，而能弃荣。饥苦是人所难忍，而能节食。滋奈是人所贪嗜，而甘啖蔬涩。翘勤是人所厌倦，而能精苦。七珍是人所吝惜，而能舍离。钱帛是人所畜聚，而能弃散。奴僮是人所资待，而自给不使。五色是人所欣睹，而弃之不顾。八音人所竞闻，而绝之不听。饰玩细滑人所保着，而能精粗无碍。安身养体人所共同，而能忘形舍命。眠卧是人所不免，而昼夜不寝。恣口朋游人所恒习，而处静自检。白衣饮馔不知绝极，而近口如毒。白衣日夜无所不甘，而已限以晷刻虚腹。白衣则华屋媲偶，而已以冢间离著。此齐文宣王萧子良撰，要故录之。”（见《事钞记》卷四十一）

第二项　引诫劝修

《业疏》云：“然世浊惑深，厌苦求乐。初虽欣出，终坠欲海。不修行业，故徒行也。”《济缘》释云：“初斥浊世不修二，初示时机。谓厌在家营趁之苦，求出家供给之乐。即《涅槃》云为衣食而出家者。初下，次明退堕。诗云：‘靡不有初，鲜克有终。’即斯类矣。徒行，谓出家无益也。”

《业疏》续云：“如《智论》云：六情根完具，智鉴亦明利。而不求道法，唐受身智慧。禽兽皆亦知，欲乐以自恣。而不知方便，为道修善事。既已得人身，宜勉自利益。不知修道行，与彼亦何异。龙树引诫，为极言也。闻而不行，犹是不闻。今重引告，何得不用。”《济缘》释云：“二引圣论极诫二，初论文三偈。初偈，上二句明报胜，下二句嗟不学。六情根者，情即是识，谓根识无缺也。智能鉴物，故云智鉴。唐，虚也。身对初句，智慧对次句。次一偈举况。畜是痴报，但知欲乐。即经所谓但念水草，余无所知也。后五偈中，上半合初偈，下半合次偈。龙下结告劝依。必应此偈出在他经，故云引诫。以畜况人，为诫深切，故云极言。”

《业疏》续云：“道行何耶？一切无染者是也。良由众生无始封着，是此是彼，是得是失。因之起染，缠缚有狱。故世钝者多着财色，少有利者多贪名见。四科束之，鲜不收尽。终归死去何事迷乎。”《济缘》释云：“三示所修行相二，初示道行。以偈文未显，故特征示，用开心路。一切之言通收善恶尘境，染恶则增业，染善则成障。能于日用所行所学，触境无染，无染之智即是般若，背尘合觉绝缚入道，必始于此。深可体究，慎勿诵文。良下反释所以又三，初示染本。封着是贪爱，此彼得失即分别。由斯二种轮回不息，能离此者即名道行，非别有道，故下云道在虚通达累为本是也。故下次举世情。财收八秽，色乃荒淫，名谓虚声，见即妄执。上二常流所着故为钝，下二学者所求故为利。此且一往分之，然有具四或复互轻，不必一定。鲜犹无也。终下，重诫。凡在同徒，用斯自照，有一于是，未脱轮回。积财荒色，诤见沽名，迹混世尘，不思出要，形出心没，何所利乎！”（已上皆见《业疏记》卷十一）（形出心没者，《业疏》云：“虽形附道，而心沉世也。”）

第二节　劝出有益

《业疏》云：“《如出家功德经》：若能放人出家受戒，功德无边。譬如四天下满中罗汉，百年供养。不如有人为涅槃故，于一日夜出家受戒。谓由前施虽多有竭，是欲界系。为法出家，非三界业，故说过前。又云：纵起宝塔至忉利天，亦劣出家功德者。一时欣出，虽未可数，然其积微是高胜本。”《济缘》释云：“初叹德。譬下次引喻有二，初供圣喻，前引经。谓下出意。有漏有竭，无漏无穷，优劣可见。又下二宝塔喻，前引经。一下示意。”（见《业疏记》卷十一）

第三节　障出有损

《业疏》云：“如《出家经》：为出家者，而作留碍抑制，此人断佛种故，诸恶集身，犹如大海。现得癞病，死在暗狱，无有出期。”《济缘》释云：“诸恶集身等，谓业深广，故喻如。癞病堕狱，即现生两报。”（见《业疏记》卷十一）《资持》云：“出既有功，障则损大。留碍如亲里不

听，抑制如王臣禁断。”（见《事钞记》卷四十一）

第四节　明出家已行凡罪行

《业疏》云：“据论罪本，皆由事缚。不思厌背，师心妄造。如《大宝积经》：出家二缚，谓诸见利养也。如律缘制由名利故，但生有漏。因制诸戒，为防罪业，障三涂也。”《济缘》释云：“初明罪本中二，初正示。言事缚者，即上四科。因之生罪，故为罪本。如大下引示。《宝积》诸见，即人法两执，利养谓所须四事。律缘，即舍利弗请佛制戒，佛言我自知时，未得利养，过漏未起。后须提那等，皆由利养丰盈，向道心薄，遂生过漏。故知名利，毁戒之缘；欲脱死生，深须远离。”

《业疏》续云：“今世出家，翻种苦本。不畏沉溺，多起下业。故彼文云。又有二痈，谓求见他过，自覆己罪。向诸行者知来实苦，决定现世不造苦因。如知火烧汤烂，无有纳手足者。佛说罪事，深宜远离。以不信所烧，随心造罪，更增俗人。”《济缘》释云：“次明造恶中二，初指世垂诫三，初伤时众。业能生苦，故云苦本。出家脱苦，今既造业，故云翻种。下业即三途因。故下次引文示。即是宝积，前已标名，故此略之；求他覆己，于心为患，故喻痈疮。向下三正垂诫二，初劝知果断因。向谓语告，纳犹入也。佛下次明违教造业，不信能丧善根功德，故如烧焉。”《资持》云：“《宝积》：二缚喻不自在，二痈喻不清净，并喻自心。智才幸宜自照。慎勿自谩，谓是他也。”（见《事钞记》卷四十一）

《业疏》续云：“故《十诵》云：未来世中，出家人入地狱，白衣生天者，以俗人无法在身，但专信故得生天也。出家有法，为世福田，乃反毁犯。妄受信施，开诸恶门，令多众生习学放逸故。”《济缘》释云：“二引教转证三，初十诵二，初引文。以下显意，前明白衣生天，后明出家入狱。一反道法，二妄受施，三令他习学。白衣无此，故升异焉。”

《业疏》续云：“《四分》中，为说利养难消。六十比丘得无学也，六十比丘热血从面孔而出，六十比丘畏佛语理退还俗。”《济缘》释云：“二。六十得果即清净者。六十流血谓毁犯者。六十退道即初入者。”

《业疏》续云：“余如涅槃，为利出家，驱逐净行等。”《济缘》释云：“三涅槃。彼云：我涅槃后，浊恶世时，多有为饥饿故发心出家，名为秃人。见有持戒，威仪俱足，清净比丘，护持正法，驱逐令出，若杀若害。”（已上皆见《业疏记》卷十一）《资持》云：“涅槃为饥饿者，以出家人衣食易得故。见有持戒驱逐杀害，自无戒德，恐相形比失于利养，生嫉

忌故。”（见《事钞记》卷四十一）

已上明出家已行凡罪行业疏文科表，别列于下，以备对阅。

```
初明罪本┬初正示
|       └二引示
二明造恶┬初指世垂诫┬初伤时众
        |           ├二引文示
        |           └三正垂诫┬初劝知果断因
        |                    └二明违教造业
        └二引教转证┬初十诵
                   ├二四分
                   └三涅槃
```

第五节　明出家已行凡福行

《业疏》云：“凡出家者出有为家，为解脱者谓脱缠缚。此为本也。”《济缘》释云：“出家求脱经律通言，牒以释之示其行本。有为总目三界，缠缚且论二惑。”

《业疏》续云：“今有行者，但知持戒，无心在道。道在虚通，达累为本，此而不思，但持戒善，自余讲解修习观务，悉为非道。内多瞋忿，久污净心。此戒取结，谓为最胜。又是见取。体是欲界，增生下业。”《济缘》释云：“明凡福行相中四，初持戒二，初叙持戒昧道。言虚通者，道之体也。言达累者，道之用也。余为非道者，是此非彼也。内多瞋者，怒他不坐己欲也。此下结示行果。凡夫具十使，贪嗔痴慢疑五钝使也，身见边见邪见戒取见取五利使也。今此执戒为胜，即二种结使烦恼耳。既无禅观，未脱欲有，故是下业。”

《业疏》续云：“若修世禅，缘色缘心。虽经上界，终还生死，未有出期。”《济缘》释云：“二修禅。世禅即四禅四空定也。缘色故生色界，缘心故生无色界。”

《业疏》续云：“若修多闻，讲诵经典，不为解脱。并增欲有，未成无漏。”《济缘》释云：“三多闻。多闻讲诵多为名利养，驰骋见解，是非相胜。皆是下业。学者闻之，宜乎自省。”

《业疏》续云：“若营世事，供养三宝塔寺等相，心无欣道，最是我所，或沦下趣。由造善时，自爱憎他，行谄行诳，杂惑成树，故受鬼趣，相似果报。以心非实，生在恶道。以福事成，故受胜处。”《济缘》释云：“四营事二，初明行果，由下次推心因。以强胜故，自爱憎他；以追求故，行谄行诳。此等不一，故云杂惑；积集既众，故喻如树。恶道是总报，胜处即别报。”

《济缘》云：“愚者见此，便谓持戒多闻皆不足为。而不知徒行无诣，故为世福，若真求脱，无非圣道。但心有通塞，事岂替废耶！”（已上皆见《业疏记》卷十一）

《资持》云：“准知修道，事行难分。自非达人，何由可识。”（见《事钞记》卷四十一）

第六节　明出家已行圣道行

《业疏》云：“但出世道，无始未经。皆由著世，惯习难断。今既拔俗，智鉴明利。若不行者，禽兽无别。”《济缘》释云：“初叙难行所以。今下次劝励力须修，即用上文《智论》偈意。”

《业疏》续云：“然圣道行，经说乃多，并随机缘，故药无准。要而言之，不过三种。”

《业疏》续云：“一者小乘人行。观事生灭，知无我人善恶等性。二小菩萨行。观事是空，知无我人善恶等相。三大菩萨行。观事是心，意言分别。故《摄论》云：从愿乐位至究竟位，名观中，缘意言分别为境。”《济缘》释云：“三种观法，并云观事者，事即观境，统收诸法。文中且举我人善恶，故云等也。初观生灭，灭已见空。次观幻化，生处见空。后观唯心，生灭幻化，无非心变。以心生法生，心灭法灭，生灭有相，相如幻化，二乘小圣，见之为空，而不知生灭去来，本如来藏。故大菩萨但了唯心，圆修三观，不偏性相，故名中道。意言分别者，谓观一切诸法，皆由心思口议分别前事，故有差别。万法皆归思议不出自心，摄末归本，故云唯心。下引《摄论》，即《摄大乘论》。愿乐位通收加行三贤也，究竟位别指最后妙觉。行虽浅深，皆观唯识，即是中道，故云观中。缘谓能观，意言分别即扎观，故云境也。”（已上皆见《业疏记》卷十一）《资持》云：“三观并云观事者，事即是境。心依境起，随境立观，谓色心阴入界有情无情善恶无记等。若论智解须达诸法，若于时中观心为要。随心所起，起即是事，若善若恶。三理照之，乃知颠倒，但有妄计，本无所有，随心动用，一切皆空。或推相见性，谓之性空；即相知幻，谓之相空；达相是心，谓之唯识。犹如梦事，或推梦想从何生灭，或知睡梦当相不实，或知唯心所变无别梦事，喻上三观略知浅深。然行位有三，观境唯一所谓事也。见理有二，前二性相虽殊，皆以空为理也，后一以心为理。前二为权，后一是实。然出家超世，通学三乘。今依《业疏》，准开会意，专指佛乘为出家本矣。性空中，初句标位。次句示行。观即能观智，事即所观境。下二句见理。以我人善恶性本自无，缘会故生缘散即灭，生灭灭处名为空理，即是二乘所至之极。次小菩萨中，位行理三同上分之。三大菩萨中，初句标位，次句明理。观法唯心，即事显理故。下句示行。以一切诸法本唯一识，一识之外更无别法。无始妄动，横计心境，有彼有此，内外差别。穷此差别，皆是意思妄起取着，由取着故妄构名言。是故智者欲观唯识，必以意言为所观境，由此意言皆一识故。是则不离思议，即于差别达无差别。故下引证。"见《事钞记》卷四十一）

《资持》云："上之三科总论十界之因故并名行。凡罪即三途行，凡福即修罗人天行，圣道即三乘佛果行。历示心行，令识因果。舍罪修福，革凡成圣，厌小慕大趣一佛乘。是故《业疏》专指大乘为出家学本。即《戒本》云：若有自为身，欲求于佛道，是也。"（见《事钞记》卷四十一）

第七节　大小乘相决同异

《资持》云："相决同异。同谓进修方便唯是三学，无别途故。异乃心志广狭故分二乘，用与别故。"

《事钞》云："三乘道行，如上已明。今通决正，不出三学。一切圣人无不行此。"《资持》释云："上二句蹑前。今下正示。"（已上皆见《事钞记》卷四十一）

大小乘相决同异中分为二项：
- 一小乘三学
- 二大乘三学

第一项　小乘三学

《事钞》云："若据二乘，戒缘身口，犯则问心。执则障道，是世善法，违则障道，不免三涂。"《资持》释云："初戒中，缘身口者，谓制法也；犯问心者，推业本也，此据《四分》空宗为言。执下二句明持失也，或专慕人天则滞于凡福，或计为至道则堕于利使。违下二句明犯报也。"

《事钞》续云："定约名色，缘修生灭为理。故《佛性论》云：二乘之人，约虚妄观无常等相以为真如。慧取观照，与定义别体同。"《资持》释云："二定慧二，前明定学。名色，即所观境。一蕴是色，四蕴是心，心道冥昧，止可名通，故总云名。缘修，即能观心；生灭，即所见理。以色心二法，念念生灭，生灭故无常，无常故无性，无性故空寂，空寂即灭谛涅槃真如之理。故下引证，彼明小乘所证非真见佛性故也。虚妄即名色，无常即生灭，真如即空理。次慧学中，定是澄寂，慧取照用，动息不同，故云义别；同一心体，故云体同。水澄物现，镜净像生；定慧一异，喻之可解。”（已上皆见《事钞记》卷四十一）

第二项　大乘三学

《事钞》云：“若据大乘，戒分三品。律仪一戒不异声闻，非无二三有异。护心之戒，更过恒式。”《资持》释云：“初戒二，初标示同异。三品即三聚。准《智论》中，二乘但有断恶一聚，虽有作持，还归离过；不修方便教化众生，故无摄善；自调自度，故无摄生。是以今文但举律仪，比校同异。言不异者，准《业疏》圆宗谓同三聚。彼云：戒分三品，约义收缘，不异诸律。（由非明制，故云约义）如杀一戒具兼三位，息诸价缘即摄律仪，常行慧命即摄善法，护前生命即饶益有情。此一既尔，余戒例然。（已上疏文性戒并例此说）若论遮戒，如酒宝等，离畜饮过即摄律仪，常行对治即摄善法，息世讥嫌即摄众生。若取大小戒本以分，则小教四夷，大乘十重，四夷大同，余六并异。以至畜宝然身等异相极众。且云二三，意显同多异少故也。护心戒者，防瞥尔也。如《梵网》制不悭不瞋等。又《涅槃》：隔壁闻镮钏声，分别男女心染、净戒之类。”《济缘》云：“若准《智论》，声闻戒但有断恶一聚。今用大意决于小宗，约义明同，莫不齐具。疏中且举杀戒，余并例作。如淫息诸染缘，常修梵行，不污前生。如盗则离侵损缘，常行惠施，不恼前生。如妄则离虚妄缘，常行实语，不诳前生等。”（见《业疏记》卷十一）

三聚之义，于《宗体篇》五戒，预习发戒，依境发心支中，委释。

《事钞》续云：“《智论》：问云：菩萨住于实相，不得一法，得破戒否？答曰：以住于实相故，尚不作福，何况作罪。虽种种因缘，不破戒人。”《资持》释云：“二广示异。橛三，初《智论》住实相者，心冥妙理，空无所有，故不得一法。既无所得，则无善恶；既无善恶，则无持破；既无持破，则无有戒；既无有戒，则应任意施为，不须守戒。世多邪见，故问决之。答中，以福况罪。不作福者，不取福相，故云不作。种种因缘谓方便化导，随所动用皆离过故。”

《事钞》又云：“《摄论》云：菩萨得无分别智，一切尘不显现，由有胜智方便，具行杀生等十恶。由前有利益故，自无染浊过失。纵有利益，有过失不应行。准此初地已上方得用此无分别智，故地前不合。”《资持》释云：“二《摄论》中，胜智即无分别。方便谓诱化众生。准下判位。初地已上者，故知十圣方许行之。地前三贤犹制不合，况余凡愚安可僭滥。”《济缘》云：“无分别智，谓观诸法如实平等，故无分别。唯一真体，外尘本无，故尘不显现。方便即权巧。有利益者，谓利他也；自无染者，谓自利也。具此二利，虽行无犯，互有所缺，亦不行之，故云纵有等。今时愚人不量位地，不知权行，作恶无耻，妄引为例，自误误他，难可救也。”（见《业疏记》卷十一）

《事钞》续云：“《涅槃》：持息世讥嫌戒，与性重戒无别。因说菩萨持戒相，罗刹乞浮囊喻。”《资持》释云：“三涅槃中，初明持相。息世讥嫌即目遮戒。遮性等持故云无别。次以喻显。渡海人喻菩萨，罗刹喻三毒，浮囊喻具戒。”

《事钞》云：“若论定慧，小观相空，深观唯识。钝见空时，不分别色。利知唯识，不分别空。”《资持》释云：“次定慧中，由小菩萨涉于大小，小据观智，大约志求，小大虽异，并菩萨乘。故且一往，通收大中。初示观别，如上所明。次校浅深。钝即小菩萨，在大为钝，望小则利，不分别色，异上二乘析色故。利即大菩萨，不分别空，超过菩萨故。由观唯识，住于中道。了一切法，无非心识，识非色空，非不色空，尚不分别识，何况分别空。若知唯识，则住实相无分别故。”（以上皆见《事钞记》卷四十一）

上来出家宗致中第一章出俗本意竟

第二章　先说苦事

《羯磨》注云：“《僧祇》云：若初欲出家者，为说苦事一食，一住，一眠，多学。问答能者，度。”（见《随机羯磨第三》次科亦尔）《业疏》释云：“为说苦事者，以世网苦辛，多厌求乐，初虽慈许，终有退败。一食者，佛教之中，一食为本。托缘开二，不是长途。至今西域，统五天竺，常行一食。希见东华寺别两顿。一住者，一坐跏趺，周时方起，自非味重，何以致斯。一眠者，中夜之时，暂尔倚卧，分星月次，寻起缘念。多学者，慧心常运，不许浮散也。”《济缘》释云：“世网苦辛，谓工商士农，经营求趁，不容自安，人多厌之，求安闲乐，故反说苦事，知其志愿。初慈许者，谓师辄受也；终退败者，谓资疲厌也。一食中，初二句明本制。托下示缘开，因病开粥故。至下引据希下斥非。今时见便进啖，岂止两顿。律崩法坏，一至于此。悲夫！周时谓尽一日。味重谓禅定乐。倚卧谓倚身而已。分星月次不使长久故。慧心常运，即遗教云常自省察，不令有失是也。”（见《业疏记》卷十一）

《资持》云：“《僧祇》：先说苦事，欲令知叹，免后悔故。《四分》：则有十种，谓能耐风、雨、寒、热、饥、渴、毒虫、恶言、一食、持戒。”（见《事钞记》卷四十一）

上来出家宗致中第二章先说苦事竟

第三章 应知五德

《羯磨》注云：“如《请僧福田经》：沙弥应知五德。一者发心出家，怀佩道故。二者毁其形好，应法服故。三者永割亲爱，无适莫故。四者委弃身命，遵崇道故。五者志求大乘，为度人故。”《业疏》释云：“初德发心怀道者，创发蒙俗，情厌诸有。唯欣出要，常怀佩也。佩谓带持之者也。二德毁形应法者，道俗路乖，反形易性。故割其所重，服彼所轻。明志绝奢靡，与世违也。三德割爱怀舍者，以无始所亲，慈恋难断，终归死别，然不早悟。今近割俗缘，远成济度，且从道业两舍亲疏也。故《善见》云：瓦钵贯肩，以四海为家居，知谁可爱憎也。四德委命遵道者，明崇奉三学，死而有已也。五德志大度人者，奉行极教，兼济于他。”《济缘》释疏云：“初德中，初释上句，唯下释下句。二中，初通示，故下别释。上二句释反形，下二句释易性。奢则华侈，靡谓美丽。三中，初叙情爱。世俗贪生，不知有死，故不早悟。今下释永割。两舍亲疏，谓无适莫，适字音嫡。故下引证。四中，奉崇三学，释下遵道，死而有已，释上委命。五中，大乘穷理，尽性谓之极教。”（见《业疏记》卷十一）

《资持》云：“此之五德，出家大要。五众齐奉，不唯小众。终身行之，不唯初受。《疏》云：斯德始终通于五众，俱堪物养，人天师范，故使诵持，无轻受体及形服也。”（见《事钞记》卷四十一）

上来出家宗致中第三章应知五德竟

上来别行篇中第六门出家宗致竟

上来第四别行篇竟

弘一大师晚岁辑《南山律在家备览略编》，费时二载，极费苦心，稿凡三易，方得告成。原拟全部写成现代文言，俾浅显易读，而未果遂。据持犯篇注，本书应有附录，而手稿中无之。妙莲法师检大师遗稿，有《戒体章名相别考》《日中考》《古今尺略图》《受十善戒法》等，酌取以充附录。犹恐未尽契合大师本意，嘱为附带声明如上。案：《持犯篇》末注云，周尺体量，如附录中《周尺考委明》。今检《古今尺略图》后，附有周尺别形，及南山律尺量，因合编为《周尺考》。又沪泉两地所藏手稿，微有出入。沪稿经校勘后，再寄晋江，由慧容法师就泉州藏向覆校。遇异同处，往复函商，斟酌取舍。原稿偶有笔误或疑问时，则以所引原书为准。例如二一三页六行拾僧过失，同页十行诫拾僧过失。两拾字原稿均作舍。检《大正藏·续藏》，及大师亲校津刊钞记会本，皆作拾。舍字系笔误。又如一七七页八行岂复有教，有字原稿作口。检《四分律戒相表记》，及亲校津刊会本，扶桑古刊本，大正藏本，续藏本，均作有。唯心灿法师扎录大师校正钞记副本，批注云，有字疑是误写。足征备览作口，系表阙肆俟考之意。盖大师先编《戒相表记》，次乃校正津刊钞记会本，后始编辑《在家备览》。编《备览》时虽疑有误，而未考定。兹仍从原书作有。犹虑校对不无疏忽，倘续发见讹误，当俟再版攸订，期臻完善。

大藏经会谨识

李叔同诗词作品

清平乐·赠许幻园

城南小住。
情适闲居赋。
文采风流合倾慕。
闭户著书自足。
阳春常驻山家。
金樽酒进胡麻。
篱畔菊花未老，
岭头又放梅花。

南山律在家备览略编（忏悔篇）

南山律在家备览略编（忏悔篇）

《资持》云："梵云忏摩，此翻悔往。有言忏悔，梵华双举。准《业疏》云，取其义意谓不造新，忏谓止断未来非，悔谓耻心于往犯。有将忏字训首训鉴，义虽通得，华梵须分。"

《事钞》云："夫结成罪种，理须忏除，则形清心净。故《萨婆多》云：无有一法疾于心者。不可以暂恶，便永弃之。故须忏悔。"《资持》释云："初叙忏意，上句明造业。结业成因，必招来果，故如种焉。次句明须忏。以犯从妄起，罪假缘生。妄体本空，缘生无性。了知妄本，则犯相何依；识达缘生，则罪根叵得。是以忽追所犯，深恨前非。仰对胜缘，尽披肝胆。罪从心起，还逐心亡。既伏现因，不牵后果。犯而不悔，业苦穷。有智识非，义无隐覆故也，则下彰益。故下二引劝。初引论，不下申劝。彼论问曰：何法重于地，何法高于空，何法多于草，何法疾于风？答曰：戒德重于地，我慢高于空，烦恼多于草，心念疾于风。今略引后句，以明昔心造恶，今忽追悔，刹那翻善，不待终日，意令有犯速须求忏。"

《事钞》云："《涅槃》云：犯四重者，生报即受。若披法服，犹未舍远。常怀惭愧，恐怖自责。其心改悔，生护法心。建立正法，为人分别。我说是人不为破戒。若犯四重，心无怖畏，惭愧发露。于彼正法，永无护惜建立之心。毁呰轻贱，言多过咎。若复说言，无佛法僧。并名趣向一阐提道。云何是业能得现报，不未来受。谓忏悔发露，供养三宝，常自呵南。以是善业，今世头目等痛，横罹死殃鞭打饥饿。若不修身戒心慧，反上诸法，增长地狱。"《资持》释云："初示罪报。若下二时犯心有二，初约护法说破为不破。善业胜故，犯心轻故，亦欲进彼护法者。故未舍远者，谓于佛法犹恋慕故。若犯下次约坏法说为犯。言多过咎，即说佛法中多过失故。一阐提此云无信。云下三示悔法，初标问。谓下答释，初明忏者现报即受。所谓转重为轻也。横谓非横，罹犹堕也。若下明不忏者生报方受。彼经云：若不观身无常，名不修身。不观戒是善梯磴，名不修戒。不观心躁动制伏，名不修心。不观智慧有力能断，名不修慧。”（已上皆见《事钞记》卷二十八）

忏悔中分为二门
- 一略分化制通局
- 二别明化教二忏

第一门　略分化制通局

略分化制通局中分为二章
- 一明化教
- 二明制教

第一章　明化教

《事钞》云：“今忏悔之法大略有二，初则理忏，二则事忏。此之二忏，通道含俗。”《资持》释云：“化教具兼两忏，通被二众，如文所叙。又复二忏，通大小乘。又所犯罪通悔三世，总牒十业。”（见《事钞记》卷二十八）

上来略分化制通局中第一章明化教竟

第二章　明制教

《事钞》云：“若论律忏，唯局道众。由犯托受生，污本须净。还依初受，次第治之。”《资持》释云：“制中反成五局。言律忏者局小宗也，如文自述局道众也，托受生者局事行也，依初受者局现犯也，次第治者局名体也。上且分对，次释文相。初二句标局。言道众者总收出家五位。由下释局所以。文叙犯忏皆依本受，受是禀制，于制顺违遂成持犯，则彰律忏与经天别矣。初句示犯起之本，次句明制忏之意。还下示立忏之法。”（见《事钞记》卷二十八）

化制二教，通局互对。今依记文列表如下。

- 化教—二忏通大小乘—通被二众—具兼两忏—所犯罪通悔三世—总牒十业
- 制教—局小宗———局道众———局事行——局理犯————局名体

上来略分化制通局中第二章明制教竟

上来忏悔篇中第一门略分化制通局竟

第二门　别时化教二忏

别明化教二忏中分为二章：一对显二忏；二重广理忏

第一章　对显二忏

《事钞》云："若据通忏，理事二别。"《资持》释云："标云通忏者，如上五对，通义可知。"

《事钞》续云："理据智利，观彼罪性。由妄覆心便结妄业，还须识妄本性无生。念念分心，业随迷遣。"《资持》释云："理忏者，此约观慧推穷业性明见真理，罪得伏灭，故云忏也。文中初标根性。且望修事通明利根，若对三观智用浅深自分利钝如后可见。观下二示观行，初句示所观境。由下明能观智。上四句明达妄见理，下二句明行成罪灭。分谓分辨，即观照也。此中通示理观，无生之言总下大小三种之理。"

《事钞》续云："若论事忏，属彼愚钝。由未见理，我倒常行，妄业翳心，随境缠附，动必起行，行缠三有。为说真观，心昏智迷。止得严净道场，称叹虔仰；或因礼拜，或假诵持，旋绕竭诚心缘胜境。则业有轻重，定不定别。或有转报，或有轻受。并如佛名方等诸经所明。"《资持》释云："次事忏中，初标机宜。由下二示忏法又二，初叙不堪理观。止下二正明事忏二，初明事行。则下明成益，上二句示先业。言轻重者就过为言，五逆谤法用僧物等为重，余则为轻。又凡造罪，具足三时俱起猛心为重，或二时一时为轻。定不定者复简重业，定业极重纵不亡，不定犹轻或容转易。下二句彰益。转报谓易夺不受，对上轻及不定业也。轻受谓转重为轻，即上重中定业也。并下指广。《虚空藏经》《占察经》等并明悔法。若准《业疏》，须具五缘：一请佛菩萨为证（即奉请众圣也），二诵经咒（即诵讽咒），三说己罪名（即说忏悔），四立誓言（即今发愿），五如教明证（即今求相，简择邪正）。"（已上皆见《事钞记》卷二十八）

今据上段《资持》释业有轻重定不定别或有转报或有轻受钞文之义，并会通《业疏》四句，列表如下。其中依《业疏》增入者，上下用（ ）记号：

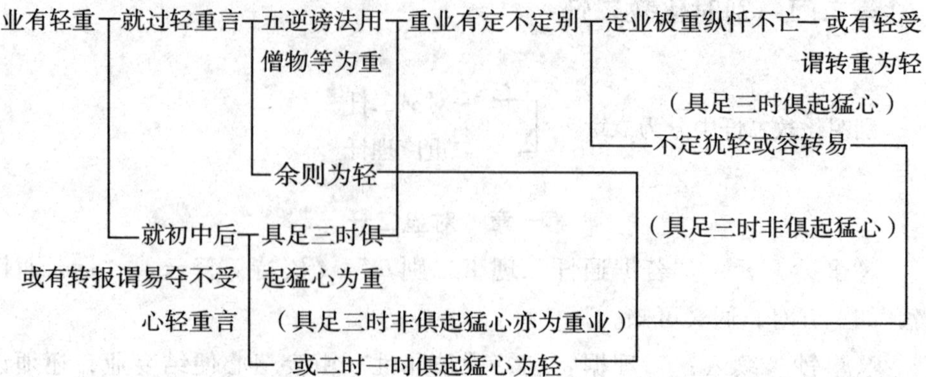

（二时一时非俱起猛心愈轻）

初中后心三时者，谓方便时，根本时，成已时。猛重心相者，谓方便举尤害心，根本起尤快心，成已起随喜心。其中轻重有无，列示句数。如前持犯篇，持犯总义，辨犯优劣章，单心辨犯及有心无心辨犯二节广明。宜检阅之。

《业疏》释忏六聚法篇，引他解中，分列四句，至为明晰。今准其义，附列表如下以资参考。（文见《业疏记》卷二十二）

时报俱定三时俱有心并俱重心——不可不受、则转重令轻。
时定三时俱有心报不定虽俱有心容有重轻——忏悔可转、则有相除。
时不定非三时俱有心报定有心者俱重心
时报俱不定非三时俱有心有心者非俱重心——此造业轻、易忏伏也。

《济缘》云："问：修理忏人，须礼诵否。答：愚智两分，事理无二。上智达理，不碍修行；中下昧空，故存渐诱。应为四句，总摄群机。一得理失事，一心禅观，外阙庄严，如有目无足不能前进。二逐事迷理，计功分课，不了缘生，如有足无目不知所从。三事理双运，目足相资，万行圆修，必至彼岸。四理事俱昧，盲而无足，愚痴惰慢，终无出期。是知理事各立未免偏邪，空有一如是真修习。故曰，实际理地不受一尘，佛事门中不舍一法。诸佛菩萨历劫熏修，华竺祖师终身苦行。此理深密，何可尽言！略示大途，粗分缁素耳。"（见《业疏记》卷二十二）

《资持》云："今时愚者，错解佛乘。皆谓理观寂尔无思，空然无境。取舍不得，能所俱亡。顽然寂住便是真如，放荡任情即为妙用。由是不礼圣像，不读真经。毁戒破斋，嗜酒啖肉。夸为大道，传化于人。恶业相投，率多承习。此乃虚妄臆度，颠倒论回。岂知达法皆真何妨泯净，了真即用岂碍修行。是知悟理则万行齐修，涉事则一毫不立。自非通鉴，余复何言。”（见《事钞记》卷二十八）

上来别明化教二忏中第一章对显二忏竟

第二章　重广理忏

重广理忏中分为三节：标示用心；别列三观；结示

第一节　标示用心

《事钞》云：“言理忏者，既在智人，则多方便。随所施为，恒观无性。以无性故，妄我无托。事非我生，罪福无主。分见分思，分除分灭。如人醒，则不眠醉。”《资持》释云：“初示所修观相。无性即空理。以下明罪灭所以。诸世间业皆从我生，我为业主，我既无托，故所造善恶，不从我倒而生，妄业无依，故得除灭。见谓达理，断谓起修，除谓能观智，灭即所观业，破妄显真而非顿证，故皆云分。若约位判，分见分思即内凡人，分除分灭即初果已去。如下喻显。眠醉喻迷醒觉喻悟眠觉醉醒相似法故。”（见《事钞记》卷二十八）

第二节　别列三观

《事钞》云：“然理大要不出三种。”《资持》释云：“理本是一，何有三者。若权实往分，前二是权，后一是实。若大小相对，前一是小，后二属大。若约开权会小，终归一理。若对三宗，性空局小，唯识局大，相空通小大，如是分之。”

《事钞》续云：“一者诸法性空无我。此理照心，名为小乘。”《资持》释云：“性空中分三，初示所观境即诸法二字。诸法之言总包一切。诸经论中或约依正因果，或世出世间，或有漏无漏，或色心非色心，或善恶无记，或阴界入等。若据通论总观诸法，今就忏悔且指罪业而为观境。性空无我一句即能观智。罪从缘有，本无自性。缘即心境，虚妄心境和合成业。业性自空，非合之空。由存妄计故受轮转，但破妄计觅罪叵得，叵得之处强名空理。言性空者小机智劣，不能即法见空。必待推析，穷法体性，然后方空。此下判位。小乘通收声闻缘觉。据所乘法谛缘虽殊，若论断证同见空理。”

《事钞》续云："二者诸法本相是空，唯情妄见。此理照用，属小菩萨。"《资持》释云："相空中亦三，示境同前能观中。言相空者，了法无相。犹如幻化昧者谓真，亦如空华眼病谓实，故云唯情妄见。判位中小菩萨者虽发大心，未穷心本，故设此观空诸尘境，如诸般若所被初心。者二乘住寂故但照心，菩萨涉事故云照用。若对三宗，即当四分。同观空理故云小也，志慕佛乘故云菩萨。"

《事钞》续云："三者诸法外尘本无，实唯有识。此理深妙，唯意缘知。是大菩萨佛果证行。故《摄论》云：唯识通四位等。"《资持》释云："唯识中三科同上观境可解。能观中，外尘谓一切境界也。言本无者有二义，一者境即心故，二者虚妄见故。实唯有识者，言唯则遮于外境，言识则表于内心。判位中。上二句彰胜。对前粗浅故云深妙。次二句正判。大菩萨者初地已去也。故下引证。彼以五十二位总为四位。《论》云：一切法以识为相，真如为境。境即是体，依此境界，随心信乐，入信乐位。此收加行十信十住十行十回向四十位如理通达，得入见位。即初地也能对治一切障，得入修位。二地至七地出离障垢，得入究竟位。八地至佛地初位所修名影像唯识，后三所修名真唯识。有人将前小菩萨对加行者，不知观行不同也。问：有人云，唯识观，现山判位太高。又云，深位无罪，岂须忏悔。其意云何？答：《论》文自云唯识通四位，那责南山判耶。此盖特举深位以彰理妙，当知悔法正为下凡，故下劝令任智强弱，随事观缘，岂令果佛而悔罪耶。前修率尔不无小疵，后进狂简便生轻谤。寄言有识，详而慎之。"（已上皆见《事钞记》卷二十八）

第三节　结示

《事钞》云："以此三理，任智强弱，随事观缘，无罪不遣。"《资持》释云："据理深浅，由机强弱，当量己分，随力修之。然末世情昏，鲜逢利器。尚未堪事行，况克意于玄门。三观微言，于兹殆绝。呜呼！"（见《事钞记》卷二十八）

上来别明化教二忏中章重广理忏竟

上来忏悔篇中第二门别明化教二忏竟

上来第三忏悔篇竟

弘律愿文

如是戒品，我今誓愿受持、修学，尽未来际，不复舍离。以此功德，愿我及众生，无始已来所作众罪，尽得消灭。若一切众生所有定业，当受报者，我皆代受。遍微尘国，历诸恶道，经微尘劫，备尝众苦，欢喜忍受，终无厌悔；令彼众生先成佛道。我所发愿，真实不虚，伏惟三宝证知者。

演音自撰发愿句三种，行住坐卧，常常忆念，我所修持一切功德，悉以回施法界众生；众生所造无量恶业，愿我一身代受众苦。

誓舍身命，护持三世一切佛法！

誓舍身命，救度法界一切众生！

愿代法界一切众生，备受众苦！

愿护南山四分律宗弘传世间！

受八关斋戒法

归命一切佛，惟愿一切佛菩萨众摄受于我。

我今归命胜菩提，最上清净佛法众。

我发广大菩提心，曰他利益皆成就。

仟除一切不善业，随喜无边功德蕴。

先当不食一日中（案即一日夜中过午不食），后修八种功德法（以上三说）。

我名某甲，惟愿阿阇梨摄受于我，我从今时发净信心，乃至坐菩提场成等正觉，誓皈依佛二足胜尊，誓皈依法离欲胜尊，誓皈依僧调伏胜尊。如是三宝是所归趣（以上三说）。

我某甲净信优婆塞（案受八戒者，正属在家二众。亦兼通于出家诸众，如《药师经》中所明。此文且据在家者言，故云优婆塞。若出家者，随宜称之），惟愿阿阇梨忆持护念，我从今日令时发起净心，乃至过是夜分，讫于明旦日初出时，于其中间奉持八戒。所谓一不杀生、二不偷盗、三不非梵行、四不妄语、五不饮酒、六不非时食、七不华发庄严其身及歌舞戏等、八不坐卧高广大床。我今舍离如是等事，誓愿不舍清净禁戒八种功德（以上三说）。

我持戒行庄严其心，令心喜悦，广修一切相应胜行，求成佛果。究竟圆满（一说）。又诵伽陀颂曰：

我发无二最上心，为诸众生不请友；
胜菩提行善所行，成佛世间广利益。
愿我乘是善业故，此世不久成正觉；
说法饶益于世问，解脱众生三有若。

岁次寿星沙门善梦[①]敬书明居丰州[②]灵应山中

①善梦：弘一大师别号之一。

②丰州：即南安。

下篇 弘一法师解经

《华严集联三百》序

一九三一年六月六日作于浙江上虞法界法

割裂经文，集为联句，本非所宜。今循道侣之请，勉以缀辅。其中不失经文原意者，虽亦有之，而因二句集合遂致变易经文者，颇复不甚少。战兢悚惕，一言三复，竭其驽力，冀以无大过耳。兹事险难，害多利少，寄语后贤，毋再赓续，偶一不慎，便成谤法之重咎矣。《华严》全经有两译：一晋译，有六十卷，三十四品；二唐译，有八十卷，三十九品。若其支流，一品别译者，凡三十余部，唯唐贞元译《普贤行愿品》四十卷，传诵最广，盖是晋唐译全经中《入法界品》别译本也。今所集者，都三百联。自晋译《华严经》偈颂中集辑百联(附录四联，原文连续，非是集缀)，自唐译《华严经》偈颂中集辑百联(附录集句二十五联为前百联之余，八联为原文连续，非是集联)，自唐贞元译《华严经普贤行愿品》偈颂中集辑百联(附录二联，原文连续，非是集缀)。

后贤书写者，于联句旁，或题曰某译《华严经》偈颂集句，或题曰某译《大方广佛华严经》偈颂集句，或题曰某译《大方广佛华严经》某品某品偈颂集句，“集”字勿冠经名之上，昭其敬重耳。

辑录联文，悉依上句而为次第，唯唐贞元译七言末四联，补集后写，未依经次。字音平仄唯句末一字，余字不论。一联之中无有复字，唯晋译八言第一首如字，以义各异，姑附存之。

只句片言，文义不具，但睹集联，宁识经旨，故于经末别述《华严经读诵研习入门次第》一卷。唯愿后贤见集联者，更复读诵研习《华严大典》，以兹集为因，得入毗卢渊府，是尤所希冀者焉。

于时岁次鹑首四月二十一日，大回向院胜髻书。

《华严经》读诵研习入门次第

读诵研习，宜并行之。今依文便，分为二章。每章之中，先略后广。学者根器不同，好乐殊致，应自量力，各适其宜可耳。龙集辛未首夏沙门亡言述。

第一章　读诵

若好乐简略者，宜读唐贞元译《华严经普贤行愿品》末卷（即是别行一卷，金陵版最善，共一册）。唐清凉国师曰：“今此一经，即彼四十卷中第四十也。而为《华严》关键，修行枢机，文约义丰，功高德广。能简能易，推远唯深，可赞可传，可行可宝。”故西域相传云：《普贤行愿赞》为略《华严经》，《大方广佛华严经》为广《普贤行愿赞》。或兼读唐译《华严经净行品》。清徐文蔚居士曰：“当以《净行》一品为入手，以《行愿》末卷为归宿。”又曰：“《净行》一品，念念不舍众生。夫至念念不舍众生，则我执不破而自破。纵未能真实利益众生，而是人心量则已超出同类之上。胜异方便，无以逾此。”

以上二种，宜奉为日课。此外，若欲读他品者，如下所记数品之中，或一或多，随力读之。《菩萨问明品》《贤首品》《初发心功德品》《十行品》《十回向品·初回向章》《十忍品》《如来出现品》（以上皆唐译）。若欲读全经者，宜读唐译（扬州砖桥法藏寺版最善，共二十册）。徐居士曰：“读全经至第五十九卷《离世间品》毕，宜接读贞元译《普贤行愿品》四十卷，共九十九卷，较为完全。盖《入法界品》，晋译十六卷，唐译二十一卷，皆非全文。贞元译本，乃为具足。不独末卷《十大愿王》为必读之文，即如第三十八卷《文殊答善财修真供养》一章，足与末卷《广修供养文》互相发明，同为要中之要。而晋唐二译皆阙也。”（贞元译《普贤行愿品》亦法藏寺版，并十册。）

若有余力者，宜兼读晋译（金陵版共十六册）。徐居士曰：“晋译亦宜熟读。盖贤首以前诸祖师引述《华严》，皆用晋译。若不熟读，则莫知所指。”

第二章　研习

若好乐简略者，宜先阅《华严感应缘起传》（扬州版共一册）。

若欲参阅他种者，宜阅《华严悬谈》第七部类品会、第八传译感通二章（金陵版并八册，此二章载于卷二十五）。全经大旨，《悬谈》第七品会抄文，已述其概，若更欲详知者，宜阅《华严吞海集》（金陵版共一册），并宜略阅唐译全经一遍，乃可贯通。若欲知《普贤行愿品》末卷大旨者，宜阅《普贤行愿品》第四十卷《疏》节录（附刊于下记之《华严纲要》后）。又读他品时，宜读《华严纲要》此品释文（北京版共三十二册）。

若更欲穷研者，宜依《大藏辑要》目录提要“华严部”所列者随力阅之（《提要》载于《天津居士林林刊》，又转载于绍兴《大云杂志》）。更益以此宗诸祖撰述等，兹不具录（徐居士近辑《续大藏辑要·目录提要》，华严部详载之）。

《华严合论》最后阅之。徐居士曰：“所以劝学者研究《华严》，先《疏》后《论》者，以《疏》是疏体，解得一分即获一分之益，解得十分便获十分之益。终身穷之，而勿能尽。纵使全不能解，亦可受熏成种，有益而无损。《论》是论体，利根上智之士，读之有大利益。而初心学人，于各种经教既未深究，于《疏》《钞》又未寓目，则于《论》旨未易领会。但就《论》文颟顸笼统读去，恐难免空腹高心之病。莲池大师谓：‘统明大意，则方山专美于前；极深探赜，穷微尽玄，则方山得清凉而始为大备。’斯实千古定论，方山复起，不易斯言。

地藏菩萨圣德大观

永宁大华严寺沙门弘一演音敬述

后二十一年岁次壬申九月，余居峙山。上海李圆净居士来书，谓将助编《九华山志》，属为供其资料。自惟剃染已来，至心归依地藏菩萨十又五载，受恩最厚。久欲辑录教迹，流传于世，赞扬圣德而报深恩。今其时矣。后二月，云游南闽，住万寿岩。乃从事辑录，都为一卷，题曰《地藏菩萨圣德大观》。将付书局别以刊布，并贡诸圆净居士备采择焉。

近代缁素赞述菩萨化迹等书，已有数帙。然其取材，多据《本愿》一经。今则遍探大藏并及诸家撰述。前详言者今略指之，如《本愿》大旨及《九华垂迹》等是也。前阙遗者今补集之，如余诸文等是也。唯所憾者，余于十数年来，凡菩萨化迹见于大藏及诸家撰述虽复留意，未尝剿录。今以疾遽属稿，不获遍检，唯就其忆及者略集一卷，未免有所遗忘耳。

大分十章：第一章，译名辨异。以诸经传译地藏名号，文字小有增减不同。今为列举，示其差别。第二章，《十轮经》大旨。提挈经义，录写较详。序品赞地藏菩萨功德之文，录者尤繁。唯愿见闻皆大欢喜，同生深信，至心归依。第三章，《占察经》大旨，亦详录之。第四章，《本愿经》大旨。唯依阅藏知津，录写纲要。并录付嘱经文二节，以示我等今日得受化度之因。第五章，《法身赞》及《仪轨》大旨，并《灭定业真言》。第六章，他经流传。第七章，诸家章疏。第八章，诸家忏仪。第九章，诸家赞述。《灵峰赞地藏菩萨别集》，录其原文有十之九，共涉十纸。可见蕅益大师一生，铭心沥血，归信赞扬之迹。唯冀后之学者，承斯遗范，精进修持，绍隆而光大焉。第十章，问答遣疑。唯有四问。当不止此，且从阙略也。

录写之时，亦以仓卒不及详斟，故其布列形式高下未能尽善。具录全文者低二格写，撮录原文大意及引文片段者皆顶格写，微示区别。唯录写经文而低二格，非是尊经之道，良用悚惧，未能释怀。而又别无善法可以变易。且俟当来，重复辑录，假以岁月，审慎斟定，或可无大过耳。

是稿成就前二日，卢世侯居士割指滴血，绘地藏菩萨圣像一尊，捧奉入山。胜缘巧值，诚不思议。谨以写影，冠于卷首。卢居士，一字虬儿。善绘画。随侍老父，旅居思明。天性醇厚，事两亲以孝闻。殆亦多生已来，常受地藏菩萨教化者耶。

申十二月二十六日，辑写既竟，悲欣交集。敬挈摭蕅益
大师续持回向偈中四偈，而为发愿回向。
我誓以身心，奉上地藏主。随于刹尘劫，永处众苦中。
普代众生苦，令得先成佛。劫石或可移，此愿终不改。
我所修福业，忏悔发宏愿。种种胜善根，体性同法界。
一一皆回向，普施诸含识。悉愿证真常，同归寂光土。

地藏菩萨圣德大观

永宁大华严寺沙门弘一演音敬撰

第一章　译名辨异

梵名乞叉底檗沙，此云地藏。而诸经译传，亦有增文，列举如下：

地藏菩萨，此为诸经论通译之名。地藏之义，如明蕅益大师《占察善恶业报经疏》广释。

大地藏菩萨，出晋译《大方广佛华严经入法界品》。

持地藏菩萨，出西秦译《佛说罗摩伽经》，即是《入法界品》别译。

地藏王菩萨，出唐译《大乘本生心地观经》。清来舟释云：主执幽冥，随愿自在，故尊为王。然王义甚广，此释未能尽也。

第二章　十轮经大旨

以下三章大旨，皆依明蕅益大师《阅藏知津》文而增减之。

此经共有两译：《佛说大方广十轮经》，八卷，出《北凉录》，失译人名，与后同本，而文缺略。《大乘大集地藏十轮经》，十卷，唐玄奘译，今依此本，略录大旨。

是经执笔译文者为大乘昉师，并撰序文冠于经首。师谓《十轮经》者，则此土末法之教也。何以明之？佛以末法恶时，去圣寖远。败根比之坏器，空见借喻生盲，沉醉五欲类石田之不苗，放肆十恶似臭身之垢秽。故此经能濯臭身，开盲目，陶坏器，沃石田。观此数言，可以略知是经所被之机矣。

序品第一：

佛在佉罗帝耶山。南方云来，雨诸供养，演诸法声。众会手中，各各现

如意珠，雨宝放光，见十方土。又见身各地界增强，坚重难举。有天帝释，名无垢生，以颂问佛。佛为广叹地藏菩萨功德。文云：

尔时世尊告无垢生帝释曰：汝等当知。有菩萨摩诃萨，名曰地藏。已于无量无数大劫，五浊恶时，无佛世界，成熟有情。今与八十百千那庾多频跋罗菩萨俱。为欲来此礼敬亲近供养我故，观大集会生随喜故。并诸眷属，作声闻像，将来至此。以神通力，现是变化。

是地藏菩萨摩诃萨，有无量无数不可思议殊胜功德之所庄严，一切世间声闻独觉所不能测。此大菩萨，是诸微妙功德伏藏；是诸解脱珍宝出处；是诸菩萨明净眼目；是趣涅槃商人导首；如如意珠雨众财宝，随所希求皆令满足；譬诸商人所采宝渚；是能生长善根良田；是能盛贮解脱乐器；是出妙宝功德贤瓶；照行善者，犹如朗日；照失道者，犹如明炬；除烦恼热，如月清凉；如无足者，所得车乘；如远涉者，所备资粮；如迷方者，所逢示导；如狂乱者，所服妙药；如疾病者，所遇良医；如羸老者，所凭几杖；如疲倦者，所止床座；度四流者，为作桥梁；趣彼岸者，为作船筏；是三善根殊胜果报；是三善本所引等流；常行惠施，如轮恒转；持戒坚固，如妙高山；精进难坏，如金刚宝；安忍不动，犹如大地；静虑深密，犹如秘藏；等至严丽，如妙花鬘；智慧深广，犹如大海；无所染著，譬太虚空；妙果近因，如众花叶；伏诸外道，如师子王；降诸天魔，如大龙象；斩烦恼贼，犹如神剑；厌诸諠杂，如独觉乘；洗烦恼垢，如清净水；能除臭秽，如疾飘风；断众结缚，如利刀剑；护诸怖畏，如亲如友；防诸怨敌，如堑如城；救诸危难，犹如父母；藏诸怯劣，犹若丛林；如夏远行，所投大树；与热渴者，作清冷水；与饥乏者，作诸甘果；为露形者，作诸衣服；为热乏者，作大密云；为贫匮者，作如意宝；为恐惧者，作所归依；为诸稼穑，作甘泽雨；为诸浊水，作月爱珠；令诸有情，善根不坏；现妙境界，令众欣悦；劝发有情，增上惭愧；求福慧者，令具庄严；能除烦恼，如吐下药；能摄乱心，如等持境；辩才无滞，如水激轮；摄事系心，如观妙色；安忍坚住，如妙高山；总持深广，犹如大海；神足无碍，譬如虚空；灭除一切惑障习气，犹如烈日销释轻冰；常游静虑无色正道；一切智智妙宝洲渚；能无功用，转大法轮。善男子！是地藏菩萨摩诃萨，具如是等无量无数不可思议殊胜功德。与诸眷属欲来至此，先现如是神通之相。

菩萨寻与无量眷属，现声闻像，来礼佛足，赞叹供养。

佛复因好疑问菩萨问，广述地藏菩萨无量功德。文云：

佛言：谛听。善思念之。吾当为汝略说少分。如是大士，成就无量不可思议殊胜功德。已能安住首楞伽摩胜三摩地，善能悟入如来境界，已得最胜无生法忍，于诸佛法已得自在，已能堪忍一切智位，已能超度一切智海，已能安住师子奋迅幢三摩地，善能登上一切智山，已能摧伏外道邪论；为欲成熟一切有情，所在佛国悉皆止住；如是大士，随所止住诸佛国土，随所安住诸三摩地，发起无量殊胜功德，成熟无量所化有情。

以下广说地藏菩萨入种种定，由此定力，令彼有情利益安乐。今举其概，列表如下。

令彼佛土一切有情

- 皆悉同见诸三摩地所行境界；
- 随其所应，能以无量上妙供具，恭敬供养诸佛世尊；
- 皆悉同见诸欲境界无量过患，心得清净；
- 皆得具足增上惭愧，离诸恶法，心无忘失；
- 皆得善巧天眼智通等，了达此世他世因果；
- 皆离一切愁忧昏昧；
- 皆得具足神通善巧；
- 普见十方诸佛国土；
- 舍邪归正，归依三宝；
- 皆悉远离后世恐怖，得法安慰；
- 随念皆得饮食充足；
- 无不皆得增上力势，离诸病苦；
- 随乐皆得床座敷具衣服宝饰，诸资身具无所乏少，殊妙端严甚可爱乐；
- 身心勇健，远离一切怨憎系缚，和顺欢娱，爱乐具足，施戒安忍，勇猛；
- 精进，心无散乱，成就智慧；
- 皆受无量胜妙欢喜；
- 得无碍智，能修种种清净事业；
- 皆得诸根具足无缺，常乐远离，其心寂静；
- 皆深呵厌自恶业过，咸善护持十善业道生天要路；
- 皆悉发起慈心悲心，无怨害心，普平等心，更相利益安乐之心；
- 离诸斗诤；疾疫饥馑，非时风雨，苦涩辛酸，诸恶色触，悉皆消灭。

令彼佛土

- 所有一切小轮围山大轮围山苏迷卢山及诸余山，溪涧沟壑，瓦砾毒刺，诸秽草木，皆悉不现；所有一切众邪蛊毒，诸恶虫兽，灾横疫疠，昏暗尘垢，不净臭秽，悉皆销灭；地平如掌，种种嘉祥自然涌现，清净殊胜，众相庄严；
- 一切魔王及诸眷属，皆悉惊怖，归依三宝；
- 一切大地众宝合成；一切过患皆悉远离；种种宝树衣树器树诸璎珞树花树果树诸音乐树，无量乐具，周遍庄严。

以下又广说有能至心称名念诵归敬供养地藏菩萨摩诃萨者，所获种种利益安乐。文云：

随所在处，若诸有情，种种希求，忧苦逼切。有能至心称名念诵归敬供养地藏菩萨摩诃萨者，一切皆得如法所求，离诸忧苦；随其所应，安置生天涅槃之道。

随所在处，若诸有情，饥渴所逼。有能至心称名念诵归敬供养地藏菩萨摩诃萨者，一切皆得如法所求，饮食充足；随其所应，安置生天涅槃之道。

随所在处，若诸有情，乏少种种衣服宝饰医药床敷及诸资具。有能至心称名念诵归敬供养地藏菩萨摩诃萨者，一切皆得如法所求，衣服宝饰医药床敷及诸资具无不备足；随其所应，安置生天涅槃之道。

随所在处，若诸有情，爱乐别离，怨憎合会。有能至心称名念诵归敬供养地藏菩萨摩诃萨者，一切皆得爱乐合会，怨憎别离；随其所应，安置生天涅槃之道。

随所在处，若诸有情，身心忧苦，众病所恼。有能至心称名念诵归敬供养地藏菩萨摩诃萨者，一切皆得身心安隐，众病除愈；随其所应，安置生天涅槃之道。

随所在处，若诸有情，互相乖违，兴诸斗诤。有能至心称名念诵归敬供养地藏菩萨摩诃萨者，一切皆得舍毒害心，共相和穆，欢喜忍受，展转悔愧，慈心相向；随其所应，安置生天涅槃之道。

随所在处，若诸有情，闭在牢狱，杻械枷锁检系其身，具受众苦。有能至心称名念诵归敬供养地藏菩萨摩诃萨者，一切皆得解脱牢狱杻械枷锁，自在欢乐；随其所应，安置生天涅槃之道。

随所在处，若诸有情，应被囚执，鞭挞拷楚，临当被害。有能至心称名念诵归敬供养地藏菩萨摩诃萨者，一切皆得免离囚执鞭挞加害；随其所应，安置生天涅槃之道。

随所在处，若诸有情，身心疲倦，气力羸惙。有能至心称名念诵归敬供养地藏菩萨摩诃萨者，一切皆得身心畅适，气力强盛；随其所应，安置生天涅槃之道。

随所在处，若诸有情，诸根不具，随有损坏。有能至心称名念诵归敬供养地藏菩萨摩诃萨者，一切皆得诸根具足，无有损坏；随其所应，安置生天涅槃之道。

随所在处，若诸有情，颠狂心乱，鬼魅所著。有能至心称名念诵归敬供养地藏菩萨摩诃萨者，一切皆得心无狂乱，离诸扰恼；随其所应，安置生天涅槃之道。

随所在处，若诸有情，贪欲、嗔恚、愚痴、忿恨、悭嫉、憍慢、恶见、睡眠、放逸、疑等皆悉炽盛，恼乱身心常不安乐。有能至心称名念诵归敬供养地藏菩萨摩诃萨者，一切皆得离贪欲等，身心安乐；随其所应，安置生天涅槃之道。

随所在处，若诸有情，为火所焚，为水所溺，为风所飘，或于山岩崖岸树舍颠坠堕落，其心憧惶。有能至心称名念诵归敬供养地藏菩萨摩诃萨者，一切皆得离诸危难，安隐无损；随其所应，安置生天涅槃之道。

随所在处，若诸有情，为诸毒蛇毒虫所螫，或被种种毒药所中。有能至心称名念诵归敬供养地藏菩萨摩诃萨者，一切皆得离诸恼害；随其所应，安置生天涅槃之道。

随所在处，若诸有情，恶鬼所持，成诸疟病，或日日发或隔日发或三四日而一发者。或令狂乱，身心颤掉，迷闷失念，无所了知。有能至心称名念诵归敬供养地藏菩萨摩诃萨者，一切皆得解脱无畏，身心安适；随其所应，安置生天涅槃之道。

随所在处，若诸有情，为诸药叉、罗刹、饿鬼、毕舍遮鬼、布怛那鬼、鸠畔茶鬼、羯吒布怛那鬼、吸精气鬼，及诸虎狼狮子恶兽，蛊毒厌祷诸恶咒术，怨贼军阵，及余种种诸怖畏事之所缠绕。身心憧惶，惧失身命，恶死贪生，厌苦求乐。有能至心称名念诵归敬供养地藏菩萨摩诃萨者，一切皆得离诸布畏，保全身命；随其所应，安置生天涅槃之道。

随所在处，若诸有情，或为多闻，或为净信，或为净戒，或为静虑，或为神通，或为般若，或为解脱，或为妙色，或为妙声，或为妙香，或为妙味，或为妙触，或为利养，或为名闻，或为功德，或为工巧，或为花果，或为树林，或为床座，或为敷具，或为道路，或为财谷，或为医药，或为舍宅，或为仆使，或为彩色，或为甘雨，或为求水，或为稼穑，或为扇拂，或为凉风，或为求火，或为车乘，或为男女，或为方便，或为修福，或为温暖，或为清凉，或为忆念，或为种种世出世间诸利乐事。于追求时，为诸忧苦之所逼切。有能至心称名念诵归敬供养地藏菩萨摩诃萨者，此善男子功德妙定威神力故，令彼一切皆离忧苦，意愿满足；随其所应，安置生天涅槃之道。

随所在处，若诸有情，以诸种子植于荒田或熟田中，若勤营务或不营务。有能至心称名念诵归敬供养地藏菩萨摩诃萨者，此善男子功德妙定威神力故，令彼一切果实丰稔，所以者何？此善男子曾过无量无数大劫，于过数量佛世尊所发大精进坚固誓愿；由此愿力，为欲成熟诸有情故，常普任持一切大地，常普任持一切种子，常普令彼一切有情随意受用；此善男子威神力故，能令大地一切草木根须芽茎枝叶花果皆悉生长，药谷苗稼花果茂实成熟润泽香洁软美。

随所在处，若诸有情，贪嗔痴等皆猛利故，造作杀生，或不与取，或欲邪行，或虚诳语，或粗恶语，或离间语，或杂秽语，或贪或嗔，或复邪见，十恶业道。有能至心称名念诵归敬供养地藏菩萨摩诃萨者，一切烦恼悉皆销灭，远离十恶，成就十善，于诸众生起慈悲心及利益心。

此善男子成就如是功德妙定威神之力，勇猛精进，于一食顷，能于无量无数佛土，一一土中以一食顷皆能度脱无量无数殑伽沙等所化有情，令离众苦皆得安乐；随其所应，安置生天涅槃之道。

佛复广说地藏菩萨现种种身，于十方界，为诸有情如应说法。文云：

或时现作大梵王身，为诸有情如应说法；或复现作大自在天身，或作欲界他化自在天身，或作乐变化天身，或作睹史多天身，或作夜摩天身，或作帝释天身，或作四大王天身，或作佛身，或作菩萨身，或作独觉身，或作声闻身，或作转轮王身，或作刹帝利身，或作婆罗门身，或作筏舍身，或作戍达罗身，或作丈夫身，或作妇女身，或作童男身，或作童女身，或作健达缚身，或作阿素洛身，或作紧捺洛身，或作莫呼洛伽身，或作龙身，或作药叉身，或作罗刹身，或作鸠畔荼身，或作毕舍遮身，或作饿鬼身，或作布怛那身，或作羯吒布怛那身，或作奥阇诃洛鬼身，或作狮子身，或作香象身，或作马身，或作牛身，或作种种禽兽之身，或作剡魔王身，或作地狱卒身，或作地狱诸有情身，现作如是等无量无数异类之身，为诸有情如应说法；随其所应，安置三乘不退转位。

佛复较量，至心归依称名念诵礼拜供养地藏菩萨，求诸所愿，最为殊胜。文云：

假使有人，于其弥勒及妙吉祥并观自在、普贤之类而为上首，殑伽沙等诸大菩萨摩诃萨所，于百劫中，至心归依称名念诵礼拜供养，求诸所愿。不如有人，于一食顷，至心归依称名念诵礼拜供养地藏菩萨，求诸所愿速得满足。所以者何？地藏菩萨利益安乐一切有情，令诸有情所愿满足。如如意宝，亦如伏藏。如是大士，为欲成熟诸有情故，久修坚固大愿大悲，勇猛精进过诸菩萨。是故汝等应当供养。

佛既广述地藏菩萨不可思议诸功德已，众会兴供。文云：

尔时十方诸来大众一切菩萨摩诃萨及诸声闻天人药叉健达缚等，皆从座起，随力所能，各持种种金银等屑众宝花香，奉散地藏菩萨摩诃萨；复持种种上妙衣服末尼宝珠真珠花鬘真珠璎珞金银宝缕幢旛盖等，奉上地藏菩萨摩诃萨；复以无量上妙音乐种种赞颂，恭敬供养地藏菩萨。

众会既兴供已。地藏菩萨转供世尊，兼说神咒利益一切。

以上悉为序品第一大旨。此品之文，多赞地藏菩萨功德，故挈录较繁。以下诸品，多从略录。

十轮品第二：

地藏菩萨问佛，云何于五浊世能转佛轮。佛答由本愿力，成就十种佛轮，能居此土。即十力也。——喻如转轮圣王。

无依行品第三：

尔时会中有大梵天，名曰天藏。问佛禅定读诵营福等。佛言二种十无依行，若修定者随有一行，终不能成诸三摩地。世尊复赞修定行者，应受释梵护世四王转轮王等赞叹礼拜恭敬承事，奉施百千那庾多供。及说偈颂。文云：

修定能断惑，余业所不能。故修定为尊，智者应供养。

次明出家破戒，犹能生人十种殊胜思惟，国王大臣不宜非理辱害。

次明五无间罪，四根本罪，谤正法及疑三宝罪，名为极重大罪恶业无依行法，皆非佛之弟子。宜极护持四根本戒。

次因尊者优波离问，未来世有恶行苾刍，云何方便呵举驱摈及以治罚。佛具答之。

次因地藏菩萨愿救末世，为说末世有十恶轮。谓国王宰官等护恶苾刍，恼害净众，即名为旃荼罗。乃至破戒无戒不应辱害，引古罗刹醉象敬重袈裟为证。若能远离十恶轮者，则得十法增长，离二十过。

天藏复说护国不退轮心神咒。

有依行品第四：

金刚藏菩萨问。既言破戒非佛弟子，云何不许辱害。又他经处处独赞大乘，今经云何说三乘法，悉皆不许隐没。佛答十种有情，难得人身。复有十种无依行法差别，有四种僧及四沙门。是故破戒虽非佛子，不应受供。犹有圣贤幢相，不得辱害。三乘并是如来度生方便，虽修大乘不得废二。

次示十有依行，三乘所共。复有十有依行，独觉大乘所共。

次复广示大乘无尘垢行轮，无取行轮。随众生根说三乘法。戒净慈悲安乐一切，乃名大乘。

忏悔品第五：

众会闻法，各忏先罪。佛为说十种法，能令菩萨获得无罪正路法忍。

次明已得法忍，许处王位。或行十善，或信三宝，亦可为王。否则决当堕落。

善业道品第六：

金刚藏菩萨复问，云何于三乘人法得无过失，乃至菩提行愿心无厌足。佛答十善业道即菩萨十轮，广说因果利益。以下又复斥非劝修。文云：

是故善男子！若不真实希求如是十善业道所证佛果，及不真实下至守护一善业道。乃至命终，而自称言，我是真实行大乘者，我求无上正等菩提。当知如是补特伽罗，是极虚诈，是大妄语，对十方界佛世尊前诳惑世间，无惭无愧，说空断见，诱诳愚痴。身坏命终，堕诸恶趣。

善男子！若但言说及但听闻，不由修行十善业道，能得菩提般涅槃者。于一劫中，或一念顷，可令十方一切佛土地界微尘算数众生皆登正觉，入般涅槃。然无是事。所以者何？十善业道是大乘本，是菩提因，是证涅槃坚固梯蹬。

善男子！若但发心发誓愿力，不由修行十善业道，能得菩提般涅槃者。于一劫中，或一念顷，可令十方一切佛土地界微尘算数众生皆登正觉，入般涅槃。然无是事。所以者何？十善业道是世出世殊胜果报功德根本。

善男子！若不修行十善业道，设经十方一切佛土微尘数劫，自号大乘，或说或听或但发心或发誓愿，终不能证菩提涅槃，亦不令他脱生死苦。善男子！要由修行十善业道，世间方有诸刹帝利婆罗门等大富贵族。四天王天乃至非想非非想处，或声闻乘或独觉乘乃至无上正等菩提，皆由修行十善业道品类差别。

是故善男子！若欲速满无上正等菩提愿者，当修如是十善业道以自庄严。非住十恶不律仪者，能满如是无上正等菩提大愿。若求速悟大乘境界，速证无上正等菩提，速满一切善法愿者，先应护持十善业道。所以者何？十善业道是能安立一切善法功德根本，是世出世胜果报因。是故应修十善业道。

福田相品第七：

复明菩萨十财施大甲胄轮，十法施大甲胄轮，净戒大甲胄轮，安忍大甲胄轮，精进大甲胄轮，静虑大甲胄轮，般若及善巧方便大甲胄轮，大慈大甲胄轮，大悲大甲胄轮，坚固大忍大甲胄轮。故为一切声闻独觉作大福田。

获益嘱累品第八：

众各获益无量。佛以此法付嘱虚空藏菩萨。文云：

善男子！吾今持此地藏十轮大记法门付嘱汝手。汝当受持广令流布。若诸众生于此法门，有能读诵思惟其义，为他解说住正行者。汝当为彼守护十法，令于长夜利益安乐。何等为十？一者为彼守护一切财位，令无损乏；二者为彼守护一切怨敌，令不侵害；三者为彼守护，令舍一切邪见邪归十恶业道；四者为彼守护，令免一切身语谪罚；五者为彼守护，遮断一切谤毁轻弄；六者为彼守护，令于一切轨范尸罗皆得无犯；七者为彼守护，令悉除灭一切非人、四大乖反、非时老病；八者为彼守护，不遭一切非时非理灾横夭殁；九者为彼守护，命欲终时，得见一切诸佛色像；十者为彼守护，令其终后，往生善趣，利益安乐。善男子！若诸有情，于此法门，有能读诵思惟其义，为他解说，住正行者。汝当为彼勤加守护如是十法，令于长夜利益安乐。

附：《地藏菩萨陀罗尼》一卷，唐慧琳译，载一切经音义卷第十八中。即是《十轮经·序品陀罗尼》别译本。

唐慧琳法师云：《地藏菩萨陀罗尼》，经中本为是古译。或有音旨不切，用字乖僻。今有自受持梵本，因修音义，依文再译。识梵文者，请校勘前后二译，方知疏密。

案：此《陀罗尼》先后共三译。一载《北凉录·十轮经·序品》中，二载唐译《十轮经·序品》中，三即今译别行之本。

第三章 《占察经》大旨

《占察善恶业报经》，二卷，隋外国沙门菩提登译。

明蕅益大师云：此经诚末世救病神丹，不可不急流通。

卷上，佛在王舍城耆阇崛山中。坚净信菩萨为末世众生请问方便。文云：

坚净信菩萨言：如佛先说。若我去世，正法灭后，像法向尽，及入末世。如是之时，众生福薄多诸衰恼，国土数乱灾害频起，种种厄难怖惧逼绕。我诸弟子失其善念，唯长贪嗔嫉妒我慢。设有像似行善法者，但求世间利养名称以之为主，不能专心修出要法。尔时众生睹世灾乱，心常怯弱，忧畏己身及诸亲属不得衣食充养躯命。以如此等众多障碍因缘故，于佛法中钝根少信，得道者极少。乃至渐渐于三乘中信心成就者亦复甚鲜。所有修学世间禅定，发诸通业，自知宿命者，次转无有。如是于后入末法中经久，得道获信禅定通业等一切全无。

我今为此未来恶世像法向尽，及末法中有微少善根者，请问如来，设何方便，开示化导，令生信心，得除衰恼。以彼众生遭值恶时，多障碍故，退其善心。于世间出世间因果法中数起疑惑，不能坚心专求善法。如是众生可愍可救。世尊大慈，一切种智，愿兴方便而晓喻之，令离疑网，除诸障碍，信得增长，随于何乘速获不退。

佛令转问地藏菩萨。并示位高，兼明缘胜。文云：

地藏菩萨发心已来，过无量无边不可思议阿僧祇劫。久已能度萨婆若海，功德满足。但依本愿自在力故，权巧现化，影应十方。

虽复普游一切刹土，常起功业。而于五浊恶世，化益偏厚。亦依本愿力所熏习故，及因众生应受化业故也。彼从十一劫来，庄严此世界，成熟众生；是故在斯会中，身相端严，威德殊胜，唯除如来无能过者。又于此世界所有化业，唯除遍吉、观世音等，诸大菩萨皆不能及。以是菩萨本誓愿力，速满众生一切所求，能灭众生一切重罪，除诸障碍，现得安隐。

又是菩萨名为善安慰说者。所谓巧说深法，能善开导初学发意求大乘者令不怯弱。

以如是等因缘，于此世界，众生渴仰，受化得度。是故我今令彼说之。

地藏菩萨为示三种轮相，占察三世善恶业报。兼示忏悔之法。如经广说。

卷下，地藏菩萨复示一实境界，及唯心识观、真如实观二种观法。

地藏菩萨又复为善根薄烦恼厚多疑多障者，别示方便。令离障缘，求生净土。文云：

若人虽学如是信解，而善根业薄未能进趣，诸恶烦恼不得渐伏。其心疑怯，畏堕三恶道生八难处，畏不常值佛菩萨等，不得供养听受正法，畏菩提行难可成就，有如此疑怖及种种障碍等者，应于一切时一切处，常勤诵念我之名字。若得一心，善根增长，其意猛利。当观我法身及一切诸佛法身，与己自身体性平等，无二无别，不生不灭，常乐我净，功德圆满，是可归依。又复观察己身心相，无常苦无我不净，如幻如化，是可厌离。

若能修学如是观者，速得增长净信之心，所有诸障渐渐损减。何以故？此人名为学习闻我名者，亦能学习闻十方诸佛名者。名为学至心礼拜供养我者，亦能学至心礼拜供养十方诸佛者。名为学闻大乘深经者，名为学执持书写供养恭敬大乘深经者，名为学受持读诵大乘深经者；名为学远离邪见于深正义中不堕谤者，名为于究竟甚深第一实义中学信解者；名为能除诸罪障者，名为当得无量功德聚者。此人舍身，终不堕恶道八难之处，还闻正法习信修行。亦能随愿往生他方净佛国土。

复次，若人欲生他方现在净国者，应当随彼世界佛之名字专意诵念，一心不乱，如上观察者，决定得生彼佛净国，善根增长速获不退。

复示三忍四佛以彰圆位。及善巧说法安慰怯弱，离相违过。

地藏菩萨说法已，佛嘱付受持。文云：

尔时佛告诸大众言。汝等各各应当受持此法门，随所住处广令流布。所以者何？如此法门甚为难值，能大利益。若人得闻彼地藏菩萨摩诃萨名号及信其所说者，当知是人速能得离一切所有诸障碍事，疾至无上道。

于是大众皆同发言，我当受持，流布世间。不敢令忘。

第四章 《本愿经》大旨

《地藏菩萨本愿经》，二卷，流通本作三卷，唐于阗国沙门实叉难陀译。

忉利天宫神通品第一：

佛在忉利天，为母说法。十方诸佛菩萨集会赞叹。如来含笑，放光明云，出微妙音。十方天龙鬼神亦皆集会。佛为文殊菩萨说地藏菩萨往因。

分身集会品第二：

十方地狱处分身地藏菩萨，与诸受化众生来见世尊。世尊摩顶付嘱。文云：

汝观吾累劫勤苦，度脱如是等难化刚强罪苦众生。其有未调伏者，随业报应，若堕恶趣受大苦时，汝当忆吾在忉利天宫殷勤付嘱，令娑婆世界至弥勒出世已来众生，悉使解脱，永离诸苦，遇佛授记。

观众生业缘品第三：

摩耶夫人问业报所感恶趣。地藏菩萨略答五无间事。

阎浮众生业感品第四：

定自在王菩萨更问往因，佛又略说二事。

四天王请问菩萨大愿方便，佛述其所说报应之法。

地狱名号品第五：

普贤菩萨问，地藏菩萨答。

如来赞叹品第六：

佛放身光，出大音声，赞叹地藏菩萨。

普广菩萨请问利益。佛为说供像读经持名等，分别答之。

利益存亡品第七：

地藏菩萨白佛，普劝众生断恶修善。

大辨长者请问荐亡功德，地藏菩萨为说七分获一。

阎罗王众赞叹品第八：

鬼王与阎罗天子，承佛菩萨神力，俱诣忉利，请问众生不依善道之故。

佛以如迷路人喻之。

次有恶毒鬼王、主命鬼王各发善愿。佛赞印之，并授主命道记。

称佛名号品第九：

地藏菩萨为利众生，演说过去诸佛名号功德。

校量布施功德缘品第十：

地藏菩萨请问，佛分别答。

地神护法品第十一：

坚牢地神明供像十利。

见闻利益品第十二：

佛放顶光，妙音称赞地藏菩萨。观世音菩萨请问不思议事。佛为说供像持名等，分别答之。

嘱累人天品第十三：

佛又摩地藏菩萨顶，以诸众生付嘱令度。文云：

地藏！地藏！记吾今日，在忉利天中，于百千万亿不可说不可说一切诸佛菩萨天龙八部大会之中，再以人天诸众生等，未出三界在火宅中者，付嘱于汝。无令是诸众生堕恶趣中一日一夜，何况更落五无间及阿鼻地狱，动经千万亿劫无有出期。

地藏！是南阎浮提众生志性无定，习恶者多。纵发善心，须臾即退；若遇恶缘，念念增长。以是之故，吾分是形百千亿化度，随其根性而度脱之。

地藏！吾今殷勤以人天众付嘱于汝。未来之世，若有天人及善男子善女人，于佛法中种少善根，一毛一尘一沙一渧，汝以道力拥护是人，渐修无上，勿令退失。

复次地藏。未来世中，若天若人，随业报应落在恶趣，临堕趣中，或至门首。是诸众生若能念得一佛一菩萨名，一句一偈大乘经典。是诸众生，汝以神力方便救拔，于是人所，现无边身，为碎地狱，遣令生天受胜妙乐。

尔时世尊而说偈言：现在未来天人众，吾今殷勤付嘱汝。以大神通方便度，勿令堕在诸恶趣。

次为虚空藏菩萨说见像闻经二十八益，又说七益。

附：《佛说地藏菩萨发心因缘十王经》，一卷，唐藏川述。载日本《续藏经》中。乃是人造伪经，不宜流通。

第五章　《法身赞》及《仪轨》大旨并《灭定业真言》

《百千颂大集经地藏菩萨请问法身赞》，一卷，唐不空译。

赞法身、法界、菩提、涅槃、十地、等觉、妙觉功德，皆五言偈。最后有七言一偈。文云：

若有相应显此理，唯身以慧作分析。彼人生于净莲华，闻法所说无量寿。

《地藏菩萨仪轨》，一卷，唐天竺输婆迦罗此云善无畏译。

佛在佉罗提耶山，地藏菩萨腾空说咒。次说画像法等。复说成就法中云，若念灭罪生善，生（或作舍）身后生极乐。以草护摩三万遍等。

《地藏菩萨灭定业真言》，载于宋蒙山甘露法师不动集《蒙山施食仪》中。未审出何经。后贤幸为考证焉。咒云：

唵，钵啰末邻（有本作宁）陀宁，娑婆诃。

第六章　他经流传

《金刚三昧经》，二卷，出《北凉录》。

总持品第八，地藏菩萨白佛问答，广为分别无生之义，以决众疑。经文甚广，须者寻之。

其后众疑既决，地藏菩萨知众心已，而为说偈。文云：

我知众心疑，所以殷固问。如来大慈善，分别无有余。是诸二众等，皆悉得明了。我今于了处，普化诸众生。如佛之大悲，不舍于本愿。故于一子地，而住于烦恼。

如来复告大众，广说持经持名功德。文云：

是菩萨者，不可思议，恒以大慈拔众生苦。若有众生持是经法，持是菩萨名，即不堕于恶趣，一切障难皆悉除灭。若有众生持此经者，无余杂念，专念是经，如法修习。尔时菩萨常作化身而为说法，拥护是人终不暂舍，令是人等速得阿耨多罗三藐三菩提。汝等菩萨，若化众生，皆令修习如是大乘决定了义。

明圆澄法师注云：偈云不舍本愿，而菩萨之愿云；众生度尽方证菩提，地狱未空终不成佛。以其誓愿不可思议，慈悲不可思议，拔众生苦，而众生不可不知报恩也。若欲报恩者无他，若持此经，若持菩萨名，非唯知恩报本。抑且广获自利，不堕恶道，灭障除罪也。汝等现前菩萨，有二种缘：一者，当学地藏菩萨大慈普护；二者，常教众生修习如是经典。

《大集须弥藏经》，二卷，今合部大集经卷五十七、五十八须弥藏分，高齐乌苌国那连提耶舍共法智译。

菩萨禅品第二：

佛说菩萨不堕二乘定聚，如实观察，得一切法无语言空三昧。如地藏菩萨，于此三昧到自在彼岸，能利益一切众生。

以下经文，广说地藏菩萨入定利生之事。经文甚广，今为略举。文云：

或令诸众生所须资生之具，如饮食衣服卧具园宅等，一切可爱色声香味触等，悉皆充足；

或令诸众生风黄痘等分之病，乃至贪嗔痴等烦恼诸病，如是身心病苦，悉皆除灭；

或令三恶道苦，及寒热、怨憎会、爱别离、求不得诸苦，悉皆除灭；令诸众生离一切苦恼及不善法，成就一切善法，慈心相向，乃至令诸众生于第一义谛心善安住。

灭非时风雨品第三：

功德天为地藏菩萨述其往昔誓愿。复求地藏菩萨起悲愍心。地藏菩萨令其请佛演说水风摩尼宫陀罗尼。说已，大地震动。地藏菩萨亦说磨刀大陀罗尼。

地藏菩萨说陀罗尼已。世尊广赞地藏菩萨陀罗尼功德。文云：

善哉！善哉！善男子！汝今能为一切众生如大妙药，能灭一切众生苦恼，能施一切众生乐具，成就大悲；乃至以此陀罗尼力故，令我三宝种及以法眼得久住世；使此愚暗薄福、我慢所坏者，不修善根恶刹利及诸宰相，于我如是百千万亿阿僧祇劫精勤苦行所集之法，不灭不坏；比丘比丘尼优婆塞优婆夷无有恼乱，以无恼故，诸天不忿；天不忿故，一切众生悉皆获得如上乐具。

陀罗尼品第四：

地藏菩萨复说幢杖大陀罗尼。

《佛说罗摩伽经》（晋唐二译）《华严经》（贞元译）《华严经普贤行愿品》（贞元译）《华严十地经》《大乘本生心地观经》《佛说八大菩萨经》等，皆列有地藏菩萨之名。

秘密部中，常有礼诵供养地藏菩萨之文。今举其例：

《佛说大轮金刚总持陀罗尼经》，说念诵南无地藏菩萨摩诃萨等。

《焰罗王供行法次第》，说一心奉请地藏菩萨摩诃萨等。

《胜军不动明王四十八使者秘密成就仪轨》，说第二十三火罗诸天王是地藏菩萨所变身等。

《大毗卢遮那成佛神变加持经成就仪轨》，载地藏菩萨真言。又有偈颂。文云：

北方地藏尊，其座极巧严，身处于焰胎，杂宝庄严地，绮错互相间，四宝为莲华，圣者所安住，金刚不可坏，行境界三昧，及与大名称，无量诸眷属等。

以上所列，皆此方大藏未收，近自日本传来者，为略举之。已外尚多，若欲具知者，披藏检寻。

又在密教，其密号为悲愿金刚，或称与愿金刚。在金刚界示现南方宝生如来之幢菩萨。在胎藏界则为地藏院中九尊之中尊地藏萨埵也。

附：

《莲华三昧经》，说六地藏菩萨，及胜军地藏菩萨。

《延命地藏经》，说延命地藏菩萨。

《地藏菩萨念诵仪轨》，说地藏菩萨六使者。

此三经，皆日本台密一派所传，疑似伪经，今不写录。

又有日本古传种种杜撰之说，今亦不录。

第七章 诸家章疏

《大乘大集地藏十轮经解》，明蕅益大师拟撰未就。

《占察善恶业报经玄义》，一卷，明蕅益大师述。

《占察善恶业报经疏》，二卷，同上。

明蕅益大师《占察善恶业报经疏》自跋，文云：

忆辛未冬，寓北天目。有温陵徐雨海居士，法名弘铠，向予说此占察妙典，予乃倩人特往云栖请得书本。一展读之，悲欣交集。癸酉冬日，寓金庭西湖寺，依经立忏。乙亥夏初，寓武水智月庵，讲演分科。是时即有作疏之愿。病冗交沓，弗克如愿。屈指十五年来，《梵网》《佛顶》《唯识》《法华》皆已注释，独此夙愿尚未填还，亦可叹也。今庚寅年，阅世已及五十二岁，百念灰烬。偶有同志数人，仍来结夏北天目之藏堂，究心毗尼。予念末世欲得净戒，舍此占察轮相之法，更无别途。爰命笔于六月朔日，成稿于十有四日。输一滴以益大海，捧一尘而培须弥。虽无补于高深，庶善钻于乳酪。公我同志，共享醍醐。

《地藏菩萨本愿经疏》，明蕅益大师拟撰未就。

《地藏菩萨本愿经科文》，一卷，清灵乘撰。

《地藏菩萨本愿经纶贯》，一卷，同上。

《地藏菩萨本愿经科注》，六卷，同上。

《地藏菩萨本愿经开蒙》，三卷，清品玶集，依科注抄集而成。紊乱糅杂，无足流通。

《地藏菩萨本愿经演孝疏》，三卷，清知性述。

《地藏菩萨本愿经白话解》，未就，清胡宅梵述。

第八章　诸家忏仪

《赞礼地藏菩萨忏愿仪》，一卷，明蕅益大师述。

明蕅益大师《赞礼地藏菩萨忏愿仪》后自序，文云：

大法久湮，人多谬解。执大谤小，举世皆然。然地狱众苦已随其后，瘖哑余报复更难穷。故地藏慈尊，大集会中，现声闻相。世尊广叹胜德。且较云：假于弥勒、妙吉祥、观自在、普贤，殑伽沙等大菩萨所，百劫至心归依称念礼供求诸所愿，不如一食顷，归依称念礼供地藏菩萨，以久修坚固，大愿大悲，勇猛精进，过诸菩萨故也。盖末世驾言大乘甚易，躬行僧行实难。宁知废小谈大，并大亦非。悟大用小，即小本胜。故《法华》诫弘经者，必依四安乐行。《涅槃》极谈常住佛性，尤扶戒律。大士功德独盛，得非亦在此乎。智旭深憾夙生恶习，少年力诋三宝，造无间罪。赖善根未殒，得闻本愿尊经，知出世大孝，乃转邪见而生正信。仍以谤法余业，辛勤修证，不登法忍。每展读大士三经，辄不禁涕泗横流。悲昔日之无知，感大士之拯拔也。因念浊智流转之日，同此过者不少。《敬宗十轮》并《本愿》《占察》二典，述此仪法。庶几共涤先愆，克求后果，不终为无依行乎。未登无生正位，皆可修之。无论初心久学也。

清印光法师《赞礼地藏菩萨忏愿仪重刻序》，文云：

心体本净，因根尘而浊念斯兴。佛性常存，由迷背而凡情孔炽。于是承寂照之力，反作昏动之缘。于常住之中，妄受生死之苦。执著五阴，不知毕竟皆空。障蔽一心，曷了本不可得。耽染六尘之幻境，坠堕三恶之苦途。纵经微尘劫数，莫出六道轮回。故我世尊特垂哀愍，因地藏菩萨之问，说十力佛法之轮。摧碾烦惑，成就道器。由兹弃舍恶法，断除一切无依行，修持善法，具足一切有依行。然欲得无生法忍，须忏宿世愆尤。若能不著五阴，自可圆证三身。外承佛力法力菩萨誓愿力，内仗诚力悔力自性功德力。故得弥空罪雾，彻底消灭；本有性天，全体显现。是知《十轮》《本愿》《占察》三经，同由地藏大悲愿力，令末世孤露无依众生，悉皆得大恃怙也。蕅益大师已证法身，乘愿再来。初现阐提之迹，后为如来之使。一生行解，事理圆融。毕世著述，性修双备。欲令浊智成净智，依三经而制忏仪。冀使凡心作佛心，即十轮而明赞悔。宝镜既磨，光明自发。摩尼既濯，珍宝斯雨。诚可谓反本还元之妙法，即心作佛之达道也。弘一上人宿钦大师著述，特为刻板用广流通。俾有志于灭幻妄之惑业，证本有之真心，上续如来之慧命，下作末世之典型者，咸得受持云。

《占察善恶业报经行法》，一卷，明蕅益大师集。

明蕅益大师《占察善恶业报经行法》，分为六门。

第一缘起。文云：

夫诸佛菩萨愍念群迷，不啻如母忆子。故种种方便，教出苦轮。而众生不了业报因缘，罔知断恶修善。净信日微，五浊增盛。由此剧苦机感，倍关无缘慈应。爰有当机名坚净信，咨请世尊曲垂悲救。佛乃广叹地藏功德，令其建立方便。于是以三种轮相示善恶差别；以二种观道，归一实境界。仍诫业重之人，不得先修定慧，应依忏法，得清净已，然后修习二观，克获无难。此诚末世对症之神剂，而方便中之殊胜方便也。予悲障深，丁兹法乱，律教禅宗淆讹匪一。幸逢斯典，开我迷云，理观事仪昭然可践。窃以诸忏十科行法，详略稍殊。一一阐陈，纤疑始决。罔敢师心，乃述缘起。

第二劝修。文云：

若佛弟子，欲修出世正法者，欲现在无诸障缘者，欲除灭五逆十恶无间重业者，欲求资生众具皆得充饶者，欲令重难轻遮皆得消灭者，欲得优婆塞沙弥比丘清净律仪者，欲得菩萨三聚净戒者，欲获诸禅三昧者，欲获无相智慧者，欲求现证三乘果位者，欲随意往生净佛国土者，欲悟无生法忍圆满证入一实境界者，皆应受持修行此忏悔法。何以故？此是释迦如来格外弘慈，地藏菩萨称机悲愿。无苦不拔，无乐不与。依此修行，净信坚固。如经广明，所宜谛信。

以下四门，行法中广明。

上列二种忏仪，最为完善。《忏愿仪》多依《十轮》，《行法》专宗《占察》。后之学者，随已所乐，勉力行之。

《慈悲地藏菩萨忏法》，三卷，此书繁杂，未能适用。

《地藏菩萨本愿忏仪》，一卷，清乘戒集。此书简明，尚未完善。

第九章　诸家赞述

自古迄今，诸家撰录之中赞述地藏菩萨者甚多，或有别编一卷专述地藏菩萨灵感等事。今以匆促未及遍检，唯就所忆及者依时代先后略录如下。

天台宗诸撰述中，常引《占察经》文。《占察经》，渐次作佛有四种。蕅益大师谓，天台六即盖本诸此。

唐南山律祖《四分律行事钞》等，常引《十轮经》文。

唐贤首国师《华严经传记》，述地藏菩萨灵感。文云：

文明元年。京师人，姓王，失其名。既无戒行，曾不修善。因患致死。被二人引至地狱门前，见有一僧，云是地藏菩萨。乃教王氏诵一行偈。其文云：若人欲求知，三世一切佛，应当如是观，心造诸如来。菩萨既授经文，谓之云：诵得此偈，能排地狱。王氏尽诵，遂入见阎罗王。王问此人有何功德。答云唯受持一四句偈，具如上说。王遂放免。当诵此偈时，声所及处，受苦人皆得解脱。王氏三日始苏，忆持此偈，向诸沙门说之。参验偈文，方知是晋译《华严经》第十二卷《夜摩天宫无量诸菩萨云集说法品》。王氏自向空观寺僧定法师说云然也。

唐清凉国师释《华严经十回向品》初章代苦救护，亦赞叹地藏菩萨。文云：

由菩萨初修正愿，为生受苦。至究竟位，愿成自在，常在恶趣，救代众生，如地藏菩萨等。

《宋高僧传》《神僧传》载，唐永徽时，新罗国王族，姓金，名乔觉。至中国，居九华山。灵迹甚多，具载传中。相传是地藏菩萨垂迹。

《地藏菩萨像灵验记》，一卷，宋常谨集，载日本《续藏经》中。今编入《地藏菩萨本迹灵感录》。

明莲池大师为比丘性安撰《地藏菩萨本愿经·跋》，文云：

《地藏经》译于唐实叉难陀。而时本译人为法灯法炬，不著世代，不载里族，于藏无所考。虽小异大同，理固无伤。而核实传信，必应有据。乃比丘性安者，承先志刻唐译易之。或谓是经，谆谆乎众生因果地狱名相，无复玄论，不足新世耳目，恶用是订正为。噫。布帛菽粟平时不如明珠，凶年则为至宝。救末法之凶年，是经其可少耶？若夫众生度尽方证菩提，地狱未空誓不成佛。探玄上士，试终身味之。

《灵峰赞地藏菩萨别集》，一卷，明蕅益大师撰，清演音集。

蕅益大师少年在俗常谤佛法，后闻《地藏菩萨本愿》，乃发出世之心。故其一生尽力宏扬赞叹地藏菩萨。余见《灵峰宗论》中，赞地藏文甚多，因挈录之，辑为一卷，名曰《灵峰赞地藏菩萨别集》。今附录之，以广法益。是书分为五门。

（一）关于《十轮经》者

《赞礼地藏菩萨忏愿仪》后自序。文见前第八章。

（二）关于《占察经》者

《占察善恶业报经疏》自跋。文见前第七章。

《刻占察行法助缘疏》，文云：

《易》曰：积善之家必有余庆，积不善之家必有余殃。《书》曰：惠迪吉，从逆凶，唯影响；作善降之百祥，作恶降之百殃。因果报应之说，未尝不彰明较著于世间也。但儒就现世论，未足尽愚者之疑情。自释典入支那，备明三世果报，益觉南宫所悟及孔子尚德之称，事理不诬。然三藏权诠，只明因缘生法，未直明因缘无性，故云佛能转一切业，不能转定业。逮大乘会中，始广明格外深慈，建胜异方便，依万法唯心、缘生无性之理，设取相、无生二忏以通作法之穷。然后罪无大小，障无浅深，依教行持，悉堪消灭。如赫日当空，霜露顿收也。

昧者谓重罪许忏，开造罪门。盖不唯罔识佛菩萨之弘慈，亦岂知儒者之了义。孔子云：过而不改，是谓过矣；忧悔吝者存乎介，震无咎者存乎悔，盖明示人以自新之端矣。夫罪有重轻，事非一概。世法不能治，佛法治之；作法不能治，取相治之；取相不能治，无生治之。则究竟离苦解脱之法，不得不归功佛门，又不得不归功观音、地藏诸大士也。观音应十方世界，尤于五浊有缘。地藏游五浊娑婆，尤于三涂悲重。如父母等爱诸子，而于幼者及无能者尤所钟情。此《占察善恶业报经》，诚末世多障者之第一津梁也。坚净信菩萨殷勤致请，释迦牟尼佛珍重付嘱。三根普利，四悉咸周；无障不除，无疑不破。三种轮相全依理以成事，故可即事达理；二种观道全即事而入理，未尝执理废事。又复详陈忏法，即取相即无生，初无歧指；开示称名，观法身观己身，顿同一致。乃至善安慰说，种种巧便不违实理。此二卷经，已收括一代时教之大纲，提挈性相禅宗之要领，曲尽佛祖为人之婆心矣。予依经立忏。程用九居士捐资，并募善信助成之。此正欲立立人，欲达达人之极致也。谁谓学佛非儒者分内事哉！

《与沈甫受、甫敦书》，文云：

《占察行法》，蒙昆玉梓梵册。而不肖屡结坛，俱不获清净轮相。此可信天下后世耶。今誓作背水阵，掩死关礼之。

《与圣可书》，文云：

不肖三业罪过不少，杂乱垢心岂致清净轮相。爰发惭愧，退作但三归人；誓不为师作范，誓不受人礼拜，誓不出山。誓得清净轮相，不论百日千日六年九年，毕死为期。辞嘉兴事竟，嗣当辞留都事也。

《与了因及一切缁素书》，文云：

宋儒云：才过德者不祥，名过实者有殃，文过质者莫之与长。旭一人犯此三病，无怪久滞凡地，不登圣阶也。旭十二三时，因任道学而谤三宝，此应堕无间狱，弥陀四十八愿所不收。善根未殒，密承观音、地藏二大士力，转疑得信，转邪归正。二十年来力弘正法，冀消谤法之罪。柰烦恼深厚，于诸戒品说不能行。癸酉中元拈阄，退作菩萨沙弥。盖以为今比丘则有余，为古沙弥则不足，宁舍有余企不足也。夙障深重，病魔相缠，从此为九华之隐，以为可终身矣。半年余，又渐流布。浸假而新安而闽地而苕城，槜李留都，虚名益盛，实德益荒。今夏感两番奇疾，求死不得。平日慧解虽了了，实不曾得大受用。且如《占察行法》一书，细玩精思，方敢遵古式述成。仔细简点，并无违背经宗。乃西湖礼四七不得清净轮相，去年礼二七不得，今入山礼一七又一日仍不得。礼忏时，烦恼习气现起更觉异常。故发决定心，尽舍菩萨沙弥所有净戒，作一但三归弟子。待了因进山，作千日关房，邀佛菩萨慈悲拔济。不然者，宁粉此骨于关中矣。

《佛菩萨上座忏愿文》，文云：

（上略）曾闻造像功德，最能灭罪除愆。礼拜忏摩，实可洗心涤虑。爰发虔诚，集资改造一佛二菩萨像。仍发誓愿，恒礼《占察行法》，不论年月，专祈纯善轮相。众生虽垢重，诸佛不厌舍。必以大慈悲，哀愍度脱我。使我从今以后，心无掉举，身得轻安。护口过而勿出绮语恶言，净意地而不起杂思欲觉。速得清净三轮，克臻自他二利。普化众生，同生净土。

《赠石淙掩关礼忏占轮相序》，文云：

（上略）曩觉比丘多惭，退为求寂。今更愧沙弥真义，仅称但三归矣。敢更以空言赠人。然窃玩《占察善恶业报》一经，原属释迦大圣彻底悲心，地藏菩萨格外方便。三种轮相，巧示业报因缘，无疑不决。二种观道，深明进趣方便，大乘可登。以五悔称名为发轫先容，以一实境界为平等归趣。夫五悔者敌体反世情者也，二观者敌体反妄想计著者也。忏悔发露，永断相续，灭业障。劝请说法，灭魔障。随喜功德，灭嫉妒障。善巧回向，灭著有障。发坚固愿，灭退忘障。唯心识观，先知外境本虚皆心所现，次达内心如幻了无真实。真如实观，深达若境若心统惟法性，法性不生不灭，故诸法皆当体不生不灭。如千沤万波统惟湿性，千器万像统惟金性。五悔翻破无始事障，二观翻破无始理障。二障既净，成真应二身，三聚净戒一念圆发。而三轮清净之相，特表示取信，以显住持僧宝绝仍可续。孟轲所谓豪杰之士无文王犹兴，闻而知之不异见而知之云尔。嗟乎！予能知《占察》大旨依经立忏，而未能自得轮相，人谁信之。此实说药不服，咎不在药也。良方良药昭昭具在，地藏菩萨决不我欺。我已知不服之咎，誓将服之。而石淙法友先得我心，亦将掩关以祈清净。愿各努力，日夜涂抹。并慎药忌，避风寒。他日绍舍那真胤，灵峰片石当与灵鹫第一峰同时点首矣。

《祖堂结大悲坛忏文》，文云：

（上略）智旭于四十六岁，自反多愧，退作但三归人。勤礼《千佛》《万佛》及《占察行法》。幸蒙诸佛菩萨大慈大悲，于今年正月元旦，锡以清净轮相。稍自慰安。（下略。案：大师于癸酉三十五岁七月十五日退为菩萨沙弥，遂发心礼占察忏法。甲申四十六岁，退为但三归人。乙酉四十七岁正月元旦，乃获清净轮相，得比丘戒。）

《占察行法愿文》（案：此文为大师既获清净相后一年丙戌所作），文云：

归命慈威无等尊，拔苦与乐真出要，定力能除三劫灾，救世真士垂悲拯。弟子智旭痛念劫浊难逃，刀兵竞起。虽云同分妄见，实非无因误招。往业莫追，来事可谏。爰偕同志某等（十人）各捐净资，营修供养。三日方便，七日正修。如法结清净坛，顶礼《占察行法》。六时行道，五悔炼心。哀吁同体大悲，恳乞无缘拔济。伏念众生障垢虽至重至深，三宝洪慈终不厌不舍。苟一念知改过，必随许以自新。况释迦本师勇猛称最，地藏大士誓愿无忘。子幼弱父爱偏强，儿不肖母怜益甚。悯兹匍匐入井之愚，赐以身手衣裓之用。俾毫光照处，消兵戈为瑞日祥云。法雨沾时，转邪孽为道芽灵种。所愿风调雨顺，国泰民安。正教流通，魔邪窜绝。次祈比丘智旭身无病苦，心脱结缠。定与慧而等持，戒并乘而悉净。期主某法社虽复三年，摄护愿如一日。某等各各真为生死，发菩提心。克除习气，臻修法门。三学圆成，二严克备。续佛慧命，普利人天。又祈外坛随喜缁素，悟知一实，开显三因。二观圆修，三忍圆证。又祈外护助缘，广及法界含识，若见若闻，若不闻见，等植良因，均沾胜益。又祈江北江南乃至震旦域内，近日遭兵难者，种种债负消除，一一怨嫌解释。脱幽冥之剧苦，胎莲萼以超升。恭干法界三宝地藏圣师，真实证知，真实摄受。

《化持地藏菩萨名号缘起》，文云：

吾人最切要者，莫若自心。世间善明心要者，莫若佛法。然佛法非僧不传，僧宝非戒不立。戒也者，其佛法纲维，明心要径乎。慨自正教日替，习俗移人。髡首染衣，不知比丘戒为何事。一二弘律学者，世谛流布，开遮持犯，茫无所晓。况增上威仪，增上净行，增上波罗提木叉乎。又况依四念处行道，增心增慧，以成三聚五支者乎。嗟！嗟！三聚五支不明，谓大乘僧宝，吾不信也。僧既有名无义，谓传持佛法明了自心，吾尤不信也。坚净信菩萨悯之，以问释尊。释尊倍悯之，委责地藏大士。大士更深悯之，爰说《占察善恶业报经》。经云：恶业多厚者，不得即学定慧，当先修忏法。所以者何？此人宿习恶心猛利，现在必多造恶毁犯重禁。若不忏净而修定慧，则多障碍，不能克获。或失心错乱，或外邪所恼，或纳受邪法增长恶见。故先修忏悔。若戒根清净及宿世重罪得微薄者，则离诸障。又云：虽学信解修唯心识观、真如实观，而善根业薄未能进趋，诸恶烦恼不得渐伏，其心疑怯怖畏及种种障碍，应一切时处，常勤诵念我之名字。若得一心，善根增长，其意猛利。当观我及诸佛法身与己自身体性平等，无二无别，不生不灭，常乐我净，功德圆满，是可归依。又观自身心相，无常苦无我不净，如幻如化，是可厌离。如是观者，速得增长净信之心，所有诸障渐渐损减。此人名为学习闻我名者。若杂乱垢心诵我名字，不名为闻。以不能生决定信解，但获世间善报，不得广大深妙利益。（案已上九行余皆撮引经文）嗟！嗟！由此观之，戒不清净，二观决不易修；二观不修，一实何由证契。而欲戒根清净，舍忏悔持名岂更有方便哉！且持名一法，自其浅近言之，愚夫愚妇孰不能矢口。自其深远言之，不达法身平等，杂乱垢心不得名为闻矣。故知以二观为指南，能修二观方为闻菩萨名。以闻名为方便，真实持名便是圆摄二观。故名闻障净，障净戒得，戒得定慧发生，定慧而一，实证入矣，明心见性，是真僧宝，真传佛法。吾辈生末叶，闻此真法，宜如何努力以自勉也。

（三）关于《本愿经》者

《警心居士持<地藏本愿经>兼劝人序》，文云：

唯圣罔念作狂，唯狂克念作圣，此危微的传也。佛法亦尔，一念迷，常寂光土便成阿鼻地狱；一念悟，阿鼻地狱便是常寂光土。所以地藏本愿，直与华严同一血脉。试观华严世界，即空即假即中，不可思议。地狱众苦，亦即空即假即中，不可思议。华严明自心本具之净土，令人知归。地藏明自心本具之苦轮，令人知避。一归一避，旨趣永殊。而归亦唯心，避亦唯心，心外决无别法。儒所谓道二，仁与不仁而已。危乎微乎，善利分舜跖之关，去存为人禽之别。熟读《本愿经》，不思自觉觉他，出地狱归华藏者，必不仁之甚者也。警心居士悯之，遂毕世受持，兼以劝人。予谓适发此心，地狱苦轮便当顿息。欢喜为序，代法界众生普劝云。

《九华芙蓉阁建华严期疏》，文云：

予每谓《地藏本愿》一经，当与八十一卷《华严》并参。《华严》明佛境界，称性不可思议；《本愿》明地狱境界，亦称性不可思议。一则顺性而修，享不思议法性之乐；一则逆性而修，受不思议法性之苦。顺逆虽殊，全性起修、全修在性，一也。一念迷佛界不思议性，则常寂光土，应念化成刀山剑树，炉炭镬汤。一念悟地狱不思议性，则泥犁苦具，应念化成普光明殿，寂灭道场。迷悟虽殊，性德无增无减，又一也。然性德虽无增减，非逆顺不属迷悟。而迷之为九界逆修，遂感分段变易二死苦报。悟之为佛界顺修，遂成菩提涅槃二种转依。迷为三惑，悟为三智。逆修为十恶五逆，顺修为六度万行。生死为三界四相，转依为三身四德。苦即法身，惑即般若，业即解脱。谚谓：推人扶人，只是一手；赞人毁人，只是一口。《大佛顶》谓，如水成冰，冰还成水。讵不信然。然则芙蓉九朵，信可与华严九会，同其表法；岂谓《地藏本愿经》仅谈地狱因果事相而已。况华藏世界，安住大莲华中，如来成道，亦坐宝莲华。而优钵罗、波头摩等地狱，亦复名青莲华、赤莲华。可见一名一喻、一事一法，皆悉具足十界，在当人迷悟顺逆何如耳。不思议法性，体非群相，不碍诸相发挥，又奚间于地狱及寂光哉。愿诸开士，率诸檀越，即以此为顺修因缘，开发正悟。则铁围两山，即是金刚菩提道场。无令火焰幻作金莲，斯大妙矣。

（四）关于《灭定业真言》者

《化持灭定业真言—世界数庄严地藏圣像疏》，文云：

释迦佛谓定业不可救，所以寒造罪之心。地藏菩萨说灭定业真言，所以慰穷途之客。旭少习东鲁，每谤西干。承观音大士感触摄受。后闻《地藏本愿尊经》，始发大心，誓空九界。今得与僧伦，染神乘戒，皆慈愿冥加，不可诬也。爰念娑婆弊恶，惑业苦三，如恶叉聚；无上醍醐，悉成毒药。持律者唯事衣钵，作犯止持茫无所晓；习教者唯事口耳，禅那理观瞀无所得；参宗者流入机境，播弄精魂，心佛真源毫无亲证；净土一门稍切时机，亦苦多成退托，未合不思议大乘。良由业重障深，浊智流转。虽有圣者，末如何也。唯地藏慈尊悲深愿重，专愍刚强，尚能转我当年殷厚邪心，使得正信出家；岂难转大地众生无知过犯，使归真际乎。故于三宝前发心，欲造万佛铜殿，中供大士，永镇九华。爰受一食法，结百日坛，持灭定业真言五百万。又化大心缁素或持十万或百千万，共成十万万，表三千大千世界数。以其总数，供大士像中，作尽未来广化十方左券云。

《宗论》卷一中，有续持回向偈，补总持疏，灭定业咒坛忏愿文，及其他愿文中附言持灭定业咒者，今悉阙略未录。欲广览者，幸披寻焉。

答黄稚谷问，二则。（原问附）文云：

问：佛不能灭定业，地藏菩萨胡为有《灭定业真言》耶？且既达本来罪福皆空，又何谓耶？

答：业之与报，皆是自心现量。心空一切皆空，心假一切皆假，心中一切皆中。特凡夫不达能造所造，能受所受，当体三德秘藏；而以殷重倒心，作殷重恶业，必招殷重苦报，名为定业。彼心既定，不可挽回，大觉亦不能即令消灭。故大慈悲巧设方便，令地藏大士说咒劝持，即是转其定心，渐使消灭也。是故菩萨功能，全是佛之功能；佛既不居，菩萨亦不居，究竟只在当人一念信受持咒之心耳；此正所谓既达本来罪福皆空之旨，原非拨无因果；以罪福因果当体即空，亦复即假即中；迷则灭与不灭俱非达本，达则灭与不灭总不碍空也。古人云：如何是本来空？业障是。如何是业障？本来空是。透此二语，便出野狐窠臼矣。

进问：毕竟佛何不自说？所谓佛不能灭，尚有疑在。

答：释此须知三义：一、诸佛说法，必系四悉因缘。有闻佛说而欢喜生善灭恶入理者，佛即自说，如楞严尊胜诸咒皆灭定业也。有闻菩萨说而欢喜生善灭恶入理者，须菩萨说，如此咒及大悲等咒是也。二、罪不自灭，不他灭，不共灭，不无因灭。而有时唯说自灭，云心空业空。有时唯说他灭，云佛菩萨力。有时说须共灭，双举内因外缘。有时说无因灭，云非自非他。皆四悉因缘，否则便成四谤也。三、不能灭，约三藏迹佛。能灭指圆教因人，如《华严》云，初发心时已胜牟尼，亦其例也。知此三义，一切法无不通达。

（五）杂著

《九华地藏塔前愿文》，文云：

稽首慈悲大愿王，本源心地如来藏。善安慰说真救世，现声闻相护法者。愿承本誓度众生，鉴我微忱垂加护。智旭夙造深殃，丁兹末世，虽受戒品，轻犯多端。虽习禅思，粗惑不断。读诵大乘，仅开义解。称念名号，未入三摩。外睹魔党纵横，痛心疾首。内见烦恼纷动，愧地惭天。复由恶业，备受病苦。痛娑婆之弊恶，叹沉溺之无端。由是扶病入山，求哀大士。矢菩提于永劫，付身命于浮云。臂香六炷：三炷，供忉利胜会化身无数，大集胜会现声闻相，六根聚会善巧说法地藏菩萨摩诃萨。一炷，悔三业重失，生来杀业淫机，谤三宝罪，口过恶念，乃至旧岁染疾后，种种不尽如法，如是等愿尽消除。一炷，为求四愿，律仪清净，断惑证真，长康无病，广作福事。一炷，为决疑网，若先礼忏，求净律仪。若先习禅，断除烦惑。若先阅藏，以开慧解。若先立行，以广福缘。唯愿救世真士，大智开士，一切知见者，于诸众生得不忘念者，必垂哀鉴，开我迷云。我复于大慈悲父前，沥血铭心，作如是愿：如一众生未成佛，终不先自取泥洹。傥夙业因缘牵入恶道，愿菩萨弘慈常觉悟我，使我念念忆菩提心，令菩提心相续不断。若夙障稍轻，愿大士威神，令我早成念佛三昧，决定得生阿弥陀佛世界，乘本愿力，无边刹海，化度有情，尽未来际，无有疲厌。

《化铁地藏疏》，文云：

洪钟具无边音性，一击而顿彻铁围。地藏圆同体大悲，瞻礼而顿蒙与拔。幽冥之觉悟可期，现在之障缘宜转。灵峰心怀礼公，既已铸钟打钟，复思是像作像。虽丹青刻画，咸皆性同虚空。而炼就纯钢，可表坚固不坏。四德非尘，藉一尘而圆显。三身无像，即影像以妙彰。寄语高贤，共行檀施。助铁者，如正因心发，法身妙果可登。助炭者，如了因心发，般若光明可悟。助食用者，如缘因心发，解脱神通可基。从大士而发其心，正是全性起修。由众信而成此像，正是全修在性。如是事，如是理，如是因，如是果，真语实语，谛思谛行。

《九华山海灯油疏》，文云：

劫初人有身光，不假日月。身光渐减，日月出生。而日月有时不照，则继以膏火。此膏火功德，不唯等于日月而已。日月属悲田，灯火供养，悲敬双具。又况地藏大士以无缘慈力，同体悲心，示居九子峰头，遍救尘沙含识。肉身灵塔，四海归依，由是有海灯之供。当知一茎光照，全彰自性妙明。缘善既孚，正了同显。傥谓是事相，是尘缘，无关修证者，则离事谈理，离境觅心，理若龟毛，心同兔角。谁与万善庄严，成两足果哉。昔有盗寺物，剔佛灯者，尚感多劫身光之报。况以好心施供，藉大士慈悲，俾焰焰普烛幽涂。方将续如来慧灯，耀法界宝炬。若自若他，同开长夜幽关，又岂止生死中乐报已耶！请速发心，毋贻后悔。

《九华山营建众僧塔疏》，文云：

福田有二，曰敬，曰悲。敬田以田胜，悲田以心胜。供舍利而福等虚空，敬田也；泽及枯骨，万世称为仁主，悲田也。一田功德已不思议，况悲敬具足者乎。夫罗汉四果，证入无生，永离我执，既入涅槃，不爱枯骨。凡夫比丘，未断思惑，傥尸骸暴露，则神识不安。神识不安，可悲也。堂堂僧宝，可敬也。矧凡圣莫测，神圣渊府。龙蛇混居，安知肉眼所谓凡僧，非即大士曲示乎？是故随供一骨，罔不具悲敬二田。九华为天下第一名山，乃荒原暴骼，怵目伤心。予初到山，首以此事经怀。适有众耆，快为鼓舞。不揣陋拙，倡作先声。其有见闻随喜，无论若缁若素，若少若多，既投最胜之因，必克无上之果。敬则成佛道而有余，悲则度众生而无量。系以偈云：僧相堂堂，福德之海。纵令朽骨，福性奚改。起塔供养，应至梵天。况复丈许，讵云不然。大士示形，遍在生死。青淤朽骨，黄金锁子。弹指合掌，的的真因。谁为证佐，《妙法华经》。

《复九华常住书》，文云：

向年托迹宝山，于一切精律行者，作地藏大士想，即一二不拘小节者，亦作志公济颠等想。圣道场地，龙蛇混杂，凡圣交参，不敢以牛羊眼妄测，自招无间重罪也。适闻山中稍稍构难，虽大菩萨示现作略，然经云：“宁破千佛戒，莫与外人知。”又世典云：“胡越人相为仇敌，及乘舟遇风，则相救如左右手。”九华实地藏慈尊现化地，山中大众，无非地藏真实子孙。不知历几劫修行，到此名山福地，乃为小小一朝之忿，遂使智不若胡越同舟。非所谓一芥翳天，一尘覆地者耶！不肖智旭，少时无知，毁谤三宝，罪满虚空。仗地藏大士深慈厚愿，拔我邪见，令厕僧流，故今日称地藏孤臣。山中大众，皆吾幼主。臣无轻君之念，而有谏君之职；唯是诚惶诚恐，稽首顿首，遥向宝山，披陈忠告。唯愿众师，各各舍是非人我之心，念法门山门之体，同修无诤三昧，永播大士道风。古人云：“官不容针，私通车马。”又云：“家无小人，不成君子。”纵有实非大士真正眷属，亦须慈恕，令其渐种善根可也。

《地藏慈尊像赞》五首，文云：

其一，同体大悲，无缘宏誓。千佛之祖，群生之裔。定入刹尘，珠悬三际。轮相破疑，辩才显谛。欲令戒学重明，顶礼莫存分剂。

其二，人但知其地狱救苦，不知其无处不现。人但知其临终扶持，不知其无时不念。三部经王，二种妙观。十轮重匡末法，三轮尽裂疑罥。此无量门中第一神速法门，从来若逢不逢，似见非见。不肖子一生极力举扬，独许归信无间。尚有一事怀疑，问取法身莫辨。

其三，众生堕落地狱，皆由破戒重障。大士入狱救苦，独现声闻戒相。不解剖判法身，偏解拈提向上。此是无作妙色，众生性具家当。握珠坚强戒身，地藏人人地藏。

其四，五乘该尽孝慈心，最是医王愿力深。百草根茎皆不弃，赢来大地足知音。

其五，涕出何须更著惭，馆人相识恨长含。一哀偶遇横流泪，处处临丧欲脱骖。

《遣病歌》，文云：

九华峰头云雾浓，三月四月如隆冬。厚拥敝袍供高卧，暖气远遁来无从。九华山中泉味逸，百滚千沸中边蜜。拾取松球镇日煨，权作参苓疗我疾。我疾堪嗟疗偏难，阿难隔日我三日。岂向旦暮恋空华，悲我知门未诣室。是以持名日孜孜，拟开同体妙三慈。我病治时生界治，刹那非速劫非迟。

《礼千佛于九华藏楼，赠诸友五偈》，文云：

非干苦瓠换甜瓜，处处慈尊并我家。念性枉劳参水月，低头已驾白牛车。

堆山积岳尽尘埃，力把慈风一夕摧。吹散铁围无暗地，何须拭目问明来。

昔年窠臼刹那掀，腊尽春回日已暄。欲信昆仑泉脉动，但看河冻不胜辕。

灵犀一点性元通，触境逢渠道自融。蓦地举时声历历，相看同在宝楼中。

一体横分想与情，泠然性计即无生。功成五悔非留惑，莫替楼头最后盟。

《丙戌春，幻游石城。随缘阅藏，以偿夙愿。夜梦塑地藏大士，身首具手足未成。感赋》。文云：

积雨溟蒙缛客思，鸽声传怨度新枝。千年学脉凭谁寄，万古愁怀只自知。

镜里病容衰已甚，梦中慈相体犹亏。何时了却文言债，蓦入重岩就故医。

《地藏菩萨行愿纪》，一卷，清显荫述。

《地藏菩萨本迹灵感录》，一卷，清李圆净述。

《地藏大士圣迹》，一卷，清范幻修述。

《地藏菩萨往劫救母记》，一卷，清汪奉持述。

《地藏菩萨九华垂迹图赞》，一卷，清演音赞书，清卢世侯绘。

《九华山志》，未就，清许止净编，旧刊山志未善。无足流通。

第十章　问答遣疑

问：第一章谓地藏菩萨为诸经等通译之名。而近世中持名号者，皆曰地藏王菩萨。未审应依何者为善？

答：《占察经·卷上·详示占法·中》云：一心告言南无地藏菩萨摩诃萨。准此，持名之时，应云南无地藏菩萨摩诃萨，斯为善矣。若因句长未易持诵者，可略摩诃萨字，直云南无地藏菩萨。但有仍欲依彼旧习念南无地藏王菩萨者，亦宜随其好乐，因与《大乘本生心地观经》相符合也。

问：《十轮经》谓于弥勒、文殊、观音、普贤诸大菩萨所，百劫之中至心归依称名念诵礼拜供养，不如于一食顷，归依乃至供养地藏菩萨。《本愿经》亦谓文殊、普贤、观音、弥勒其愿尚有毕竟，是地藏菩萨所发誓愿劫数如千百亿恒河沙。准此二经，地藏为胜，其他诸大菩萨悉为劣耶？

答：文殊、普贤、观音、弥勒乃至地藏诸大菩萨，皆示位居等觉，未有高下之殊。而诸众生多劫已来所结法缘，不无深浅之异。是约机感似有胜劣，若约菩萨位置决无胜劣可言也。地藏菩萨于此世界诸众生等有大因缘，故释迦如来偏赞最胜，令诸众生信心坚固，悉皆渴仰，受化得度耳。

问：《地藏经》中，何以广说人天果报，未有劝赞往生净土耶？

答：《本愿经》中虽未显说，而于他经劝赞者多。今略举之。

《地藏十轮经》云：当生净佛国，导师之所居。又云：当生净佛土，远离诸过恶。又云：不久安住清净佛国，证得无上正等菩提。又云：速住净佛国，证得大菩提。

《占察善恶业报经》中，如前第三章所引文云：此人舍身亦能随愿往生他方净佛国土。又云：若人欲生他方现在净国者，应当随彼世界佛之名字，专意诵念，一心不乱。如上观察者，决定得生彼佛净国。

《地藏菩萨请问法身赞》中，如前第五章所引七言偈云：彼人生于净莲华，闻法所说无量寿。

《地藏菩萨仪轨》中，如前第五章所引文云：舍身后生极乐。

又蕅益大师《占察行法》中，如前第八章所引文云：欲随意往生净佛国土者，应受持修行此忏悔法；故《行法》中最后发愿云：舍身他世生在佛前，面奉弥陀历侍诸佛，亲蒙授记回入尘劳，普会群迷同归秘藏。大师所撰《行法》，悉宗《地藏占察经文》。劝赞往生，可为诚证矣。

问：后世缁侣所传地藏赞文，未能雅饬，不足承用。今欲于菩萨前称扬赞叹诸功德者，应唱何偈乃为殊胜？

答：余所用者，依《十轮经·序品》偈文、挈集二种。又蕅益大师《忏愿仪》中所述赞偈，悉宗《十轮》长行经文，称美圣德无不周遍，叹观止矣。今并写录于此章后，藉以为《圣德大观》一卷作综结焉。

依经挈集赞偈二种。第一文云：

七圣财伏藏，无畏佛音声，诸菩萨胜幢，众生之尊首。与怖者为城，如明月示道，生善根如地，破惑如金刚。假使百劫中，赞说其功德，犹尚不能尽，故皆当供养。

第二文云：

一日称地藏，功德大名闻。胜俱胝劫中，称余智者德。众生五趣身，诸苦所逼切。归敬地藏者，有苦悉皆除。现作种种身，为众生说法。具足施功德，悲愍诸众生。假使百劫中，赞说其功德。犹尚不能尽，故皆当供养。

蕅益大师《忏愿仪》中赞偈，文云：

南无地藏菩萨摩诃萨。以神通力，现声闻像。是诸微妙功德伏藏，是诸解脱珍宝出处，是诸菩萨明净眼目，是趣涅槃商人导首。如如意珠，雨众财宝，随所希求，皆令满足。照行善者，犹如朗日。照失道者，犹如明炬。除烦恼热，如月清凉。渡四流者，为作桥梁。趣彼岸者，为作船筏。伏诸外道，如师子王。降诸天魔，如大龙象。护诸怖畏，如亲如友。防诸怨敌，如堑如城。救诸危难，犹如父母。藏诸怯劣，犹若丛林。令诸有情，善根不坏。现妙境界，令众欣悦。劝发有情，增上惭愧。求福慧者，令具庄严。能无功用，转大法轮。殊胜功德，不能测量。久修坚固，大愿大悲。勇猛精进，过诸菩萨。于一食顷，至心归依。称名念诵，礼拜供养。能令一切，皆离忧苦。求诸所愿，速得满足。安置生天，涅槃之道。故我一心，归命顶礼。

李叔同诗词作品

老少年曲

梧桐树，西风黄叶飘，夕日疏林杪。

花事匆匆，零落凭谁吊。

朱颜镜里凋，白发悉边绕。

一霎光阴底是催人老，有千金也难买韶华好。

《药师经》析疑

凡例

一、经文据《丽藏》玄奘译本，与世所习诵者异。

二、科依《义疏》。（《药师琉璃光如来本愿功德经义疏》三卷，收入日本《大正藏》中）。

三、问多增文，答据《义疏》，间或遗略，时有润文；而观解、表法多缺。

四、唯引他文而略疏释，引文止处，未易见者，旁加“文”字。

五、若属私意，则上冠“案”字，以区别也。

六、案经谓此文唐疏者，指《药师本愿经疏》（隋本），唐慧观撰。系敦煌石室所发现之佚本。

七、经文句读，据大师写本。（目次中甲一之“一”，即内文子目之“初”字。）

八、析疑文标点，乃后人所加。

序

《药师经析疑》，原系弘一法师遗稿。弘公圆寂后，该稿经圆拙法师整理完成，圆师并嘱余筹印。数年前余曾请慧剑居士协助付梓，但因缘未能圆满，故于中止，仅就岷市先印一千余本。慧剑居士崇仰弘一大师，其情殷诚，曾撰写《弘一大师传》流通行世，今又再印《药师经析疑》及《弘一大师文钞》，以供世人同飨，嘱余为序，故略述其因缘，以表赞喜！

菲律宾三宝颜福泉寺沙门传贯 民国丙辰六十五年二月十二日叙

药师琉璃光如来本愿功德经

问：若依台宗，说玄义五重，今应如何分判耶？

答：玄义五重：（一）人法为名；（二）正法宝藏为体；（三）如来因

果为宗；（四）与拔功德为用；（五）大乘方等为教相。

（一）人法为名者。魏塘云：“药师琉璃光如来是人名，本愿功德是法名。”此说是也。青丘、秋篠及长谷，同以药师为喻者，此等不知从德立名。

（二）正法宝藏为体者。正谓中正，法谓妙法，贵重为宝，句容为藏。与《华严》之诸法实性相，《方等》之实相如来藏，《般若》之佛母，《法华》之秘要之藏，《涅槃》之三德秘藏，金刚宝藏，同出异名。下文云：“于其国中有二菩萨摩诃萨，乃至悉能持彼世尊药师琉璃光如来正法宝藏。”若正法宝藏非经体者，二菩萨云何奉持耶？虽魏塘云“诸佛甚深行处为体”者，今所不取。何者？诸佛言通，甚深叹行，行字是宗，处字非体。如下文云“流行之处”，故行处字不正指体。

（三）如来因果为宗者。本愿二字，是如来因；其余九字，是如来果。魏塘以愿行方便为宗，引下文证者。今谓此昧宗致。既是因果，岂非因而不该始末耶！

（四）与拔功德为用者。此与魏塘同。彼云：“此经始终，只明拔苦与乐。”

大科为三：初序，二正宗，三流通。甲初序分二：初通序，二别序。今初如是我闻。一时薄伽梵游化诸国，至广严城，住乐音树下。与大苾刍众八千人俱，菩萨摩诃萨三万六千，及国王、大臣、婆罗门、居士、天、龙、药叉、人、非人等，无量大众，恭敬围绕，而为说法。

问：广严，梵语旧云毗舍离等。秋篠云：“此是城名。”而隋译本称为国者，误欤？

答：非也。国总，城别耳。《西域记》云：“吠舍厘国（即是隋云毗舍离国），周五千余里。吠舍厘城，已甚倾毁，其故基址周六七十里，宫城周四五里。”

问：诸经列声闻众数，每云千二百五十人，今何甚多？

答：聚散随缘，何必一概。而经列千二百五十人者，如《南山》云：“重其初故。”又八千何多，如《金光明》云“九万八千”。

问：凡诸列众，何故数全耶？

答：《大论》释云：“若过若减，皆存大数。”

乙二 别序三：初文殊请，二如来许，三文殊领。

丙 今初

尔时曼殊室利法王子，承佛威神。从座而起，偏袒一肩，右膝着地，向薄伽梵曲躬合掌。白言："世尊！唯愿演说如是相类诸佛名号，及本大愿，殊胜功德。令诸闻者，业障消除，为欲利乐像法转时诸有情故。"

问：像法转时，是何义耶？

答：长谷云："转者，变也，恐指末法。"今谓不尔。《七佛经》中，虽于此云"末法之时"，其后《救脱章》则云"于后末世像法起时"。对佛灭后，虽蒙末名，实是像法。秋篠云："转者，起也。"其说则是。

丙二 如来许

尔时，世尊赞曼殊室利童子言："善哉善哉！曼殊室利。汝以大悲，劝请我说诸佛名号、本愿功德。为拔业障所缠有情，利益安乐像法转时诸有情故。汝今谛听，极善思惟。当为汝说。"

丙三 文殊领

曼殊室利言："唯然愿说！我等乐闻。"

甲二 正宗分二：初举依正名号，二明本誓利益。

乙 今初

佛告曼殊室利："东方去此过十殑伽沙等佛土，有世界名净琉璃。佛号药师琉璃光如来、应、正等觉、明行圆满、善逝、世间解、无上士、调御丈夫、天人师、佛、薄伽梵。"

问：药师在东方者，魏塘云："震方为群动之首，甲木又发生之相，以药治病，贵乎起死回生，不当同金方肃杀之号。"其说然欤？

答：八卦释经，起自李长者，此是一期之说，何必拘泥。有物于此，自东观之为西，自西观之在东。西观岂但生长，东观不定肃杀。故东方过十殑伽沙佛土，应云西方有世界名净琉璃；西方过十万亿佛土，应云东方有世界名曰极乐。须知诸佛有无量德，应有无量名，莫认一名而固执矣。又诸佛各有别缘，且示方位。皆悉无不竖穷横遍，故密教五大云："大悲胎藏包合万行，且在东方生长万物之首。金刚智界显现万德，且在西方成就万物之终。此是随方布教标帜，非谓真如法界定有方面。四方四佛，亦复如是，只是标帜，非谓定位。"（文）斯言得之。

问：前文殊请云："唯愿演说诸佛名号。"世尊许云："劝请我说诸佛名号。"何至于此，但约一佛？

答：若约《七佛经》，七岂非诸？若约今经，乃是《华严》"一身一智慧，力无畏亦然"之义。故下文云："如我称扬药师如来所有功德，此是诸佛甚深行处。"又云："若闻药师如来名号，此是诸佛甚深所行。"须知请诸答一，理不乖背。

乙二明本誓利益二：初明依正庄严，二明种种功德。丙初明依正庄严二：初正明本愿，二明佛土及侍。丁初正明本愿三：初标，二列，三结。今戊初曼殊室利！彼世尊药师琉璃光如来，本行菩萨道时，发十二大愿。令诸有情，所求皆得。

问：何谓愿耶？

答：愿是要求之名。又《摩诃止观》云："发愿者，誓也。若无誓愿，如牛无御，不知所趣。愿来持行，将至所在。"愿有四种：（一）众生无边誓愿度，依苦谛立。（二）烦恼无边誓愿断，依集谛立。（三）法门无尽誓愿知，依道谛立。（四）佛道无上誓愿成，依灭谛立。初二愿拔众生苦集二谛苦，后二愿与众生道灭二谛乐，此四为总愿。而今佛十二，弥陀四十八等，皆是别愿。《止观辅行记》云："一切菩萨凡见诸佛，无不发于总愿、别愿。应知总，总于别；别，别于总。故彼别愿，不出四弘而缘四谛。"（文）下文十二大愿中，魏塘约四谛分、不失旨矣。

案：今据魏塘《直解》文，列表如下。

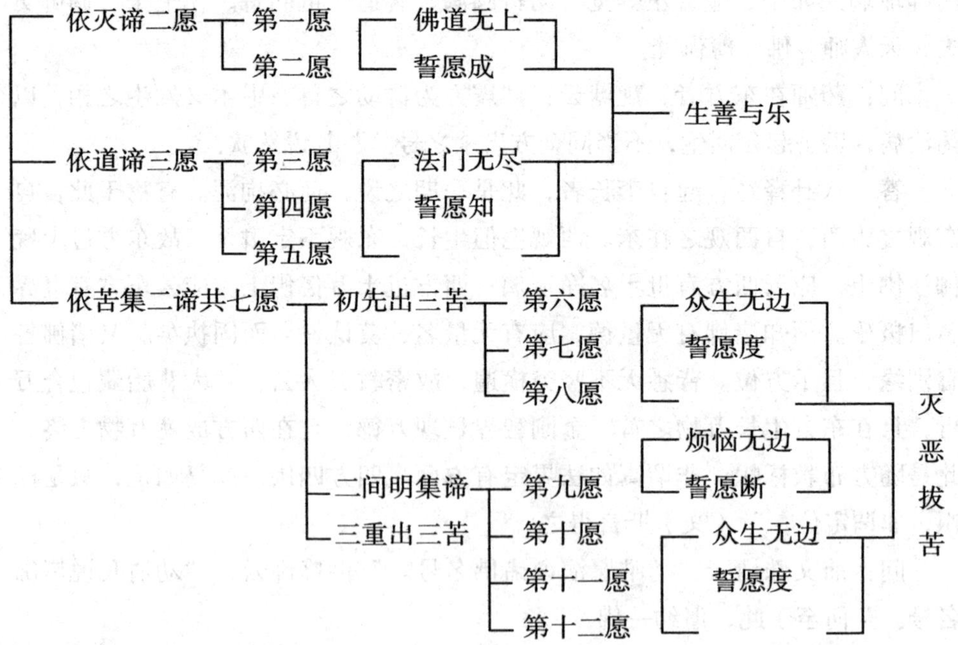

戊二 列

第一大愿：愿我来世，得阿耨多罗三藐三菩提时。自身光明，炽然照曜无量无数无边世界。以三十二大丈夫相，八十随好，庄严其身。令一切有情，如我无异。

第二大愿：愿我来世，得菩提时。身如琉璃，内外明彻，净无瑕秽。光明广大，功德巍巍，身善安住，焰网庄严，过于日月。幽冥众生，悉蒙开晓，随意所趣，作诸事业。

问：儒胤云："初愿约应，次愿约报。"其说然欤?

答：初愿约三身。光明照耀，即报身；相好严身，即应身；其所庄严，乃是法身。次愿亦尔。身下三句，应也；光下五句，报也。所净、所住，无非法身。

第三大愿：愿我来世，得菩提时。以无量无边智慧方便，令诸有情，皆得无尽所受用物；莫令众生，有所乏少。

问：青丘、秋篠，以第三、第四愿为出世间门，而第三愿约人天乘者。其说然欤?

答：此说局矣。晋云："无量众生饥渴。"何隔出世耶?

问：此愿与最后二愿何异?

答：长谷云："后别，此总。"今谓不尔，皆是别愿。此重权实二智，后在衣食，故不同也。

第四大愿：愿我来世，得菩提时。若诸有情行邪道者，悉令安住菩提道中。若行声闻，独觉乘者；皆以大乘，而安立之。

第五大愿：愿我来世，得菩提时。若有无量无边有情，于我法中修行梵行。一切皆令得不缺戒，具三聚戒。设有毁犯，闻我名已，还得清净，不堕恶趣。

问：何谓还得清净?

答：因忏戒复，故云还得。《止观》云："大乘许悔斯罪。罪从重缘生，还从重心忏悔，可得相治。无殷重心，徒忏无益。"（文）故欲至心发露，宜修药师妙忏。

第六大愿：愿我来世，得菩提时。若诸有情其身下劣，诸根不具，丑陋顽愚，盲聋喑哑，挛躄背偻，白癞癫狂，种种病苦，闻我名已，一切皆得端正黠慧，诸根完具，无诸疾苦。

问：第六大愿中，先列诸苦，闻我名已下，次第翻上。应如何分配耶?

答：青丘云云。

案：今据青丘《古迹记》文，列表如下。

```
（意）
┌其身（意）下劣┬丑陋（释身下劣）-----------端正
│            └顽愚（释意下劣）-----------黠慧
└诸根不具┬盲聋乃至白癞（释眼、
        │   耳、舌、身根不具）--------┬----诸根完具
        ├癫狂（释意根不具）-----------┘
        └种种病苦（摄鼻等病）--------------无诸疾苦
```

第七大愿：愿我来世，得菩提时。若诸有情众病逼切，无救无归，无医无药，无亲无家，贫穷多苦。我之名号，一经其耳，众病悉除，身心安乐，家属资具，悉皆丰足。乃至证得无上菩提。

问：第七大愿中，先列诸苦，我之名号下，次第翻上。应如何分配耶？

答：秋篠有释。今不取。今谓云云。

案：今据《义疏》文，列表如下。

```
┌—众病逼切——多苦-----------众病悉除，身心安乐
├—无救---------------------┐
├—无医无药—贫---------┴----资具丰足
├—无归---------------------┐
└—无亲无家——穷--------┴----家属丰足
```

问：药师除病救苦，是其本旨。但众病悉除，足矣。云何便复证得无上菩提？

答：扬氏有释，今不取。今谓不尽一品无明，岂真众病悉除。以知证得菩提，是真病除。

第八大愿：愿我来世，得菩提时。若有女人，为女百恶之所逼恼，极生厌离，愿舍女身。闻我名已，一切皆得转女成男，具丈夫相。乃至证得无上菩提。

问：扬氏谓转女成男，为来世受男身者。其说然欤？

答：不尔。长谷云："今愿现世转女成男。"其说则是，以符《七佛经》故。

第九大愿：愿我来世，得菩提时。令诸有情，出魔罥网，解脱一切外道缠缚。若堕种种恶见稠林，皆当引摄置于正见。渐令修习诸菩萨行，速证无上正等菩提。

问：渐令修习诸菩萨行，速证无上正等菩提者。秋篠释云："渐修菩萨

十地之行，因中渐出四魔罥网，终至菩提究竟出离。”其说然欤？

答：如是释者，速证之义不成。今谓三教纡曲，故云渐修；皆入圆住，故云速证。若就圆论者，此约理外七种方便，渐入圆因，谓之渐圆。当知往前作意，未免渐修；住上任运，故速证耳。

第十大愿：愿我来世，得菩提时。若诸有情，王法所录，绳缚鞭挞，系闭牢狱，或当刑戮。及余无量灾难陵辱，悲愁煎迫，身心受苦。若闻我名，以我福德，威神力故，皆得解脱一切忧苦。

第十一大愿：愿我来世，得菩提时。若诸有情，饥渴所恼，为求食故，造诸恶业。得闻我名，专念受持。我当先以上妙饮食，饱足其身。后以法味，毕竟安乐而建立之。

第十二大愿：愿我来世，得菩提时。若诸有情，贫无衣服；蚊虻寒热，昼夜逼恼。若闻我名，专念受持。如其所好，即得种种上妙衣服。亦得一切宝庄严具，华鬘涂香，鼓乐众伎，随心所玩，皆令满足。

戊三 结

曼殊室利！是为彼世尊药师琉璃光如来应正等觉，行菩萨道时，所发十二微妙上愿。

丁二 明佛土及侍者：初总标，二别明，三结劝。

戊 今初

“复次，曼殊室利！彼世尊药师琉璃光如来行菩萨道时，所发大愿，及彼佛土功德庄严，我若一劫，若一劫余，说不能尽。”

戊二 别明二：初佛土，二侍者。

己 今初

然彼佛土，一向清净。无有女人，亦无恶趣，及苦音声。琉璃为地，金绳界道；城阙宫阁，轩窗罗网，皆七宝成。亦如西方极乐世界功德庄严，等无差别。

问：秋篠谓净琉璃土为报土，其说然欤？

答：报土虽胜，不接凡夫。台宗以西方为同居净土。西方既尔，东方亦然。又据下文，有二菩萨次补佛处。既有补处，知同居土。

问：既与西方等无差别，何遣八士引导西方！

答：佛事门头，等无差别。随机门时，随彼所好。

己二 侍者

于其国中，有二菩萨摩诃萨：一名日光遍照，二名月光遍照。是彼无量无数菩萨众之上首；悉能持彼世尊药师琉璃光如来正法宝藏。

戊三 结劝

是故曼殊室利。诸有信心善男子、善女人等，应当愿生彼佛世界。

丙二 明种种功德二：初灭恶，二生善。丁初灭恶四：初悭贪，二破戒，三赞毁，四乖离。戊初悭贪二：初举过，二获益。己初举过二：初生报，二后报。

庚 今初

尔时世尊复告曼殊室利童子言："曼殊室利！有诸众生，不识善恶，唯怀贪吝。不知布施，及施果报。愚痴无智，阙于信根。多聚财宝，勤加守护，见乞者来，其心不喜。设不获已，而行施时，如割身肉，深生痛惜。复有无量悭贪有情，积集资财，于其自身，尚不受用；何况能与父母、妻子、奴婢、作使，及来乞者。

庚二 后报

彼诸有情，从此命终；生饿鬼界，或傍生趣。

问：本译今云"饿鬼""傍生"，晋云"地狱"，应如何合会欤?

答：境有三品，于心亦然，此约中下品说。若晋本所云：恐就心境上品言耳。

己二 获益二：初在彼忆念，二转生获益。

庚 今初

由昔人间，会得暂闻药师琉璃光如来名故，今在恶趣，暂得忆念彼如来名。

庚二 转生获益

即于念时，从彼处没，还生人中。得宿命念，畏恶趣苦，不乐欲乐；好行惠施，赞叹施者；一切所有，悉无贪惜。渐次尚能以头目手足，血肉身分，施来求者，况余财物。

问：此获益文，如何翻上而分配耶?

答：青丘云云。

案：今据青丘《古迹记》文，列表如下。

┌—不识恶--畏恶趣苦，不乐欲乐
├—不识善，唯怀贪吝，不知布施及施果报------好行惠施，赞叹施者
├—愚痴无智---得宿命念
├—阙于信根，多聚财宝，勤加守护---------------一切所有，悉无贪惜
└—见乞者来，其心不喜，乃至及来乞者---------渐次尚能乃至，况余财物

戊二 破戒二：初举过，二获益。

己初 举过二：初自过，二及他。

庚初 自过二：初示过，二示报。

辛 今初

“复次，曼殊室利！若诸有情，虽于如来受诸学处，而破尸罗。有虽不破尸罗，而破轨则。有于尸罗、轨则，虽得不坏，然毁正见。有虽不毁正见，而弃多闻；于佛所说契经深义，不能解了。有虽多闻，而增上慢。”

辛二 示报

由增上慢，覆蔽心故，自是非他，嫌谤正法，为魔伴党。

庚二 及他二：初现报，二后报。

辛 今初

如是愚人，自行邪见，复令无量俱胝有情，堕大险坑。

辛二 后报

此诸有情，应于地狱、傍生、鬼趣，流转无穷。

己二 获益

若得闻此药师琉璃光如来名号，便舍恶行，修诸善法，不堕恶趣。设有不能舍诸恶行，修行善法，堕恶趣者，以彼如来本愿威力，令其现前暂闻名号。从彼命终，还生人趣。得正见精进，善调意乐，便能舍家，趣于非家，如来法中，受持学处，无有毁犯。正见多闻，解甚深义，离增上慢，不谤正法，不为魔伴。渐次修行诸菩萨行，速得圆满。

问：同闻药师名号，或便舍恶修善，不堕恶趣；或不能舍恶修善，先堕恶趣，乃生人趣者。是何故欤？

答：秋篠云：“有情业有轻重，根有利钝。若业轻根利者，现闻佛名，即能舍恶行善，不堕恶趣。若业重根钝者，要先堕恶趣，深生厌离，更闻佛名，方生人趣。”（文）案：此文本唐疏。

问：此获益文，如何翻上而分配耶？

答：秋篠云云。

案：今据秋篠《记抄》文，列表如下。

┌—虽于如来受诸学处，乃至而破轨则------------无有毁犯
├—有于尸罗、轨则，乃至然毁正见--------------正见
├—有虽不毁正见，乃至不能解了-----------------多闻，解甚深义
├—有虽多闻，而增上慢------------------------------离增上慢
└—由增上慢，乃至为魔伴党------------------------不谤正法，不为魔伴

戊三 赞毁三：初举过，二明报，三获益。

己 今初

“复次，曼殊室利！若诸有情，悭贪嫉妒，自赞毁他。”

问：青丘、秋篠、魏塘等，释“悭贪嫉妒，自赞毁他”，互有不同。今须宗何说欤？

答：诸释皆非。今据青丘释《梵网》“自赞毁他戒”云：“《瑜伽戒本》谓：为欲贪求利养、恭敬，自赞毁他；是即多分以贪究竟。若无所得，但由嫉妒，以嗔究竟。”（文）以故乃知今文所云，即是或起悭贪，或嫉妒心，而自赞毁他。其主意在自赞毁他，不在悭妒，又对余三释之文，亦应如是释也。

己二 明报

当堕三恶趣中，无量千岁，受诸剧苦。受剧苦已，从彼命终，来生人间。作牛马驼驴，恒被鞭挞，饥渴逼恼。又常负重，随路而行。或得为人，生居下贱，作人奴婢。受他驱役，恒不自在。

己三 获益

若昔人中，曾闻世尊药师琉璃光如来名号，由此善因，今复忆念，至心归依。以佛神力，众苦解脱，诸根聪利，智慧多闻，恒求胜法，常遇善友，永断魔罥，破无明壳，竭烦恼河，解脱一切生老病死，忧悲苦恼。

戊四 乖离二：初举过，二获益。

己 今初

“复次，曼殊室利！若诸有情，好喜乖离，更相斗讼，恼乱自他。以身语意，造作增长种种恶业。展转常为不饶益事，互相谋害。告召山林树冢等神，杀诸众生，取其血肉，祭祀药叉、罗刹婆等。书怨人名，作其形像，以恶咒术而咒诅之。厌媚蛊道，咒起尸鬼，令断彼命，及坏其身。”

问：文云“以身语意”，如何分配上文耶？

答：青丘有释，今不取。今谓“好喜乖离”是总称耳，斗是身业，讼是语业，恼乱属意。

案：众生，新译为有情。故此经中多作有情。亦有数处仍作众生者，如此段文云“杀诸众生”；前文中第二大愿云“幽冥众生”；第三大愿云“莫令众生”；《悭贪章》云“有诸众生”；后文中《阿难章》云“有诸众生”；《救脱章》云“有诸众生”，又云“杂类众生”，又云“杀种种众生”。此或是随宜润文，或亦疏于检校欤！

己二 获益

是诸有情，若得闻此药师琉璃光如来名号，彼诸恶事，悉不能害。一切展转皆起慈心，利益安乐。无损恼意，及嫌恨心，各各欢悦。于自所受，生于喜足。不相侵陵，互为饶益。

丁二 生善二：初生净土，二生善道。

戊初 生净土二：初举机，二明益。

己 今初

“复次，曼殊室利！若有四众：苾刍、苾刍尼、邬波索迦、邬波斯迦，及余净信善男子、善女人等，有能受持八分斋戒，或经一年、或复三月，受持学处。以此善根，愿生西方极乐世界无量寿佛所，听闻正法，而未定者。”

己二 明益

若闻世尊药师琉璃光如来名号，临命终时，有八菩萨，乘神通来，示其道路。即于彼界，种种杂色众宝华中，自然化生。

问：各有净土，何以示导西方耶?

答：如《心地观经》云：“或一菩萨多佛化。”是也。

问：应生极乐何品耶?

答：难以定知。或上三品，文云“具诸戒行”故。或中二品，文说持戒故。或虽秉戒而回向心弱者，生中下品，或下三品。岂止极乐，生十方者亦然。故晋本云：“若欲生十方妙乐国土者，亦当礼敬药师琉璃光佛。若欲得生兜率天上见弥勒者，亦当礼敬药师琉璃光佛。”

问：十方、兜率亦引导否?

答：或不导，经不说故。或导，愿力无边故。

戊二 生善道二：初正明，二转报。

己 今初

或有因此，生于天上。虽生天中，而本善根亦未穷尽，不复更生诸余恶趣。天上寿尽，还生人间。或为轮王，统摄四洲，威德自在，安立无量百千有情于十善道。或生刹帝利、婆罗门、居士、大家，多饶财宝，仓库盈溢，形相端严，眷属具足，聪明智慧，勇健威猛，如大力士。

问：何谓“因此”，及“本善根”?

答：因此者，秋篠云：“因此闻药师如来名故。”长谷云：“指戒善也。”今从秋篠，符晋本故。本善根者，秋篠云：“谓本出世善根，或闻药师如来名号善根。”今用后解。案：秋篠二段文，皆本唐疏。

己二 转报

若是女人，得闻世尊药师如来名号，至心受持，于后不复更受女身。

问：何谓“于后”？

答：后谓后报。上文第八大愿现身转者，例如《法华》龙女现身变成男子。此是后报，例如《法华·药王品》中约命终后。故《七佛经》中，前大愿云“即于现身转成男子”，此文亦云“于后”而已。

问：《七佛经》中于此文后有说咒文，他译皆无。后人常取《七佛经》中咒文及其前后之文四百余字，增入今本，谓为完足。其说然欤？

答：同是佛语，糅杂无妨。《七佛经》本，别行于世；今本不增，有何不足？如《法华·普门品偈》，什公不译。荆溪判云：“此亦未测什公深意。”今可例云：“此亦未测奘公深意也。”

甲三 流通分

问：诸师将经末“尔时阿难白佛言”，云为流通分，今何不然？

答：曼殊、救脱及以药叉发誓弘经，岂非流通？

流通分三：初诸士发誓弘经，二佛说题名奉持，三大众闻说奉行。乙初诸士发誓弘经三：初曼殊发誓，二救脱明益，三药叉发誓。丙初曼殊发誓三：初对佛发誓，二如来许说，三阿难称赞。丁初对佛发誓二：初正誓，二利益。戊初正誓二：初闻名，二持经。今己初。

尔时曼殊室利童子白佛言：“世尊！我当誓于像法转时，以种种方便，令诸净信善男子、善女人等，得闻世尊药师琉璃光如来名号。乃至睡中，亦以佛名觉悟其耳。”

己二 持经

“世尊！若于此经受持读诵，或复为他演说开示，若自书，若教人书，恭敬尊重。以种种华香、涂香、末香、烧香、华鬘、璎珞、幡盖、伎乐，而为供养。以五色彩，作囊盛之；扫洒净处，敷设高座，而用安处。尔时四大天王与其眷属，及余无量百千天众，皆诣其所，供养守护。

问：以伎乐供佛，是何意欤？

答：《大智度论》云：“问曰：诸佛贤圣是离欲人，则不须音乐歌舞，何以伎乐供养？答曰：诸佛虽于一切法中，心无所著；于世间法，尽无所须。诸佛怜愍众生故出世，应随供养者，令随愿得福故受。如以华香供养，亦非佛所须，佛身常有妙香，诸天所不及，为利益众生故受。”

问：出家诸众，亦应以伎乐供佛欤？

答：《法华经·方便品记》云："音乐供养者，有出家内众，音乐自随，云供养者。自思己行，与何心俱。虽有此文，必须裁择，《梵网》诚制，何待固言。祇恐供养心微，增己放逸，长他贪慢，敬想难成。"

戊二 利益

"世尊！若此经宝流行之处，有能受持。以彼世尊药师琉璃光如来本愿功德，及闻名号。当知是处，无复横死，亦复不为诸恶鬼神夺其精气。设已夺者，还得如故，身心安乐。"

问：既云"经宝流行之处"，应连向之"持经科"中，今何不尔？

答：虽蹑向"经宝流行"，复有"及闻名号"之言，须知此举闻持之益。

丁二 如来许说二：初略许可，二广印定。

戊 今初

佛告曼殊室利："如是如是，如汝所说。"

戊二 广印定二：初印向持经，二印向闻名（文但不次耳）。

己 今初

曼殊室利！若有净信善男子、善女人等，欲供养彼世尊药师琉璃光如来者，应先造立彼佛形像，敷清净座，而安处之。散种种华，烧种种香，以种种幢幡，庄严其处。七日七夜，受八分斋戒，食清净食。澡浴香洁，着新净衣。应生无垢浊心，无怒害心，于一切有情，起利益安乐，慈悲喜舍，平等之心。鼓乐歌赞，右绕佛像。复应念彼此如来本愿功德，读诵此经，思惟其义，演说开示。随所乐愿，一切皆遂。求长寿得长寿，求富饶得富饶，求官位得官位，求男女得男女。若复有人，忽得恶梦，见诸恶相，或怪鸟来集，或于住处百怪出现，此人若以众妙资具，恭敬供养彼世尊药师琉璃光如来者，恶梦恶相，诸不吉祥，皆悉隐没，不能为患。或有水火、刀毒、悬崄、恶象、狮子、虎狼、熊罴、毒蛇、恶蝎、蜈蚣、蛐蜒、蚊虻等怖，若能至心忆念彼佛，恭敬供养，一切布畏，皆得解脱。若他国侵扰，盗贼反乱，忆念恭敬彼如来者，亦皆解脱。

问：澡浴之文，《七佛经》云："日别三时，澡浴清净。"不繁数欤？

答：《摩诃止观》云："日三时洗浴，一日，即一实谛也。三洗，即观一实，修三观，荡三障，净三智也。"《辅行》云："三时洗者，纵无他缘，亦须三洗，有所表故。"

问："随所乐愿，一切皆遂，乃至得男女"之文。魏塘云："一切皆遂句，则该四教圣贤三昧辩才，愿生佛国等出世正求；下四即遂世间浅深富寿之求。”其说然欤？

答：今谓初二句，总举。求长寿，别列。所举寿等，岂一切外？若知一切皆遂，乃是出世正求。谁言富寿等四，但是世间倒求？文似语近，意实穷远。故释四求者，应例《观音普门品疏》释之。

问：水火、虎狼等文，魏塘谓：“此皆灭世间之恶，不必约《普门》烦恼业报释之。”其说然欤？

答：今谓如《请观音经》云：“一切怖畏，一切毒害，一切恶鬼，虎狼狮子，闻此咒时，口即闭塞，不能为害。”《疏》云：“一切怖畏者：（一）历十种行人，各各有怖畏也。（二）作恶鬼虎狼者，例如《金光明》，初地至十地，皆有虎狼狮子之难。此中十人乃无事中虎狼，约烦恼法为虎狼也。”须知但云灭世间恶，使药师利益局在界内，其咎莫大。况一切之言，岂指少分！

己二 印向闻名

“复次，曼殊室利！若有净信善男子、善女人等，乃至尽形不事余天，唯当一心归佛法僧，受持禁戒，若五戒、十戒、菩萨四百戒、苾刍二百五十戒、苾刍尼五百戒。于所受中，或有毁犯，怖堕恶趣。若能专念彼佛名号，恭敬供养者，必定不受三恶趣生。或有女人，临当产时，受于极苦。若能至心，称名礼赞，恭敬供养彼如来者，众苦皆除。所生之子，身分具足，形色端正，见者欢喜。利根聪明，安隐少病，无有非人夺其精气。”

问：何谓菩萨四百戒？

答：法藏云：“菩萨戒以十善为根本。十善者，言信等五根，无贪等三，及与惭愧合为十善。一一经十，合为百数。此各有四：（一）自持，（二）他持，（三）赞叹，（四）随喜。如是即成四百戒也。”（文）神谟、遁伦，皆宗此说。

问：何谓苾刍尼五百戒？

答：《南山行事钞》云：“问：律中僧列二百五十戒，戒本具之。尼则五百，此言虚实？答：两列定数，略指而言。诸部通言，不必依数。约境相明，乃有尘沙。律中尼有三百四十八戒，可得指此而为所防。准《智论》云：尼受戒法，略则五百，广说八万。”（文）

丁三 因阿难称赞三：初如来问，二阿难答，三如来称赞。

戊 初今

尔时世尊告阿难言：“如我称扬彼佛世尊药师琉璃光如来所有功德。此是诸佛甚深行处，难可解了。汝为信不？”

问：“诸佛甚深行处”，如何释耶？

答：《金光明经·序品》初云：“如来游于无量甚深法性诸佛行处。”并方等部，彼此义同。释迦所游，药师所住，二无差别，体性全一。故引大师彼《疏》释之。彼云：“微妙三谛，故言甚深。非是二乘、下地菩萨之所逮及，故言甚深也。又非别有一法，名为甚深。即事而真，无非实相；一色一香，莫非中道；皆中道故，即是甚深。诸佛行处者，正显佛智甚深；佛智甚深故，行处亦甚深；行处甚深故，佛智亦甚深。举盖显函，正在此也。”

戊二 阿难答二：初明持经不疑，二明持名难信（若夫持经不疑，以何持名难信？若夫持名难信，以何持经不疑？何况迹示三果，非庸常人，岂有一信一不信耶？一纵一夺，譬励后来耳）。

己 今初

阿难白言：“大德世尊！我于如来所说契经，不生疑惑。所以者何？一切如来，身语意业，无不清净。世尊！此日月轮，可令堕落。妙高山王，可使倾动。诸佛所言，无有异也。”

己二 明持名难信

“世尊！有诸众生，信根不具。闻说诸佛甚深行处，作是思惟，云何但念药师琉璃光如来一佛名号，便获尔所功德胜利？由此不信，返生诽谤。彼于长夜，失大利乐，堕诸恶趣，流转无穷。”

戊三 如来称赞（此中单举持名，蹑阿难答故也）。文五：初反斥，二正宗，三简非，四校叹，五结叹。

己 今初

佛告阿难：“是诸有情，若闻世尊药师琉璃光如来名号，至心受持，不生疑惑，堕恶趣者，无有是处。”

己二 正示

“阿难！此是诸佛甚深所行，难可信解。汝今能受，当知皆是如来威力。”

己三 简非

“阿难！一切声闻、独觉，及未登地诸菩萨等，皆悉不能如实信解，唯除一生所系菩萨。”

问：何谓“唯除一生所系菩萨”？

答：秋篠云：“一生所系菩萨者，即一生补处菩萨，如弥勒等也。道理通论，初地以上菩萨，各得无分别智，地地别证真如法界，于佛所成名称功德，随分信解。今言唯除一生所系者，据因位之中信极者而言，以此菩萨因中见性分明，故作此说。非谓一生以外，皆不信解也。”（文）案：此文本唐疏。

己四 校叹

“阿难！人身难得。于三宝中，信敬尊重，亦难可得。得闻世尊药师琉璃光如来名号，复难于是。”

己五 结叹

“阿难！彼药师琉璃光如来无量菩萨行，无量善巧方便，无量广大愿。我若一劫，若一劫余，而广说者，劫可速尽；彼佛行愿、善巧方便，无有尽也。”

问：文云“无量广大愿”者，于前十二大愿外，更有无量广大愿耶？

答：非也。凡诸菩萨，皆发总别二愿。总则四弘，别则数异。若开出之，即是无量广大愿耳。

丙二 救脱明益三：初明救病患，二明攘灾难，三明转后报。

丁初 明救病患二：初正向佛明，二答阿难问。

戊初 正向佛明二：初正明，二结劝。

己初 正明二：初正明苦相，二略出忏仪。（有生以来谁无病患，如薄拘罗虽无头痛，未离无明。止观十境，通称病患。蕅益所谓：“众生良药无如病。思之思之！”）

庚 今初

尔时众中有一菩萨摩诃萨，名曰救脱，即从座起，偏袒右肩，右膝着地，曲躬合掌，而白佛言：“大德世尊！像法转时，有诸众生，为种种患之所困厄，长病羸瘦，不能饮食。喉唇干燥，见诸方暗，死相现前，父母亲属、朋友知识，啼泣围绕。然彼自身卧在本处，见琰魔使引其神识，至于琰魔法王之前。然诸有情有俱生神，随其所作，若罪若福，皆具书之，尽持授与琰魔法王。尔时彼王推问其人，算计所作，随其罪福而处断之。”

问：“见琰魔使引其神识，至于琰魔法王之前。”古疏作何释耶？

答：秋篠云：“若其患人，决定令死，则受鬼身，容可琰王别遣鬼为使，而引取之。如其未决定死，则未受鬼身，何有鬼身，有得引生人之识？不可别人之识在别鬼身中，若不在鬼使身中，识心既不孤游，云何可引得至琰魔王前？当知此是药师如来及经之威力，令得患人第六意识见分之上，起此三种行解相分：（一）为琰魔王，（二）为王使，（三）为己身，为自神识所依随使之行至琰王前。其实，神识未曾离身，若是本识随所舍处，则死成尸，不可说离身；若是六、七等识依本识故，而得现起；若离本识，无种子故，无由得生；是故八识俱无离身孤行之理。此盖如人梦中梦现见师僧，或复父母，遣使来唤，梦现见已身随使而行，远至师僧及父母前。当知师僧或复父母、使人、己身，皆是第六意识见分上，现此三种相分，似有去来，实无去来。所以然者，以一切心及心所取境之时，非如灯明舒光照物，不同铁钳动作取物；但如明镜远照，影现镜中，如人在远，遥见日月，此亦如是。药师如来及经威力，令彼患人，见如此相，似有往来，实无往来。故《涅槃经》云：'若有闻是《大涅槃经》，言我不用发菩提心，诽谤正法。是人梦中，见罗刹像，心中布惧。罗刹语云：咄！善男子！汝今若不发菩提心，当断汝命。是人惶怖觉已，即发无上菩提心。是人命终，若在三恶，及在人天，续复忆念菩提之心，以是义故，是《大涅槃》威神力故，能令未发心者，作菩提因。'"案：此文本唐疏。《义疏》云："此是唐靖迈《疏》意。今谓云云。"兹略不录。

问："有俱生神，随其所作，若罪若福，皆具书之，尽持授与琰魔法王。"古疏作何释耶？

答：秋篠云："言俱生神者，若约实而言，神即识也。俱生神者，即阿赖耶识。以阿赖耶识，是受生之主，与身俱时而生，故名俱生。随诸有情所作罪福，皆熏在阿赖耶识中，故言'随其所作，乃至皆具书之'。或是琰魔王为令罪人无有妄拒，伏本所作故，化作俱生神，从生已来书其罪福。或是药师如来及经威力，现作俱生神，书其罪福。言'尽持授与琰魔法王'者，由阿赖耶识中，具有罪福种子为因缘，药师如来及经威力为增上缘，令罪福相分，现于患人第六意识之上。令琰魔王他心智起，尽见患人罪福之相，义称'尽持授与'。或琰魔化作俱生神，或佛及经现俱生神，授与亦然。"案：此文本唐疏。《义疏》有别解，兹略不录。

庚二 略出忏仪

时彼病人亲属知识，若能为彼归依世尊药师琉璃光如来，请诸众僧，转读此经，燃七层之灯，悬五色续命神幡。或有是处，彼识得还，如在梦中，明了自见。或经七日，或二十一日，或三十五日，或四十九日，彼识还时，如从梦觉，皆自忆知善不善业所得果报。由自证见业果报故，乃至命难，亦不造作诸恶之业。

问：灯七层，幡五色，有何义欤？

答：青丘有释。今谓灯有七层，应表七觉。《止观》云："灯，即慧也。"《辅行》云："慧灯圆照。"幡有五色，应表五阴。

问：灯幡之二，同是供具；如其表法，一是法门，一是正报，何为不齐？

答：五阴乃是四念处也，同是七科法门而已。

问："或有是处，彼识得还，如在梦中，明了自见。"曰"或"，曰"如"，是何义欤？

答：秋篠云："谓有实死，虽复修福，识不得还。或因修福故，彼向王使所引之识，得还身中。二理不同，故复称'或'。""如在"等者，秋篠云："此亦即是梦，以梦类梦，故称为'如'。"案：此文本唐疏。

己二 结劝

是故净信善男子、善女人等，皆应受持药师琉璃光如来名号。随力所能，恭敬供养。

戊二 答阿难问二：初阿难问，二救脱答。

己 今初

尔时阿难问救脱菩萨曰："善男子！应云何恭敬供养彼世尊药师琉璃光如来？续命幡灯，复云何造？"

己二 救脱答

救脱菩萨言："大德！若有病人，欲脱病苦，当为其人，七日七夜，受持八分斋戒。应以饮食，及余资具，随力所办，供养苾刍僧，昼夜六时，礼拜供养彼世尊药师琉璃光如来，读诵此经四十九遍，然四十九灯。造彼如来形像七躯，一一像前，各置七灯，一一灯量，大如车轮，乃至四十九日，光明不绝。造五色彩幡，长四十九搩手。应放杂类众生，至四十九。可得过度危厄之难，不为诸横恶鬼所持。

问：云何供养芯刍僧耶？

答：《消灾轨》云："仍须请七僧。"今谓若随力，堪请七七僧弥善。

问：云何一一皆须四十九耶？

答：魏塘约《易经》大衍之数而释。今谓不尔。数用七者，如《成实论》广明。今皆四十九者，以复七故为数之极。例如中有不过七七。何假大衍以消今文。

问：何谓四十九搩手？

答：搩手长一尺。故晋、隋二本，及《七佛经》，皆云四十九尺。又准

《七佛经》，应外造幡。故彼经云："造杂彩幡四十九首，并一长幡四十九尺。"案：考南山、灵芝撰述，佛搩手二尺，人搩手为一尺。今约人搩手言也。搩手者，谓以大拇指与中指张开，相去之间。尺约周尺，古今人考订周尺量，有种种异说，且据清冯云鹏《金石索》中所考者，一周尺等于清工部营造尺六寸四分强，其说较为近似。

问："应放杂类众生，至四十九。"作何释欤？

答：秋篠引唐遁伦释云："案：《正法念处经》云：'畜生有三十四亿种类。'此中言四十九者，应放水陆异类至四十九。"

问：生类无量，何放七七？

答：有所表故。境有齐限，心应平等。

问：文中屡列七等数字，亦皆有所表欤？

答：一一以七数者，应表七觉。智慧发生，故云七日；烦恼灭尽，故云七夜。七觉生八正道，故云七日夜受八斋戒。觉觉各具七觉，故云四十九遍。佛之七觉，我之七觉，众生七觉，三无差别，故云造像七驱。觉觉各具七觉，故云各置七灯。

丁二 明攘灾难二：初正明攘难，二答阿难问。

戊初 中二：初帝王，二臣民。（从重至轻，次第言之耳。魏塘云："天子四海为家，臣妾亿兆，一人有庆，兆民赖之；四方有罪，在予一人。故岁祲民疫，皆君休戚，所当急先求忏者也。且药师之药，先治此人者，一是责备贤者，二是一正君而天下定之道也。"今谓非谓先治帝王之意。如《戒经》云："欲受国王位时，受转轮王位时，百官受位时，应先受菩萨戒。"非谓受菩萨戒，先被国王，次转轮王，次及百官。况责备贤者，一正国定，功在卿相，王何独贤？隋本但王不及臣民，以故而知先治之说，不通甚矣。）

己 今初

"复次，阿难！若刹帝利灌顶王等，灾难起时，所谓人众疾疫难，他国侵逼难，自界叛逆难，星宿变怪难，日月薄蚀难，过时不雨难。彼刹帝利灌顶王等，尔时应于一切有情，起慈悲心，赦诸系闭。依前所说供养之法，供养彼世尊药师琉璃光如来。由此善根，及彼如来本愿力故，令其国界即得安稳。风雨顺时，谷稼成熟。一切有情，无病欢乐。于其国中，无有暴恶药叉等神，恼有情者。一切恶相，皆即隐没。而刹帝利灌顶王等，寿命色力，无病自在，皆得增益。"

问："依前所说供养之法"，何谓"依前"耶？

答：秋篠云：“谓应依前七日七夜，自受持斋戒，乃至放杂类众生等。”案：此文本唐疏。

问：今列七难，与《仁王经》中七难有异同欤？

答：与《仁王》有异。若类同者云云。案：今据《义疏》文，列表如下。

┌人众疾疫难---------《仁王·护国品》云：“不但护福，亦护众难，若疾病苦难。”
├他国侵逼难------┬《仁王·受持品》云：“四方贼来侵国，内外贼起。”
├自界叛逆难------┘　　　　（他国即外贼，自界即内贼。）
├星宿变怪难---------彼云：“二十八宿，乃至各各变现。”
├日月薄蚀难---------彼云：“日月失度，乃至二三四五重轮现。”
├非时风雨难──┬风难------彼云：“大风吹杀，乃至火风。”
│　　　　　　　└雨难------彼云：“大水漂没，乃至浮山流石。”
└过时不雨难---------彼云：“天地国土亢阳，乃至万姓灭尽。”

彼又云“大火烧国”等，今文无。

己二 臣民

“阿难！若帝后妃主，储君王子，大臣辅相，中宫彩女，百官黎庶，为病所苦，及余厄难，亦应造立五色神幡，燃灯续明，放诸生命，散杂色华，烧众名香。病得除愈，蒙难解脱。”

问：文云造幡燃灯等，与前二段文互有不同。何耶？

答：秋篠云：“造幡燃灯，放生命等，具如前法。今此中有散杂色华，烧众名香，当知前二亦有；前二所有，此亦非无，绮互为文耳。”（文）今谓此中五法，皆是助行；必应称药师名，读诵此经，文不言者，助助于正。

戊二 答阿难问，二重问答。

己初 中二：初问，二答。

庚 今初

尔时，阿难问救脱菩萨言：“善男子！云何已尽之命，而可增益？”

庚二 答

救脱菩萨言：“大德！汝岂不闻如来说有九横死耶？是故劝造续命幡灯，修诸福德。以修福故，尽其寿命，不经苦患。”

问：何谓横死？

答：秋篠云：“夫言横死者，皆不定之业，此业若有顺缘资助，则得延长；若无顺缘资助，及属违缘，则便短促。对彼顺缘，寿长无延；若无此缘，寿短横死故。是故我今劝造幡灯，修敬三宝等福德。以修福德等为资助顺益命缘故，遂使是人，尽彼先业，所感寿命，终不中途更经枉横苦患也。”

己二 第二问答二：初问，二答。

庚 今初

阿难问言：“九横云何？”

庚二 答二：初释，二结。

辛 今初

救脱菩萨言：“若诸有情，得病虽轻，然无医药及看病者。设复遇医，授以非药，实不应死而便横死。又信世间邪魔外道，妖孽之师，妄说祸福，便生恐动；心不自正，卜问觅祸。杀种种众生，解奏神明，呼诸魍魉，请乞福祐。欲冀延年，终不能得。愚痴迷惑，信邪倒见。遂令横死，入于地狱，无有出期。是名初横。二者横被王法之所诛戮。三者畋猎嬉戏，耽淫嗜酒，放逸无度，横为非人夺其精气。四者横为火焚。五者横为水溺。六者横为种种恶兽所啖。七者横堕山崖。八者横为毒药、厌祷、咒诅、起尸鬼等之所中害。九者饥渴所困，不得饮食，而便横死。”

问：九横之文，古疏作何释耶？

答：初横中，秋篠云：“无医药及看病者，以无资缘故而便致死。设复遇医等，以遇违缘故而便致死。”第二横中，秋篠云：“佛法之宗，无有因缘终不得果。因，谓名言熏习种子。缘有二种：一以先业缘，二由现发缘。此人今被王法诛戮，虽有名言种子为正因，及有先业为缘因，而无现在缘，如来随顺世俗，名为横死，以无现缘故。”又云：“此人寿命是不定业，亦是杀生增上果；若遇顺缘修福等资助，故不受王戮，得寿命长。若不修福，攘昔杀缘，则被王戮，不得长寿，故得横死。”云云。案：秋篠释第一横已下，乃至第九横，文义相似，今不具录。唯撮要列表如下。

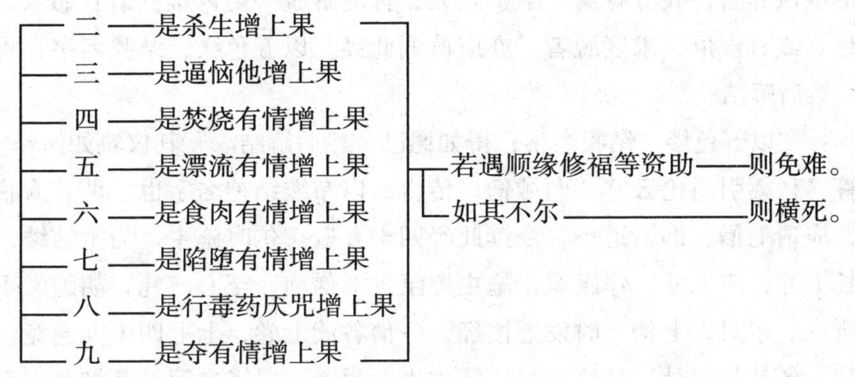

案：上文皆本唐疏。

问：何谓觅祸？

答：即下文“杀种种众生”等是。秋篠云：“何但横死而已，后由愚痴，信邪倒见，杀众生故，乃入地狱，无有出期，岂不哀哉！”

辛二 结

是为如来略说横死，有此九种。其余复有无量诸横，难可具说。

丁三 明转后报

“复次，阿难！彼琰魔王，主领世间名籍之记。若诸有情，不孝五逆，破辱三宝，坏君臣法，毁于信戒，琰魔法王随罪轻重，考而罚之。是故我今劝诸有情，燃灯造幡，放生修福，令度危厄，不遭众难。”

问：青丘科此文为结，然欤？

答：今谓味“复次”字，非结上文。

问：此与上文何异？

答：上约病人，今约逆罪，故知非结。

丙三 药叉发誓二：初正明誓，二佛印劝。

丁 今初

尔时，众中有十二药叉大将，俱在会坐。所谓宫毗罗大将、伐折罗大将、迷企罗大将、安底罗大将、頞你罗大将、珊底罗大将、因达罗大将、波夷罗大将、摩虎罗大将、真达罗大将、招杜罗大将、毗羯罗大将。此十二药叉大将，一一各有七千药叉，以为眷属。同时举声白佛言：“世尊！我等今者蒙佛威力，得闻世尊药师琉璃光如来名号，不复更有恶趣之怖。我等相率皆同一心，乃至尽形归佛法僧。誓当荷负一切有情，为作义利，饶益安乐。随于何等村城国邑，空闲林中，若有流布此经，或复受持药师琉璃光如来名号，恭敬供养者，我等眷属，卫护是人，皆使解脱一切苦难；诸有愿求，悉令满足。或有疾厄，求度脱者，亦应读诵此经。以五色缕，结我名字；得如愿已，然后解结。”

问：“以五色缕，结我名字；得如愿已，然后解结。”其仪轨如何？

答：秋篠引遁伦云：“西域僧口传言，以布缕结神名字也。谓若人临厄难时，应请七僧，即请道场，令读此经四十九遍。尔时施主，为藏结缕，作新匣长七寸，广二寸。作匣竟，施主捧匣进七僧前，至心三礼，胡跪叉手，誓愿所求。尔时，七僧一时发愿读经，一僧各读七卷，七七四十九遍竟。每一卷节，各其神名处，息读经时。施主进七僧前，以缕次第结其神名。后五神名者，七僧一时等唱，一一神名，而施主如前例结。结竟而取缕入匣闭户，然后送七僧。待其难息，若得求已；更请七僧，如前先结十二神名字，次第还解也。”案：《疏》云“每一卷节各其神名处，以缕结”者，读经七卷，即随结前七神名。又云“后五神名”者，即其余也。又云“七僧一时等唱神名”者，前已读经竟，此唯唱五神名耳。

丁二 佛印劝

尔时，世尊赞诸药叉大将言：“善哉善哉！大药叉将。汝等念报世尊药师琉璃光如来恩德者，常应如是利益安乐一切有情。”

乙二 佛说题名奉持

尔时，阿难白佛言：“世尊！当何名此法门？我等云何奉持？”佛告阿难：“此法门名《说药师琉璃光如来本愿功德》；亦名《说十二神将饶益有情结愿神咒》，亦名《拔除一切业障》。应如是持。”

问：亦名《结愿神咒》。何以今译本中无咒耶？

答：有二义：（一）神将白佛乃是神咒。虽《大品经》无一真言，帝释白佛：“般若波罗蜜，是大明咒，无上明咒，无等等咒。”佛印可之。龙树释云：“谓咒术能随贪欲嗔恚自在作恶，是般若咒，能灭禅定、佛道、涅槃诸著，何况贪恚粗病；是故名为大明咒，无上咒，无等等咒。”岂以无一真言而为疑耶！故隋本云“自誓”，《七佛经》云“护持”耳。（二）列神将名自是神咒。如《陀罗尼集经》法印咒也。

乙三 大众闻说奉行

时薄伽梵说是语已，诸菩萨摩诃萨，及大声闻，国王、大臣、婆罗门、居士、天龙、药叉、健达缚、阿素洛、揭路荼、紧捺洛、莫呼洛伽、人、非人等，一切大众，闻佛所说，皆大欢喜，信受奉行。

（《药师经析疑》终）

弘一大师答佛学书局书（乙亥年）

前承惠书，谓今年药师如来圣诞，拟别刊行专号，属撰文以为提倡。近多忙碌，未暇撰文。谨述拙见如下，以备参考焉。余自信佛法以来，专宗弥陀净土法门，但亦尝讲《药师如来本愿功德经》。讲此经时，所最注意者三事：

（一）若犯戒者，闻药师名已，还得清净。

（二）若求生西方极乐而未定者，得闻药师名号，临命终时，有八大菩萨示其道路，即生极乐众宝华中。

（三）现生种种厄难，悉得消除。故亦劝诸缁索，应诵《药师功德经》，并执持药师名号。而于求生东方净琉璃世界之文，未及详释，谓为别被一机也。

今者佛学书局诸贤，欲弘扬药师圣典，提倡求生东方，胜愿大心，甚可钦佩。但依拙见，唯可普劝众生诵经、持名。至于求生何处，宜任其自然，即昔日求生极乐或求生兜率者，亦可发心诵《药师经》并持名号，而于本愿无违。因经中谓求生极乐者，命终有八大菩萨示路；又东晋译本云：若欲得生兜率天上见弥勒者，亦当礼敬药师琉璃光佛。如是则范围甚广，可以群机并育矣。略陈拙见，敬乞有以教之。幸甚！

原载上海《佛学半月刊》第九十期药师如来专号

后记

一九三八年七月在泉州清尘堂所做讲演

是经唐疏，今多遗佚。弘一大师暮年，据中、日古德著述，编著《析疑》一卷。末附数语，以系例言，今移卷首。大师躬自署签，下注辛巳十月二十一日始录稿。唯方缮数行，应泉城之请弘法而辍，旋即迁化。遗稿珍藏箧笥，知者实尠。

按《义疏》：日僧实观撰，共三卷。文中冠“案”字者，大师所阐释也。辛巳为一九四一年，大师年六十又二，时居温陵苐林禅苑之尊瞻堂，盖示寂之前一年也。越二十年，乃克校录。谨缀数语，用志因缘。

甲辰仲冬，录者谨识

李叔同诗词作品

夜泊塘沽

杜宇声声归去好，天涯何外无芳草。
春来春去奈愁何，流光一霎催人老。
新鬼故鬼鸣喧哗，野火燐燐树影遮。
月似解人离别苦，清光减作一钩斜。

说解《心经》

戊寅三月讲于温陵大开元寺

自今日始，讲三日，先说此次讲经之方法。心经虽仅二百余字，摄全部佛法。讲非数日，一二月，至少须一年。今讲三日，岂能尽。仅说简略大意，及用通俗的浅显讲法。（无深文奥义，不释名相，一解大科。）

效果

一、令粗解法者及未学法者，皆稍得利益。

二、又对常人（已信佛法）仅谓心经为空者，加以纠正。

三、又对常人（未信佛法）谓佛法为消极者，加以辨正。

（先经题，后经文）

经题

般若波罗蜜多心经

前七字为别题，后一字为总题。

般若，梵语也，译为智慧。

<table>
<tr><td rowspan="4">{</td><td>常人之小智小慧</td><td rowspan="3">} 非</td></tr>
<tr><td>学者之俗智俗慧</td></tr>
<tr><td>二乘之空智空慧</td></tr>
<tr><td colspan="2">照见五蕴皆空，能除一切苦，真实不虚之大智大慧。</td></tr>
</table>

<table>
<tr><td rowspan="3">{</td><td>小智慧（小聪明、小巧）亦云有智慧，与佛法相远。</td></tr>
<tr><td>俗智慧　研学问，上等人甚好，亦云有智慧，但与佛法无涉。</td></tr>
<tr><td>空智慧　小乘人。</td></tr>
</table>

波罗蜜多，译为到彼岸。（就一事之圆满成功言）

若以渡河为喻

动身处………………此岸

欲到处………………彼岸

以舟渡河竟…………到彼岸

约法言之

| 此岸………轮回生死 须依般若舟，乃能渡到彼岸。

↓彼岸………圆满佛果 而离苦得乐。

心，有数释。一释心乃比喻之辞，即是般若波罗蜜多之心。

（心为一身之必要，此经为般若之精要。）

引证
- 《大般若经》云：“余经犹如枝叶，般若犹如树根。”
- 又云：“不学般若波罗蜜多，证得无上正等菩提，无有是处。”
- 又云：“般若波罗蜜多能生诸佛，是诸佛母。”

案般若部，于佛法中甚为重要。佛说法四十九年，说般若者二十二年。而所说大般若经六百卷，亦为藏经中最大之部。心经虽二百余字，能包六百卷大般若义，毫无遗漏，故曰心也。

经，梵语修多罗，此翻契经。契为契理契机。经谓贯穿摄化。

经者，织物之直线也。与横线之纬对。

此外尚有种种解释。

此经有数译，（七译）今常诵者，为唐三藏法师玄奘所译。

已略释经题竟。于讲正文之前，先应注意者。

研习心经者最应注意不可著空见，因常人闻说空义，误以为著空之见，此乃大误，且极危险。经云：宁起有见如须弥山，不起空见如芥子许。因起有见者，著有而修善业，犹报在人天。若著空见者，拨无因果则直趣泥犁。故断不可著空见也。

若再进而言之，空见既不可看，有见亦非尽善。应（一）不著有，（二）亦不著空，乃为宜也。

（一）若著有者，执人我皆实有。既分人我，则有彼此，不能大公无私，不能有无我之伟大精神，故不可著有。须忘人我，乃能成就利生之大事业。

（二）若著空，如前所说拨无因果且不谈，即二乘人仅得空慧而著偏空者，亦不能作利生事业也。

故佛经云
- 真空（非偏空、偏空不真）
- 妙有（非实有、实有不妙）

真空者，即有之空，虽不妨假说有人我，但不执著其相。

妙有者，即空之有，虽不执著其相，亦不妨假说有人我。

如是终日度生，实无所度。虽无所度，而又决非弃舍不为。若解此意，则常人所谓利益众生者，能力薄弱、范围小、时不久、不彻底。若欲能力不薄弱，范围大者，须学佛法。了解真空妙有之理，精进修行，如此乃能完成利生之大事业也。

或疑心经少说有，多说空者，因常人多著于有，对症下药，故多说空。虽说空，乃即有之空，是真空也。若见此真空，即真空不空。因有此空，将来作利生事业乃成十分圆满。

合前（三）非消极者，是积极，当可了然。世人之积极，不过积极于暂时，佛法乃永久。

般若法门具有空与不空二义，以无所得故已前之经文，皆从般若之空一方面说。依此空义，于常人所执著之妄见，打破消灭一扫而空，使破坏至于彻底。菩提萨埵已下，是从般若不空方面说，复依此不空义，而炽然上求佛法，下化众生，以完成其圆满之建设。

亦犹世间行事，先将不良之习惯等一一推翻，然后良好建设乃得实现也。世有谓佛法唯是消极者，皆由不知佛法之全系统，及其精神所在，故有此误解也。

今讲正文，讲时分科。今唯略举大科，不细分。

大科　《心经》大科
- 初显了般若
  - 初经家叙引
  - 二正说般若
- 二秘密般若

由序再就说法之由序言，此译本不详。按宋施护译本，先云，世尊在灵鹫山中入三摩提，（三昧、译言正定等）舍利子白观自在菩萨言。若有欲修学甚深般若法门者，当云何修学。而观自在菩萨遂说此经云云。

正文

观自在菩萨

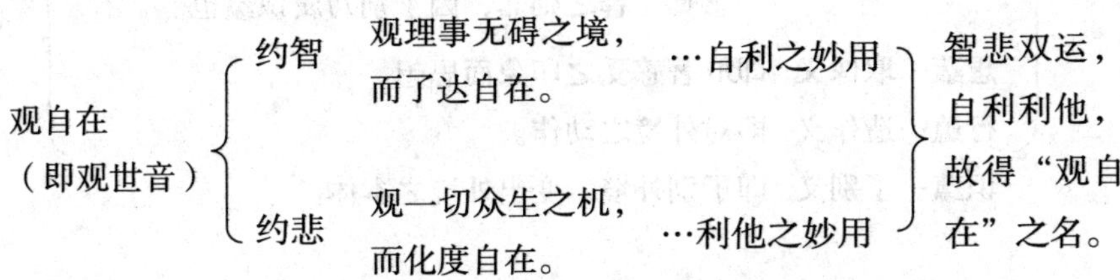

而化度自在。

菩萨“菩提萨埵”之省文，是梵语。

菩提——觉……………………以智上求佛法。
萨埵——有情（即众生）……以悲下化众生。
故称“菩提萨埵”

此外有多释。

行深般若波罗蜜多时

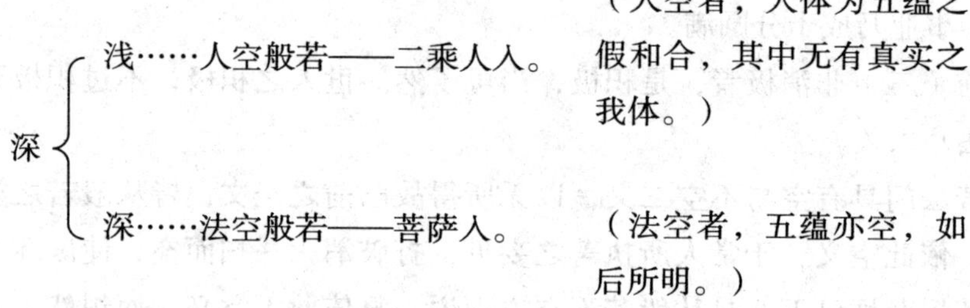

照见五蕴皆空

五蕴，即旧译之五阴也。世间万法无尽。欲研高深哲理及正当人生观，应先于万法有整个之认识，有统一之概念。佛法既含有高深之哲理及正当人生观，应知亦尔。

此五蕴，即佛教用以总括世间万法者。故仅研五蕴，与研究一切万法无异，蕴者，蕴藏积聚也。五蕴亦称为五法聚，亦即五类之义。乃将一切精神物质之法归纳于此五类中也。

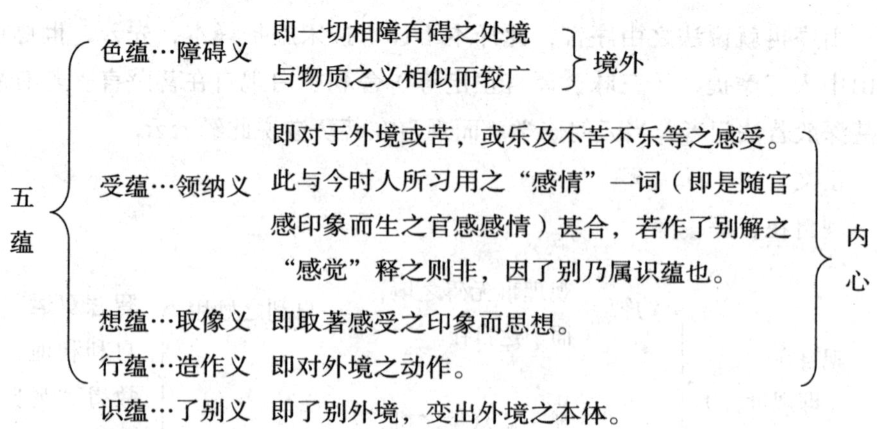

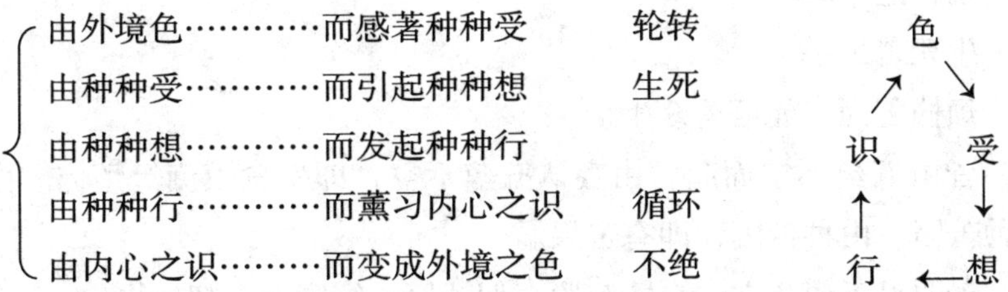

空，此空之真理及境界，须行深般若时，乃能亲见实证。

今且就可能之范围略说。

五蕴中最难了解其为空者，即色蕴。因有物质、有阻碍、似非空也。凡夫迷之，认为实有，起诸分别，其实乃空。且举二义。

（一）无常　若色真实不虚者，应常恒不变，但外境之色蕴，乃息息变动。山河大地因有沧海桑田之感，即我自身，今年去年，今月上月，今日昨日，所谓我者亦不相同。即我鼻中出入息，此一息我，非前一息我。后一息我，非此一息我。因于此一息中，我身已起无数变化。最显者，我全身之血，因此一呼吸遂变其性质成分，位置及工作也。

若进言之，匪唯一息有此变化，即刹那刹那中亦悉尔也。

既常常变化，故知是空。

（二）所见不同　若色真实不空者，应何时何人所见悉同。但我等外境之色蕴，乃依时依人而异。

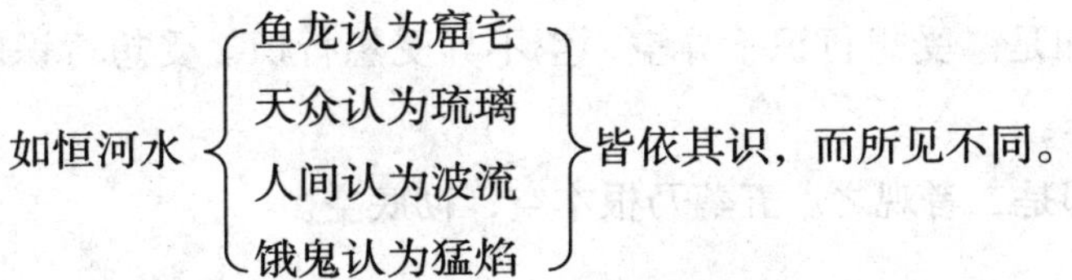

故外境之色，唯是我识妄认，非有真实。

有如喜时，觉天地皆存。忧时，觉景物愁惨。于同一境中，一喜一忧所见各异。

既所见不同，故知是空。

上略举二义，未能详尽。

既知色空，其他无物质无阻碍之受想行识，谓为是空，可无疑矣。

照见者非肉眼所见，明见也。

度一切苦厄

苦，生死苦果。

厄，烦恼苦因。能厄缚众生。

此二皆由五蕴不空而起。由妄认五蕴不空，即生贪嗔痴等烦恼。由有烦恼，即种苦因，由种苦因，即有苦果。

度、若照见五蕴皆空，自能解脱一切苦厄。解脱者，超出也。

舍利子等

以上为结经家叙引，以下乃正说般若。皆观自在菩萨所说，故先呼舍利子名。

舍利子是佛之大弟子，舍利此云百舌鸟，其母辩才聪利，以此鸟为名。舍利子又依母为名，故名舍利子。以上皆依法华玄赞释。

色不异空，空不异色；色即是空，空即是色。

即前云五蕴皆空之真理，以五蕴与空对观，显明空义。

能知色不异空，无声色货利可贪，无五欲尘劳可恋。即出凡夫境界。能知空不异色，不入二乘涅槃，而化度众生。即出二乘境界。如是乃菩萨之行也。

故应于不异与即是二义详研，不得仅观空之一边，乃善学般若者也。

不异——粗浅色与空互较不异。仍是二事。

即是——深密色与空相即。空依色、色依空、非空外色、非色外空。乃是一事。

受想行识亦复如是。受想行识不异空，空不异受想行识。受想行识即是空，空即是受想行识。

依上所云不异即是二者观之。五蕴乃根本空，彻底空。

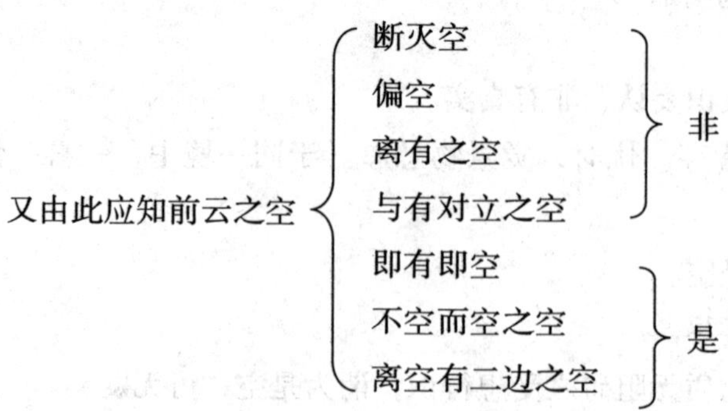

舍利子是诸法空相

诸法，前言五蕴，此言诸法，无有异也。

空相，此相字宜注意，上段说诸法空性，此处说诸法空相。所谓空者，非是但空，是诸法之有上所显之空，是离空有二边之空。最宜注意。

不生不灭不垢不净不增不减

菩萨依般若之妙用，既

<table>
<tr><td rowspan="6">世间诸法，由凡夫观之（五蕴不空）有</td><td>出生</td><td rowspan="2">体</td><td rowspan="2">照见五蕴皆空，则无生灭诸相。故云不生等也。</td></tr>
<tr><td>消灭</td></tr>
<tr><td>垢染</td><td rowspan="2">相</td><td rowspan="2">生灭等相←起分别心←执著我见←五蕴不空</td></tr>
<tr><td>清净</td></tr>
<tr><td>增加</td><td rowspan="2">用</td><td rowspan="2">五蕴空→不执著我见→不起分别心→诸法空相，不生不灭等。</td></tr>
<tr><td>减少</td></tr>
</table>

由此可知生死即涅槃，烦恼即菩提，众生即佛，而不厌离生死，怖畏烦恼，舍弃众生，乃能证不生等境界。如此乃是菩萨，乃是般若，乃是自在。

是故空中无色，无受想行识，无眼耳鼻舌身意，无色声香味触法，无眼界乃至无意识界。

<table>
<tr><td rowspan="3">以下广说五蕴皆空之义分为三段</td><td>（一）空凡夫法（经文：“是故空中无色，乃至无意识界。”）</td></tr>
<tr><td>（二）空二乘法（经文：“无无明，乃至无苦集灭道。”）</td></tr>
<tr><td>（三）空大乘法（经文：“无智亦无得，以无所得故。”）</td></tr>
</table>

- 五蕴——如上所明，为迷心重者说五蕴。
- 十二处
  六根、六尘名十二处。亦云十二入，入者根尘互相涉入之义。为迷色重者说十二处。
  - 眼处
  - 耳处
  - 鼻处
  - 舌处
  - 身处
  - 意处
  - 色处
  - 声处
  - 香处
  - 味处
  - 触处
  - 法处
- 十八界
  界者区分为义。十八种作用不同故。为色心俱迷者说十八界。
  - 六根界
    - 眼界
    - 耳界
    - 鼻界
    - 舌界
    - 身界
    - 意界
  - 六尘界
    - 色界
    - 声界
    - 香界
    - 味界
    - 触界
    - 法界
  - 六识界
    - 眼识界
    - 耳识界
    - 鼻识界
    - 舌识界
    - 身识界
    - 意识界

虽分三科，皆总括一切法而说。因学者根器不同，而开合有异耳。

蕴、处、界三科经文
- 是故空中无色，无受想行识。
- 无眼耳鼻舌身意，无色声香味触法。
- 无眼界乃至无意识界。

无无明，亦无无明尽，乃至无老死，亦无老死尽，无苦集灭道。

此乃空二乘法，上四句约缘觉言，下一句约声闻言。

缘觉者，常观十二因缘而悟道。

声闻者，（闻佛声教）观四谛而悟道。

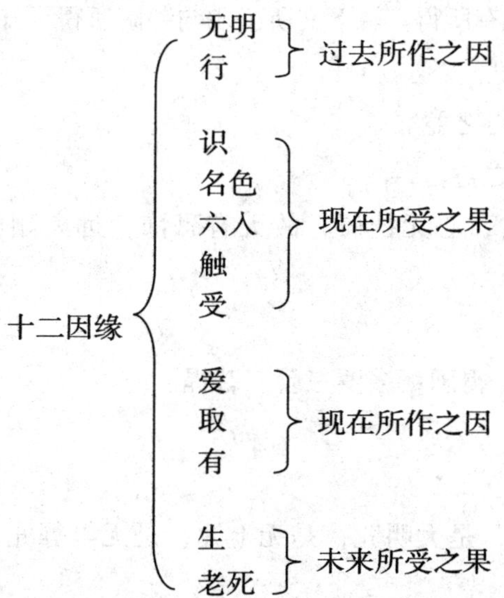

此十二因缘，乃说人生之生死苦果之起源及次序。藉流转还灭二门以显示世间及出世间法。流转者，无明乃至老死之世间法。还灭者，无明尽乃至老死尽之出世间法。

若行般若者，世间法空。故经云，无无明乃至无老死。出世间法亦空。故经云，无无明尽乃至无老死尽。

四谛（谛者真）

苦谛　生死报……世间苦果

集谛　烦恼业……世间苦因

灭谛　涅槃果……出世间乐果

道谛　菩提道……出世间乐因

亦分二门，前二流转，后二还灭。若行般若者，世间及出世间法皆空。故经云，无苦集灭道。

无智亦无得以无所得故，此乃空大乘法。

大乘菩萨求种种智，以期证得佛果。故超出声闻缘觉之境界。

但所谓智，所谓得，皆不应执著。所谓智者，用以破迷。迷时说有智，悟时即不待言，故云“无智”。所谓得者，乃对未得而言。既得之后，便知此事本来具足，在凡不减，在圣不增，亦无所谓得，故云“无得”。

以无所得故一句，证其空之所以。

以上经文中，无字甚多，亦应与前空字解释相同。乃即有之无，非寻常有无之无也。若常人观之，以为无所得，则实有一无所得在，即有一无所得可得，非真无所得也。若真无所得或亦即是有所得。观下文所云佛与菩萨所得可知。

菩提萨埵（乃至）三藐三菩提。

菩提萨埵等 说菩萨乘依般若而得之益。

三世诸佛等 说佛乘依般若而得之益。

菩提萨埵，依般若波罗蜜多故，心无挂碍，故无有恐怖，远离颠倒梦想，究竟涅槃。

菩提萨埵，即菩萨之具文。

三世诸佛，依般若波罗蜜多故，得阿耨多罗三藐三菩提。

阿耨多罗者，无上也。

三藐三菩提者，正等正觉也。

故知般若波罗蜜多，是大神咒，是大明咒，是无上咒，是无等等咒，能除一切苦，真实不虚。

咒者，秘密不可思议，功能殊胜。此经是经，而今又称为咒者，极言其神效之速也。

是大神咒者，称其能破烦恼，神妙难测。

是大明咒者，称其能破无明，照灭痴暗。

是无上咒者，称其令因行满，至理无加。

是无等等咒者，称其令果德圆，妙觉无等。

真实不虚者，约般若体。

能除一切苦者，约般若用。

故说般若波罗蜜多咒，即说咒曰。揭谛揭谛，波罗揭谛，波罗僧揭谛，菩提萨婆诃。

以上说显了般若竟，此说秘密般若。

般若之妙义妙用，前已说竟。尚有难于言说思想者，故续说之。

咒文依例不释。但当诵诗，自获利益。

岁次戊寅二月十八日写讫。依前人氘核略录。

未及详审，所有误处，俟后改正。演音记。

（1938年3月19日撰录，4月讲于泉州大开元寺）

附太虚大师讲《金刚般若波罗蜜经》

太虚主讲　十三年五月在武昌佛教会

今讲此经，先讲经题，次讲经文。经题为金刚般若波罗蜜经八字。经常法也，佛口所宣说之常法，皆谓之经。波罗蜜，梵语；蜜，到义；波罗，彼岸义，即到彼岸义。如过渡然，由此岸到彼岸也。又波罗蜜，事究竟义，谓凡事做到圆满究竟,即谓之波罗蜜。般若，梵语，智慧义。金刚，矿物名，其质最坚最利，不为一切物所摧破，而能摧破一切物。且其坚利之质，本来具足，非由外物构成，亦非由外物锻练而成。以之喻人本具之佛智慧，从无始以来人人同具，在圣不增，在凡不减，不为无始无明所汨没，且能照破无始无明，如风扫浮云，霜消杲日，虽寂照如如，而复非寂非照，虽非寂非照，而复恒寂恒照，此即所谓金刚般若也。若不具此金刚般若，则所事不能到圆满究竟，故必须金刚般若，始能波罗蜜也。

今且就世间法言之，无论欲办何事，无智慧本不能办，无较优之智慧，虽办亦不能办到成就，此世人所共知共见者也。更从出世法念佛一门言之，倘念佛之人，未经耆宿之开示了达念佛之真理，固不能念，即念亦不能有往生极乐之成功。何以故？不具金刚般若，必不能摧破邪道，护持正法也。昔有一念佛者，因其友数称其名，其人闻之，曰：汝何故念我名乎？友曰：我念汝名才数百声，汝即生嗔心，汝念弥陀佛日千百声，焉知弥陀佛不生嗔心乎？其人恐念佛亵佛，遂自此不念。又有一念佛之人，遇一禅师诘之曰：念佛者是谁？其人懵然。谓念佛无益，亦停止不念。盖皆由不具金刚般若，一遇外缘即为所障住也。更有人颇解佛说西方有佛，号阿弥陀，今现在说法，倘有人称念其名，念至三五七日，一心不乱，临命终时，即得往生彼处，故日夜念不辍。一日，有参禅师谓之曰：父母未生以前是谁？死后谁往生？其人心乱犹豫，将念佛功夫从此间断。此无他，不具金刚般若，不能破他而为他所破也。倘能获得金刚般若，心佛无二，念佛念心，是心是佛，并无能念之人，亦无所念之佛，念念无念，自他圆融，并无众生亦无有佛，即是往生极乐世界，即是阿弥陀佛矣。尚何异说之足障乎！是即念佛之事，成办到圆满究竟也。

然此经所说到圆满究竟，有特殊之义焉。此经为教化菩萨之大法，指示菩萨修行六度万行，证得菩提涅槃之佛果，方可谓之圆满究竟。二乘证得生空智果，我执虽去，法执犹存，不得谓之圆满究竟也。须菩提本属声闻，不乐小法，回趣大乘，殷勤启请无上妙法以资进修，故世尊于只陀林，当一千二百五十大比丘众，为说此经，俾各各了达此金刚般若，迳趣无上菩提及究竟涅槃。经中所云发菩提心，行六度万行，而不住于相等之妙谛，即金刚般若之行相也，亦即趣证无上因果之妙法也。明夫此，则知所谓金刚般若波罗蜜矣。

此经为释迦牟尼佛金口所宣说，为阿难尊者所结集，原本梵文，后入中国，经鸠摩罗什法师翻译成中文。鸠摩罗什，梵音，华言童寿，即童年而有耆德之谓。又称曰三藏法师，三藏者，经律论也。言能以经律论为师，亦能以经律论为他人之师。此经与弥陀经，译本有多种，而此师所译者明白晓畅，故最为流通焉。

■法会因由分第一

此经原无分数，后经梁昭明太子分为三十二分，虽分为三十二分，而文与义本一气连贯，不为分所割截，读者会而通之可也。此第一分，曰法会因由，凡会聚众弟子说法，曰法会。凡法会说法，必有发起之因由，如放光震动等类是。此会不然，则以持钵乞食、洗足、敷座、日用寻常之本地风光而为说法之因由焉。若依三分判经，此分完全为序分，序有二：一通，二别。自如是我闻至千二百五十俱，为通序；自尔时至敷座而坐，为别序。

如是我闻。

自下明通序。通序有六事，“如是”者，第一，明所闻之法。如，决定义；是，即指此经，决定所闻之法即此经也。此二字总括全经宗旨，明夫全经宗旨，即明诸法实相，即明金刚般若，即明究竟无上菩提，故云如是。“我闻”者，第二，明能闻之人。我者，阿难自称；闻，耳闻，谓我亲从佛边闻，非传闻也。夫我本四大、五阴和合运续之假相，耳为五根外门之假形，识无有时，闻亦无有，何以谓之我闻耶？随世俗故，说我闻无咎。若依胜义，则是因缘闻，是不闻闻，是闻无所闻；故说者无说无示，闻者无闻无得也。

一时，

此第三，明说经之时。一、数量义，时，即时间。即遥指释迦牟尼佛在舍卫国祇洹精舍，于有数量之时间说此经也。

佛在舍卫国祇树给孤独园。

佛者，第四，明说经之主。佛，梵语，具言佛陀，华言觉者，自觉、觉他、觉行圆满义，即由金刚般若到究竟圆满，妙庄严海，富有万德之称。在者，住义，行住坐卧悉可名住。

舍卫国祇树给孤独园者，第五，明说经之处。处有二：（一）通，（二）别。舍卫国即通处，祇树给孤独园即别处也。舍卫国在中天竺国，佛受须达长者之请，故居于此。祇树给孤独园，即祇洹精舍也。时舍卫国主波斯匿王有一大臣，名曰须达，家富好施，人咸称之曰给孤独。因择地起舍请世尊说法，化导众生，适觅得王太子只陀之园，园在国城外，其地平正，树木郁茂，最为适宜。太子谓之曰：卿若以黄金布满其地，俟当相与。须达如其言，以金密布，仅余少地。太子曰：前言戏耳，返其金即施以园。须达不可，国人亦以太子无戏言反难。太子不得已，曰：止，勿更出金，园属卿，树属我，可乎？须达从之。舍成，遂以二人之名连合树园名之。

与大比丘众，千二百五十人俱。

此第六，明同闻众也。比丘，梵语，华言乞士。有二义：（一）乞佛法以资心，（二）乞食物以资身。大者，比丘中具大德大名闻者也。众者，僧也。僧非个人之名，四人以上谓之僧，仿佛一团体之谓。千二百五十人俱者，俱，共住义。千二百五十人，即共住大比丘众之总数也。过去现在因果经云：耶舍长者子朋党五十人，优楼频螺迦叶师徒五百人，那提迦叶、伽耶迦叶师徒各二百五十人，舍利弗、目连师徒各一百人，共千二百五十人也。然法会听众本不可以数计，此众先本外道，见佛在先，得度亦在先，因感佛之鸿恩——度其出离三界，解脱生死——故常随行藉以报恩也。以上六事具足，义乃完成。其往迹均彰彰可考，确非阿难之所杜撰也。

尔时，世尊食时，着衣、持钵入舍卫大城乞食，于其城中次第乞已。还至本处。饭食讫，收衣钵，洗足已。敷座而坐。

自下别序，分二章：（一）明行乞食事，（二）明敷座而坐事。此初。“尔时”者，即佛在舍卫国祇树给孤独园与大比丘众千二百五十人俱之时。“世尊”者，世间无上最尊之称，唯佛乃能当之。“食时”者，正为乞食之时，亦居士营食成就之时。世间居士，食有定时，早则始营未就，晚则啖食已讫，均非乞食之时也。非乞食之时而行乞，不唯乞者无所得，而施者亦无有施，于自于他两两恼乱；故世尊胜德内涵，宏福外施，虽一举一动之微，无有不自他两利者。“着衣”者，以衣附着于身，衣有上中下三品，平常起卧着下品，入众法事着中品，入大聚落，进见国王则着上品。明整仪容，不同寻常乞丐乞食。舍卫大城，即舍卫国之都城，园在城外，故云入城乞食。已者，完毕也，犹云：乞食之事业已完毕。“次第乞”者，谓挨次顺序而乞，不舍贫而从富，亦不舍富而从贫，正以显示平第之道也。

此明乞食之后事。得食后，即还归祇洹而食，不得随得随啖。讫，竟也。敷，设也，陈设座位，镇摄仪容，然后净心静坐，入于三昧，而将说法焉。

夫佛、菩萨、罗汉，自行均已成办，且位至罗汉，生存示灭已能自主，何必乞食为？盖乞食者，实施游行教化利导众生也，实行成就众生布施波罗蜜而报众生之恩也。故虽自行已办，犹无日不为方便众生之事也。未发心者令其发心，已发心者令其成熟，已成熟者令早得解脱，速证究竟圆满金刚般若安住清净法界。

乃复说此金刚般若波罗蜜经，以显众生本具金刚波罗般若之体，而伸万行无住金刚般若之用。已得金刚般若，则事事无碍，法法皆通，寻常日行是佛法，行住坐卧亦佛法，平常心尤莫非佛法。神通变化既佛法之无上妙用，即喜笑怒呵亦莫非佛法之方便善巧。若未显得金刚般若，虽有移山倒海之神通，亦妖魔外道之邪术；虽有万年之禅定，亦人天有漏之福果。业报一尽，仍不免五趣轮回之苦。诸君宜仔细究！此金刚般若本人人具足，周遍法界，不在内、不在外、不在中间。复不离内外中间，不可思议，不可执着，久之功驯，自有顿契之一日。不然，向外驰求，以佛具变化、放光、震动等种种神通，遂执变化、放光、震动等种种神通然后为佛，不能简别外道，则失之毫厘，差以千里矣！慎之慎之！

■ 善现启请分第二

据流支十二分义，此分已入正宗分。依昭明所判，则此分属序分。善现者，须菩提名。须菩提，梵语，华言善义，或言善吉，或言空生，因生时仓库空虚，家人卜之，曰：既善且吉，故名。又须菩提恒乐空定，分别空义，为解空第一，故名空生。“启请”者，以语言启白世尊，请求说法也。

时长老须菩提，在大众中，即从座起，偏袒右肩，右膝着地，合掌恭敬，而白佛言：

此明请法之仪。长老须菩提者，须菩提内秘菩萨行，外现声闻相，位高德崇，故称长老。将请说法，必先致敬以示尊重。于是当时在大比丘众中，从座起立，偏袒露其右肩，以示堪任大法；右膝屈而着地，以示住真实地；合掌恭敬，以示屈曲伏从，无有违拒；然后以言说启白世尊。表敬须具三业：（一）身，（二）语，（三）意。起立、袒肩、膝着地及合掌，身业敬也；而白佛言，语业敬也；下问善男善女发心趣果之无上妙法，意业敬也。一举一动，无非不可思议之轨则也。

"希有，世尊！如来善护念诸菩萨，善付嘱诸菩萨。

此明赞世尊之德。世尊、如来，皆佛之通称。"如"者，证得诸法实相如如不动之谓，"来"者，来三界垂化之谓。又，如过去诸佛再来，故名如来。希有，犹云罕有。谓世尊舍弃王位，出家修行，具足三德，化度众生，世出世间甚为罕有也。"菩萨"者，梵语，具云菩提萨埵。菩提，觉义；萨埵，有情义，谓有情中之觉者。故凡发菩提心者，皆可谓之菩萨。"护念"者，护卫体念，令其内德成就。如母子然，母念则成，不念则坏；菩萨亦尔，佛护念则善根成就，不护念则善根损坏也。"付嘱"者，付托嘱付，令其外德成就。如世间父母，以家业付托其子，嘱咐成立。"善"者，善巧方便，谓世尊随机施教，以菩萨堪任法宝，正宜护念、付嘱，则即加被无上法宝，常当护念、付嘱也。

"世尊！善男子、善女人，发阿耨多罗三藐三菩提心，云何应住？云何降伏其心？"

此明所问之事。阿，无义；耨多罗，上义；三，正义；藐，等义；菩提，觉义。阿耨多罗三藐三菩提，即无上正等正觉义。简言之，即佛果，即果地觉。发菩提心，即因地心。凡夫因无明覆障不得名觉，外小非正觉，菩萨虽正觉而非无上正等，故无上正等正觉唯佛独成就也。须菩提问世尊云：凡善根之男子，及善根之女人，未发菩提心者云何发菩提心？已发菩提心者，云何住菩提心？云何降伏其烦恼心，而免损害其菩提心？是即由因地心趣证果地觉之要道也。与法华经所谓，佛唯以一大事因缘出现于世，为开示众生佛之知见，为令众生悟入佛之知见同。

佛言："善哉！善哉！须菩提！如汝所说：如来善护念诸菩萨，善付嘱诸菩萨。

此明叹美其请。以须菩提声闻众而能问菩萨事，故重言善哉善哉以叹美之曰：

如来对于菩萨善护念、付嘱，诚如汝所云也。

“汝今谛听，当为汝说，善男子、善女人，发阿耨多罗三藐三菩提心，应如是住，如是降伏其心。”“唯然！世尊！愿乐欲闻。”

此明许答其问。谛者，审实义，汝今一心审实而听，当为汝说。应如是住之如是，是指下第四分；如是降伏其心之如是，指下第三分。意谓善男子、善女人，若发菩提心，应如下说无所住而住，无所降伏而降伏，无须另起心而住，另起心以降伏也。如欲另起心以降伏其妄心及烦恼心，则是妄上加妄，不能降伏矣。昔二祖问达摩祖师安心之法，师曰：“将心来，为尔安”。二祖对曰：“觅心了不可得”。师曰：“吾与尔安心竟”。即此意也。“唯然”者，急速应诺，认可其言之是，愿欢喜倾心而闻也。

大乘正宗分第三

“乘”者，运载义，谓如车乘，载物运行，由此而达彼。“大”者，简小义，以喻菩萨乘此般若大乘直趣佛果；简非凡小所乘之乘，以趋生死或涅槃也。“正宗”者，真正宗主也，谓此分为大乘真正之宗主。然真正宗主，究竟不止此一分，不过此分为大乘正宗之纲领，故曰大乘正宗分云。

佛告须菩提：“诸菩萨摩诃萨，应如是降伏其心：所有一切众生之类：若卵生，若胎生，若湿生，若化生，若有色，若无色，若有想，若无想，若非有想非无想，我皆令入无余涅槃而灭度之。

此明发心。摩诃、大义。如是之是、指下所说。众生分九类：（一）卵生，谓由卵体中产生者，如鸡鸭等。（二）胎生，谓由胚胎产生者，如人类及牛羊等。（三）湿生，谓依湿气而生者，如微生虫等。（四）化生，谓变化而生，如孑孓化为蚊，腐草化为萤之类。（五）有色，谓欲界、色界中众生之有色可见者。（六）无色，谓无色界众生之无色可见者。（七）有想，谓除色界四禅天中之无想天众生，其余三界众生皆是。（八）无想，谓色界中四禅天之无想众生也。由欲界众生，以种种苦恼皆由于想，遂修无想定得生无想天，自谓已证解脱而究非也，经五百劫，仍堕生死轮回。（九）非有想非无想，谓无色界中非非想处天之众生也，此处众生已无身体世界，同于虚空，唯有定无慧，经八万劫，还落空亡。

佛时有一修此定者，耳闻鸟鸣鱼跃，噪扰不堪，偶萌嗔念，云当食尽此鱼鸟以除障碍。久之入定。佛成道后，即欲度之，因迟一日，已生非非想处，遂叹息悬记，将来须堕为食鱼鸟之狸，后报尽更堕入地狱。故三界为一大牢狱，世界为一大苦海，外道犹如陷阱，修行人不可不慎也。

涅槃者，圆寂义。无余者，谓万德俱圆，二障永灭，无有余蕴也。灭度者，灭障度苦义。世尊告须菩提：诸菩萨中之大菩萨，降伏其心，必须发广大心，见三界九类所有之众生，沉沦苦海，轮迴生死，起悲愍心，皆令其圆满寂静，灭其障碍而度其出离也。

“如是灭度无量无数无边众生，实无众生得灭度者，何以故？须菩提！若菩萨有我相、人相、众生相、寿者相，即非菩萨。

此明降心。无量、无数、无边，均极多义。我相者，谓人皆以四大五阴和合相续假相为我相。人相者，对我相言，如人类，我对之称人，故名人相也。众生相者，即我对人以及非人，所谓九类众生差别之相也。寿者相者，谓生命永久相继不断之相也。又凡有情各具此四相。如既称曰我，则有我相；而我具人格，则是人相；我属生物，则是众生相；我有生命存在，则是寿者相；余可类推。菩萨既发广大心，度三界九类无量无数无边极多之众生已，其心不着实有众生得灭度者，则其心自无烦恼，自然降伏而不损害其菩提心矣。何以故？盖菩萨度众生，不著菩萨为能度之相，众生为所度之相，当观菩萨众生之相，皆是四大五阴和合相续，皆是毕竟清净，虽度而实无能度所度者。不然、若菩萨谓我能度人，则即著我相；我能度人度众生，则即著人相、众生相；有我、人、众生恒时存在，则即著寿者相。总之、即是一著我相，则四相皆着。心既有著，则心即不能降，一切烦恼颠倒皆随之而起，是不及声闻果之犹证生空，乌足称人法双空之菩萨哉。

■妙行无住分第四

此分答住问。以修万行而无所行，谓之妙行。以于法无所住而住，故谓之无住也。

“复次，须菩提！菩萨于法应无所住行于布施，所谓：不住色布施，不住声、香、味、触、法布施。须菩提！菩萨应如是布施，不住于相。何以故？若菩萨不住相布施，其福德不可思量。

此明行菩萨行不住于相，即为住菩提心。布施分三种：（一）财施，（二）法施，（三）无畏施。布施为六度之首，摄六度尽。色、声、香、味、触、法，六尘也，举六尘而六根、六识包括在内，摄一切法尽矣。谓菩萨行于三种布施，于施者，受者，财物，以及动静语默、供养恭敬、因果报应种种法相，皆不执着，所谓无所住也，然行于布施。而于施者，受者，财物等相不住者，何以故？盖不住相布施，则其所得福德多至不可思量也。若住相布施，则所得系人天有漏之福报，而可思可量矣。非所以住菩提心之道，亦即非所以显得金刚般若之道也。

“须菩提！于意云何？东方虚空可思量不？”“不也，世尊！”“须菩提！南、西、北方、四维、上下虚空可思量不？”“不也，世尊！”“须菩提！菩萨无住相布施福德，亦复如是不可思量。

此以喻明福德多。四维者：东南、西南、东北、西北之四方也，合东、南、西、北、上、下六方，共为十方。十方虚空不可思量，本为须菩提所知。无住相布施之福德，亦复如十方虚空不可以思量计度也。

“须菩提！菩萨但应如所教住。

此结上所云。上来不住相而行布施等之教，应依之而住也。

如理实见分第五

“须菩提！于意云何？可以身相见如来不？”“不也，世尊！不可以身相得见如来。何以故？如来所说身相，即非身相。”

上云于法亦不住而行布施，云何得成佛身相耶？盖如来法身虽非即相，亦非离相，必须如理方可实见，非可执着三十二相即是如来法身也。为证明须菩提已了此义，故世尊发问以占其能否如理实见。能，则具金刚般若，即身相可见如来法身；不能，则未具金刚般若，即不执身相亦不得见如来法身也。古来宗门，务令人自己了解。不然，仅逞口说，实无智慧，说食数宝，终无益也。苏东坡赞佛云：“八风吹不动”，而为佛印一呵所动，可知其心未相应也。身相者，色身可见之相也，如世尊具三十二相、八十种好是。须菩提示现声闻，心已领悟如来、菩萨、众生之相，皆是自心分别所缘影像，故一承佛问“可以身相见如来不”，即答曰：不也。盖如来所说身相，即四大五阴和合相续之假相，即非身相也。

佛告须菩提：“凡所有相，皆是虚妄；若见诸相非相，则见如来。”

此明不仅身相即非身相，凡一切根身器界形形色色之相，莫非镜花、水月之虚妄，无有实相可得也。若能如是了解诸相虚妄，即是了解诸法实相，即是无上智慧，即是金刚般若妙心，即是已见如来法身，不可泥拘住法行施而修成佛之色身也。

■正信希有分第六

须菩提白佛言：“世尊！颇有众生得闻如是言说章句，生实信不？”佛告须菩提：“莫做是说！如来灭后后五百岁，有持戒修福者，于此章句能生信心，以此为实；当知是人不于一佛二佛三四五佛而种善根，已于无量千万佛所种诸善根。闻是章句，乃至一念生净信者，须菩提！如来悉知悉见，是诸众生，得如是无量福德。

此明信受人。上云虽修万行，而不著能行人、所行法，此法甚为希有，甚为难信，故须菩提启白佛言：颇有众生得亲闻如上所说无上甚深妙法，能生实信不？佛告之云：汝勿疑现在亲闻者无信受之人，即未来亦有起信受之人也。

后五百岁者，正法五百岁，像法五百岁，此即像法后之五百岁也。像法之后，法垂衰弊，有出家之持戒者，在家之修福者，于此所说章句法门，皆能了解真实义谛，通达诸法实相，一心正信，以此行无所行、得无所得之法为真实不虚。当知此信受之人，非仅于一二少数佛而植善根，乃已于无数阿僧祇劫，无量千万佛所深植善根矣。如六祖然，闻经一二句，即启发其金刚种子，可知深种善根之人，虽多劫后能闻能信受；未植善根之人，即亲聆金口宣说，亦不能如实了解也。

倘有闻是章句，刹那一念由清净慧生清净信者，此心一生，佛种成就牢不可破。故前祖师曰：能生一念净信，即可成佛。且此经为诸佛之母，常为佛所守护。若净信受持者，如来以智慧力，悉知其行菩提因，悉见其得菩提果，故是等净信众生所得福德无量也。

“何以故？是诸众生，无复我相、人相、众生相、寿者相。无法相，亦无非法相。何以故？是诸众生，若心取相，即为着我、人、众生、寿者；若取法相，即着我、人、众生、寿者。何以故？若取非法相，即着我、人、众生、寿者。是故不应取法，不应取非法。以是义故，如来常说：汝等比丘！知我说法如筏喻者，法尚应舍，何况非法？

此明上信受义。法与非法，系对待名词，如云法是正行，非法则非正行。法相是，则非法相即非。法是善法，则非法即非善法。法是无漏，则非法即是有漏。上云得如是无量福德，何以故？盖是等了达众生四大假合，本来空无，无有四相之可言。且复了达五阴之法亦如幻非实，法相无有，非法相亦不可得，其心湛然，无所执着，是诸众生二空已明，空病亦去也。不然、若是等众生心对于相，不达假合，即行取着，则是已着我相，着我相则人、众生、寿者相即无不着矣。

复次，倘是等众生不达万法缘生，取着一种法相，则无论何法皆行取着，即起我、人、众生、寿者见矣。

复次，若是等众生，以法不可取而取非法，则与取法相一样，是故善法正法，以及真如涅槃之法，亦不应取。对于非善法、非正法以及非真如、非涅槃之法愈不应起心执之也。倘两无所取，而即着此两无，亦是落于边际。取、取着义，即倚靠义，如鸟之倚巢，集止飞翔，均不能出三界九类之内，则无法相所碍而不能用法。昔六祖云："法法皆通，法法皆备，而无一法可得，名最上乘。"念念都成妙慧，如是则能运用一切法矣。由此道理，故常说汝等比丘，当知我所说法，如筏喻者。筏、木栅，昔有人为贼所逐，取木栅渡河，达于彼岸，即便舍筏。喻意初则以法舍人，以空舍有；次则人法两遣，空有双净，方是金刚般若到彼岸也。

无得无说分第七

"须菩提！于意云何？如来得阿耨多罗三藐三菩提耶？如来有所说法耶？"须菩提言："如我解佛所说义，无有定法名阿耨多罗三藐三菩提，亦无有定法如来可说。何以故？如来所说法，皆不可取、不可说，非法、非非法。所以者何？一切贤圣，皆以无为法而有差别。"

上云身相非身相，云何如来于树下证得菩提、常说法度众耶？世尊恐须菩提生此疑，故发问以占之，问云："如来得无上正等正觉耶？如来有所说法耶？"须菩提已了悟菩提本人人具足，圆满周遍，离言语相，离文字相，不可着，不可取，不可以名名，不可以凡心计度，尤不可执如来所说菩提即是菩提。故答佛言：如我解佛所说义，无有定法名阿耨多罗三藐三菩提，亦无有定法如来可说也。若谓如来有所说，则听者有所取，有取则言语不断，心行不灭，是虚妄想相，即堕有漏，不得谓之金刚般若妙行矣。故如来所说法，心行灭则不可取，言语断则不可说。

且诸法实相，非有非无，非有故非法，非无故非非法，既离有离无，云何可说？云何可取？故说者无说无示，而听者无闻无得。其所以一切圣贤有差别者，非所修之无为法不同也，所修虽同而所悟不同，故有四果次第、十地阶级之异，犹如三鸟出网，三兽渡河，而升空涉水各有高下深浅之别也。

■依法出生分第八

“须菩提！于意云何？若人满三千大千世界七宝以用布施，是人所得福德，宁为多不？”须菩提言：“甚多，世尊。”何以故？是福德即非福德性，是故如来说福德多。”“若复有人，于此经中受持乃至四句偈等，为他人说，其福胜彼。何以故？须菩提！一切诸佛及诸佛阿耨多罗三藐三菩提法，皆从此经出。须菩提！所谓佛、法者，即非佛、法。

此明持经功德胜。三千大千世界者，一太阳系为一小世界，一千个小世界为一小千世界，一千个小千世界为一中千世界，一千个中千世界为一大千世界，合三千大千世界为娑婆世界。七宝者：金、银、琉璃、砗磲、玛瑙、琥珀、珊瑚也。偈者，四字或五字、七字一句，总四句为一偈；梵文又以三十二字为一偈。

佛言：若人以七宝满三千大千世界之多而行布施，是财施也。此人所得福德，是为多不？须菩提言：甚多。盖着相之福德，不过人天有漏之因，其多有限，是福德本无自性，圆满成就，则为无漏，其实乃不可限量也。佛言：若复有人于此经中，自己领受行持任何四句偈等，而复为他人说，是法施也。以法施众，拔众生苦，令得涅槃乐，其福胜彼财施无福德性之福德。何以故？盖十方三世诸佛及无上正等正觉妙法，皆从此经出。

此经章句微妙，其言说文字所诠真如妙理，包括教、理、行、果无余，不特自己领受行持四句偈，可趣极果；即为他人说，他人亦能领受行持，由发菩提心行六度万行，证得根本智、后得智而迳趣极果也。故此经为诸佛之母，诸佛之所自生，菩提之所自显，其法绝对无上，其受持所得之福德，所以胜彼也。但此绝对无上之法，无能所，绝对待，总不可说不可取。要知如来是假名，本无能说之人，佛法亦假法，复无所说之法，以言遣言，权名之为佛、法也。

一相无相分第九

诸法一相，随缘生起，不可取，不可说，故曰一相无相也。

“须菩提！于意云何？须陀洹能作是念：我得须陀洹果不？”须菩提言：“不也，世尊！何以故？须陀洹名为入流而无所入，不入色、声、香、味、触、法，是名须陀洹。”“须菩提！于意云何？斯陀含能作是念：我得斯陀含果不？”须菩提言：“不也，世尊！何以故？斯陀含名一往来而实无往来，是名斯陀含。”“须菩提！于意云何？阿那含能作是念：‘我得阿那含果’不？”须菩提言：“不也，世尊！何以故？阿那含名为不来而实无来，是故名阿那含。”“须菩提！于意云何？阿罗汉能作是念：‘我得阿罗汉道’不？”须菩提言：“不也，世尊！何以故？实无有法名阿罗汉。世尊！若阿罗汉作是念：‘我得阿罗汉道’，即为着我、人、众生、寿者，世尊！佛说：我得无诤三昧，人中最为第一，是第一离欲阿罗汉。世尊！我不作是念：‘我是离欲阿罗汉’，世尊！我若作是念：‘我得阿罗汉道’，世尊则不说须菩提是乐阿兰那行者。以须菩提实无所行，而名须菩提是乐阿兰那行。”

此明四果亦得无所得。上云菩提得无所得，云何有四果可得耶？世尊为释此疑而为此问。须陀洹，梵语，即声闻第一果，华言入流、或预流。流、流类义，犹云预入圣人之流类也。斯陀含，梵语，即声闻第二果，华言一往来，犹云一往天上，一来人间，始得漏尽也。阿那含，梵语，即声闻第三果，华言不来，犹云不复来此欲界受生也。阿罗汉，梵语，即声闻第四果，华言有三义：（一）无生，（二）杀贼，（三）应供是也。三昧，华言正定，无诤三昧为正定之最胜，烦恼与定障皆得远离也。离欲者，离五尘之贪欲也。阿兰那者，梵语，华言无喧杂，即优游闲静，不为尘累所拘也。

问须菩提云：得四果者，各能作我已得果念，究为得果不？须菩提心已了悟，依义酬答，无有疑碍，足见须菩提已无有四果可得之疑矣。故答云：须陀洹若作我得须陀洹果念，则即为未得须陀洹果，盖须陀洹名为预入圣位，而实无能预入圣位之人，亦无所预入色、声、香、味、触、法之法，是名须陀洹也。斯陀含作我得斯陀含果念，则即为未得斯陀含果，盖斯陀含名一往来天上人间，而实无往来天上人间者，亦无天上人间可往来，是名斯陀含也。阿那含作我得阿那含果念，则即为未得阿那含果，盖阿那含名为不来欲界受生，而实无有受生欲界者，亦无欲界可受生，是名阿那含也。阿罗汉作我得阿罗汉道念，则即为未得阿罗汉道，阿罗汉名无生而实无有无生者，亦无有法名为无生。若阿罗汉起我得无生念，则为着我见，着我见即着人、众生、寿者见，能所具在，四相宛然，何得谓之阿罗汉耶？如世尊说我得最胜正定，为人中第一，我即是第一离欲阿罗汉。又如我自己不作我是离欲阿罗汉念，则我即是离欲阿罗汉。我若作我得阿罗汉道念，世尊即不说我是乐寂静行者矣；盖须菩提实无所行，而名须菩提是乐寂静行。

总之、诸法如如，行无所行，住无所住，而得亦无所得，即是如来所说佛法非佛法之无上妙法也。倘一起心动念，即落边际范围，不得谓之无住无得之无上妙法矣。

■ 庄严净土分第十

佛告须菩提："于意云何？如来昔在燃灯佛所，于法有所得不？""世尊！如来在燃灯佛所，于法实无所得。"

此释成上无说无得义。上云无说无得，云何佛昔在然灯佛所，满二阿僧祇劫修行时，然灯佛与之授记曰：贤劫中当成佛耶？佛恐听众兴疑，故问须菩提以释之云：如来昔在然灯佛所，于法有所得不？须菩提答云：不也，然灯佛尔时所说，与如来尔时所闻，均系语言，无有自性。故然灯佛虽说，而实无所与；而如来得记，亦无有受。无得无不得，乃名得授记，故曰得实无所得也。

"须菩提！于意云何？菩萨庄严佛土不？""不也，世尊！何以故？庄严佛土者，即非庄严，是名庄严。""是故须菩提！诸菩萨摩诃萨，应如是生清净心，不应住色生心，不应住声、香、味、触、法生心，应无所住而生其心。

此明庄严佛土不可取相。上文既明不可取，与他处所说菩萨庄严净土之行，似有出入，世尊恐众兴疑，故问须菩提以释之。土者，可依住义；净土者，对娑婆世界等五趣众生共同依住之秽土言，秽土是众生有漏不清净之业力所现起。净土有数种名称：（一）凡圣同居净土，由修清净行之众生感得此清净土，而与三乘圣贤共同依住。（二）方便有余净土，二乘所居。（三）实报庄严净土，由无漏智所感得，此土无边相好，无量庄严。（四）法性净土，即以诸法实相为其净土，又名常寂光土。

世尊问须菩提云：菩萨庄严佛土不？须菩提言：不也，何以故？盖菩萨自行已办，自性净土本来清净，何用庄严？然自行虽已成办，化众当实有其行，众生是菩萨之佛土，化众即为庄严其佛土，其形相虽示现庄严，而亦不宜取着其形相，故菩萨所谓庄严，即非庄严，是名庄严也。

世尊复告须菩提：诸大菩萨云何修庄严佛土行？当知佛土本来无德不备，无累不净，应以如是无所得妙观，无所住妙慧，生起清净心，无取无著无妄分别为是，不应住六尘而生心。六尘为六识所缘境，取着六尘而生六识，有所思惟观察，则心即不清净。应于六根、六尘、六识皆无所住，则生无上金刚般若妙净明心，而佛土庄严矣。

昔六祖闻五祖说至此处，即叹曰："何期自性本自清净，何期自性本不生灭，何期自性本自具足，何期自性本无动摇，何期自性能生万法。"可谓言下大悟矣。

"须菩提！譬如有人身如须弥山王，于意云何？是身为大不？"须菩提言："甚大，世尊！何以故？佛说非身，是名大身。"

此明后身不可取。须弥山王，此云妙高山，高十万由旬，一由旬三十里或四十里，故佛以譬大法王身也。妙高山形势高大，而不自取其高大以为高大，故须菩提云甚大。若自取其大相而住于大见，则虽大有限量，不得谓之大矣。法王身亦然，其身虽大而心不取着，不住人见，不取色身，故曰非身。非身而身，身而非身，故名为大身也。

无为福德胜分第十一

"须菩提！如恒河中所有沙数，如是沙等恒河，于意云何？是诸恒河沙宁为多不？"须菩提言："甚多，世尊！但诸恒河尚多无数，何况其沙！""须菩提！我今实言告汝：若有善男子、善女人，以七宝满尔所恒河沙数三千大千世界以用布施，得福多不？"须菩提言："甚多，世尊！"佛告须菩提："若善男子、善女人，于此经中乃至受持四句偈等，为他人说，而此福德胜前福德。

此明说经功德胜。前持经功德，胜满三千大千世界七宝布施功德；兹说经功德，胜满无量无数无边三千大千世界七宝布施福德。一恒河中沙，多至无数，复如是沙等之恒河中之沙，其多更不可数量，故须菩提言甚多。若善男子、善女人，满尔所恒河沙数之三千大千世界七宝以用布施，其布施多可知，布施多则得福德必多，故须菩提言得福甚多。若善男子、善女人，于此经中，受持四句，为他人说者，其福德胜于前福德也。何以故？良以七宝布施虽多，至于无数量，而终是有限量，若以此经四句自己受持，则自己见性成佛；为他人说，他人受持，则他人见性成佛，度尽无量无数无边众生，皆见性成佛，其福德如虚空不可限量，所以胜于前福德也。

■尊重正教分第十二

“复次，须菩提！随说是经乃至四句偈等，当知此处，一切世间天人阿修罗皆应供养，如佛塔庙，何况有人尽能受持读诵！须菩提！当知是人成就最上第一希有之法。若是经典所在之处，则为有佛，若尊重弟子。”

此明经胜。天人阿修罗等，即八部众。（一）天众，即欲界之六天，色界之四禅，无色界之四空也。（二）龙众，为水属之王。（三）夜叉，飞行空中之鬼神。（四）乾闼婆，华言香阴，阴者五阴之色身，唯嗅香而长养故名。（五）阿修罗，华言非天，其福报虽类天而非天德，故名非天。（六）迦楼罗，华言金翅鸟，摄龙为食。（七）紧那罗，华言非人，似人而头上有角，故名非人。（八）摩侯罗伽，华言大蟒神，地龙也。

塔，具云塔婆，华言方坟，佛舍利所在处。庙，佛形像所在处。第一希有之法，即金刚般若。尊重弟子，如文殊、舍利子等上首弟子。此经为十方三世诸佛之所自出，欲尊重佛，当尊重此经，故随处说是经，或说是经中四句偈等，则此处即为一切世间天人及八部众，皆如佛舍利及佛形像所在处之塔庙，而供养恭敬；若有人尽能受持读诵此经者，此人亦为一切世间天人八部众供养恭敬无疑。当知此人尽能受持读诵此经，即是成就最上第一希有之法，即是成就第一无上金刚般若之法，即是名为诸佛。若此经任在何处，即为佛在处，即为佛与佛上首之弟子在处也。故此经胜，而持此经之人亦胜也。

■如法受持分第十三

尔时，须菩提白佛言：“世尊！当何名此经？我等云何奉持？”佛告须菩提：“是经名为《金刚般若波罗蜜》，以是名字，汝当奉持。所以者何？须菩提！佛说般若波罗蜜，即非般若波罗蜜，是名般若波罗蜜。

此定经名与受持。前已明经胜，自当尊重受持，但不知此经名与云何奉持，故问世尊云：云何名此经？我等云何奉持？佛答：此经名金刚般若波罗蜜。金刚非譬而譬，般若非法而法，假名安立为金刚般若。以是名字奉持，心不可着奉持之人，亦不可着奉持之法，所以者何？金刚般若既是名字，无有自相，不可取，不可说，应众生心方便而说此名耳。

“须菩提！于意云何？如来有所说法不？”须菩提白佛言：“世尊！如来无所说。”

上明假名无实，心行处灭，世尊恐诸菩萨犹落言诠，故问须菩提云：“如来有所说法不？”须菩提答云：真智离言，诸佛同证，纵有所说，亦诸佛为方便众生，如证而说，离诸佛说即无所说，故云：“如来无所说”也。

“须菩提！于意云何？三千大千世界所有微尘，是为多不？”须菩提言：“甚多，世尊！”“须菩提！诸微尘，如来说非微尘，是名微尘；如来说世界，非世界，是名世界。

世界为众生依报，是假非实，而假复是空，亦不可得，了此空假即为中道。故告须菩提云：三千大千世界，本为微尘所积集，今以此等世界碎为微尘，是为多不？须菩提言：甚多。佛恐其著多相，复晓之曰：微尘空寂，无有实相。如来说微尘非微尘，强名之为微尘。微尘既空无所有，微尘所积集之世界，亦当然空无所有，如来说世界非世界，强名为世界。

“须菩提！于意云何？可以三十二相见如来不？”“不也，世尊！不可以三十二相得见如来。何以故？如来说三十二相，即是非相，是名三十二相。”

三十二相为佛正报，前既明所依之果报既空，而能依之正报亦无。凡夫不察，以三十二相为佛，执着驰求，失之远矣！故藉问须菩提以释之。问须菩提云：可以三十二相见如来不？须菩提言：三十二相为如来化导众生之胜妙功能，若执为实，则是不了诸法实相，随处遍计，永远不得见如来矣。何以故？盖如来所说三十二相，即是非相，即是诸法实相，不可思议，不可执取，强名之为三十二相耳。

“须菩提！若有善男子、善女人，以恒河沙等身命布施；若复有人，于此经中乃至受持四句偈等，为他人说，其福甚多。”

身命布施分三种：（一）身布施，以肉身施与众生。（二）命布施，以生命施与众生。（三）身、命俱布施，非了达金刚般若，不能行此苦行；若已了达，则自他不二，既无能施者，亦无受施者，更无所施之身命。自己即大地山河草木花叶，大地山河草木花叶即是自己；自己即是法王，大地山河草木花叶亦莫非法王。

且自己从无始生死以来，所受生命轮回不息，已不知几千万亿恒河沙数矣，此而不施，仍受轮回，更不知有几千万亿恒河沙数之身命沉沦苦海。况身命无常、苦、空、无我，一切不能自主，若贪着不施，业报尽而缘散，亦终不能存在。纵修仙道入无想天，寿同天地，劫尽还受轮回，为牛、为马、为鸟、为鱼、为饿鬼、为地狱，受种种苦报。故佛告须菩提：布施身命之人，甚为难得。今有善男子、善女人舍身命布施，且舍恒河沙等身命布施，其福德本多至算数所不能及，然犹不若于此经中，受持四句偈为他人说，自利利他之福德多也。其受持此经之福德为何如耶？

离相寂灭分第十四

尔时，须菩提闻说是经，深解义趣，涕泪悲泣，而白佛言："希有世尊！佛说如是甚深经典，我从昔来，所得慧眼，未曾得闻如是之经。世尊！若复有人得闻是经，信心清净，则生实相，当知是人，成就第一希有功德。世尊！是实相者，则是非相，是故如来说名实相。世尊！我今得闻如是经典，信解受持，不足为难。若当来世后五百岁，其有众生得闻是经，信解受持，是人则为第一希有。何以故？此人无我相、无人相、无众生相、无寿者相。所以者何？我相即是非相，人相、众生相、寿者相即是非相。何以故？离一切诸相，则名诸佛。"

此明领悟。当时须菩提闻说此金刚般若，深解义蕴旨趣，追痛过去迷而不悟，涕泪横流，不胜悲楚而白佛言：希有世尊！佛所说甚深之金刚般若经典，我虽从昔来已得慧眼，了达众生本来是空，但未曾得闻如是之经。若复有人得闻是经，信心清净，即能了解生清净心，正观明澈实相显现，当知此人已成就第一希有功德。然此实相者，非离诸相外另有实相，即诸法本来如是之相，悟则显，迷则不显，然亦不可执着，故曰即是非相，是名之为实相也。

复次，白佛言：我今得闻如是经典，深信了解，领受行持，不足为难。若当来世后五百岁，像法之际，圣教衰弊，众生障重，闻是经而能信解受持者，则实为难；若于难能之时而竟能之者，是人即为第一希有。何以故？此人已通达胜解此经，已了达人、我、众生、寿者四相，所以者何？人、我、众生、寿者四相，如幻非实，即是非相。离此一切非相，即是一切法，即是非即非离而到究竟，即名之为诸佛。诸佛者，即是金刚般若，即是离相一大寂灭海也。

佛告须菩提："如是，如是，若复有人得闻是经，不惊、不怖、不畏，当知是人甚为希有。何以故？须菩提！如来说第一波罗蜜，即非第一波罗蜜，是名第一波罗蜜。须菩提！忍辱波罗蜜，如来说非忍辱波罗蜜，是名忍辱波罗蜜。何以故？须菩提！如我昔为歌利王割截身体，我于尔时，无我相、无人相、无众生相、无寿者相，何以故？我于往昔节节支解时，若有我相、人相、众生相、寿者相，应生嗔恨。须菩提！又念过去于五百世作忍辱仙人，于尔所世，无我相、无人相、无众生相、无寿者相。是故须菩提！菩萨应离一切相，发阿耨多罗三藐三菩提心；不应住色生心，不应住声、香、味、触、法生心，应生无所住心；若心有住，则为非住。

此段前补明他悟，后明忍辱为般若所摄义。世尊以须菩提泣述经旨毕，随即印可曰：如是如是，如汝所说，正无谬误。若复有人，得闻是经般若妙谛，与其从无始来所修习所禀承者不同，不惊其怪诞，不生怯弱之畏心，亦不怖恶前事错讹。由闻生信，由信生解，由解起行，当知此人，甚为希有。何以故？六度以般若能赅，般若为第一，故如来说第一波罗蜜。以真谛言，本无有法，何有法执，是以即非第一波罗蜜。但其所以说第一波罗蜜者，随世谛故，假说为第一波罗蜜耳。忍辱、布施及戒、定、精进，本为金刚般若之妙用，若无金刚般若，若盲无导者，不能有此妙用矣。

即就忍辱波罗蜜言之，具金刚般若，则人法双空，事相全空，辱本无有，何有于忍，故如来说非忍辱波罗蜜。依世谛假说，是名忍辱波罗蜜也。何以故？我昔时体为歌利王割截，尔时坦然自忘，本无有我，亦无有所割截之身体，更无有能割截身体之歌利王，是四相已空矣。如其不然，当节节分解时，应生嗔恨心，我当时无嗔恨心，即是具忍辱行相，即是名忍辱波罗蜜矣。又念我过去五百世作忍辱仙人，为人损害，我不特无嗔恨心，且发大菩提心对其人曰：我得道当首度汝。是我于尔所世，人、我、众生、寿者四相皆无矣。

复呼须菩提而告之曰：菩萨应离一切虚妄分别和合连续之相，而发无上正等正觉心，不应依住六尘而生差别心，但应生无所住心。若心有所住，则是住颠倒，即非住般若矣。

“是故佛说菩萨心不应住色布施。须菩提！菩萨为利益一切众生，应如是布施。如来说一切诸相，即是非相；又说一切众生，即非众生。须菩提！如来是真语者，实语者，如语者，不诳语者，不异语者。须菩提！如来所得法，此法无实无虚。须菩提！若菩萨心住于法而行布施，如人入暗，则无所见；若菩萨心不住法而行布施，如人有目，日光明照，见种种色。

此承上忍辱，明布施无住义。其所以无住行施者，以菩萨为利益一切众生故，应无所住而行于布施也。且必无所住而行施，方能利益众生。有所住而行施，不能自利，亦不能利众也。然既言行施利众，即有人法之相矣。人法非实，虽行实无所行，故如来说一切诸相，即是非相也。虽利众生实无众生可利，故如来说一切众生，亦非众生也。

世尊恐众起疑，不如佛说修行，而执言说相，故复告之曰：如来所说之语，是真语者，是证得般若真智流出也；是实语者，是妙智观察诸法如幻非实，如理而说也；是如语者，是如十方三世诸佛所同说也；非故意欺诳众生而为诳语者；非为种种不同之异语者。虽间有诸说差别，为成一道实无有异也。况佛所证得之无上菩提，无实无虚。无实者，不可执以为实，若执以为实，则是有住，是常见，即非菩提也。无虚者，不可执以为虚，若执以为虚，则是有住，是断见，亦非菩提也。

且无住与住，得失悬殊，若菩萨行施而住于法，如人入暗处，虽有目而无所见。若菩萨行施不住于法，如人有目有见，日光明照，无论若干种种之色，无不见也，其益为何如耶！

“须菩提！当来之世，若有善男子、善女人，能于此经受持读诵，即为如来以佛智慧，悉知是人，悉见是人，皆得成就无量无边功德。

上已明无住修行之益，此明菩萨欲得益，必须持经。故告须菩提云：当后来之世，若有善男子、善女人，能于此经领受其义，如义行持，读诵通利，则是人已了此金刚般若。如来以真智力，悉知是人行菩提因，以佛眼力，悉见是人得菩提果，皆得成就无量无边功德也。

■持经功德分第十五

“须菩提！若有善男子、善女人，初日分以恒河沙等身布施，中日分复以恒河沙等身布施，后日分亦以恒河沙等身布施，如是无量百千万亿劫以身布施；若复有人，闻此经典，信心不逆，其福胜彼；何况书写、受持、读诵、为人解说？须菩提！以要言之：是经有不可思议，不可称量无边功德。

前明持经功德胜恒河沙等身命布施功德，此明胜无量百千万亿劫以恒河沙等身命布施功德也。初、中、后日分者，日三时也，一日如是，日日如是，积而成劫，乃至无量百千万亿劫，皆以恒河沙等身命布施。时间如是永久，福德如是广大，以之比较闻此经典信心不逆所得福德，已远胜于彼，何况复能自己书写、受持、诵读，或为人解说而教之书写、受持、诵读，其福德更若何耶！

要而言之，是经为经中之王，诸佛之母，一句一偈皆是般若菩提，其所有福德，非心行之所能思想，非言语之所能评议，非如轻重、大小、长短、宽狭之能称量，亦非有边际涯岸之能限量。但此功德，亦非外求，即为自心之所显现，虽思而无可思，虽议而无可议者也。若强加以推度，即为着相。相者，非特长、短、大、小谓之相，义理有、无、虚、实、动、静、语、默无非是相，六书会意，心相为想，故思想亦谓之相。心之所缘，如镜照物，物来当镜，镜中之物显然毕露，物未当镜，镜中自无物影也。故虚而不照，无物不照；照而不虚，其照有限，此经之功德亦复如是。着相有限，不着相则无量无数无边也。

“如来为发大乘者说，为发最上乘者说。若有人能受持读诵，广为人说，如来悉知是人，悉见是人，皆得成就不可量、不可称、无有边、不可思议功德。如是人等，则为荷担如来阿耨多罗三藐三菩提。何以故？须菩提！若乐小法者，着我见、人见、众生见、寿者见，即于此经不能听受、读诵、为人解说。须菩提！在在处处若有此经，一切世间天、人、阿修罗所应供养，当知此处则为是塔，皆应恭敬作礼围绕，以诸华香，而散其处。

此明此经胜，则持经者亦胜，持经所得之福德亦胜，而此经所在之处亦无不胜也。所以者何？此经如来为发大乘心者说，即为菩萨无上菩提心者说，非为凡夫二乘说。为最上乘之上根智人等于佛智者说，非为外道说。若有人能受持读诵以自利，复于不可言说而广为人假立言说以利他，如来以佛智慧，悉知是人，悉见是人，皆得成就不可称量、无有边际、不可思议功德。如是人等，等同佛慧，对于如来成就无上正等正觉之家业，一肩荷担，是即以如来之功德而为其功德矣。

若乐小法者，如声闻、缘觉，贪著有余涅槃之乐，不能回小向大，自是法见犹存，对于此经，当然不能受持、读诵、为人解说。又若著我、人、众生、寿者见之外道、凡夫，善根虽有，或贪求世间富贵寿考，或希求利养安乐，或欲消灭现在一切烦恼求一忍定，或以身体为患而欲舍身成空，或以心念为患而修无想定，或欲求神仙而生天上，或有稍明佛法而希冀来生得一善果，如是等人，皆不能受持读诵此经为人解说者也。若能持此经者，即是荷担佛法者。经胜，故持经之人亦胜也，而经之所在处亦然。在在处处，若有是经，一切世间天人及八部众，当知此处即为是塔，皆应作礼围绕以表示恭敬，皆以诸华诸香布散其处以为供养。此经在处则处胜也，此经之重为何如耶！

■能净业障分第十六

“复次，须菩提！善男子、善女人，受持读诵此经，若为人轻贱，是人先世罪业应堕恶道，以今世人轻贱故，先世罪业，则为消灭，当得阿耨多罗三藐三菩提。

此明持经消罪。障有三种：（一）烦恼障，即贪嗔痴慢疑等。（二）业障，心不自在颠倒妄动。（三）报障，如鸟报，止能飞空，不能游水；鱼报，止能游水，不能飞空；人报，自有人的范围，不能飞空亦不能游水。障如垢秽然，能净即金刚般若，所净即垢秽。又业障如霜露，此经如慧日，慧日一照霜露消灭。若善男子、善女人受持读诵此经，应为人尊重，今反为人轻贱，则是人先世罪业，本应堕地狱、饿鬼、畜生之三恶道，以今世既为人轻贱，先世罪业即行消灭，当得无上正等正觉也。

“须菩提！我念过去无量阿僧祇劫，于然灯佛前，得值八百四千万亿那由他诸佛，悉皆供养承事，无空过者。若复有人于后末世，能受持读诵此经，所得功德，于我所供养诸佛功德，百分不及一，千万亿分乃至算数譬喻，所不能及。

此明持经功德，胜如来先世供佛功德。世尊云：我念过去无量阿僧祇劫，于然灯佛前，得值之佛，其数达八百四千万亿那由他之多，我皆供养奉事，无有空值不奉事者，以福德言，当然是多。若复有人于后末世能受持此经，所得功德，与我供养诸佛功德比较，我之功德百千万亿分不及彼之一，乃至不及彼算数譬喻所不能及分之一。何以故？供佛是有为有得之功德，不能速得菩提；远不如持经自利利他之功德，是无为无所得之功德，能速得无上菩提也。

“须菩提！若善男子、善女人，于后末世有受持读诵此经，所得功德，我若具说者，或有人闻，心则狂乱，狐疑不信。须菩提！当知是经义不可思议，果报亦不可思议。”

此明持经功德无量，前已五次比较，尚未具说。若善男子、善女人，于后末世能受持读诵此经，所得无量无数之功德，本言语难以形容。我若详细形容，完全说出，有人听闻，心即狂乱狐疑不信，我所以不具说也。其所以狐疑不信者，以不了此经义故；若了知此经义不可思不可议，则持经所得之果报，当然不可思不可议也，有何狐疑之有哉！

■究竟无我分第十七

尔时，须菩提白佛言："世尊！善男子、善女人，发阿耨多罗三藐三菩提心，云何应住？云何降伏其心？"佛告须菩提："善男子、善女人，发阿耨多罗三藐三菩提心者，当生如是心：我应灭度一切众生，灭度一切众生已，而无有一众生实灭度者。何以故？须菩提！若菩萨有我相、人相、众生相、寿者相，即非菩萨。所以者何？须菩提！实无有法发阿耨多罗三藐三菩提心者。

此须菩提重问，总结以前。问云：善男子、善女人，云何发菩提心以及住心降心？佛告之曰：应当生灭度一切众生心，灭度一切众生已，当知所度之众生皆自性自度，而无一众生实灭度者。若谓我能度众生，则著我见；有众生可度，则著众生见；有我见、众生见，即有人见、寿者见，则非菩萨矣。所以者何？实无有法发菩提心者，若有法发菩提心者，则有能度、所度；有我、人、众生、寿者四见。今既无法发菩提心者，自无能度所度，及我人众生寿者四见矣。

"须菩提！于意云何，如来于然灯佛所，有法得阿耨多罗三藐三菩提不？""不也，世尊！如我解佛所说义，佛于然灯佛所，无有法得阿耨多罗三藐三菩提。"佛言："如是，如是。须菩提！实无有法，如来得阿耨多罗三藐三菩提。须菩提！若有法如来得阿耨多罗三藐三菩提者，然灯佛则不与我授记：'汝于来世当得作佛，号释迦牟尼。'以实无有法得阿耨多罗三藐三菩提，是故然灯佛与我授记，作是言：'汝于来世当得作佛，号释迦牟尼。'何以故？如来者，即诸法如义。若有人言：如来得阿耨多罗三藐三菩提，须菩提！实无有法，佛得阿耨多罗三藐三菩提。须菩提！如来所得阿耨多罗三藐三菩提，于是中无实无虚。

此明既无发心之因，亦无授记之果，所以究竟无我之义也。统观佛法，不外教、理、行、果四事：能明即教，所明即理，明理修行，由修行实际之所证即果。自行以之，化他以之，故六度万行，无一非教、理、行、果之妙用也。然丝毫不可取不可说，若有所取有所说，则非金刚般若，非诸法实相，不得谓之佛，亦不得谓之菩萨也。

故世尊问须菩提云：如来于然灯佛所，有法得菩提不？须菩提答云：不也。佛即印可曰：如是如是，如来实无有法得菩提，若有法如来得菩提，则心有著有见，不得谓之如来。然灯佛亦不得与我授记云：汝于来世当得作佛，号释迦牟尼；以实无有法得菩提，则无我见，亦无菩提见，故然灯佛与我授记云：来世当作佛，号释迦牟尼也。

然则佛之所得，岂不同于龟毛、兔角乎？曰：不也。何以故？盖如来者，诸法如如不动义，平等无差别义，不落二边，中亦不住，行无可行，得亦无得，故名如来也。若有人言如来得菩提，则是人法我见，实有能得之佛与所得之菩提也。所以者何？得而非得，不可言实；非得而得，不可言虚；故曰如来所得菩提，无实无虚也。

“是故如来说一切法，皆是佛法。须菩提！所言一切法者，即非一切法，是故名一切法。须菩提！譬如人身长大。”须菩提言：“世尊！如来说人身长大，则为非大身，是名大身。”

上已明诸法如故，名为如来，故一切法如，即是如来，故一切法皆是佛法也。然所言一切法者，非一切颠倒之法也，即一切法如，故名一切法也。世尊云：譬如人身长大，人身无实无虚，法身非有非无也。须菩提即云：如来说人身长大，遍一切处，具一切功德者，为众生叹美其为大，非如来身有大小、遍与不遍也。且非有大身实相可着，故云即为非大身，是为遍一切处之大身也。

“须菩提！菩萨亦如是。若作是言：‘我当灭度无量众生’，即不名菩萨。何以故？须菩提！实无有法名为菩萨。是故佛说一切法无我、无人、无众生、无寿者。须菩提！若菩萨作是言：‘我当庄严佛土’，是不名菩萨。何以故？如来说庄严佛土者，即非庄严，是名庄严。须菩提！若菩萨通达无我、法者，如来说名真是菩萨。

上已明无法发菩提心之佛，此明亦无法名为菩萨。故世尊云：不特佛法如是无有，菩萨法亦如是无有。菩萨若作是言：我当度众生，则是有见，是不名菩萨。何以故？盖实无有法名为菩萨，故佛说一切法无人、我、众生、寿者。若菩萨作是言：我当庄严佛土，是不名菩萨。何以故？盖庄严不可取不可说，佛土亦不可取不可说，而如来所以说庄严佛土者，无有庄严之相，亦无有佛土之相，故云即非庄严佛土，是名庄严佛土也。若菩萨了悟无人、无我，了悟无法、无非法，如如不动，湛然常寂，则名真是菩萨，等于佛慧矣。

■一体同观分第十八

“须菩提！于意云何？如来有肉眼不？”“如是，世尊！如来有肉眼。”“须菩提！于意云何？如来有天眼不？”“如是，世尊！如来有天眼。”“须菩提！于意云何？如来有慧眼不？”“如是，世尊！如来有慧眼。”“须菩提！于意云何？如来有法眼不？”“如是，世尊！如来有法眼。”“须菩提！于意云何？如来有佛眼不？”“如是，世尊！如来有佛眼。”

此分以后说果。金刚般若本包括教、理、行、果，前五分明理，第六分后明事即行，经典即教，而教所明即理、行，第十七分由教、理、行无我，总结菩萨至佛。自行教、理、行、果已周，而化他之因果亦同，浑物一体，同观无别，故此分名为一体同观也。

前屡明无得无见，非无眼故不见，故问须菩提云：如来有五眼不？须菩提答云：如来有五眼。如来有五眼尚不见诸法，况凡夫二乘不具五眼而言见有菩提可得耶？

肉眼者，凡夫眼，范围最小，以纸障之，即不能见。天眼者，生天者有之，禅定亦能得，能远视，能透碍。慧眼者，声闻、缘觉乘有之，观众生皆是空，皆是四大五阴假合，如镜花水月，须菩提已有此种智慧为其生命。法眼者，菩萨所具之眼也，不唯了达人我众生是空，亦了达诸法缘生无有自性，一切即一，一即一切，运用无碍。佛眼者，即佛具之眼也，证得无上正等正觉，通达一切众生世出世间法，此种妙智，五眼皆具；菩萨得四眼；五通罗汉虽具三眼，而不能刹那齐观三境。二乘通而有碍，凡夫碍而不通，佛于刹那中同时可见人、天、罗汉、菩萨所见境界，究竟清净，圆满法界，无障无碍，无欠无余，即是此眼所见诸法相用。然究其实，定体定相定用，皆不可得也。

“须菩提！于意云何？如恒河中所有沙，佛说是沙不？”“如是，世尊！如来说是沙。”“须菩提！于意云何？如一恒河中所有沙，有如是等恒河，是诸恒河所有沙数，佛世界如是，宁为多不？”“甚多，世尊！”佛告须菩提：“尔所国土中，所有众生，若干种心，如来悉知。何以故？如来说诸心皆为非心，是名为心。所以者何？须菩提！过去心不可得，现在心不可得，未来心不可得。

此明眼所观境。世尊云：如恒河中所有沙数之恒河，是诸恒河所有沙数之佛世界，宁为多不？须菩提言：甚多。世尊云：不但尔所佛世界甚多之国土，如来悉见悉知，即尔所佛世界国土中之众生若干种心，人之所难知者，如来亦悉知。何以故？盖他心通也。他心通，能了知众生种种之心。以心无二心，此无二之心，皆是一切世界所有一切众生之心。且如来所知诸众生心唯在颠倒中行，皆为非心，是名为心也。所以者何？心含空间，无影无迹，不可言有，亦不可言无。就时间区别看来，亦是假立：过去心已过去，则过去心不可得；现在心不住，则现在心不可得；未来心未来，则未来心亦不可得；过去、现在、未来之心均不可得，是假立而非实有，明甚。诸众生不察，以无为有，种种颠倒，所以一切心皆是非心，是名为心也。

■法界通化分第十九

“须菩提！于意云何？若有人满三千大千世界七宝以用布施，是人以是因缘得福多不？”“如是，世尊！此人以是因缘，得福甚多。”“须菩提！若福德有实，如来不说得福德多；以福德无故，如来说得福德多。

此明福德无实，得与不得平等。故问须菩提云：若有人满三千大千世界七宝以用布施，而不住施者，受者，财物三相，是人以是因缘得福多不？须菩提答云：此人得福甚多。世尊复告须菩提云：若福德有实，则是有所得之福德，如来不说得福德多。以福德无故，则是无所得之福德，故如来所以说得福德多也。此无所得之福德，不从有得生，亦不从无得生，得无得平等，故是无所得也，故是得福德多也。

■离色离相分第二十

“须菩提！于意云何？佛可以具足色身见不？”“不也，世尊！如来不应以具足色身见。何以故？如来说具足色身，即非具足色身，是名具足色身。”“须菩提！于意云何？如来可以具足诸相见不？”“不也，世尊！如来不应以具足诸相见。何以故？如来说诸相具足，即非具足，是名诸相具足。”

“色身”者，即有色可见之身，所谓三十二相、八十种好也。此身云报身，由报得来者也。“诸相”者，谓化身，有百千万亿之形相，变化不测者也。此身又名应身，以神通妙用，随应众生显现而施行教化者也。“具足”者，谓尽形相之优美也。此段明报身、化身与法身不即不离。

世尊问须菩提云：佛之法身，可以形相优美之色身见不？须菩提答云：不也，如来法身，不应以形相优美之色身见。何以故？如来说形相优美之色身，虽不离法身，然亦非即法身，故色身非即具足色身，色身非即法身，故色身是名具足色身也。又问：如来法身，可以形相优美之种种变化身见不？须菩提云：不也，如来法身，不应以形相优美之种种变化身见。何以故？如来说形相优美之种种化身，虽不离法身，然亦非即法身，化身不离法身，故化身非即具足化身，化身非即法身，故化身是名化身具足也。由是可知报身、化身、法身，非一非异，亦一亦异，相而无相，无相而相之妙矣。

■非说所说分第二十一

“须菩提！汝勿谓如来作是念：‘我当有所说法’。莫作是念，何以故？若人言如来有所说法，即为谤佛，不能解我所说故。须菩提！说法者，无法可说，是名说法。”尔时，慧命须菩提白佛言：“世尊！颇有众生于未来世，闻说是法生信心不？”佛言：“须菩提！彼非众生，非不众生。何以故？须菩提！众生众生者，如来说非众生，是名众生。”

色身与法身之关系既如上述，云何如来有所说法耶？故告须菩提云：汝勿谓如来法身有所说法，若有人云如来法身有所说法，则是起心动念，有所取着，妄想分别，即为谤毁如来，不能了解如来所说义。何以故？如来者，诸法如义，虽说法实无法可说，假名之为说法也。须菩提以了达生空之智慧为命，故云慧命须菩提。启白佛言：此虽说无所说之法如是，颇有众生于未来世，闻说是法生信心不？佛言：众生与佛无二无别，故云彼非众生；只因未具足了悟，所以非不众生也。故三界九地之众生，莫不具金刚般若无上妙慧之种子，所以如来说非众生；因金刚般若妙慧种子尚未显现，所以如来说名为众生也。

■无法可得分第二十二

须菩提白佛言：“世尊！佛得阿耨多罗三藐三菩提为无所得耶？”佛言：“如是，如是。须菩提！我于阿耨多罗三藐三菩提，乃至无有少法可得，是名阿耨多罗三藐三菩提。

世尊以身口意三业教化众生，前途行乞食，是游行教化，即身教化也；

入定说法，即口教化也；令众生依说修行，得无上菩提，是意教化也。深恐大众执着，虚妄分别，不能了达诸法实相，故重重破遣。前云相好非即法身，破执身业也；云如来实无所说，破执语业也；兹云得无所得，破执意业也。须菩提虽了达如来即诸法如来，即无上菩提，固得无所得，而心中犹不能十分释然，故启白佛言：佛得阿耨多罗三藐三菩提为无所得耶？佛即印可曰：如是，如是，我于阿耨多罗三藐三菩提乃至无有少法可得，即是名为阿耨多罗三藐三菩提也。若我有一毫之得，则即是不得，不名无上菩提。以毕竟无得，乃是得无上菩提，是名为无上菩提也。

■净心行善分第二十三

“复次，须菩提！是法平等，无有高下，是名阿耨多罗三藐三菩提；以无我、无人、无众生、无寿者，修一切善法，则得阿耨多罗三藐三菩提。须菩提！所言善法者，如来说即非善法，是名善法。

此分紧承上分，复告须菩提云：此得无所得之法，平等平等，在圣不增，在凡不减，无有高下之殊，是名无上正等正觉，是即金刚般若波罗蜜也。以无我、人、众生、寿者四相，修行六度万行之善法，即得此无上正等正觉。所言善法者，无有自体可得，亦不可执以为实，故曰非善法；但如法而名，故名为善法也。

■福智无比分第二十四

“须菩提！若三千大千世界中所有诸须弥山王，如是等七宝聚，有人持用布施，若人以此《般若波罗蜜经》，乃至四句偈等，受持、读诵、为他人说，于前福德百分不及一，百千万亿分乃至算数譬喻所不能及。

上明修善法得菩提，当知金刚般若外无善法，修善法即是受持般若波罗蜜经。故世尊告须菩提云：若三千大千世界中，所有诸须弥山王相等高大之七宝积聚，有人持用布施，其所得福德固属甚多，较之受持此般若波罗蜜经，乃至四句偈等，或为他人说，所得之福德，百分不及一，百千万亿分不及一，乃至算数譬喻所不能及一，其持经福德之多为何如耶！盖七宝布施是财施，是修福；持经自利利他是法施，是福慧双修，所以此持经之福德，胜于彼七宝布施之福德也。

化无所化分第二十五

“须菩提！于意云何？汝等勿谓如来作是念：‘我当度众生’。须菩提！莫作是念。何以故？实无有众生如来度者，若有众生如来度者，如来则有我人众生寿者。须菩提！如来说有我者，则非有我，而凡夫之人以为有我。须菩提！凡夫者，如来说则非凡夫，是名凡夫。

此明如来化度众生，虽化而无所化义。谓须菩提云：汝勿谓如来作是念：我当度众生。何以故？前言佛与众生无有高下之殊，焉有众生为如来度？若有众生为如来度，则众生亦可度如来，如此虚妄分别，则有众生见、如来见，如来亦有我人众生寿者四见，自度不能，何能度他？故佛无有众生见也。若无有众生见，当然无有我见，我见既无，云何佛自称有我耶？如来说有我者，随世俗说耳，实无有我可说也。既无我可说，云何世俗中有我来去生死等事耶？盖世俗凡夫，于无我中以为有我也。所云凡夫者亦属假名，无别有凡夫性，因迷金刚般若即凡夫，故如来说为凡夫。悟金刚般若即圣，故如来说即非凡夫。即此未悟之时，故名为凡夫也。

法身非相分第二十六

“须菩提！于意云何？可以三十二相观如来不？”须菩提言：“如是，如是，以三十二相观如来。”佛言：“须菩提！若以三十二相观如来者，转轮圣王则是如来。”须菩提白佛言：“世尊！如我解佛所说义，不应以三十二相观如来。”尔时，世尊而说偈言：“若以色见我，以音声求我，是人行邪道，不能见如来。

此承前第二十分明三十二相非即法身义。问须菩提云：可以三十二相观如来不？须菩提犹是乍迷乍悟，故启白佛言：如是，如是，以三十二相相好观如来。世尊当即呵斥云：若以相好即如来法身，转轮圣王亦具三十二相，即是如来。须菩提猛然大悟，白佛言：如我解佛所说意，法身虽不离色身，亦不应以色身即为如来法身也。尔时世尊重以偈言显示：若以色相为如来法身，则转轮圣王亦是如来；若以声音为如来法身，则迦陵频伽鸟亦是如来；是人未得金刚般若而行邪道，永远不能得见如来法身也。若已得金刚般若，不即色相、声音可见如来，不离色相、声音亦可见如来，非色、非声可见如来，乃至非非色、非非声亦无不可见如来也。金刚般若之妙用为如何耶！

■无断无灭分第二十七

“须菩提！汝若作是念：‘如来不以具足相故，得阿耨多罗三藐三菩提’。须菩提！莫作是念：‘如来不以具足相故，得阿耨多罗三藐三菩提’。须菩提！汝若作是念：发阿耨多罗三藐三菩提心者，说诸法断灭。莫作是念！何以故？发阿耨多罗三藐三菩提心者，于法不说断灭相。

此明不落断灭义。三十二相本为佛果，不以三十二相观如来法身，非无福德之因果也。故告须菩提云：汝若起如来不以具足相故得菩提之心念，则心念落于偏、落于断，即不合正道。汝当莫起如来不以具足相故得菩提之心念，则心念即不落于偏断，合于正道矣。何以故？须菩提！汝若起此念，发菩提心者即是狂慧，拨无因果，则是说诸法断灭矣。古来圣贤，从初发菩提心以至佛果，于法皆不说常，故不住常见；亦不说断，故不住断见，所以谓之无上正等正觉也。

■不受不贪分第二十八

“须菩提！若菩萨以满恒河沙等世界七宝，持用布施；若复有人知一切法无我，得成于忍，此菩萨胜前菩萨所得功德。何以故？须菩提！以诸菩萨不受福德故。”须菩提白佛言：“世尊！云何菩萨不受福德？”“须菩提！菩萨所作福德，不应贪着，是故说不受福德。

此明证法无我菩萨之功德，胜以七宝布施之菩萨所得之功德。菩萨已证人无我，尚未证法无我，若有菩萨以满恒河沙等世界七宝持用布施所得之功德，与知一切法无我，得了解任持不忘而成于忍之菩萨所得之功德比较，则此菩萨功德胜前菩萨功德。何以故？以此菩萨不受所得之福德，所以胜前菩萨有所得之福德也。须菩提尚未了悟，故启白佛言：菩萨所作福德，云何不受福德耶？世尊告之曰：菩萨以无受福德心，故不贪着福德，是故不说受福德也。以既无受心，又无贪心，了解一切法无我，正智如如，契理亦如如，无上般若等同佛境，故福德量如虚空，利益众生无有穷尽，所以称叹其功德胜前菩萨功德也。

■威仪寂静分第二十九

“须菩提！若有人言：如来若来、若去、若坐、若卧，是人不解我所说义。何以故？如来者，无所从来，亦无所去，故名如来。

上已明不受福德，云何如来福慧圆满坐菩提座趣于涅槃耶？世尊为释此疑，故曰：来去坐卧等威仪事，如来虽不离此威仪，而亦非即此威仪，若有人执此威仪即是如来，则即以利益众生之化身执为实，不解如来所说法身义。何以故？如来说法身者，本来常住，无所出现而来，亦无所入灭而去，为方便众生计，住于世间若坐若卧而行教化，故名如来也。

■一合理相分第三十

“须菩提！若善男子、善女人，以三千大千世界碎为微尘，于意云何，是微尘众宁为多不？”须菩提言：“甚多，世尊！何以故？若是微尘众实有者，佛则不说是微尘众。所以者何？佛说微尘众，则非微尘众，是名微尘众。世尊！如来所说三千大千世界，则非世界，是名世界。何以故？若世界实有者，则是一合相，如来说一合相，则非一合相，是名一合相。”“须菩提！一合相者，则是不可说，但凡夫之人贪着其事。

世界本为微尘所合，转言之，即微尘集合而成世界。世界虽难实行碎而分析，然由理想假设，可一一分析至于极微，邻于虚空，不可再分，若再分之即为虚空，是微尘是空非实。微尘既即是空非实，由微尘所合成之世界，亦是空非实。微尘空，世界空，一世界与众微尘何异？故曰：世界微尘，不可言一，亦不可言异，不可言一，亦不可言多也。以世界喻法身，可谓之一真法界，而十方诸佛法身，不可言诸法界、诸法身。何以故？法界法身，不可言一，亦不可言多，如光光互照，光光互摄，一多不异，一多不碍也。

世尊问须菩提云：以三千大千世界碎为微尘，是微尘众宁为多不？须菩提云：甚多。但微尘虽多，空无自性，乃假说微尘众，若此微尘众实有者，佛则不说微尘众。所以者何？佛说微尘众，实空无所有，故云非微尘众，是假名微尘众。如来说三千大千世界亦然，世界亦空无所有，故云非世界，是假名世界。何以故？若世界实有者，即是一合相，即是微尘众合为一世界相，佛所说一合相者，亦属假名，谓微尘众合成一世界，碎而分析，世界相本无所有，而微尘相亦不可得，故云即非一合相，是假名一合相也。世尊以须菩提已了达世界微尘，空无所有，一多不异，犹恐其着合相，故告之曰：一合相者，即是不可说。不可说者，不可说一，亦不可说异，不可说合，亦不可说不合也。如法身周遍法界，具足圆融，亦不可说一多、合不合也。凡夫之人不了此义，以世界为实，而起一多合与不合等种种虚妄分别，贪着不舍，造种种业，流浪生死而不自觉，良可悲矣。

■知见不生分第三十一

“须菩提！若人言：佛说我见、人见、众生见、寿者见。须菩提！于意云何，是人解我所说义不？”“不也，世尊！是人不解如来所说义。何以故？世尊说我见、人见、众生见、寿者见，即非我见、人见、众生见、寿者见，是名我见、人见、众生见、寿者见。”“须菩提！发阿耨多罗三藐三菩提心者，于一切法，应如是知，如是见，如是信解，不生法相。须菩提！所言法相者，如来说即非法相，是名法相。

此明生知见亦是贪着。凡夫之人，所以贪着其事者，以其有我见故也。有我见，即有人众生寿者等见。若四见既无，则无有能贪之主体，更何有所贪之事物？况外界之事物，皆自心之所显现，本空无所有，虽贪着亦如镜花水月也。故新发意菩萨发菩提心，我见既无，法见亦不当有也。虽然，佛何以说众生有我见耶？佛说众生着于我见，似乎有我见矣，世尊为释此疑，故问须菩提以释之云：有人言，佛说我、人、众生、寿者等见，此人了解我所说义不？须菩提答云：是人不了解如来所说义。何以故？世尊说我、人、众生、寿者见，明我、人、众生、寿者见是空，即非我、人、众生、寿者见，是假名为我、人、众生、寿者见；非因说我、人、众生、寿者见，便定有我、人、众生、寿者见也。世尊以须菩提以明我本来毕竟不可得，恐不了于法亦本来不可得义，故告之曰：发菩提心者，于六根、六尘、六识之一切法，当了达本来空无所有，本来如镜花、水月，毕竟不可得。如是知见信解已，不生丝毫法相，即是证得无上菩提。所言法相者，亦如我义，我既非有，而法亦不可得；故云即非法相，是假名法相也。

■应化非真分第三十二

“须菩提！若有人以满无量阿僧祇世界七宝，持用布施；若有善男子、善女人发菩提心者，持于此经乃至四句偈等，受持读诵为人演说，其福胜彼。云何为人演说？不取于相，如如不动。何以故？一切有为法，如梦、幻、泡、影，如露亦如电，应作如是观。”

此明应化如幻不可执取，其福德最胜。世尊告须菩提云：若有人满无量无数世界之七宝持用布施，其所得福德本来甚多，若有善男子、善女人发菩提心，持于此经或四句偈等，自己受持读诵，复为人说而不说、不说而说，其福胜于彼满无量无数世界七宝布施之福也。

云何说而不说、不说而说？不取能说之相，亦不取听说之相，更不取所说之相。当如法性而说，不生心动念，如彼真如湛然不动也。无为之法固应如是，不若有为之法反是也。何以故？有为之法如梦然，梦时觉有，醒时则无也。如幻师为幻事然，幻现种种事物，而实无有种种事物也。如水中所起水泡然，阳光映照有如摩尼，心生贪着，而实非摩尼也。如阴影然，物在影在，物无影无，物既是空非有，影亦是假非真也。如雾露然，空中清净，则雾涌腾，不久消灭，即非常有也。如电然，突现突灭，突此突彼，非常非遍也。有为法既如此六事，行深般若者，应当作如是观察，不可有所执取也。

佛说是经已，长老须菩提及诸比丘、比丘尼、优婆塞、优婆夷、一切世间天人阿修罗，闻佛所说，皆大欢喜，信受奉行。

此明流通。佛说是经毕，长老须菩提及诸男僧之比丘，女僧之比丘尼，在家修行之男子优婆塞，在家修行之女子优婆夷，以及天人阿修罗等，闻佛所说，身心畅然，皆大欢喜，发生正解净信，承奉行持，趣证佛果；且为流通不息，俾所有一切众生，亦皆得证佛果也。经文讲竟，敬为偈曰：住心降心，人法无我，是名般若，大乘因果。

李叔同诗词作品

登轮感赋

感慨沧桑变，天边极目时。
晚帆轻似箭，落日大如箕。
风倦旌旗走，野平车马驰。
河山悲故国，不禁泪双垂。

关于对佛教的误解

佛教传入中国，已有一千九百多年的历史，所以佛教与中国的关系非常密切。中国的文化、习俗，影响佛教，佛教也影响了中国文化习俗，佛教已成为我们自己的佛教。但佛教是来于印度，印度的文化特色，有些是中国人所不易明了的，受了中国习俗的影响，有些是不合佛教的本意的，所以佛教在中国，信佛法的与不相信佛法的人，对于佛教，每每有些误会，不明佛教本来的意义，发生错误的见解。因此相信佛法的人，不能正确的信仰；批评佛教的人，也不会批评到佛教本身。我觉得信仰佛教或者怀疑评论佛教的人，对于佛教的误解应该先要除去，才能真正地认识佛教。现在先提出几种重要的来说，希望大家能有正确的见解。

一、由于佛教教义而来的误解

佛法的道理很深，有的人不明白深义，只懂得表面文章，随便听了几个名词，就这么讲，那么说，结果不合佛教本来的意思。最普遍的，如："人生是苦""出世间""一切皆空"等名词，这些当然是佛说的，而且是佛教重要的理论，但一般人很少能正确了解它，现在分别来解说：

（一）"人生是苦"。佛指示我们，这个人生是苦的，不明白其中的真义的人，就生起错误的观念，觉得我们这个人生毫无意思，因而引起消极悲观，对于人生应该怎样努力向上，就缺乏力量，这是一种被误解得最普遍的。社会一般每拿这消极悲观的名词，来批评佛教，而信仰佛教的，也每陷于消极悲观的错误。其实"人生是苦"这句话，绝不是那样的意思。

凡是一种境界，我们接触的时候，生起一种不合自己意趣的感受，引起苦痛忧虑，如以这个意思来说苦，说人都是苦的，是不够的，为什么呢？因为人生也有很多快乐事情，听到不悦耳的声音固然讨厌，可是听了美妙的音调，不就是欢喜吗！身体有病，家境困苦，亲人别离，当然是痛苦，然而身体健康，经济富裕，合家团圆，不是很快乐吗！无论什么事，苦乐都是相对的，假如遇到不如意的事，就说人生是苦，岂非偏见了。

那么，佛说人生是苦，这苦是什么意义呢？经上说“无常故苦”，一切都无常，都会变化，佛就以无常变化的意思说人生都是苦的。譬如身体健康并不永久，会慢慢衰老病死，有钱的也不能永远保有，有时候也会变穷，权位势力也不会持久，最后还是会失掉。以变化无常的情形看来，虽有喜乐，但不永久，没有彻底，当变化时，苦痛就来了。所以佛说人生是苦，苦是有缺陷，不永久，没有彻底的意思。学佛的人，如不了解真义，以为人生既不圆满彻底，就引起消极悲观的态度，这是不对的。真正懂得佛法的，看法就完全不同。要知道佛说人生是苦这句话，是要我们知道现在这人生是不彻底，不永久的，知道以后可以造就一个永久圆满的人生。等于病人，必须先知道有病，才肯请医生诊治，病才会除去，身体就恢复健康一样。为什么人生不彻底不永久而有苦痛呢？一定有苦痛的原因存在，知道了苦的原因，就会尽力把苦因消除，然后才可得到彻底圆满的安乐。所以佛不单单说人生是苦，还说苦有苦因，把苦因除了就可得到究竟安乐。学佛的应照佛所指示的方法去修学，把这不彻底不圆满的人生改变过来，成为一个究竟圆满的人生。这个境界，佛法叫作常乐我净。

常是永久，乐是安乐，我是自由自在，净是纯洁清净。四个字合起来，就是永久的安乐，永久的自由，永久的纯洁。佛教最大的目标，不单说破人生是苦，而是主要的在于将这苦的人生改变过来（佛法名为“转依”），造成为永久安乐自由自在纯洁清净的人生。指示我们苦的原因在那里，怎样向这目标努力去修持。常乐我净的境地，即是绝对的最有希望的理想境界是我们人人都可达到的。这样怎能说佛教是消极悲观呢。

虽然，学佛的不一定能够人人都得到这顶点的境界，但知道了这个道理，真是好处无边。如一般人在困苦的时候，还知努力为善，等到富有起来，一切都忘记，只顾自己享福，糊糊涂涂走向错路。学佛的，不只在困苦时知道努力向上，就是享乐时也随时留心，因为快乐不是永久可靠，不好好向善努力，很快会堕落失败的。人生是苦，可以警觉我们不至于专门研究享受而走向错误的路，这也是佛说人生是苦的一项重要意义。

（二）“出世”。佛法说有世间，出世间，可是很多人误会了，以为世间就是我们住的那个世界，出世间就是到另外什么地方去，这是错了，我们每个人在这个世界，就是出了家也在这个世界。得道的阿罗汉、菩萨、佛都是出世间的圣人，但都是在这个世界救渡我们，可见出世间的意思，并不是跑到另外一个地方去。

那么佛教所说的世间与出世间是什么意思呢？依中国向来所说，“世”有时间性的意思，如三十年为一世，西洋也有这个意思，叫一百年为一世纪。所以世的意思就是有时间性的，从过去到现在，现在到未来，在这一时间之内的叫“世间”。佛法也如此，可变化的叫世，在时间之中，从过去到现在，现在到未来有到没有，好到坏，都是一直变化，变化中的一切，都叫世间。还有，世是蒙蔽的意思，一般人不明过去、现在、未来三世的因果，不知道从什么地方来，要怎样做人，死了要到哪里去，不知道人生的意义、宇宙的本性，糊糊涂涂在这三世因果当中，这就叫作“世间”。

怎样才叫出世呢？出是超过或胜过的意思，能修行佛法，有智慧，通达宇宙人生的真理，心里清净，没有烦恼，体验永恒真理就叫“出世”。佛菩萨都是在这个世界，但他们都是以无比智慧通达真理，心里清净，不像普通人一样。所以出世间这个名词，是要我们修学佛法的，进一步能做到人上之人，从凡夫做到圣人，并不是叫我们跑到另外一个世界去。不了解佛法出世的意义的人，误会佛教是逃避现实，因而引起不正当的批评。

（三）“一切皆空”。佛说一切皆空，有些人误会了，以为这样也空，那样也空，什么都空，什么都没有，横竖是没有，无意义，这才坏事干尽，好事也不做，糊糊涂涂地看破一点，生活下去就好了。其实佛法之中空的意义，是有着最高的哲理，诸佛菩萨就是悟到空的真理者。空并不是什么都没有，反而是样样都有，世界是世界，人生是人生，苦是苦，乐是乐，一切都是现成的，佛法之中，明显地说到有邪有正有善，有恶有因有果，要弃邪归正，离恶向善，作善得善果，修行成佛。如果说什么都没有，那我们何必要学佛呢？既然因果善恶，凡夫圣人样样都有，佛为什么说一切皆空？空是什么意义呢？因缘和合而成，没有实在的不变体，叫空。邪正善恶人生，这一切都不是一成不变实在的东西，皆是依因缘的关系才有的，因为是从因缘而产生，所以依因缘的转化而转化，没有实体所以叫空。举一个事实来说吧，譬如一个人对着一面镜子，就会有一个影子在镜里，怎会有那个影子呢？有镜有人还要借太阳或灯光才能看出影子，缺少一样便不成，所以影子是种种条件产生的，这不是一件实在的物体，虽然不是实体，但所看到的影子，是清清楚楚并非没有。一切皆空，就是依这个因缘所生的意义而说的，所以佛说一切皆空，同时即说一切因缘皆有，不但要体悟一切皆空，还要知道有因有果，有善有恶。学佛的，要从离恶行善，转迷启悟的学程中去证得空性，即空即有，二谛圆融；一般人以为佛法说空，等于什么都没有，是消极是悲观，这都是由于不了解佛法所引起的误会，非彻底纠正过来不可。

二、由于佛教制度而来的误解

佛教是从印度传来的，制度方面有一点不同。我国旧有的地方，例如出家与素食，不明了，一不习惯的人，对此引起许许多多的误会。

（一）“出家”。出家为印度佛教的制度，我国社会，特别是儒家对它误解最大。在国内，每听人说，大家学佛，世界上的人都没有了，为什么呢？大家都出家了。没有夫妇儿女，还成什么社会？这是严重的误会，我常比喻说：如教师们教学生，那里教人人当教员去，成为教员的世界吗？这点在菲岛，不大会误会的，因为到处看得到的神父、修女，他们也是出家，但只是天主教徒中的少部分，并非信天主教的人，人人要当这神父、修女。学佛的有出家弟子，有在家弟子，出家可以学佛，在家也可以学佛，出家可以修行了生死，在家也同样可以修行了生死，并不是学佛的人一定都要出家，绝不因大家学佛，就会毁灭人类社会。不过出家与在家，既然都可以修行了生死，为什么还要出家呢？因为要弘扬佛教，推动佛教，必须有少数人主持佛教。主持的顶好是出家人，既没有家庭负担，又不做其他种种工作，可以一心一意修行，一心一意弘扬佛法。佛教要存在这个世界，一定要有这种人来推动它，所以从来就有此出家的制度。

出家功德大吗？当然大，可是不能出家的，不必勉强，勉强出家有时不能如法，还不如在家。爬得高的，跌得更重，出家功德高大，但一不当心，堕落得更厉害，要能真切发心，勤苦修行为佛教牺牲自己，努力弘扬佛法，才不愧为出家。出家人是佛教中的核心分子，是推动佛教的主体，不婚嫁，西洋宗教也有这样制度。有许多科学哲学家，为了学业，守独身主义，不为家庭琐事所累，而去为科学、哲学努力。佛教出家制，也就是摆脱世界欲累，而专心一意的为佛法。所以出家是大丈夫的事，要特别的勤苦，如随便出家，出家而不为出家事，那非但没有利益，反而有碍佛教。有的人，一学佛教想出家，似乎学佛非出家不可，不但自己误会了，也把其他人都吓住而不敢来学佛。这种思想一学佛就要出家，要不得，应认识出家不易，先做一良好在家居士为法修学，自利利他。如真能发大心，修出家行，献身佛教，再来出家，这样自己既稳当，对社会也不会发生不良影响。

与出家有关，附带说到两点。有的人看到佛寺广大庄严，清净幽美，于是羡慕出家人，以为出家人住在里面，有施主来供养，无须做工，坐享清福，如流传的“日高三丈犹未起”“不及僧家半日闲”之类，就是此种谬说，不知道出家人有出家人的事情要勇猛精进，自己修行时“初夜后夜，精勤佛道”。对信徒说法，应该四处游化，出去宣扬真理，过着清苦的生活，为众生为佛教而努力，自利利他，非常难得。所为僧宝，那里是什么事都不做，坐享现成，坐等施主们来供养，这大概是出家者多，能尽出家人责任者少，所以社会有此误会吧！

有些反对佛教的人，说出家人什么都不做，为寄生社会的消费者，好像一点用处都没有。不知人不一定要从事农、工、商的工作，当教员、新闻记者，以及其他自由职业，也能说是消费者吗？出家人不是没有事做，过着清苦生活而且勇猛精进，所做的事，除自利而外，导人向善，重德行，修持，使信众的人格一天一天提高，能修行了生死，使人生世界得到大利益，怎能说是不做事的寄生者呢？出家人是宗教师，可说是广义而崇高的教育工作者，所以不懂佛法的人说，出家人清闲，或说出家人寄生消费，都不对。真正出家并不如此，应该并不清闲而繁忙，不是消耗而能报施主之恩。

（二）“吃素”。我们中国佛教徒，特别重视素食，所以学佛的人，每以为学佛就要吃素还不能断肉食的，就会说：看看日本、锡兰、缅甸、泰国或者我国的西藏、蒙古的佛教徒，不要说在家信徒，连出家人也都是肉食的，你能说他们不学佛，不是佛教徒吗？不要误会学佛就得吃素，不能吃素就不能学佛，学佛与吃素并不是完全一致的。一般人看到有些学佛的，没有学到什么，只学会吃素，家庭里的父母兄弟儿女感觉讨厌，以为素食太麻烦。其实学佛的人，应该这样，学佛后，先要了解佛教的道理，在家庭社会，依照佛理做去，使自己的德行好，心里清净，使家庭中其他的人，觉得你在没学佛以前贪心大，嗔心很重，缺乏责任心与慈爱心，学佛后一切都变了，贪心淡，嗔恚薄，对人慈爱，做事更负责，使人觉得学佛在家庭社会上的好处。那时候要素食，家里的人不但不反对，反而生起同情心，渐渐跟你学，如一学佛就学吃素，不学别的，一定会发生障碍，引起讥嫌。

虽然学佛的人，不一定吃素，但吃素确是中国佛教良好的德行，值得提倡。佛教说素食可以养慈悲心，不忍杀害众生的命，不忍吃动物的血肉，不但减少杀生业障，而且对人类苦痛的同情心会增长。大乘佛法特别提倡素食，说素食对长养慈悲心有很大的功德。所以吃素而不能长养慈悲心，只是消极的戒杀，那还近于小乘呢！

以世间法来说，素食的利益极大，较经济，营养价值也高，可以减少病痛。现在世界上，有国际素食会的组织，无论何人，凡是喜欢素食都可以参加，可见素食是件好事，学佛的人更应该提倡，但必须注意的，就是不要把学佛的标准提得太高，认为学佛就非吃素不可。遇到学佛的人就会问：有吃素吗？为什么学佛这么久，还不吃素呢？这样把学佛与素食合一，对于弘扬佛法是有碍的。

三、对于佛教仪式而来的误解

不了解佛教的人，到寺里去看见礼佛念经、拜忏、早晚功课等等的仪式，不明白其中的真义，就说这些都是迷信。这里面问题很多，现在简单的说到下面几种：

（一）“礼佛”。入寺拜佛，拿香、花、灯烛来供佛，西洋神教徒，说我们是拜偶像，是迷信，其实佛是我们的教主，是人而进达究竟圆满的圣者，大菩萨们也是快要成佛的人，这是我们皈依处，是我们的领导者。尊重佛菩萨，当有所表示，好像恭敬父母必须有礼貌一样，佛在世的时候，没有问题，可以直接对他表示恭敬。可是现在释迦佛已入涅槃了，还有他方世界的佛菩萨，都不在我们这个世界，不得不用纸画、泥塑、木头石块来雕刻他们的形象，作为恭敬礼拜的对象，因为这是表示佛菩萨的形象，我们才要恭敬礼拜他，并不因为他是纸、土、木、石。如我们敬爱我们的国家，要怎样表示尊敬呢？用颜色布做成国旗，当升旗的时候，恭恭敬敬向国旗行礼，我们能否说这是迷信的行为？天主教也有像，基督教虽没有神像，但也有十字架作为敬礼的对象，有的还跪下祷告，这与拜佛有何差别呢？说佛教礼佛为拜偶像，这是西洋神教徒对我们礼佛的意义不够理解。

至于香花灯烛呢？佛在世时，在印度是用这些东西来供养佛的，灯烛是表示光明，香花是表示芬香清洁，信佛礼佛，一方面用这些东西来供养佛以表示虔敬，一方面即表示从佛得到光明清净，并不是献花烧香，使佛闻得香味、点灯点烛佛才能看到一切。西洋宗教，尤其是天主教，还不是用这些东西吗？这本是一般宗教的共同仪式。礼佛要恭敬虔诚，礼佛的时候，要观想为真正的佛。如果一面拜，一面想东想西，或者讲话，那是大不敬，失掉了礼佛的意义。

（二）“礼忏”。佛教徒礼忏诵经，异教徒及非宗教者，也常常误以为迷信。不知道“忏”印度话叫忏摩，是自己做错了以后，承认自己错误的意思。因为一个人，在过去世以及现生中，谁都做过种种错事，犯有种种的罪恶，留下招引苦难、障碍修道解脱的业力，为了减轻及消除障碍苦难的业力，所以在佛菩萨前、众僧前，承认自己的错误，以消除自己的业障。佛法有礼忏的法门，这等于耶教的悔改，在宗教的进修上是非常重要的。忏悔要自己忏，内心真切的忏，才合乎佛教的意思。

一般人不会忏悔要怎么办呢？古代祖师就编集忏悔的仪规，教我们一句一句念诵，口诵心思，也就是知道里面的意义，忏悔自己的罪业了。忏仪中教我们怎样的礼佛，求佛菩萨慈悲加护，承认自己的错误，知道杀生、偷盗、邪淫等的不是，一心发愿改往修来，这些都是过去祖师们教我们忏悔的仪规（耶教也有耶稣示范的祷告文），但主要还是要从心里发出真切的悔改心。

有些人，连现成的仪规也不会念诵，就请出家人领导着念，慢慢地自己不知道忏悔，专门请出家人来为自己礼忏了。有的父母眷属去世了，为要藉三宝的恩威，来消除父母眷属的罪业，也请出家人来礼忏，以求亡者的超升，然而如不明佛法本意，为了铺排门面，为了民间风俗，只是费几个钱，请几个出家人来礼忏做功德，而自己或不信佛法，或者自己毫无忏悔恳切的诚意，那是失掉忏礼的意义了。

佛教到了后来，忏悔的意义模糊了。学佛的自己不忏，事无大小都请出家人，弄得出家人为了佛事忙，今天为这家礼忏，明天为那家做功德，有的寺院，天天以佛事为唯一事业，出家人主要事业放弃不管，这难怪佛教要衰败了。所以忏悔主要是自己，如果自己真真切切的忏悔，甚至是一小时的忏悔，也是超过请了许多人，做几天佛事的功德。了解这个道理，如对父母要尽儿女的孝心，那么为自己父母礼忏的功德很大，因为血缘相通，关系密切的缘故。不要把礼忏，做功德，当作出家人的职业，这不但毫无好处，只有增加世俗的毁谤与误会。

（三）“课诵”。学佛的人，在早晚诵经念佛，在佛教里面叫课诵。基督教早晚及饮食时候有祷告，天主教徒早晚也要诵经，这种宗教行仪，本来没有什么问题，不过为了这件事情，有几位问我，不学佛还好，一学佛问题就大了，我的母亲早上晚上一做功课，就要一两个钟头，如学佛的都这样，家里的事情简直没有办法推动了。在一部分的居士间，确有这种情形，使人误会佛教为老年有闲的佛教，非一般人所宜学。其实，早晚课诵，并不是一定诵什么经，念什么佛，也不一定诵持多久，可以随心所欲依实际情形而定时间，主要的须称念三皈依，十愿也是重要的，日本从中国传去的佛教、净土宗、天台宗、密宗等都各有自宗的功课，简要而不费多少时间。这还是唐、宋时代的佛教情况，我们中国近代的课诵，一、是丛林所用的，丛林住了几百人，集合一次就须费好长时间，为适应这特殊环境所以课诵较长。二、元、明以来佛教趋向混合，于是编集的课诵仪规，具备各种内容，适合不同宗派的修学。其实在家居士，不一定要如此。从前印度大乘行人，每天六次行五悔法，时间短些不要紧，次数不妨增多。终之学佛，不只是念诵仪规，在家学佛，绝不可因功课繁长而影响家庭的工作。

（四）“烧纸”。古代中国祭祖时有焚帛风俗，烧一点绸缎，给祖先享用。后来为了简省就改用纸来代替，到后代做成钱，元宝钞票，甚至于扎房子、汽车来焚化，这些都是古代传来的风俗习惯，演变而成，不是佛教里面所有的。

这些事情，也有一点好处，就是做儿女的对父母表示一点孝意。自己饮食，想到父母祖先，自己住屋穿衣，想到祖先，不忘记父祖的恩德，有慎终追远的意义。佛教传来中国，适应中国，方便的与念经礼佛合在一起，但是在儒家“送死为大事”及“厚葬”的风气下，不免铺张浪费，烧得越多越好，这才引起近代人士的批评，而佛教也被认为迷信浪费了。佛教徒明白这个意义，最好不要烧纸箔等，佛教里并没有这些。

如果为了要纪念先人，象征的少烧一点，不要拿到寺庙里去烧，免得佛教为我们受罪。

（五）“抽签，问卜扶乩”。有些佛寺中，有抽签、问卜甚至有扶乩等举动，引起社会的讥嫌，指为迷信。其实纯正的佛教，不容许此种行为（有没有效验，是另外一件事）。真正学佛的，只相信因果。如果过去及现在作有恶业，绝不能趋吉避凶的方法可以避免。修善得善果，作恶将来避不了恶报，要得到善的果报，就得多做有功德的事情。佛弟子只知道多做善事，一切事情，如法合理的做去，绝不使用投机取巧的下劣作风。这几样都与佛教无关，佛弟子真的信仰佛教，应绝对避免这些低级的宗教行为。

四、由于佛教现况而来的误解

一般中国人，不明了佛教，不明了佛教国际的情形，专以中国佛教的现况，随便批评佛教。下面便是常听到的两种：

（一）“信仰佛教的国家就会衰亡”。他们以为印度是因信佛才亡国，他们要求中国富强，于是武断地认为不能信仰佛教，其实这是完全错误。研究过佛教历史的都知道，过去印度最强盛时代，便是佛教最兴盛时代，那时候，孔雀王朝的阿育王统一印度，把佛教传播到全世界。后来婆罗门教复兴，摧残佛教，印度也就日见纷乱。当印度为回教及大英帝国灭亡时，佛教已经衰败甚至没有了。中国历史上，也有这种实例。现在称华侨为唐人、中国为唐山，就可见到中国唐朝国势的强盛，那个时候，恰是佛教最兴盛的时代，唐武宗破坏佛教，也就是唐代衰落了。唐以后，宋太祖、太宗、真宗、仁宗都崇信佛教，也就是宋朝兴盛的时期。明太祖本身是出过家的，太宗也非常信佛，不都是政治修明，国力隆盛的时代吗！日本现在虽然失败了，但在明治维新之后挤入世界强国之列，他们大都是信奉佛教的，信佛谁说能使国家衰弱？所以从历史看来，国势强盛时代正是佛教兴盛的时代。为什么希望现代的中国富强，而反对提倡佛教呢？

（二）“佛教对社会没有益处”。近代中国人士，看到天主教、基督教办有学校医院等，而佛教少有举办，就认为佛教是消极，不做有利社会的事业，与社会无益，这是错误的论调。最多只能说，近代中国佛教徒不努力，不尽责，绝不是佛教要我们不做。过去的中国佛教，也办有慈善事业，现代的日本佛教徒，办大学、中学等很多，出家人也多有任大学与中学的校长与教授，慈善事业，也由寺院僧众来主办。特别在锡兰、缅甸、泰国的佛教徒，都能与教育保持密切的关系，兼办慈善事业。所以不能说佛教不能给予社会以实利，而只能说中国佛教徒没有尽了佛弟子的责任，应该多从这方面努力，才会更合乎佛教救世的本意，使佛教发达起来。

中国一般人士，对于佛教的误解还多得很，今天所说的，是比较普遍的，希望大家知道了这些意义，做一个有纯正信仰的佛教徒，至少也能够清除一下对佛教的误会，使纯正佛教的本意发扬出来。否则看来信仰佛教极其虔诚，而实包含了种种错误，信得似是而非，这也难怪社会的讥嫌了。

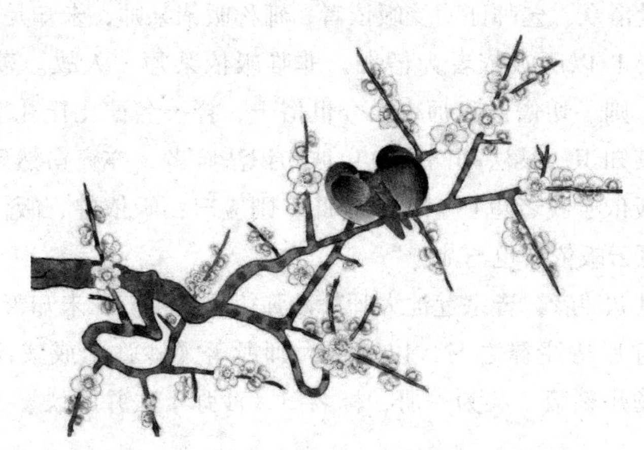

问答十章

问：近世诸丛林传戒之时，皆令熟读毗尼日用切要（俗称为五十三咒），未审可否？

答：蕅益大师曾解释此义，今略录之。文云："既预比丘之列，当以律学为先。今之愿偈（即当愿众生等），本出华严。种种真言，皆属密部。论法门虽不可思议，约修证则各有本宗。收之则全是，若一偈，若一句，若一字，皆为道种。捡之则全非，律不律，显不显，密不密，仅成散善；此正法所以渐衰，而末运所以不振。有志之士，不若专精戒律，办比丘之本职也。"

问：《百丈清规》颇与戒律相似。今学律者，亦宜参阅否？

答：百丈于唐时编纂此书，其后屡经他人增删。至元朝改变尤多，本来面目，殆不可见；故莲池、蕅益大师力诋斥之。莲池大师之说，今未及检录。唯录蕅益大师之说如下。文云："正法灭坏，全由律学不明。《百丈清规》，久失原作本意，并是元朝流俗僧官住持，杜撰增饰，文理不通。今人有奉行者，皆因未谙律学故也。"又云："非佛所制，便名非法；如元朝附会《百丈清规》等。"又云："《百丈清规》，元朝世谛住持穿凿，尤为可耻。"按律宗诸书，浩如烟海。吾人尽形学之，尚苦力有未及。即百丈原本今仍存在，亦可不须阅览，况伪本乎？今宜以莲池、蕅益诸大师之言，传示道侣可也。

问：今世俗众，乞师证明受皈依者，辄称皈依某师，未知是否？

答：不然！以所皈依者为僧伽，非唯皈依某师一人故。蕅益大师云："皈依僧者，则一切僧皆我师也。今世俗士，择一名德比丘礼事之，窃窃然矜曰：吾为某知识、某法师门人也！彼知识法师者，亦窃窃然矜曰：彼某居士、某宰官皈依于我者也！噫！果若此，则应曰：皈依佛、皈依法、结交一大德可也。可云皈依僧也与哉！"

问：近世弘律者，皆宗莲池大师《沙弥律仪要略》，未知善否？

答：沙弥戒法注释之书，以蕅益大师所著《沙弥十戒威仪录要》最为完善。此书扬州刻版，共为一册，标名曰《沙弥十法并威仪》。价金仅洋一角余，若与初学之人讲解沙弥律者，宜用此书也。莲池大师为净土大德，律学非其所长。所著《律仪要略》中，多以己意判断，不宗律藏：故蕅益大师云：“莲池大师专弘净土，而于律学稍疏。”（见《梵网合注缘起·中》。今未检原书，略述其大意如此。）又云：“律仪要略，颇有斟酌，堪逗时机，而开遮轻重忏悔之法，尚未申明。”以此诸文证之，是书虽可导俗，似犹未尽善也。

问：沙弥戒第十，不捉持金银；今人应依何方法，乃能不犯此戒？

答：《根本有部律摄》云：比丘若得金银等物，应觅俗众为净施主；即作施主物想捉持无犯。虽与施主相去甚远，若以后再得金银等，应遥作施主物心而持之。乃至施主命存以来，并皆无犯。若无施主可得者，应持金银等物，对一比丘作是说：“大德存念！我比丘某甲得此不净财，当持此不净财，换取净财。”三说已；应自持举，或令人持举，皆无犯也。（以上录律摄大意，非全文也。）

问：今世传戒，皆聚集数百人，并以一月为期，是佛制否？

答：佛世，凡受戒者，由剃发和尚为请九僧，即可授之；是一人别授也。此土唐代里有多人共受者，亦止一二十人耳。至于近代，唯欲热闹门庭，遂乃聚集多众；故蕅益大师尝斥之云：随时皆可入道，何须腊八及四月八。难缘方许三人，岂容多众至百千众也。至于受戒之时，不足半日即可授了，何须多日。且近代一月聚集多众者，亦只令受戒者，助作水陆经忏及其他佛事等，终日忙迫，罕有余暇。受戒之事，了无关系；斯更不忍言矣。故受戒决不须多日。所最要者，和尚于受前受后，应负教导之责耳。唐义净三藏云：“岂有欲受之时，非常劳倦。亦既得已，戒不关怀，不诵戒经，不披律典。虚沾法伍，自损损他；若此之流，成灭法者！”蕅益大师云：“夫比丘戒者，乃是出世宏规，僧宝由斯建立。贵在受后修学行持，非可仅以登坛塞责而已；是故诱诲奖劝宜在事先，研究讨明功须五夏。而后代师匠，多事美观，遂以平时开导之法，混入登坛秉授之次；又受时虽似殷重，受后便谓毕功。颠倒差讹，莫此为甚。”（菩萨戒，另受。）

问：今世传戒，有戒元、戒魁等名，未知何解？

答：此于受戒之前，令受戒者出资获得，与清季时捐纳功名无异，非因戒德优劣而分也。此为陋习，最宜革除。

问：末世授戒，未能如法，决不得戒。未识更依何方便，而能获得比丘戒耶？

答：蕅益大师云：“末世欲得净戒，舍此占察轮相之法，更无别途。”盖指依地藏菩萨占察善恶业报经所立之占察忏法而言也。按《占察经》云：“（先示忏法大略）未来世诸众生等，欲求出家，及已出家，若不能得善好戒师及清净僧众，其心疑惑，不得如法受于禁戒者。但能学发无上道心，亦令身口意得清净已（礼忏七日之后，每晨以身口意三轮三掷，皆纯善者，即名得清净相）。其未出家者，应当剃发，被服法衣，仰告十方诸佛菩萨，请为师证。一心立愿称辩戒相。先说菩萨十根本重戒，次当总举菩萨律仪三种戒聚。所谓摄律仪戒（五、八、十具等）、摄善法戒、摄化众生戒。自誓受之，则名具获波罗提木叉出家之戒，名为比丘、比丘尼。”故蕅益大师于三十五岁退为沙弥，遂专心礼占察忏法，至四十七岁正月初一日，乃获清净轮相，得比丘戒。

已前：

约有戒论退为出家优婆塞，成时、性旦并受长期八戒。

约无戒论自誓受一皈、五戒。长期八戒，菩萨戒少分。

授比丘戒缘，第四心境相应。

或心不当境，或境不称心，或心境俱不相应，并非法故。

问：若已破四重戒者，犹得再受比丘戒耶？

答：在家之人，或破五戒、八戒中四重；出家之人，或破沙弥、沙弥尼、式叉摩那、比丘、比丘尼戒中四重，并名边罪。若依小乘律，不得重受；若依《梵网经》，虽通忏悔，须以得见相好为期。今依《占察经》忏法，则以得清净轮相为期也。《占察经》云：“未来之时，若在家，若出家众生等，欲求受清净妙戒，而先已作增上重罪（即是边罪），不得受者，亦当如上修忏悔法。令其至心，得身口意善相已；即可应受。”

问：古代禅宗大德，居山之时，则以三条篾、一把锄为清净自活。领众之时，又以一日不作一日不食为清规；皆与律制相背，是何故耶？

答：古代禅宗大德，严净毗尼，宏范三界者，如远公、智者等是也。其次，则舍微细戒，唯护四重；但决不敢自称比丘，不敢轻视律学。唯自愧未能兼修，以为渐德耳。昔有人问寿昌禅师云："佛制比丘不得掘地损伤草木。今何自耕自种？"答云："我辈只是悟得佛心，堪传佛意，指示当机，令识心性耳。若以正法格之，仅可称剃发居士，何敢当比丘之名耶？"又问："设令今时有能如法行持比丘事者，师将何以视之？"答云："设使果有此人，当敬如佛，待以师礼。"我辈非不为也，实未能也。又紫柏大师，生平一粥一饭，别无杂食。胁不着席四十余年，犹以未能持微细戒，故终不敢为人授沙弥戒及比丘戒。必不得已则授五戒法耳。嗟乎！从上诸祖，敬视律学如此，岂敢轻之。若轻律者，定属邪见，非真实宗匠也。（以上依蕅益大师文挈录）

上列十章，未依次第；又以匆促撰录，或有文义未妥之处，俟后修正可也。

李叔同诗词作品

梦

哀游子茕茕其无依兮，在天之涯。

唯长夜漫漫而独寐兮，时恍惚以魂驰。

梦偃卧摇篮以啼笑兮，似婴儿时。

母食我甘酪予粉饵兮，父衣我以彩衣。

月落乌啼，梦影依稀，往事知不知？

汩半生哀乐之长逝兮，感亲之恩其永垂。

哀游子怆怆而自怜兮，吊形影悲。

唯长夜漫漫而独寐兮，时恍惚以魂驰。

梦挥泪出门辞父母兮，叹生别离。

父语我眠食宜珍重兮，母语我以早归。

日落乌啼，梦影依稀，往事知不知？

汩半生哀乐之长逝兮，感亲之恩其永垂。

《佛说无常经》叙

庚申之夏，余居钱塘玉泉龛舍，习《根本说一切有部律》，有“诵三启无常经”之事数则。《根本萨婆多部律摄》卷七云：“佛言：‘若苾刍来及五时者，应与利分。云何为五：一打犍椎时，二诵三启无常经时，三礼制底时，四行筹时，五作白时。’”其余数则，分注下文。又阅义净《南海寄归内法传》，载“诵三启无常经”之仪至详（注一）。因以知是经为佛世诸大弟子所习诵者；或以是为日课焉。经译于唐，其时流传未广，诵者盖罕（注二）。宋元以来，始无道及之者。余惧其湮没不传，致书善友丁居士，劝请流通。居士赞喜，属为之叙。窃谓是经流通于世，其利最普，愿略述之。经中数说老病死三种法，不可爱，不光泽，不可念，不称意。诵是经者，痛念无常，精进向道，其利一。正经文字，不逾三百，益以偈颂，仅千数十。文约义丰，便于持诵，其利二。佛许苾刍，唯诵是经，作吟咏声（注三）。妙法稀有，梵音清远，闻者喜乐（注四），其利三。此土葬仪诵经未有成轨；佛世之制，宜诵是经，毗奈耶藏（注五），本经附文，及《内法传》（注六），皆详言之，其利四。斩草伐木，大师所诃。筑室之需，是不获已。依律所载，宜诵是经，并说十善。不废营作，毋伤仁慈（注七），其利五。是经附文，临终方决，量为切要。修净业者，所宜详览。若兼诵经，获益弥广。了知苦、空、无常、无我；方诸安养乐国，风鼓乐器，水注华间，所演法音，同斯微妙，其利六。生逢末法，去圣时遥；佛世芳规，末由承奉。幸有遗经，可资诵讽，每当日落黄昏，暮色苍茫，吭声哀吟，讽是经偈。逝多林山，窣堵波畔，流风遗俗，仿佛遇之，其利七。是经之要，略具于斯。唯愿流通，普及含识。见者闻者，欢喜受持，共悟无常，同生极乐，广度众生，齐成佛道云尔。

是岁七月初二日大慈弘一沙门演音，撰于新城贝多山中。时将筑室掩关，鸠工伐木。先夕诵《无常经》，是日草此序文，求消罪业。

注一：《南海寄归内法传》云：“神州之地，自古相传，但知礼佛题名，多不称扬赞德。何者？闻名但听其名，罔识智之高下。赞叹具陈其德，乃体德之宏深。即如西方，制底畔睇，及常途礼敬，每于晡后或曛黄时，大众出门，绕塔三匝。香华具设，并悉蹲踞。令其能者，作哀雅声，明彻雄朗，赞大师德，或十颂，或二十颂。次第还入寺中，至常集处。既共坐定，令一经师，升师子座，读诵少经。其师子座，在上座头。量处度宜，亦不高大。所诵之经多诵三启。乃是尊者马鸣之所集置。初可十颂许，取经意而赞叹三尊。次述正经，是佛亲说。读诵既了，更陈十余颂，论回向发愿。节段三开，故云三启。经了之时，大众皆云苏婆师多。苏，即是妙。婆师多，是语，意欲赞经是微妙语。或云娑婆度，义目善哉。经师方下，上座先起，礼师子座。修敬既讫，次礼圣僧座，还居本处。第二上座，准前理二处已，次礼上座，方局自位而坐。第三上座，准欢同然，迄乎众末。若其众大，过三五人，余皆一时望众起礼，随情而去。斯法乃是东方圣耽摩立底国僧徒轨式。”

注二：日本沙门最澄《显戒论》，开示大唐贡名出家不欺府官明据五十一，转有当院行者赵元及，年三十五，贯京兆府云阳县龙云多修德里，父贞观为户身无籍，诵《无常经》一卷等。

注三：《根本说一切有部毗奈耶杂事》卷第四云：“佛言苾刍，不应作吟咏声，诵诸经法，及以读经。请教白事，皆不应作。然有二事，依吟咏声：一谓赞大师德，二谓诵三启经，余皆不合。”

注四：《根本说一切有部毗奈耶杂事》卷第四云：“是时善和苾刍，作吟讽声，赞诵经法。其音清亮，上彻梵天。时有无数众生，闻其声音，悉皆种植解脱分善根，乃至傍生禀识之类，闻彼声音，无不摄耳，听其妙音。后于异时，憍萨罗胜光大王，乘白莲华象，与诸从者，于后夜时，有事出城，须诣余处。善和苾刍，于逝多林内，高声诵经。于时象王，闻音爱乐，属耳而听，不肯前行。御者即便推钩振足，象终不动。王告御音曰：可令象行！答言：大王！尽力驱前，不肯移足。未知此象意欲何之？王曰：放随意去！彼即纵钩，便之给园，于寺门外，摄耳听声。善和苾刍，诵经既了，便说四颂，而发愿言：天阿苏罗药叉等，乃至随所住处常安乐。时彼象王，闻斯颂已，知其经毕，即便摇耳举足而行，任彼驰驱，随钩而去。”

注五：《根本说一切有部毗奈耶杂事》卷第十八云：佛言：“苾刍身死，应为供养！苾刍不知云何供养。佛言：应可焚烧。具寿邬波离请世尊曰：如佛所说，于此身中，有八万户虫，如何得烧？佛言：此诸虫类，人生随生，若死随死，此无有过。身有疮者，观察无虫，方可烧殡。欲烧殡时，无柴可得。佛言：可弃河中，若无河者，穿地埋之。夏中地湿，多有虫蚁？佛言：于丛薄深处，令其北首，左胁而卧，以草稕支头。若草若叶，覆其身上。送丧苾刍，可令能者，诵《三启无常经》；并说《伽他》，为其咒愿。”《根本萨婆多部律摄》卷十二云：“苾刍身死，应检其尸。若无虫者，以火焚烧。无暇烧者，应弃水中，或埋于地。若有虫及天雨，应共舆弃空野林中，北首而卧，竹草支头，以叶覆身，面向西望。当于殡处，诵《无常经》；复令能者，说咒愿颂。丧事既讫，宜还本处。其捉尸者，连衣浴身，若不触者，应洗足。”《根本说一切有部毗奈耶》卷第四十三云：“出尊者尸，香肠洗浴，置宝舆中。奏众伎乐，幢幡满路，香烟遍空。王及大臣，倾城士女，从佛及僧，送诸城外。至一空处，积众香木，灌洒香油，以火焚之，诵《无常经》毕；取舍利罗置金瓶内，于四衢路侧，建窣堵波。种种香华，及众音乐，庄严供养，昔未曾有。”

注六：《南海寄归内法传》云：“然依佛教，苾刍亡者，观知决死，当日舁向烧处，寻即以火焚之。当烧之时，亲友咸萃，在一边坐。或结草为坐；或聚土作台，或置砖石，以充坐物。令一能者，诵《无常经》，半纸、一纸，勿令疲久。然后各念《无常》，还归住处。”

注七：《根本说一切有部毗奈耶》卷第二十七云：“佛告阿难陀，营作苾刍，所有行法，我今说之。凡授事人，为营作故，将伐树时，于七八日前，在彼树下，作曼荼罗，布列香华，设诸祭食，诵《三启经》。耆宿苾刍，应作犄歌拏咒愿，说十善道，赞叹善业，复应告语：若于此树，旧住天神，应向余处，别求居止。此树今为佛法僧宝，有所营作。过七八日已，应斩伐之。若伐树时，有异相现者，应为赞叹施舍功德，说悭贪过。若仍现异相者，即不应伐。若无别相者，应可伐之。”又《根本萨婆多部律摄》卷第九所载者，与此略同。

李叔同诗词作品

采莲

采莲复采莲，
莲花莲叶何蹁跹，
露华如珠月如水，
十五十六清光圆。
采莲复采莲，
莲花莲叶何蹁跹。

盗戒释相概略问答

■绪言

问：以何因故编辑是卷耶？

答：昔尝发愿编辑《南山律在家备览》，以卷帙繁重，未可急就，故先撷取盗戒戒相少分，辑为《问答》一卷，别以流通。

问：何故先辑此盗戒耶？

答：道俗诸戒中，以盗戒戒相最为繁密。《僧祇律》释盗戒文，有五卷。《十诵律》四卷。《善见律》三卷。南山、灵芝诸撰述中，述盗戒者亦有三卷。盗戒戒相既如是繁密，若欲护持，大非易事！《南山律》中，颇多警诰之文。今略引之。

《行事钞》云："性重之中，盗是难护。故诸部明述，余戒约略总述而已，及论此戒，各并三卷、五卷述之。必善加披括，方能免患。"又云："盗戒相隐，极难分了，有心怀道者，细读附事，深思乃知。"《戒本疏》云："此戒人多潜犯，不谓重罪，但是粗心。"故《善见》云："此第二戒事相难解，不得不曲碎解释。其义理分别，汝当善思。论文如此，临事可不勉耶！"圣教明文，谆切若是。故先辑此戒相，亟为流通。俾来受者应知慎重，必须预习通利乃可受持（受盗戒后，一刹那顷，若有犯者，即结重罪。不以其未及学习，而加曲谅。故须预学也）。已受者，急宜细读深思，勉力护持，未可潜犯。

问：古德亦有专辑"盗戒"别以流通耶？

答：有之。南山云："有人别标此盗，用入私钞。抑亦劝诫之意。"惜此私钞久已佚失不传耳。

问：今辑是卷，依何典籍为宗耶？

答：专宗《南山行事钞》及灵芝《资持记》，并参用南山《戒本疏》及灵芝《行宗记》，南山《钞》与《疏》有互异者，今且专据《钞》文。

问：今辑是卷，何以仅及概略未能详尽耶？

答：今为初机，且举少分，粗示其概，以为着手研习之初阶。若详明戒相，广引文证，纸数当十余倍此，将来别辑《南山律在家备览》，广明其义，学者，幸进而披寻焉。

问：下文所云，掌理三宝物等，应唯属于道众。今辑是卷，既专被在家，云何复列是等诸缘耶？

答：近今在家居士，亦有暂管护寺院者，又有任寺中会计、庶务诸职者。故应列入，以资参考。

问：南山律义，虽云分通大乘，然教限正属小乘。若依小教，受五八戒者，固应奉此行持。若别受菩萨戒者，或可不拘是限耶？

答：唐代贤首《梵网戒疏》释初篇《盗戒》第六种类轻重门中，广陈犯相，与《南山行事钞》文大同。彼《疏》自设问答云："问：凡此所引，多是小乘。云何得通菩萨性戒用？"答："菩萨性成共学，《摄论》明文。故得用也。"准是而言，若受菩萨戒中盗戒者，亦应奉此行持也。

释相

问：何谓盗戒耶？

答：盗戒本有教名，或名曰劫——强力直夺故；或名曰偷窃——畏主觉知故；或名曰不与取——谓主不舍故。今名曰盗——非理侵损于人故。

前之二名，名则公私不同，义则两不相摄，若不与取，虽是名通，然于义中，有非盗之滥，故废前三名，唯标曰盗。既能概括劫与偷窃，复无非盗之滥也。盗是所观之境，戒者能治之行，能所通举，故曰盗戒。

问：今释盗戒戒相，如何分门耶？

答：《南山行事钞》分为三大科：一所犯境，二成犯相，三开不犯。今依此科，分为三门如下——

第一门：所犯境

问：何谓所犯境耶？

答：凡六尘六大、有主之物、他所吝护者，皆所谓犯境。《戒本疏》中《随文别释》，至为繁广。今不详举也。

第二门：成犯相

问：成犯相中，依何而释相耶？

答：《南山行事钞》先总列六缘，复随释五种。先总列六缘者：一有主物，二有主想，三有盗心，四是重物，五兴方便，六举离处。复随释五种者，依前列犯缘次第解释，唯不释第五兴方便，故仅有五种也。今依此科，分为五章如下。

第一章：有主物

问：有主物中，如何分判耶？

答：《南山行事钞》分为三科：一三宝物，二人物，三非人及畜牲物。今依此科，分为三节如下。

第一节：三宝物

问：掌理三宝物，应须如何人耶？

答：《南山行事钞》引《宝梁大集》等经云："僧物难掌，佛法无主。我听二种人掌三宝物：一阿罗汉；二须陀洹。所以尔者，诸余比丘戒不具足，心不平等，不令是人为知事也。更复二种：一能净持戒识知业报，二畏后世罪有诸惭愧及以悔心。如是二人，自无疮疣。护他人意，此事甚难等。"《钞》又云："若不精识律藏，善通用与者，并师心处分，多成盗损。"

问：盗佛物者依何结罪耶？

答：望守护主边，结重罪；无守护主者，望断施主福边，结重罪。

问：盗法物者依何结罪耶？

答：与盗佛物同。望守护主边或望断施主福边，结重罪也。

问：旧经残破应焚化耶？

答：若焚化者得重罪，如烧父母。不知有罪者，犯轻。南山《戒疏》云："有人无识，烧毁破经，我今火净，谓言得福。此妄思度。半偈舍身，著在明典，两字除惑，亦列正经。何得焚除？失事在福也。"灵芝《资持记》云："古云：如烧故经，安于净处，先说是法因缘生偈已焚之。此乃传谬，知出何文？引误后生，陷于重逆，必有损像蠹经，净处藏之可矣。"

问：借他人经而不还者，应犯何罪耶？

答：若因未还令主生疑者，中罪；若心决绝不还者，重罪。

问：盗僧物者依何结罪耶？

答：若有守护主余人盗者，望守护主边，结重；若主掌之人自盗者，亦犯重；若无守护主余人盗僧物者，亦犯重。

问：盗僧物者与盗佛物法物同结重罪。然亦有所异耶？

答：《南山行事钞》云："盗通三宝，僧物最重，随损一毫，则望十方：凡圣——结罪。"又《方等经》云："五逆四重，我亦能救。盗僧物者，我所不救。"（灵芝释云："我不救者，以佛威神不可加故。非舍弃也。"）

问：于三宝物若互用者，应有罪耶？

答：律中互用有种种，结罪亦有轻重，今略举一二。如寺主互用三宝物，彼以好心，非入己故，谓言不犯，但依律应结重罪。若当分互用者，如本造释迦，改作弥陀；本作般若，改作涅槃；本作僧房，改充车乘，应结小罪。

问：白衣入寺应与食耶？

答：若悠悠俗人见僧过者，应与食物；若在家二众及识达俗士有入寺者，须说福食难消，非为悭吝。

第二节：人物

问：盗别人物中如何分判耶？

答：《南山行事钞》中，约二主分为七种。文义甚繁，今不具举。

问：物主有财物，令他人守护为作护主。若此财物被贼所窃，应令护主为偿还耶？

答：荐护主谨慎不懈，贼来私窃或强迫取，非是护主能禁之限者，物主不应令护主偿还；若强征者物主犯重。倘护主懈慢为贼窃者，护主必须偿之；若不偿者护主犯重。

问：手执他人之物，不慎而误破者，应令其偿还耶？

答：不应令其偿还。若强征者犯重。

问：贼取财物已，物主应可夺还耶？

答：此事大须审慎，若盗者已作决定得物想，无论物主于己物已作弃舍心或未作弃舍心，皆不可夺，夺者犯重，因此物已属贼故；若物主于己物已作弃舍心，无论盗者已作决定得物想或未作决定得物想，皆不可夺，夺者犯重，因先已舍，即非己物故，必须物主于己物未作弃舍心，盗者未作决定得物想，乃可夺还也。

第三节：非人及畜牲物

问：盗非人物者应犯何罪耶？

答：有守护者，望守护主边，结重罪；若无守护者，望非人边，结中罪。

问：盗畜牲物者应犯何罪耶？

答：轻罪。

第二章：有主想

问：若欲详释此章应依何显示耶？

答：应依境想缺缘等具如南山《钞》《疏》中诸文广明。文繁义密，初机难解，今且从略。将来别辑《南山律在家备览》，当于此义详述之也。

第三章：有盗心

问：前云寺主以好心互用三宝物而结重罪。是岂有盗心耶？

答：律列十种贼心，了曰黑暗心，愚教互用，正属此类。灵芝《资持记》云："望为三宝，故言好心。若论愚教，还是贼心。"

第四章：是重物

问：何谓重物耶？

答：依律盗五钱或值五钱物，结重罪，是为结罪之分限。

问：何谓五钱耶？

答：诸释不同，《南山律》谓，摄护须急，即以随国通用之五钱为准。如此土今时，应以五铜圆为准也。

第五章：举离处

问：何谓举离处耶？

答：欲盗物时，若所盗之物未离本处，属己不显。故须于离处时结其正罪也。

问：亦有物未离处即结犯耶？

答：盗戒成犯，虽约离处，然其离相，不必物离，故律中明离处义，以十门括示差别。今且略举：文书成明离处，约作字判断即犯；言教主明高处，约口断即犯，以言辞诳惑取者是；移标相明离处，即今丈尺度量之物；堕筹明离处，若计数筹若分物筹是；异色明离处，若破若烧若埋若坏色属此类；转齿明离处，以盗心移转赌具。如是等皆统名曰离处也。

第三门：开不犯

问：何谓不犯耶？

答：律有五种，皆谓无盗心也。一与想，意谓他与也；二己有想，谓非他物也；三粪扫想，谓无主也；四暂取想，即持还也；五亲厚意，无彼此也。

问：何谓亲厚耶？

答：律有七法：一难作能作；二难与能与；三难忍能忍；四密事相告；五互相护藏；六遭苦不舍；七贫贱不轻。能行是七法者，是善亲友也。

《盗戒释相概略问答》竟

后跋

发心学律以来，忽忽二十一载。衰老日甚，学业未就，今撷取南山、灵芝撰述中诠释盗戒戒相少分之义，辑为《盗戒戒相概略问答》一卷。义多缺略，未尽持犯之旨。后此赓续，当复何日？因录太贤、蕅益二师遗偈附于卷末，用自策励焉！

岁集己卯残暑沙门一音时年六十居永春蓬峰

唐太贤法师偈

勇士交阵死如归，丈夫向道有何辞？
初入恒难永无易，由难若退何劫成！
丈夫欲取三界王，当挥智剑断众魔。
吾于苦海誓无畏，庄严戒筏摄诸方。

明蕅益大师偈

日轮挽作镜，海水挹作盆。
照我忠义胆，浴我法臣魂。
九死心不悔，尘劫愿犹存。
为檄虚空界，何人并此轮。

李叔同诗词作品

秋柳

甚西风吹绿隋堤衰柳，江山依旧。
只风景依稀凄闵时候。
零星旧梦半沉浮，说阅尽兴亡，遮难回首。
昔日珠帘锦幙，有淡烟一缕，纤月盈钩。
剩水残山故国秋。知否？眼底离麦秀。
说甚无情，情丝踠到心头。
杜鹃啼血哭神州，海棠有泪伤秋瘦。
深愁浅愁难消受，谁家庭院笙歌又。

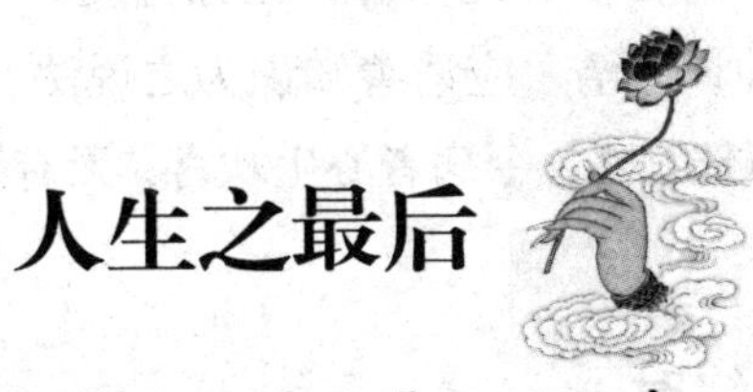

人生之最后

一九三三年一月讲于厦门妙释寺

岁次壬申十二月，厦门妙释寺念佛会请余讲演，录写此稿。于时了识律师卧病不起，日夜愁苦。见此讲稿，悲欣交集，遂放下身心，屏弃医药，努力念佛。并扶病起，礼大悲忏，吭声唱诵，长跽经时，勇猛精进，超胜常人。见者闻者，靡不为之惊喜赞叹，谓感动之力有如是剧且大耶。余因念此稿虽仅数纸，而皆撮录古今嘉言及自所经验，乐简略者或有所取。及为治定，付刊流布焉。弘一演音记。

第一章　绪言

古诗云："我见他人死，我心热如火；不是热他人，看看轮到我。"人生最后一段大事，岂可须臾忘耶！令为讲述，次分六章，如下所列。

第二章　病重时

当病重时，应将一切家事及自己身体悉皆放下。专意念佛，一心希冀往生西方。能如是者，如寿已尽，决定往生。如寿未尽，虽求往生而病反能速愈，因心至专诚，故能灭除宿世恶业也。倘不如是放下一切专意念佛者，如寿已尽，决定不能往生，因自己专求病愈不求往生，无由往生故。如寿未尽，因其一心希望病愈，妄生忧怖，不唯不能速愈，反更增加病苦耳。

病未重时，亦可服药，但仍须精进念佛，勿作服药愈病之想。病既重时，可以不服药也。余昔卧病石室，有劝延医服药者，说偈谢云："阿弥陀佛，无上医王，舍此不求，是谓痴狂。一句弥陀，阿伽陀药，舍此不服，是谓大错。"因平日既信净土法门，谆谆为人讲说。今自患病，何反舍此而求医药，可不谓为痴狂大错耶！

若病重时，痛苦甚剧者，切勿惊惶。因此病苦，乃宿世业障。或亦是转未来三途恶道之苦，于今生轻受，以速了偿也。

自己所有衣服诸物，宜于病重之时，即施他人。若依《地藏菩萨本愿经·如来赞叹品》所言供养经像等，则弥善矣。

若病重时，神识犹清，应请善知识为之说法，尽力安慰。举病者今生所修善业，一一详言而赞叹之，令病者心生欢喜，无有疑虑。自知命终之后，承斯善业，决定生西。

第三章　临终时

临终之际，切勿询问遗嘱，亦勿闲谈杂话。恐彼牵动爱情，贪恋世间，有碍往生耳。若欲留遗嘱者，应于康健时书写，付人保藏。

倘自言欲沐浴更衣者，则可顺其所欲而试为之。若言不欲，或噤口不能言者，皆不须强为。因常人命终之前，身体不免痛苦。倘强为移动沐浴更衣，则痛苦将更加剧。世有发愿生西之人，临终为眷属等移动扰乱，破坏其正念，遂致不能往生者，甚多甚多。又有临终可生善道，乃为他人误触，遂起嗔心，而牵入恶道者，如经所载阿耆达王死堕蛇身，岂不可畏。

临终时，或坐或卧，皆随其意，未宜勉强。若自觉气力衰弱者，尽可卧床，勿求好看勉力坐起。卧时，本应面西右胁侧卧。若因身体痛苦，改为仰卧，或面东左胁侧卧者，亦任其自然，不可强制。

大众助念佛时，应请阿弥陀佛接引像，供于病人卧室，令彼瞩视。

助念之人，多少不拘。人多者，宜轮班念，相续不断。或念六字，或念四字，或快或慢，皆须预问病人，随其平日习惯及好乐者念之，病人乃能相随默念。今见助念者皆随己意，不问病人，既已违其平日习惯及好乐，何能相随默念。余愿自今以后，凡任助念者，于此一事切宜留意。

又寻常助念者，皆用引磬小木鱼。以余经验言之，神经衰弱者，病时甚畏引磬及小木鱼声，因其声尖锐，刺激神经，反令心神不宁。若依余意，应免除引磬小木鱼，仅用音声助念，最为妥当。或改为大钟大磬大木鱼，其声宏壮，闻者能起肃敬之念，实胜于引磬小木鱼也。但人之所好，各有不同。此事必须预先向病人详细问明，随其所好而试行之。或有未宜，尽可随时改变，万勿固执。

第四章　命终后一日

既已命终，最切要者，不可急忙移动。虽身染便秽，亦勿即为洗涤。必须经过八小时后，乃能浴身更衣。常人皆不注意此事，而最要紧。唯望广劝同人，依此谨慎行之。

命终前后，家人万不可哭。哭有何益？能尽力帮助念佛乃于亡者有实益耳。若必欲哭者，须俟命终八小时后。

顶门温暖之说，虽有所据，然亦不可固执。但能平日信愿真切，临终正念分明者，即可证其往生。

命终之后，念佛已毕，即锁房门。深防他人入内，误触亡者。必须经过八小时后，乃能浴身更衣（前文已言，今再谆嘱，切记切记）。因八小时内若移动者，亡人虽不能言，亦觉痛苦。

八小时后着衣，若手足关节硬，不能转动者，应以热水淋洗。用布搅热水，围于臂肘膝弯。不久即可活动，有如生人。

殓衣宜用旧物，不用新者。其新衣应布施他人，能令亡者获福。

不宜用好棺木，亦不宜做大坟。此等奢侈事，皆不利于亡人。

第五章　荐亡等事

七七日内，欲延僧众荐亡，以念佛为主。若诵经、拜忏、焰口、水陆等事，虽有不可思议功德，然现今僧众视为具文，敷衍了事，不能如法，罕有实益。《印光法师文钞》中屡斥诫之，谓其唯属场面，徒作虚套。若专念佛，则人人能念，最为切实，能获莫大之利矣。

如请僧众念佛时，家族亦应随念。但女众宜在自室或布帐之内，免生讥议。

凡念佛等一切功德，皆宜回向普及法界众生，则其功德乃能广大，而亡者所获利益亦更因之增长。

开吊时，宜用素斋，万勿用荤，致杀害生命，大不利于亡人。

出丧仪文，切勿铺张。毋图生者好看，应为亡者惜福也。

七七以后，亦应常行追荐，以尽孝思。莲池大师谓："年中常须追荐先亡。不得谓已得解脱，遂不举行耳。"

第六章　劝请发起临终助念会

此事最为切要。应于城乡各地，多多设立。《饬终津梁》中有详细章程，宜检阅之。

第七章　结语

残年将尽，不久即是腊月三十日，为一年最后。若未将钱财预备稳妥，则债主纷来，如何抵挡。吾人临命终时，乃是一生之腊月三十日，为人生最后。若未将往生资粮预备稳妥，必致手忙脚乱呼爷叫娘，多生恶业一齐现前，如何摆脱。临终虽恃他人助念，诸事如法，但自己亦须平日修持，乃可临终自在。奉劝诸仁者，总要及早预备才好。

李叔同诗词作品

清凉歌

清凉月，月到天心，光明殊皎洁。
今唱清凉歌，心地光明一笑呵！
清凉月，
凉月解愠，暑气已无踪。
今唱清凉歌，热恼消除万物和。
清凉水，清水一渠，涤荡诸污秽。
今唱清凉歌，身心无垢乐如何！
清凉，清凉，无上究竟真常！

附录

李叔同（弘一大师）传

林子青

一

弘一大师是我国近代新文化运动早期的活动家，中年出家后成为佛教律宗有名的高僧。他虽然逝世近四十年了，但他的声名仍为国内外人士所仰慕。

大师的前半生以李叔同这个名字驰名于艺术教育界，是我国最初出国学习西洋绘画、音乐、话剧，并把这些艺术传到国内来的先驱者之一。一八八零年（旧历九月二十日）生于天津一个富裕的家庭。俗姓李，幼名成蹊，学名文涛，字叔同，名号屡改，一般以李叔同为世所知。他原籍浙江平湖，父名世珍，字筱楼，清同治四年（一八六五）会试中进士，曾官吏部。后来在天津改营盐业，家境颇为富有。李叔同五岁时，他的父亲就去世了。他有异母兄弟三人，长兄早年夭折，次兄名文熙，又名桐冈，字敬甫，是天津一个有名的中医。他行第三，小字三郎。

李叔同的幼年也和一般当时的文人一样，攻读《四书》《孝经》《毛诗》《左传》《尔雅》《文选》等，对于书法、金石尤为爱好。他十三四岁时，篆字已经写得很好，十六七岁时曾从天津名士赵幼梅（元礼）学填词，又从唐静岩（育厚）学书法。这个时期，和他交游的有孟定生、姚品侯、王吟笙、曹幼占、周啸麟，同时友戚同辈有严范孙（修）、王仁安（守恂）、陈筱庄（宝泉）、李绍莲等。还有一点以前传记本曾提到的，是他在迁居上海以前，曾以“文童”进过天津县学，受过八股文（当时称为时文）的严格训练。

二

李叔同，年十八，在母亲做主之下与俞氏结婚。越年戊戌政变，他就奉母迁居上海。这时袁希濂、许幻园（金荣）等在城南草堂组织一个“城南文社”，每月会课一次，课卷由张蒲友孝廉评阅，定其甲乙。这一年，李叔同十九岁，初入文社写作俱佳。

许幻园爱其才华，便请他移居其城南草堂，并特辟一室，亲题“李庐”二字赠他。李叔同的《李庐印谱》《李庐诗钟》《二十自述诗》等就是在这里作的。这些著作已经失传，只留下几篇叙文而已。这时他与江湾蔡小香、江阴张小楼、宝山袁希濂、华亭许幻园五人结拜金兰，号称“天涯五友”。许幻园夫人宋梦仙（贞）有《题天涯五友图》诗五首，描写五人不同的性格。其中有一首云：“李也文名大似斗，等身著作脍人口。酒酣诗思涌如泉，直把杜陵呼小友”！就是咏他。这个时期，李叔同又与常熟乌目山僧（宗仰）、德清汤伯迟、上海任伯年、朱梦庐、高邕之等书画名家，组织“上海书画公会”，每星期出版书画报纸，由中外日报社随报发行。这是上海书画界最初出版的报纸。李叔同（署名李漱筒）曾于该报刊登鬻书和篆刻润例。

庚子之役以后，他自上海回津，拟赴豫探视其兄，临行填《南浦月》一阕留别海上，词云：

杨柳无情，丝丝化作愁千缕。惺依如许，紫起心头绪。谁道销魂，尽是无凭据。离亭外，一帆风雨，只有人归去。

时因道路阻塞，未获晤见其兄，在天津住了半月，仍回上海。他将途中见闻，写成《辛丑北征泪墨》出版。他回上海以后，正好南洋公学开设特班，招考能作古文的学生二十余人，预定拔优保送经济特科。他改名李广平应考，被公学录取。南洋公学特班聘请蔡元培为教授，上课时由学生自由读书，写日记，送教授批改，每月课文一次；蔡氏又教学生读日本文法，令自译日文书籍，暗中鼓吹民权思想。一九零三年上海开明书店发行的《法学门径书》《国际私法》，就是李广平在南洋公学读书时期所译的。当时同学为蔡元培赏识的有邵闻泰（力子）、洪允祥（樵舲）、王莪孙、胡仁源、殷祖伊、谢沈（无量）、李广平（叔同）、黄炎培、项骧、贝寿同等，都是一时之秀，后来成为各方面的有名人物。一九零二年秋，各省补行庚子辛丑恩正讲科乡试，李广平也以嘉兴府平湖县监生资格，报名应试，考了三场未中，仍回南洋公学就读。

一九零三年冬，南洋公学发生罢课风潮，全体学生相继退学。李叔同退学后，感于当时风俗颓废，民气不振，即与许幻园、黄炎培等在“租界”外创设“沪学会”，开办补习科，举行演说会，提倡移风易俗。当时流行国内的《祖国歌》就是他为“沪学会补习科”撰写的。此外他又为“沪学会”编写《文野婚姻新戏剧本》，宣传男女婚姻自主的思想。

一九零五年四月，母氏王太夫人逝世，改名李哀，后又名岸。他以幸福时期已过，决心东渡日本留学。临行填了一阕《金缕曲》，留别祖国并呈同学诸子。词曰：

被发佯狂走。莽中原，暮鸦啼彻，几枝衰柳。破碎河山谁收拾？零落西风依旧。便惹得离人消瘦。行矣临流重太息，说相思刻骨双红豆。愁黯黯，浓于酒。

漾情不断淞波溜。恨年年，絮飘萍泊，遮难回首。二十文章惊海内，毕竟空谈何有！听匣底苍龙狂吼。长夜凄风眠不得，度群生那惜心肝剖。是祖国，忍孤负？

读来真是激昂慷慨，荡气回肠。“二十文章惊海内”，看他当时何等自负，但他感到空谈毕竟是没有用的。

三

李岸于一九零五年秋东渡日本，首先在学校补习日文，同时独力编辑《音乐小杂志》，在日本印刷后，寄回国内发行，促进了祖国新音乐的发展。又编有《国学唱歌集》一册，在国内发行，这些在中国新音乐史上都起到了启蒙的作用。这时他和日本汉诗界名人槐南（森大来）、石滩（永皈周）、鸣鹤（日下部东作）、种竹（本田幸）等名士时有往来，很得到他们的赏识。

一九零六年九月，考入东京美术学校，从留学法国的名画家黑田清辉学习西洋油画。这个学校是当时日本美术的最高学府，分别用英语和日语授课。李岸初入学时，是听英语讲授的。当李岸考入东京美术学校不久，大概由于那时清国人（时日本人对中国人的称呼）学油画的少，所以东京《国民新闻》的记者特别前往采访。其访问记题为《清国人忠于洋画》，发表于明治卅九年（一九零六）十月四日的《国民新闻》，并登有他的西装照片和速写插图。

据程清《丙午日本游记》同年十月十三日访问东京美术学校时记载，该校“学科分为西洋画、日本画、塑像、铸造调漆、莳绘（即泥金）木雕刻、牙雕刻、石雕刻、图案等。西洋画科之木炭画室，中有吾国学生二人，一名李岸，一名曾延年。所画以人面模型遥列几上，诸生环绕分画其各面”。现存李叔同的木炭画少女像的照片，据丰子恺的题记，是李叔同最初学西洋画时的作品，看来也许就是那时按照这个“人面模型”所画的。

李叔同除在东京美术学校学习油画外，又在音乐学校学习钢琴和作曲理论；同时又从戏剧家川上音二郎和藤泽浅二郎研究新剧的演技，遂与同学曾延年等组织了第一个话剧团体“春柳社”。一九零七年春节期间，为了赈济淮北的水灾，春柳社首次在赈灾游艺会公演法国小仲马的名剧《巴黎茶花女遗事》，李叔同（艺名息霜）饰演茶花女，引起许多人们的兴趣，这是中国人演话剧最初的一次。欧阳予倩受了这次公演的刺激，也托人介绍加入了春柳社。

第二次的公演是一九零七的六月，称为“春柳社演艺大会”，演的是《黑奴吁天录》。春柳社在《开丁未演艺大会的趣意》上说：“演艺之事，关系于文明至巨。故本社创办伊始，特设步部研究新旧戏曲，冀为吾国艺界改良之先导。春间曾于青年会扮演助善，颇辱同人喝采；嗣后承海内外士夫交相赞助，本社值此事机，不敢放弃。兹订于六月初一初二日，借本乡座举行‘丁末演艺大会’，准于每日午后一时开演《黑奴吁天录》五幕。所有内容概论及各幕扮装人名，特列左方。大雅君子，幸垂教焉。”

春柳社第二次演出《黑奴吁天录》，李息霜扮演美国贵妇爱美柳夫人，曾得到日本戏剧家土肥春曙和伊原青青园的好评（见日本明治四十年（一九零七）《早稻田文学》七月号《清国人之学生剧》）。

四

李叔同在日本留学六年，一九一零年毕业回国。先应老友天津高等工业学堂校长周啸麟之聘，在该校担任图案教员。辛亥革命以后，他填了《满江红》一阕，表达了他的怀抱。词曰：

皎皎昆仑山顶月，有人长啸。看囊底宝刀如雪，恩仇多少。双手裂开鼷鼠胆，寸金铸出民权脑。算此生，不负是男儿，头颅好。

荆轲墓，咸阳道。聂政死，尸骸暴。尽大江东去，余情还绕。魂魄化成精卫鸟，血花溅作红心草。看从今，一担好山河，英雄造！

一九一三年春，上海《太平洋报》创刊，李叔同被聘为编辑，主编副刊画报，曼殊的著名小说《断鸿零雁记》就是在他主编的《太平洋画报》发表的。这一年三月，他初次加入南社，并为南社的《第六次雅集通讯录》设计图案并题签。同时在老友杨白民的城东女学，教授文学和音乐。这时他又与《太平洋报》同事柳亚子、胡朴安等创立“文美会”，主编《人文美杂志》。这年秋天《太平洋报》以负债停办。李叔同遂应老友经亨颐之聘，到杭州浙江第一师范学校担任图画和音乐教员，改名李息，号息翁。一九一五年，应南京高等师范校长江谦之聘，兼任该校图画音乐教员，假日组织“于社”，借佛寺陈列古书字画金石，提倡艺术，不遗余力。

他在浙江第一师范初任教时写过《近世欧洲文学之概观》《西洋乐器种类概况》《石膏模型用法》等发表于“浙师校友会”一九一三年发行的《白阳》杂志诞生号，并且手自书写，介绍西洋文学艺术各方面的知识。他教的图画，采用过石膏像和人体写生，在国内艺术教育上是一个创举。音乐方面，他利用西洋名曲作了许多名歌，同时又自己作歌作曲，对学生灌输了新音乐的思想。学生中有图画音乐天才的，他特别加以鼓励和培养。如后来成名的丰子恺的漫画、刘质平的音乐，就是李叔同一手培养起来的。此校设有手工图画专修科，课余还组织校友会，分运动、文艺两部，文艺部并发行杂志。一九一四年五月著名教育家黄炎培到杭州师范参观时，曾加以介绍说：“其专修科的成绩视前两江师范专修科为尤高。主其事者为吾友美术专家李君叔同（哀）也。”（见一九一四年商务出版《黄炎培考察教育日记》第一集）

这个时期，李叔同除从事西洋艺术教育，成立洋画研究会推动外，对于祖国传统的书法金石也是极力提倡的。他在学校里组织金石篆刻研究会，名为“乐石社”，提倡金五篆刻，被推为社长，撰有《乐石社简章》《乐石社社友小传》，南社著名诗人姚鹤雏撰有《乐石社记》介绍此社的宗旨及李息霜的艺术成就。这时浙江一师的师生中会篆刻的人很多，校长经亨颐（别号石禅）、教员夏丏尊都是篆刻好手。同时他和西泠印社社长金石大家吴昌硕、叶舟等又是好友，因而和夏丏尊等加入西泠印社为社友。后来，他将出家，因此把生平收藏的印章都赠送给了“西泠印社”，该社社长叶舟为他在社中石壁上凿了一个“印藏”收藏并加题记，以留纪念。近年从这个“印藏”取出拓印，共成四幅，其中多是陈师曾、经亨颐、夏丏尊等知名人士和他的许多学生所刻的。他自己刻的也有几方在内。

李叔同在杭州期间，交往比较密切的，浙江第一师范的同事有夏丏尊、美丹书、堵申甫；校外常往来的有马一浮、林同庄、周佚生等。马一浮早已研究佛学，是一位有名的居士，对他的影响特别大。但他这时只看一些理学书和道家的书类，做学尚谈不到。有一次，夏丏尊看到一本日文杂志上有篇关于断食的文章，说断食是身心“更新”的修养方法，自古宗教上的伟人如释迦、耶稣，都曾断过食。说断食能生出伟大的精神力量，并且列举实行的方法。李叔同听后决心实践一下，便利用一九一六年寒假，到西湖虎跑定慧寺去实行。经过十七天的断食体验，他取老子“能婴儿乎”之意，改名李婴，同时对于寺院的清静生活也有了一定的好感，这可说是他出家的近因。他断食后写“灵化”二字赠其学生朱稣典，将断食的日记赠堵申甫，又将断食期间所临的各种碑刻赠与夏丏尊。从此以后，他虽仍在学校授课，但已茹素读经，且供佛像了。

过了新年，即一九一七年，他就时常到虎跑定慧寺习静听法。这年旧历正月初八日，马一浮的朋友彭逊之忽然发心在虎跑寺出家，恰好李叔同也在那里，他目击当时的一切，大受感动，也就皈依三宝，拜虎跑退居了悟老和尚为皈依师。演音的名，弘一的号，就是那时取定的。从此马一浮常借佛书给他阅览，前后借给长水大师《起信论笔削记》《灵峰毗尼事义集要》《宝华传戒正范》等。他也常到虎跑寺去请问佛法。是年九月，他写了“永日视内典，深山多大年”一联，呈法轮禅师，自称“婴居上总翁”就是这时的纪念。

五

一九一八年旧历七月十三日，李叔同结束了学校的教务，决心至虎跑定慧寺从皈依师了悟老和尚披剃出家，正式名为演音，号弘一。出家后，别署很多，常见的有一音，弘裔，昙昉，论月，月臂，僧胤，慧幢，亡言，善梦等，晚年自号晚晴老人，二一老人等。他出家以前，将生平所作油画，赠与北京美专学校，笔砚碑帖赠与书家周承德，书画临摹法书赠与夏丏尊和堵申甫，衣服书籍等赠与丰子恺、刘质平等，玩好小品赠给了陈师曾，当时陈还为他这次割爱画了一张画。

同年九月，他到杭州灵隐寺受县足戒，从此成为一个“比丘”。他受戒以后，看了马一浮居士送他的《灵峰毗尼事义集要》和《宝华传戒正范》，觉得按照戒律规定实不得戒。他是事事认真的人，因此发愿研习戒律，这是他后来发愿宏扬津学的因缘。

弘一大师受戒之后，先到嘉兴精严寺访问了范古农居士，在精严寺阅藏数月，又到西湖玉泉寺安居，专研律部。他因杭州师友故旧酬酢太多，而且慕名的人又不断来访，一九二零年夏，假得弘教律藏三侠，决定到浙江新城贝山闭关，埋头研习。这时在玉泉寺同住的程中和居士即出家名弘伞，和他同到贝山护关。因为贝山环境不能安居，越年正月重返杭州玉泉寺，披阅《四分律》和唐代道宣、宋代元照的律学著述。

一九二一年三月，由于吴壁华、周益由二居士的介绍，到温州庆福寺闭关安居，从事《四分律比丘戒相表记》的著作，并亲自以工楷书写，历时四载，始告完成。出版后部分寄赠日本，很受日本佛教学者的重视。此后几年间，他出游各地，曾到普陀参礼印光法师，又到过衢州莲花寺写经，为参加金光明法会一度到过庐山大林寺；不久又回杭州，在招贤寺整理华严疏钞，继在常寂光寺闭关。后来为了商量《护生画集》的出版，也到过上海江湾丰子恺先生的缘缘堂。这时叶圣陶（绍钧）先生写了一篇《两法师》（介绍弘一与印光）散文，发表于《民铎》杂志，后来收入叶氏《未厌居习作》，由上海开明书店出版，并作为活叶文选，为中学生所爱读，于是名闻全国。

一九一八年冬，弘一大师为了《护生画集》的事又到了上海。偶然遇到旧友尤惜明与谢国樑（后来尤田出家名演本，谢氏出家名寂云）二居士将赴暹罗（今泰国）弘法，在沪候轮，大师一时高兴，便参加了他们的商行弘法团。船到厦门，受到陈嘉庚胞弟陈敬贤居士的接待，介绍他们到南普陀寺去住。他在这里认识了性愿、芝峰、大醒、寄尘诸法师，被恳切地挽留，后来尤谢两居士乘船继续南行，而弘一大师就独自留在厦门了。这是他初次和闽南结下的因缘。不久，由于性愿法师的介绍，他就到泉州南安小雪峰寺去过年。这一年冬天，夏丏尊、经亨颐、刘质子、丰子恺等，募款为他在浙江上虞油马湖盖了一座精舍，命名“晚晴山房”。后来又成立一个“晚晴护法会”，在经济上支持他请经和研究的费用。他后来从日本请来古板佛经一万余卷，就是这个晚晴护法会施助的。

一九一九年春，他由苏慧纯居士陪同，自泉州经福州至温州。在福州候船时，他和苏居士游了鼓山涌泉寺，在寺里发现工部未入大藏的《华严流论纂要》，叹为希有，因发愿印刷一千余部，并拟以十二部赠与日本各大学。在他晚年的十四年间（一九二八—一九四二），最初几年虽然常到江浙的上海、温州、绍兴、杭州、慈溪、镇海各地云游；但自一九三七年以后，除了一度应谈虚法师请到青岛湛山寺讲律，小住数月之外，整个晚年都是在闽南度过的。他常往来于泉厦之间，随缘居住。在厦门他先后在过南普陀、太平岩、妙释寺、万寿岩、日光岩、万石岩和中岩等处。

抗战初期，一度到漳州、住过南山寺、瑞竹岩和七宝寺。他与泉州特别有缘，曾住过承天寺、开元寺、百原庵、草庵、福林寺、南安小雪峰、慧泉、灵应寺、惠安净峰寺、灵瑞山、安海澄停院、水春蓬壶普济寺等处。前后亲近他学律的有性常、义俊、瑞今、广洽、广究、昙昕、传贯、圆拙、仁开、克定、善契，妙莲等十余人。一九四二年秋病革，书二偈与诗友告别，偈云：

君子之交，其淡如水。执象而求，咫尺千里。问余何适？廓尔亡言。花枝春满，天心月圆。

同年十月十三日（旧历九月初四日）圆寂于泉州不二祠温陵养老院晚晴室，享年六十三岁。弥留之际，还写了“悲欣交集”四字，一面欣庆自己的解脱，一面悲愍众生的苦恼。这末后一句，真有说不尽的“香光庄严”。灭后遗骨分葬于泉州清源山弥陀岩和杭州虎跑定慧寺，这两处都分别为他建了灵塔。

六

由一个浊世公子，而留学生，而艺术教育家，最后成为律宗高僧的弘一大师，早年才华横溢，在艺术各方面都得到了充分的发展。其为人可谓“绚烂之极，归于平淡”的典型了。他虽避世绝俗，而无处不近人情。值得我们尊敬和学习的，是他的多才多艺和认真的精神。他一生做人确是凡事认真而严肃的。他要学一样就要像一样，要做什么就要像什么。古人有话说：“出家乃大丈夫事，非将相之所能为。”他既出家做了和尚，就要像个和尚。在佛教许多宗派中，律宗是最重修持的一宗，所谓三千威仪，八万细行，他不但深入研究，而且实践躬行。马一浮有诗挽他说：“苦行头陀重，遗风艺苑思。自知心是佛，常以戒为师。”读此可谓如见其人了。

弘一大师的佛学思想体系，是以华严为境，四分律为行，导归净土为果的。也就是说，他研究的是华严，修持弘扬的是律行，崇信的是净土法门。他对晋唐诸译的华严经都有精深的研究，曾著有

《华严集联三百》一书，可以窥见其用心之一斑。

我国佛教的律学，古译有四大律，即《十诵律》《四分律》《摩诃僧祇律》《五分律》，到了唐代义净留学印度回国，又译出《根本说一切有部律》许多部，后人称之为“新律”。他初出家时学的是“新律”，即《有部律》。这是唐代义净所译的戒律，通行于当时的印度。弘一大师称赞义净博学强记，贯通律学精微，实空前绝后的中国大律师。他初学《有部律》时，写过《根本说一切有部毗奈耶犯相摘记》《自行钞》和《学根本说一切有部律入门次第》，对有部律是深深用过苦功的。

后来他因友人之劝，改学《四分律》。因为现存的四大律之中，《十诵》《僧抵》《五分》三律，后来研究者少，其注释至今已无一存；而《四分律》独盛，注疏也多存在。唐道宣所著有《四分律行事钞》《戒本疏》《羯磨疏》，称为南山三大部。来杭州灵芝元照，著三部记解释道直的三大部疏，即《行事钞资持记》《戒本疏行宗记》《羯磨疏济缘记》，称为“三疏”“三记”。南宋禅宗大盛，律学无人过问，这些唐宋诸家的律学撰述，悉皆散失。到了清初，唯存《南山随机羯磨》一卷。明末藕益大师不见古代疏记，只能写出《毗尼事义集要》而已。到了清末，这些唐宋律学著述，才自日本再传中国。所以他穷研《四分律》，看了唐宋律学著作之后，化了四年时间，著成《四分律比丘戎相表记》。此书和他晚年所撰的《南山律在家备览略篇》，是他精心撰述的两大名著。

弘一大师认为正法能否久住，在于《四分律》能否实践。一九三一年二月，他在上虞法界寺佛前，发专学南山律誓愿。一九三三年曾集合学者十余人于泉州开元寺尊胜院研究律学，称为南山律学苑；根据日本请回古版律书，圈点南山三大部并讲律修持。试读这时他为南山律学苑撰的一联，可以概见他晚年的志愿。联云：

南山律学，已八百年湮没无传，何幸遗编犹存东土；

晋水僧园，有十余众承习不绝，能令正法再住世间。